LÖSUNGEN

FOKUS PHYSIK S II

GESAMTBAND

Cornelsen

LÖSUNGEN

FOKUS PHYSIK

Autoren:	Dr. Peter Ackermann Peter Becker Ralf Böhlemann Dr. Elmar Breuer Stefan Burzin Carsten Busch Dr. Bardo Diehl Jochen Dörr Prof. Dr. Roger Erb Dr. Karl-Heinz Jutzi Dr. Bernd Reinhard Prof. Dr. Hans-Joachim Schlichting Claus J. Schmalhofer Prof. Dr. Lutz-Helmut Schön Helmke Schulze Dr. Peter M. Schulze Dr. Wolfgang Tews Dr. Peter C. Tillmanns Dr. Rolf Winter
Konzept und Redaktion:	Dr. Andreas Palmer
Zeichnungen:	Peter Hesse
Layoutkonzept und technische Umsetzung:	zweiband.media, Berlin
Umschlaggestaltung:	Eyes-Open, Berlin

www.cornelsen.de

1. Auflage, 5. Druck 2021

Alle Drucke dieser Auflage sind inhaltlich unverändert und können im Unterricht nebeneinander verwendet werden.

Druck: H. Heenemann, Berlin

ISBN 978-3-06-015736-5

PEFC
PEFC/04-31-1156

PEFC zertifiziert
Dieses Produkt stammt aus nachhaltig bewirtschafteten Wäldern und kontrollierten Quellen.

www.pefc.de

Inhalt

1.1 Bewegungen

Aufgabe 1

a Im Abstand von 10 cm wurde die Zeit gemessen, zu der der Tropfen jeweils diese Marken passiert. Im Laufe der Bewegung benötigt der Tropfen immer mehr Zeit, um 10 cm weiter zu gleiten. Er wird langsamer.

Δt in s		0,78		1,44		1,70		2,53	
t in s	0		0,78		2,22		3,92		6,45
s in m	0		0,10		0,20		0,30		0,40
Δs in m		0,10		0,10		0,10		0,10	

Δt in s		2,66		4,57	
t in s	6,45		9,11		13,68
s in m	0,40		0,50		0,60
Δs in m		0,10		0,10	

b Der folgende Graph zeigt exemplarisch die Messdaten aus dem Lehrbuch.

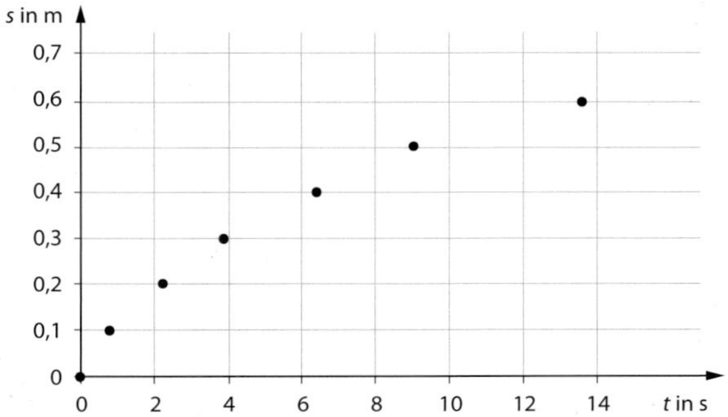

Der Koordinatenursprung wurde am ersten Messpunkt festgemacht. Da die Bewegung eindimensional verläuft, wurde die Achse auf die Bahnkurve gelegt. Ihre Richtung weist in Richtung der Bewegung. Im *t*-*s*-Diagramm ergibt sich eine Rechtskurve.

c Je steiler die Glasscheibe gehalten wird, je mehr sich also der Winkel α dem Wert 90° annähert, desto schneller gleiten im Prinzip die Tropfen nach unten.

d Die Geschwindigkeit hängt aber auch von der Tropfengröße ab, sodass bei Versuchswiederholungen Tropfen auch an steileren Glasplatten langsamer heruntergleiten. Auch Staubkörnchen und sonstige Verunreinigungen an der Glasplatte beeinflussen das Gleitverhalten in erheblichem Maße.

Aufgabe 2

Häufig werden Experimente oft aus dem Bereich der Hobbys gewählt:
- Traben des Pferds im Reitstall
- Rennen eines Hunds zum Fressnapf
- eigener Sprint beim 50-m-Lauf

Auch Kinderspielzeug lässt sich einsetzen:
- Rollen der Murmel auf der Kugelbahn
- Fahrt eines Aufziehautos eine Schräge hinauf
- Katapultstart aus der Rittersammlung

Anregungen aus Schulbüchern:
- Springen eines fallenden Tischtennisballs
- das Ausrollen eines Balls
- Rollen einer Batterie auf der schiefen Ebene

Weitere Experimente:
- mit Wasser und Luftdruck angetriebenes Raketenauto
- Nachbau eines Foucault´schen Pendels
- Bewegung einer Modelleisenbahn, elektronische Zeitmessung mithilfe von Reedschaltern

Aufgabe 3

Während die Hundebesitzerin einen Weg von 200 m zurücklegt, hat der Hund in gleicher Zeit den dreifachen Weg zurückgelegt: Er ist 600 m gelaufen. Trotzdem haben beide während dieser Zeit die gleiche Ortsänderung vollzogen: Beide sind am Ende gleich weit von dem Ausgangspunkt entfernt. Dies ist nur möglich, weil der Hund seine Bewegungsrichtung zwischenzeitlich geändert hat.
Noch deutlicher wird der Unterschied zwischen Ortsänderung und zurückgelegtem Weg, wenn sich Hund und Besitzerin in der Ebene bewegen: Die Größe der Ortsänderung wird immer mit dem kürzesten Abstand zwischen zwei Orten angegeben. Der Hund könnte jeden beliebigen Umweg laufen, während die Besitzerin den kürzesten Weg wählt. Beide kommen gleichzeitig an, obwohl der Hund zu jedem Moment schneller ist.
Ortsänderung und Weg sind nur identisch, wenn der Weg die kürzeste Strecke zwischen den beiden Orten und die Richtung gleich ist.

1.2 Bewegungsdiagramme

Aufgabe 1

Die Bahnkurve gibt den räumlichen Verlauf einer Bewegung an. Sie zeigt den gesamten Weg der Bewegung auf einen Blick. Sie lässt erkennen, an welchen Orten der Körper vorbeikommt und welche Orte nicht auf seinem Weg liegen. Aber eine Auskunft darüber, zu welchem Zeitpunkt der Körper sich an einem Ort befindet, gibt die Kurve nicht.
Die Information, wann ein Körper sich an welcher Stelle befindet, gibt dagegen das Zeit-Ort-Diagramm: In ihm ist jedem Zeitpunkt der Ort zugeordnet, an dem sich der Körper in diesem Moment befindet.

Aufgabe 2

a

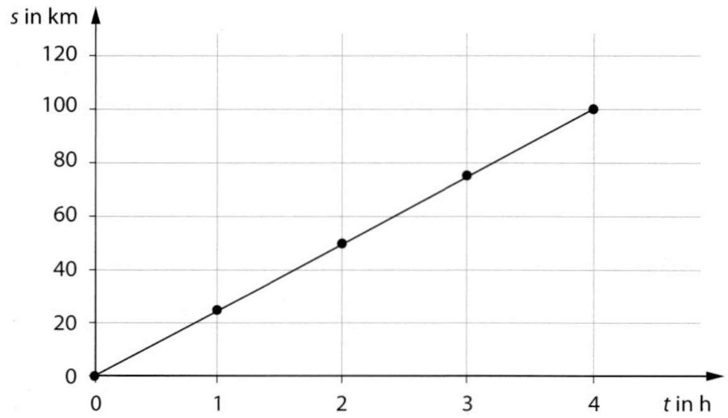

b $s(t) = 25\,\frac{\text{km}}{\text{h}} \cdot t$

c $s(95\,\text{min}) = 25\,\frac{\text{km}}{\text{h}} \cdot \frac{95}{60}\,\text{h} = \underline{39{,}6\,\text{km}}$

d $t = \frac{85\,\text{km}}{25\,\frac{\text{km}}{\text{h}}} = 3{,}4\,\text{h} = 3{,}4 \cdot 60\,\text{min} = \underline{204\,\text{min}}$

Aufgabe 3

a Ein Fotoapparat wird quer zur Bewegungsrichtung auf ein Stativ montiert. Ein Stroboskopblitz mit einer bekannten Frequenz beleuchtet den auf der schiefen Ebene rollenden Ball. Der Raum und der Hintergrund sind abgedunkelt, damit die momentanen Positionen des Balls auf dem Bild erkennbar sind. Die Belichtungszeit der Kamera wird so gewählt, dass die ganze Bewegung in dieser Zeit verläuft.
Alternativ lassen sich Stroboskopbilder mithilfe spezieller Programme aus Videoaufnahmen erstellen.

b Zeitfolge der Stroboskopaufnahme: $\frac{1}{3}$ s
Maßstab: Gesamtlänge 100 cm
Höhe des Holzklotzes: 6,5 cm

Messwerte:

t in s	0	0,33	0,67	1,00	1,33	1,67	2,00	2,33	2,67
s in m	0	0,02	0,06	0,13	0,22	0,34	0,49	0,67	0,88

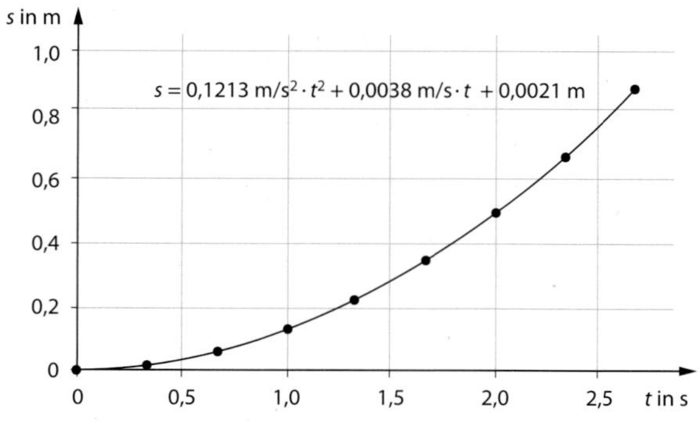

c Mit der quadratischen Funktion $s(t) = 0{,}12\,\frac{\text{m}}{\text{s}^2} \cdot t^2$ lässt sich die Bewegung beschreiben.
Dieser Funktionsterm kann der Trendkurve im Diagramm des Tabellenprogramms entnommen werden oder als Proportionalitätsfaktor von $s \sim t^2$ beim Nachweis der Quotientengleichheit erfolgen. Da der erste Messwert deutlich abweicht, wird er zur Mittelwertbildung nicht herangezogen:

t in s	0	0,33	0,67	1,00	1,33	1,67	2,00	2,33	2,67
s in m	0	0,02	0,06	0,13	0,22	0,34	0,49	0,67	0,88
s/t^2 in m/s²		(0,184)	0,134	0,130	0,124	0,122	0,123	0,123	0,123

Als Durchschnittswert ergibt sich: $\frac{s}{t^2} = 0{,}126\,\frac{\text{m}}{\text{s}^2}$.

Zusatz:
Die Durchschnittsgeschwindigkeiten zwischen allen Zeitmesswerten werden berechnet und in der Intervallmitte aufgetragen.

t in s	0,17	0,50	0,84	1,17	1,50	1,84	2,17	2,50
v in m/s	0,06	0,2	0,21	0,27	0,35	0,46	0,55	0,62

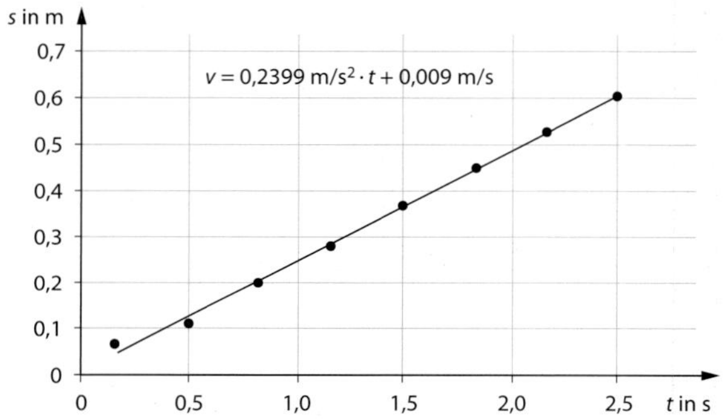

Der rollende Ball lässt sich durch das Modell einer gleichmäßig beschleunigten Bewegung mit der konstanten Beschleunigung $a = 0{,}24$ m/s² beschreiben.
Über die Geometrie der schiefen Ebene kann man die Beschleunigung aufgrund der Hangabtriebskraft berechnen (vgl. Kap. 2.5 im Lehrbuch). Sie beträgt $a_H = 0{,}64\,\text{m/s}^2$. Sie übersteigt den ermittelten Wert deutlich, da die Rotation und die Reibung im Verhältnis zur geringen Hangabtriebsbeschleunigung nicht zu vernachlässigen sind.

d Je steiler die Ebene geneigt ist, desto stärker wird der Ball beschleunigt: Er kommt am Ende der schiefen Ebene schneller an. Der Graph lässt sich durch eine quadratische Funktion beschreiben, die aber stärker gestreckt ist. Der Proportionalitätsfaktor in der Beziehung $s \sim t^2$ wird größer. Wenn die Ebene senkrecht steht, fällt der Ball nahezu frei. Eine größere Beschleunigung kann er nicht erhalten. Der Proportionalitätsfaktor kann nicht größer als 4,9 m/s² – die Hälfte der Erdbeschleunigung – werden.

1.3 Geschwindigkeit

Aufgabe 1

Entscheidend ist, wie lange der Fahrer jeweils mit der Geschwindigkeit fährt.
Um die Durchschnittsgeschwindigkeit zu berechnen, wird zunächst die Gesamtstrecke und die Gesamtzeit berechnet und dann der Quotient gebildet:

$$\text{Durchschnittsgeschwindigkeit} = \frac{\text{Gesamtstrecke}}{\text{Gesamtzeit}}$$

Fahrzeit auf der Schnellstraße:

$$t_1 = \frac{20\,\text{km}}{100\,\frac{\text{km}}{\text{h}}} = 0{,}2\,\text{h}$$

Strecke innerorts:

$$s_2 = 50\ \text{km} \cdot \frac{10}{60}\text{h} = 8{,}3\ \text{km}$$

Durchschnittsgeschwindigkeit:

$$\overline{v} = \frac{20\,\text{km} + 8{,}3\,\text{km}}{0{,}2\,\text{h} + \frac{1}{6}\text{h}} = 77{,}3\,\frac{\text{km}}{\text{h}}$$

Aufgabe 2

a

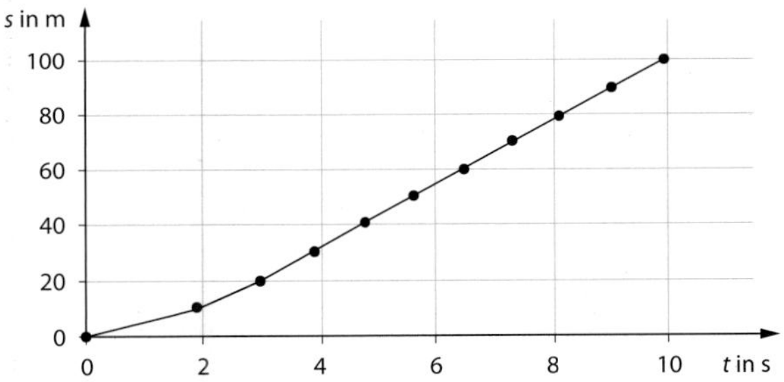

b

t in s	0,0	1,9	3,0	3,9	4,8	5,6	6,5	7,3	8,1	9,0	9,9
s in m	0	10	20	30	40	50	60	70	80	90	100
t_m in s	0,0	0,95	2,45	3,45	4,35	5,20	6,05	6,90	7,70	8,55	9,45
v in m/s		5,3	9,1	11,1	11,1	12,5	11,1	12,5	12,5	11,1	11,1

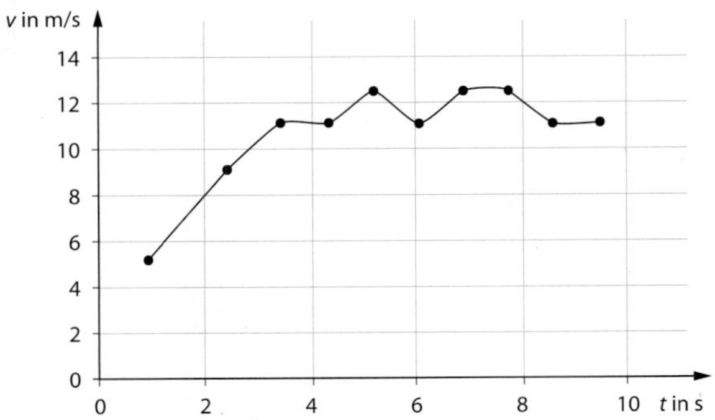

Sofern keine weiteren Angaben über die Art der Bewegung vorliegen, gibt es die für die Geschwindigkeitsberechnung kaum Alternativen zur Wahl des Intervallmittelpunkts. Bei dieser Methode wird die Durchschnittsgeschwindigkeit zwischen zwei Zeitpunkten t_1 und t_2 als Schätzwert für die Momentangeschwindigkeit im Mittelpunkt zwischen t_1 und t_2 verwendet. Würde man stattdessen die Geschwindigkeit zum Zeitpunkt t_2 aus den Messwerten zu den Zeiten t_1 und t_3 berechnen, wäre das Intervall größer und die Genauigkeit in der Regel kleiner.

c Minimale Geschwindigkeit: 5,3 m/s im Intervall [0 m ; 10 m].
Maximale Geschwindigkeit: 12,5 m/s in den Wegabschnitten [40 m ; 50 m], [60 m ; 70 m] und [70 m ; 80 m]

d Die maximalen Geschwindigkeiten aus Teil c sind Durchschnittsgeschwindigkeiten. Das bedeutet, dass innerhalb der Zeitintervalle die Momentangeschwindigkeit größere oder kleinere Werte als die Durchschnittsgeschwindigkeit annehmen kann.

1.4 Beschleunigung

Aufgabe 1

a Endgeschwindigkeit: $v = 100\,\text{km/h} = 27{,}78\,\text{m/s}$
Durchschnittliche Beschleunigung im Intervall $\Delta t = 2\,\text{s}$:

$$a = \frac{\Delta v}{\Delta t} = 13{,}9\,\frac{\text{m}}{\text{s}^2}$$

Diese Beschleunigung entspricht damit dem 1,4-Fachen der Fallbeschleunigung.

Typische Beschleunigungswerte:

PKW	0,3 g
Typischer Wert bei einer Kinderschaukel	2,5 g
Achterbahnen kurzfristig	6 g
Russische Sojus-Kapsel der Raumfahrt	10 g

b Mit zunehmender Beschleunigung wächst das Risiko einer Verletzung: Körperteile können gegeneinander verschoben werden. Die durch eine Beschleunigung verursachten Schäden hängen auch von der Beschleunigungsdauer ab. Bruchteile von Sekunden kann der menschliche Körper relativ hohen Belastungen standhalten. Bei länger anhaltenden Einwirkungen besteht schon für relativ geringe Beschleunigungswerte die Gefahr von Durchblutungsstörungen.

Aufgabe 2

a Im t-a-Diagramm ist der Zeitpunkt zu erkennen, zu dem ausgekuppelt wird, um in den nächsten höheren Gang zu schalten. Für diese kurze Schaltphase rollt der Wagen ohne Antrieb. Die Reibung führt sogar zu einer Verlangsamung mit einer Beschleunigung von etwa $a_R = -0{,}3\,\text{m/s}^2$.
Die Zeitpunkte des Auskuppelns wurden während der Fahrt zusätzlich mitprotokolliert:
1. Gang bis 5,2s
2. Gang bis 8,6s
3. Gang bis 13,0s
4. Gang bis 19,0s

b Anschließend fuhr der Wagen im Leerlauf, zunächst ohne Betätigung der Bremsen, sodass nur die Reibung zur Verlangsamung führte. Die Beschleunigung ist in dieser Phase zwischen 19 s und 21 s konstant $a_R = -0{,}3\,\text{m/s}^2$. Anschließend ist der Betrag der negativen Bremsbeschleunigung größer. Hier kamen die Bremsen zum Einsatz. Je stärker auf das Bremspedal getreten wurde, desto stärker verläuft der Graph unterhalb der Zeitachse.

Aufgabe 3

a

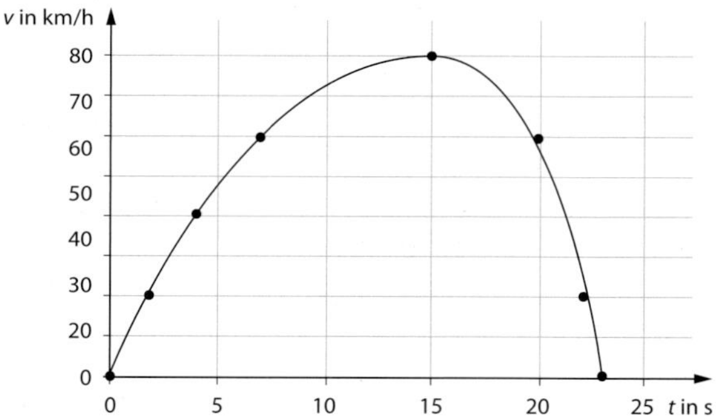

b Die durchschnittliche Beschleunigung

$$a = \frac{v_2 - v_1}{t_2 - t_1} = \frac{\frac{20}{3{,}6}\,\frac{\text{m}}{\text{s}} - 0\,\frac{\text{m}}{\text{s}}}{2\,\text{s} - 0\,\text{s}} = 2{,}78\,\frac{\text{m}}{\text{s}^2}$$

wird der Intervallmitte $t = \frac{t_1 + t_2}{2} = \frac{2\,\text{s} + 0\,\text{s}}{2} = 1\,\text{s}$ zugeordnet.

t in s	*v* im km/h	*t* in s	*a* in m/s²
0	0	1,0	2,78
2	20	3,0	2,78
4	40	5,5	1,85
7	60	11,0	0,69
15	80	17,5	−1,11
20	60	21,0	−5,56
22	20	22,5	−5,56
23	0		

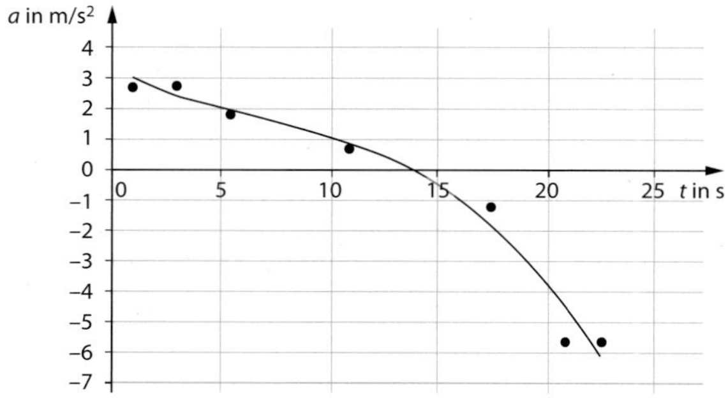

Aufgabe 4

t_1: Der Körper startet aus der Ruhe, bewegt sich in Richtung der positiven Achse und wird schneller.
t_2: Der Körper bewegt sich in Richtung der positiven Achse und wird schneller.
t_3: Der Körper bewegt sich in Richtung der negativen Achse mit konstanter Geschwindigkeit.
t_4: Der Körper bewegt sich in Richtung der negativen Achse. Die Beschleunigung ist der Geschwindigkeit entgegengesetzt: Der Körper wird langsamer.
t_5: Der Körper bewegt sich in Richtung der positiven Achse. Die Beschleunigung ist der Geschwindigkeit entgegengesetzt: Der Körper wird langsamer.
t_6: Der Körper startet aus der Ruhe, bewegt sich in Richtung der negativen Achse und wird schneller.

1.5 Steigung von Graphen

Aufgabe 1

Die Erläuterung des Lehrbuchtextes zum Übergang von der durchschnittlichen Geschwindigkeit zur momentanen Geschwindigkeit kann auf die Beschleunigung übertragen werden:
Die Beschleunigung lässt sich aus Zeit und Geschwindigkeit berechnen. Die durchschnittliche Beschleunigung ist die Änderungsrate der Geschwindigkeit. Sie wird zwischen zwei Zeitpunkten mit dem Differenzenquotienten bestimmt:

$$a = \frac{v(t_2) - v(t_1)}{t_2 - t_1}.$$

Im t-v-Diagramm entspricht dieser Quotient der Steigung der Sekanten durch die beiden Punkte $(t_1 \mid v_1)$ und $(t_2 \mid v_2)$. Je kleiner das Zeitintervall um einen Zeitpunkt t gewählt wird, desto mehr entspricht die Steigung der momentanen Beschleunigung. Im Grenzprozess – wenn also Δt gegen 0 geht – geht im t-v-Diagramm die Sekante in die Tangente über: Die Steigung der Tangente im t-v-Diagramm entspricht der Beschleunigung $a(t)$ zum Zeitpunkt t.

Aufgabe 2

a

t in s	0,0	0,2	0,4	0,6	0,8	1,0	1,2	1,4	1,6
t_m in s	0,0	0,1	0,3	0,5	0,7	0,9	1,1	1,3	1,5
s in m	0,00	0,03	0,12	0,27	0,50	0,80	1,18	1,65	2,20
v in m/s	0	0,15	0,45	0,75	1,15	1,5	1,9	2,35	2,75

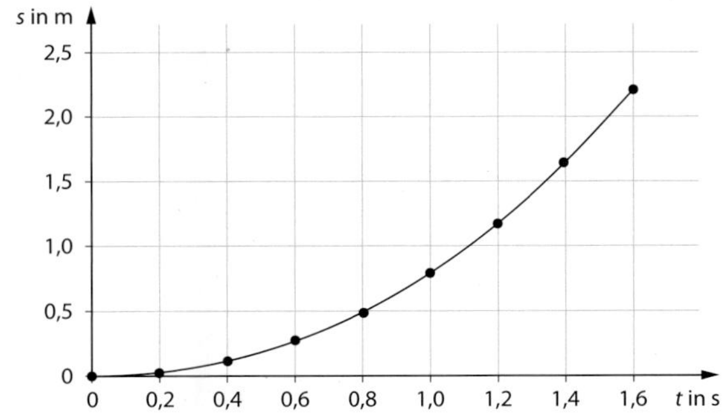

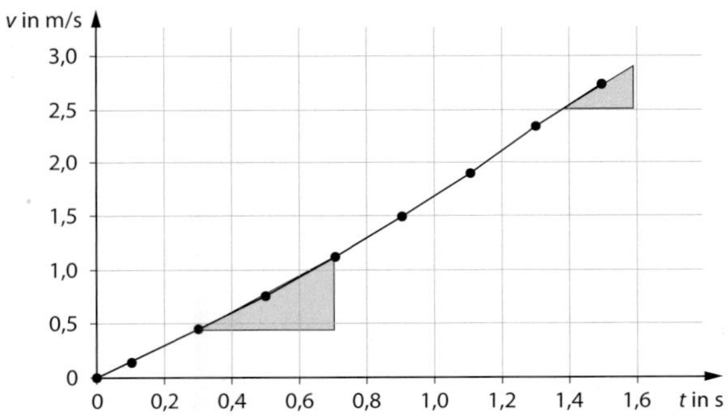

b Mithilfe der Steigungsdreiecke lassen sich die Steigungen der Tangenten zu den beiden Zeitpunkten bestimmen. Sie sind jeweils ein Maß für die Beschleunigung.

Zeitpunkt $t_1 = 0{,}5\,\text{s}$:

$$a_1 = \frac{\Delta v}{\Delta t} = \frac{1{,}15\,\text{m/s} - 0{,}45\,\text{m/s}}{0{,}7\,\text{s} - 0{,}3\,\text{s}} = \underline{\underline{1{,}75\,\text{m/s}^2}}$$

Zeitpunkt $t_2 = 1{,}5\,\text{s}$:

$$a_2 = \frac{\Delta v}{\Delta t} = \frac{2{,}75\,\text{m/s} - 2{,}35\,\text{m/s}}{1{,}6\,\text{s} - 1{,}4\,\text{s}} = \underline{\underline{2{,}00\,\text{m/s}^2}}$$

c Je kleiner der zeitliche Abstand der Messungen ist, desto genauer sind die Geschwindigkeitsbestimmungen in den Zeitintervallen und damit auch die daraus berechneten Beschleunigungen.

Aufgabe 3

a An einer Stelle t wird mit dem Geodreieck die Tangente an den Graphen der Geschwindigkeit gezeichnet; deren Steigung wird anhand eines Steigungsdreiecks abgelesen und dieser Wert im t-a-Diagramm an der Stelle t aufgetragen. Dies wird in 0,5-s-Schritten wiederholt. Wegen der Messungenauigkeiten wird eine Ausgleichskurve eingezeichnet. Es ergibt sich der Graph einer Kosinusfunktion.

Alternativ lässt sich die Lösung auch mit einer Geometrie-Software konstruieren (vgl. Online-Material).

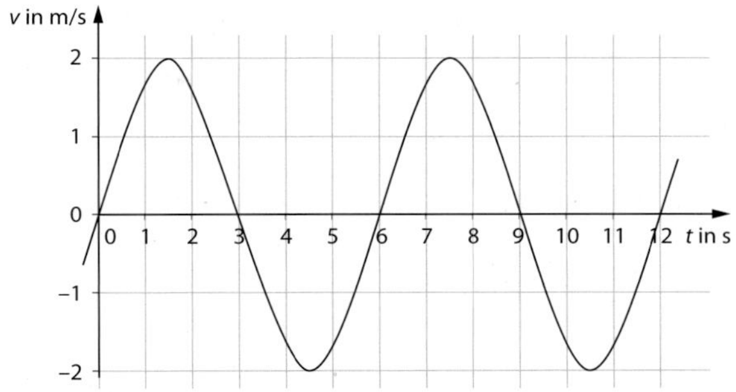

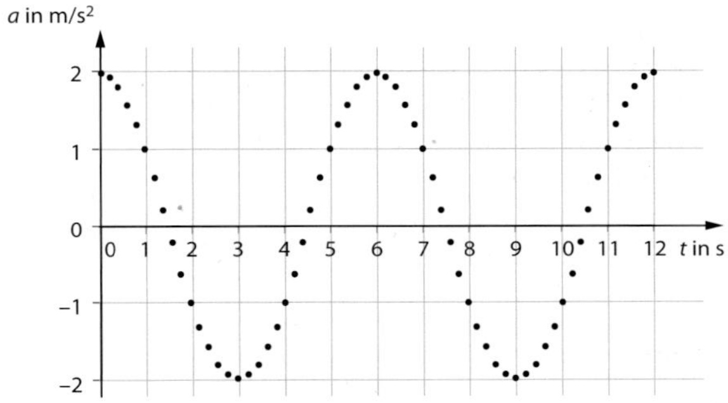

b Aus der Zusammenschau von t-v- und t-a-Diagramm lassen sich folgende Schlussfolgerungen ziehen:

Für $0\,\text{s} < t < 1{,}5\,\text{s}$ gilt $v > 0$ und $a > 0$: Der Körper wird schneller in positiver Richtung.
Für $1{,}5\,\text{s} < t < 3\,\text{s}$ gilt $v > 0$ und $a < 0$: Der Körper wird langsamer in positiver Richtung.
Er kehrt zum Zeitpunkt $t = 3\,\text{s}$ um.
Für $3\,\text{s} < t < 4{,}5\,\text{s}$ gilt $v < 0$ und $a < 0$ Der Körper wird schneller in negativer Richtung.
Für $4{,}5\,\text{s} < t < 6\,\text{s}$ gilt $v < 0$ und $a > 0$: Der Körper wird langsamer in negativer Richtung.
Der Körper pendelt hin und her. Experimentell lässt sich eine solche Schwingung beispielsweise mit einem Feder- oder Fadenpendel erzeugen.

c Die größte Beschleunigung liegt genau dann vor, wenn die Steigung des Geschwindigkeitsgraphen maximal ist. Dies ist an den Nulldurchgängen der Geschwindigkeit, also an den Umkehrpunkten der Bewegung, der Fall.

1.6 Flächen unter Graphen

Aufgabe 1

a

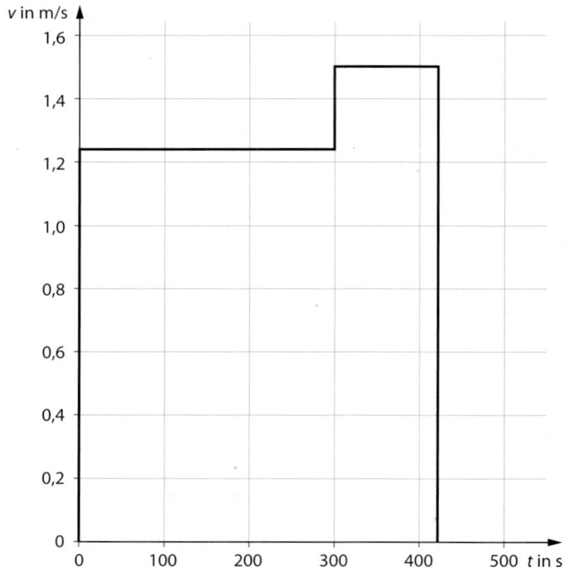

b Der zurückgelegte Weg entspricht der Fläche, die durch den Graphen $v(t)$ und durch die Koordinatenachsen begrenzt sind:
$s = 1{,}25\ \text{m/s} \cdot 300\ \text{s} + 1{,}5\ \text{m/s} \cdot 120\ \text{s} = \underline{\underline{555\ \text{m}}}$

Aufgabe 2

Die zurückgelegte Strecke entspricht im t-v-Diagramm dem Flächeninhalt zwischen dem Graphen und der Zeitachse. Dieser kann mit unterschiedlichen Methoden näherungsweise bestimmt werden:
- als Summe der Flächeninhalte schmaler Rechtecke
- ausschöpfen der Fläche durch Einheitsrechtecke
- Da die Geschwindigkeit in den ersten 19 s nahezu linear zunimmt, lässt sich die Strecke näherungsweise als Dreiecksfläche berechnen. Dabei wird die Gerade so gelegt, dass die Abweichungen in Bezug auf die Fläche ausgeglichen werden.

b $s = \frac{1}{2} \cdot 19\ \text{s} \cdot 6{,}7\ \text{m/s} = \underline{\underline{63{,}7\ \text{m}}}.$

Wird die maximale Geschwindigkeit $v = 5{,}8\ \text{m/s}$ gewählt, erhält man mit 55 m eine zu gering geschätzte Strecke, da in diesem Fall die Kurve stets über der eingezeichneten Geraden liegt.

In der Videoaufnahme ist dokumentiert, dass der Radfahrer die Messmarke 65 m zum Zeitpunkt 18,8 s mit einer Geschwindigkeitsanzeige auf dem Tacho von 21 km/h = 5,83 m/s erreicht.

Aufgabe 3

Ist nur der Ort s_0 zu einem einzigen Zeitpunkt t_0 bekannt, kann weder die Bewegung zurückverfolgt noch eine Prognose erstellt werden. Ist aber zusätzlich die Geschwindigkeit v_0 zu diesem Zeitpunkt bekannt, ist eine lokale Vorhersage näherungsweise möglich.
Die Geschwindigkeit ist ein Maß dafür, wie schnell sich der Ort während der Bewegung ändert, und sie gibt die Richtung dieser Änderung an. Die durchschnittliche Geschwindigkeit zwischen zwei Zeitpunkten ergibt sich aus dem Differenzenquotienten:

$$\overline{v} = \frac{\Delta s}{\Delta t} = \frac{s_1 - s_0}{t_1 - t_0}.$$

Für kleine Zeitintervalle entspricht diese näherungsweise der momentanen Geschwindigkeit:

$$v_0 = \frac{\Delta s}{\Delta t} = \frac{s_1 - s_0}{t_1 - t_0}.$$

Wird die Näherungsgleichung nach dem zu prognostizierenden Ort s_1 aufgelöst, ergibt sich:

$$s_1 \approx v_0 \cdot (t_1 - t_0) + s_0.$$

Je kleiner das Zeitintervall der Prognose ist, desto präziser ist die Vorhersage.
Ist anstelle der Geschwindigkeit v_0 zusätzlich zum Ort s_0 noch ein weiterer Ort s_{-1} zu einem etwas früheren Zeitpunkt t_{-1} gegeben, so kann aus den beiden Messungen die Geschwindigkeit v_0 annähernd bestimmt werden. Sind mehr Daten über den Bewegungsverlauf bis zum Zeitpunkt t_0 bekannt, können diese zur Stützung der Prognose herangezogen werden. Sie erhöhen die Genauigkeit.

1.7 Modelle geradliniger Bewegungen

Aufgabe 1

$$v = a \cdot t$$

$$t = \frac{v}{a} = \frac{\frac{90}{3{,}6}\frac{\text{m}}{\text{s}}}{0{,}5\frac{\text{m}}{\text{s}^2}} = 50\ \text{s}$$

$$s = \frac{a}{2} \cdot t$$

$$s = \frac{0{,}5\frac{\text{m}}{\text{s}^2}}{2}(50\ \text{s})^2 = 625\ \text{m}$$

Aufgabe 2

a

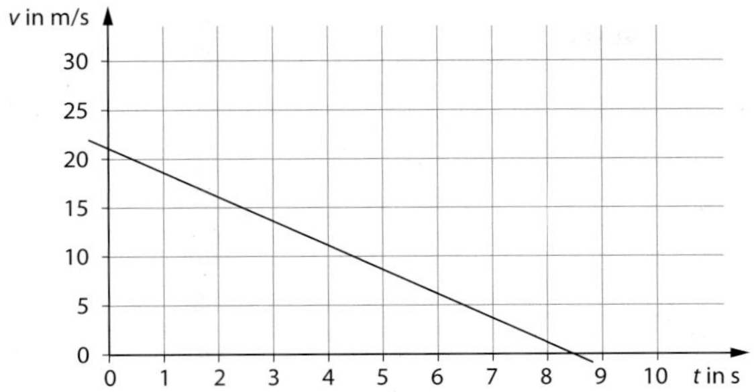

b $v(t) = -2{,}5\,\mathrm{m/s^2} \cdot t + 21\,\mathrm{m/s}$
Zur Ruhe kommt das Fahrzeug genau dann, wenn die Geschwindigkeit null ist.
$0 = -2{,}5\,\mathrm{m/s^2} \cdot t + 21\,\mathrm{m/s}$

Auflösen nach t ergibt:
$\underline{\underline{t = 8{,}4\,\mathrm{s}}}$.
Nach 8,4 s kommt das Fahrzeug zur Ruhe.

c Die zurückgelegte Strecke ergibt sich als Fläche unterhalb des Graphen im t-v-Diagramm:
$s = 0{,}5 \cdot 8{,}4\,\mathrm{s} \cdot 21\,\mathrm{m/s} = \underline{\underline{88{,}2\,\mathrm{m}}}$

Aufgabe 3

a Der Autofahrer darf maximal die Strecke s_{max} von der Ampel entfernt sein, die er innerhalb der Gelbphase mit seinem Auto zurücklegen kann. Da das Auto eine gleichförmige Bewegung ausführt, ergibt sich für s_{max}:
$s_{max} = v_0 \cdot t_{gelb} = 50\,\mathrm{km/h} \cdot 3\,\mathrm{s} = 13{,}89\,\mathrm{m/s} \cdot 3\,\mathrm{s} = \underline{\underline{41{,}67\,\mathrm{m}}}$.

b Der benötigte Anhalteweg s_a setzt sich additiv aus Reaktions- und Bremsweg zusammen:
$s_a = s_r + s_b$.
Während der Reaktionsphase ist die Bewegung gleichförmig:
$s_r = v_0 \cdot t_r = 13{,}89\,\mathrm{m/s} \cdot 0{,}5\,\mathrm{s} = 6{,}94\,\mathrm{m}$.

In der Bremsphase herrscht eine gleichmäßige Beschleunigung. Gedanklich lässt sich die Bremsphase umkehren. Dann liegt eine Beschleunigung von null auf 50 km/h vor, für die gilt:
$v(t) = a \cdot t$

$50\,\mathrm{km/h} = 2{,}0\,\mathrm{m/s^2} \cdot t_b$

$$t_b = \frac{13{,}89\,\mathrm{m/s}}{2{,}0\,\mathrm{m/s^2}} = 6{,}95\,\mathrm{s}$$

Aus der Bremszeit t_b lässt sich s_b berechnen:

$$s_b = \frac{1}{2} \cdot a \cdot t_b^2$$

$$s_b = \frac{1}{2} \cdot 2{,}0\,\mathrm{m/s^2} \cdot 6{,}95\,\mathrm{s}^2 = 48{,}23\,\mathrm{m}$$

Der gesamte Anhalteweg beträgt also:
$s_a = s_r + s_b = 6{,}94\,\mathrm{m} + 48{,}23\,\mathrm{m} = \underline{\underline{55{,}17\,\mathrm{m}}}$.

c Problematisch ist demzufolge ein Abstand zwischen 42 m und 55 m. Zum Bremsen wäre die Distanz zu gering, zum Überqueren der gelben Ampel die Entfernung zu groß.
Ein Fahrer muss seine Fahrweise den Straßenverhältnissen anpassen. Auf regennasser Fahrbahn wird er rechtzeitig die Geschwindigkeit drosseln, wenn er sich einer Ampel nähert. In dem Aufgabenbeispiel sollte er sich mit einer Geschwindigkeit von 42,2 km/h der Ampel nähern, damit s_{max} und s_a gleich sind.

1.8 Freier Fall und waagerechter Wurf

Aufgabe 1

a Der Sprung kann durch das Modell des freien Falls beschrieben werden. Die Zeit-Ort-Gleichung $s = ½\, g \cdot t^2$ kann nach der Fallzeit t aufgelöst werden; s ist dabei die Fallstrecke:

$$t = \sqrt{2\frac{s}{g}} = \sqrt{2 \cdot \frac{30\,\mathrm{m}}{9{,}81\,\frac{\mathrm{m}}{\mathrm{s}^2}}} = \underline{\underline{2{,}47\,\mathrm{s}}}$$

Die Geschwindigkeit ergibt sich aus der Zeit-Geschwindigkeitsgleichung

$$v = g \cdot t = 9{,}81\,\frac{\mathrm{m}}{\mathrm{s}^2} \cdot 2{,}47\,\mathrm{s} = 24{,}3\,\frac{\mathrm{m}}{\mathrm{s}} = \underline{\underline{87\,\frac{\mathrm{km}}{\mathrm{h}}}}$$

b Wird in der Gleichung aus Teil a die Fallhöhe s durch 15 m ersetzt, ergibt sich eine Fallzeit $t = 1{,}75\,\mathrm{s}$ und damit eine Maximalgeschwindigkeit von
$\underline{\underline{17{,}2\,\mathrm{m/s}}}$ bzw. 62 km/h.

Aufgabe 2

Mit einer Stoppuhr und einem Stein lässt sich die Höhe einer Brücke bestimmen. Wird der Stein von der Brücke fallen gelassen – man achte darauf, dass keine Verletzungsgefahr besteht –, wird die Fallzeit gemessen. Da beim Fall eines Steins von der Brücke die Luftreibung vernachlässigt werden kann, ist das Modell der gleichförmigen Bewegung geeignet, um die Fallstrecke zu berechnen:

$$s = \frac{1}{2} g \cdot t^2.$$

Die Fallstrecke entspricht der Höhe der Brücke; gegebenenfalls ist die Höhe des Geländers noch abzuziehen.

Aufgabe 3

a Statt die Kugel mit einer Geschwindigkeit von 6 m/s senkrecht nach oben zu werfen, kann man sie aus der zu berechnenden Höhe fallen lassen. Sie muss beim Auftreffen den gleichen Geschwindigkeitsbetrag besitzen, da die Bewegung symmetrisch ist. Anstelle der Steighöhe kann somit auch die Fallhöhe berechnet werden.
Es gelten die Gleichungen des freien Falls:
$v = g \cdot t$, nach t aufgelöst ergibt sich die Fallzeit: $t = v/g$

Eingesetzt in $s = \frac{1}{2} g \cdot t^2$ ergibt für die Fallstrecke:

$s = \frac{1}{2}\frac{v^2}{g}$.

In der Aufgabe entspricht s der gesuchten Höhe h und es ist $v = v_0 = 6\,\text{m/s}$.

$$h = s = \frac{1}{2}\frac{v^2}{g} = \frac{\frac{1}{2}\left(6\,\frac{\text{m}}{\text{s}}\right)^2}{9{,}81\,\frac{\text{m}}{\text{s}^2}} = \underline{\underline{1{,}84\text{ m}}}$$

b Die in Teil a hergeleitete Gleichung der Fall- bzw. Steighöhe $s = ½\, v^2/g$ lässt sich nach der gesuchten Geschwindigkeit auflösen:

$$v = \sqrt{2gs} = \sqrt{2gh} = \sqrt{2 \cdot 9{,}81\,\frac{\text{m}}{\text{s}} \cdot 5\,\text{m}} = 9{,}9\,\text{m/s} = 35{,}7\,\frac{\text{km}}{\text{h}}$$

Aufgrund der zeitlichen Symmetrie der Bewegung sind Steigzeit und Fallzeit $t = v/g$ gleich groß, und damit entspricht die gesamte Wurfzeit der doppelten Fallzeit:

$$t_W = 2\,\frac{v}{g} = 2 \cdot \frac{9{,}9\,\frac{\text{m}}{\text{s}}}{9{,}81\,\frac{\text{m}}{\text{s}^2}} = \underline{\underline{2{,}0\,\text{s}}}$$

Aufgabe 4

Bei der Bewegung handelt es sich um einen senkrechten Wurf mit der nach oben gerichteten Anfangsgeschwindigkeit $v_0 = 8\,\text{m/s}$ und der Starthöhe $h_0 = 5\,\text{m}$. Die Fallbeschleunigung g ist nach unten gerichtet und erhält in einem nach oben ausgerichteten Koordinatensystem ein negatives Vorzeichen.
Damit lässt sich diese Bewegung mit den Gleichungen einer gleichmäßig beschleunigten Bewegung beschreiben.
Gleichung (4):

$$h(t) = -\frac{1}{2} g \cdot t^2 + v_0 \cdot t + h_0$$

Gesucht ist die Zeit t, zu der die Kugel auf dem Boden aufkommt, also die Höhe $h = 0$ erreicht.

$$0 = -\frac{1}{2} \cdot 9{,}81\,\text{m/s}^2 \cdot t^2 + 8\,\text{m/s} \cdot t + 5\,\text{m}$$

Diese quadratische Gleichung liefert zwei Lösungen:
$t_1 = 2{,}11\,\text{s}$
$t_2 = -0{,}48\,\text{s}$

Da der Wurf zum Zeitpunkt null beginnt, kann die Kugel erst 2,11 s später auf dem Boden auftreffen.

Die negative Lösung hat im Kontext der Aufgabe keine unmittelbare Bedeutung. Sie liefert den Startpunkt für eine zweite Kugel, die vom Boden aus geworfen werden müsste, damit sich die Bahnen zeitgleich decken. Diese Kugel müsste um 0,48 s früher losgeworfen werden.
Die Abbildung zeigt das t-h-Diagramm des Wurfs.

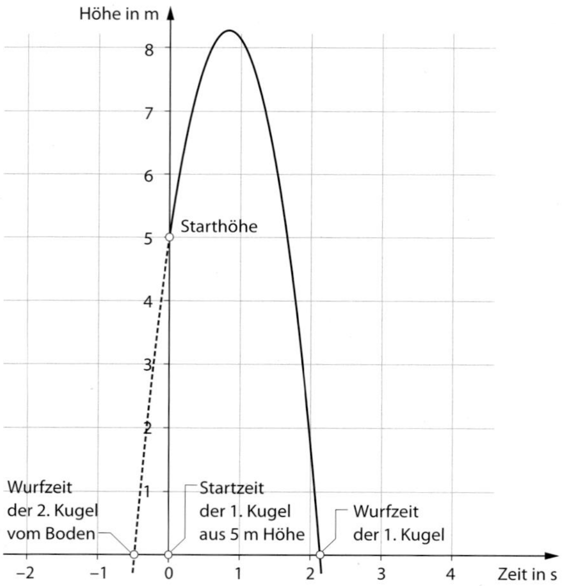

1.9 Bewegungen in zwei Dimensionen

Aufgabe 1

$s = 10\,400\,\text{m}$

$v = 2{,}5\,\frac{\text{m}}{\text{s}}$

$v_F = 0{,}8\,\frac{\text{m}}{\text{s}}$

Flussabwärts:

$v_{res,1} = (2{,}5 + 0{,}8)\,\frac{\text{m}}{\text{s}} = 3{,}3\,\frac{\text{m}}{\text{s}}$

$s = v_{res,1} \cdot t_1$

$$t_1 = \frac{10\,400\,\text{m}}{3{,}3\,\frac{\text{m}}{\text{s}}} \approx 3152\,\text{s} \approx \underline{\underline{53\,\text{min}}}$$

Flussaufwärts:

$v_{res,2} = (2{,}5 - 0{,}8)\,\frac{\text{m}}{\text{s}} = 1{,}7\,\frac{\text{m}}{\text{s}}$

$s = v_{res,2} \cdot t_2$

$$t_2 = \frac{10\,400\,\text{m}}{1{,}7\,\frac{\text{m}}{\text{s}}} \approx 6118\,\text{s} \approx \underline{\underline{102\,\text{min}}}$$

Aufgabe 2

Im Folgenden sei die x-Achse in Richtung der Strömung gelegt; die y-Achse stehe dazu senkrecht.

a Um ein 90 m breites, ruhendes Gewässer in y-Richtung zu überqueren benötigt die Fähre mit der konstanten Eigengeschwindigkeit von

$v_y = v_{\text{eigen}} = 4\,\text{m/s}$

die Zeit:

$$t = \frac{s_y}{v_y} = \frac{90\,\text{m}}{4\,\frac{\text{m}}{\text{s}}} = 22{,}5\,\text{s}.$$

In dieser Zeit wird sie im Fluss mit dessen Fließgeschwindigkeit

$v_x = v_{\text{Strömung}} = 1{,}5\,\text{m/s}$

in x-Richtung um die Strecke

$s_x = v_x \cdot t = 1{,}5\,\text{m/s} \cdot 22{,}5\,\text{s} = 33{,}75\,\text{m}$ abgetrieben.

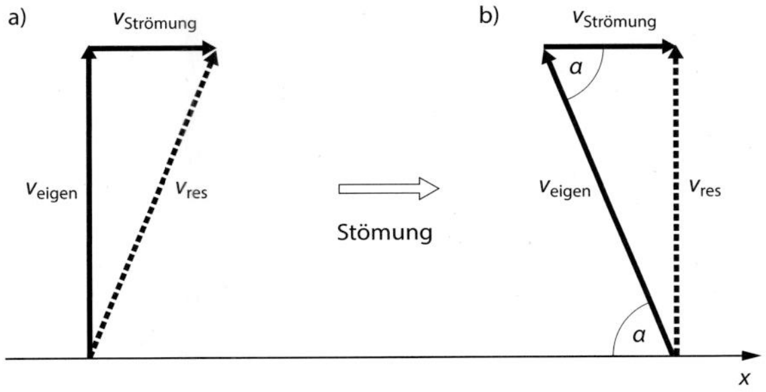

b Mit der Eigengeschwindigkeit veigen muss die Fähre in einen Winkel α so gegen die Strömung steuern, dass die resultierende Geschwindigkeit v_{res} senkrecht zur Strömung steht. Der Winkel ergibt sich über den Kosinus im rechtwinkligen Dreieck:

$$\cos\alpha = \frac{v_{\text{Strömung}}}{v_{\text{eigen}}} = \frac{1{,}5\,\frac{\text{m}}{\text{s}}}{4\,\frac{\text{m}}{\text{s}}} = 0{,}375$$

$\alpha = \underline{\underline{68°}}$

Damit muss die Fähre mit einem Winkel von 68° gegen die Strömung bzw. mit einem Winkel von 22° gegenüber der Zielrichtung steuern, um das gegenüberliegende Ziel zu erreichen.

Mit dem Satz des Pythagoras erhält man den Betrag der resultierenden Geschwindigkeit:

$$v_{\text{res}} = \sqrt{v_{\text{eigen}}{}^2 - v_{\text{Strömung}}{}^2} = \sqrt{\left(4\,\tfrac{\text{m}}{\text{s}}\right)^2 - \left(1{,}5\,\tfrac{\text{m}}{\text{s}}\right)^2} = 3{,}7\,\frac{\text{m}}{\text{s}}.$$

Mit dieser Geschwindigkeit überquert die Fähre in y-Richtung den Fluss der Breite s_y und benötigt dafür die Zeit

$$t = \frac{s_y}{v_{\text{res}}} = \frac{90\,\text{m}}{3{,}7\,\frac{\text{m}}{\text{s}}} = 24{,}3\,\text{s}.$$

Aufgabe 3

Die Geschwindigkeit gibt an, wie schnell sich der Ort innerhalb eines Zeitintervalls Δt ändert. Die Ortsänderung von s_1 nach s_2 ist durch $\Delta\vec{s}$ gegeben und durch einen Pfeil markiert. $|\Delta\vec{s}|$ gibt den Abstand und der Pfeil die Richtung der Ortsänderung an.
Seine senkrechten Projektionen auf die Koordinatenachsen sind die Differenzen der Koordinaten beider Orte:
$\Delta s_x = s_x(t_2) - s_x(t_1)$ und $\Delta s_y = s_y(t_2) - s_y(t_1)$.

Bei der Ortsänderung innerhalb eines Zeitintervalls ändern sich die beiden Koordinaten in der gleichen Zeit, und es ergeben sich die zeitlichen Änderungsraten bezüglich jeder Achse. Es sind die Geschwindigkeiten mit der sich die Projektionen der Orte auf den Achsen bewegen:

$$v_x = \frac{\Delta s_x}{\Delta t} \text{ und } v_y = \frac{\Delta s_y}{\Delta t}.$$

Benutzt man den Satz des Pythagoras für das Dreieck, das sich aus den Strecken ergibt, gilt für das stets gleiche Zeitintervall Δt:

$$|\vec{v}| = \frac{|\Delta\vec{s}|}{\Delta t} = \frac{\sqrt{\Delta s_x^2 + \Delta s_y^2}}{\Delta t} = \sqrt{\frac{\Delta s_x^2 + \Delta s_y^2}{(\Delta t)^2}} = \sqrt{\frac{\Delta s_x^2}{(\Delta t)^2}} + \sqrt{\frac{\Delta s_y^2}{(\Delta t)^2}}$$

$$= \sqrt{\Delta v_x^2 + \Delta v_y^2}.$$

Siehe auch Abb. 3 im Lehrbuch.

Aufgabe 4

a

$a^2 = a_x^2 + a_y^2$

$\tan\alpha = \dfrac{a_y}{a_x}$

$a_y = a_x \cdot \tan\alpha$

$a^2 = a_x^2 + (a_x \cdot \tan\alpha)^2$

$a_x = \dfrac{a}{\sqrt{1 + (\tan\alpha)}}$

$a_x = \dfrac{4\,\frac{\text{m}}{\text{s}^2}}{\sqrt{1 + (\tan 39°)^2}} \approx \underline{\underline{3{,}1\,\frac{\text{m}}{\text{s}^2}}}$

$a_y = 3{,}1\,\frac{\text{m}}{\text{s}} \cdot \tan 39° \approx \underline{\underline{2{,}5\,\frac{\text{m}}{\text{s}^2}}}$

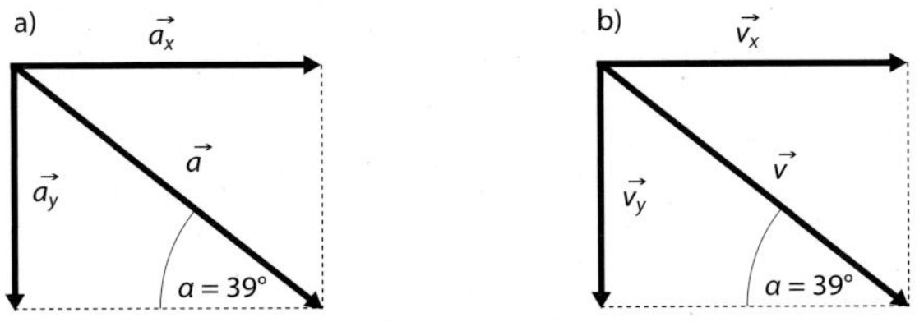

b

$v = a \cdot t$

$s = \dfrac{a}{2} \cdot t;\qquad t = \sqrt{\dfrac{2 \cdot s}{a}}$

$v = \sqrt{2 \cdot a \cdot s}$

$v = \sqrt{2 \cdot 4\frac{\text{m}}{\text{s}^2} \cdot 20\,\text{m}} \approx 12{,}6\frac{\text{m}}{\text{s}}$

$v^2 = v_x^2 + v_y^2$

$\tan\alpha = \frac{v_y}{v_x}$

$v_y = v_x \cdot \tan\alpha$

$v^2 = v_x^2 + (v_x \cdot \tan\alpha)^2$

$v_x = \frac{v}{\sqrt{1 + (\tan\alpha)^2}}$

$v_x = \frac{12{,}6\,\text{m/s}}{\sqrt{1 + (\tan 39°)^2}} \approx \underline{\underline{9{,}4\frac{\text{m}}{\text{s}}}}$

$v_y = 9{,}4\frac{\text{m}}{\text{s}} \cdot \tan 39° \approx \underline{\underline{7{,}6\frac{\text{m}}{\text{s}}}}$

1.10 Waagerechter Wurf

Aufgabe 1

a $s_\text{w} = v_0 \cdot \sqrt{\frac{2h}{g}}$

$v_0 = \frac{s_\text{w}}{\sqrt{\frac{2h}{g}}}$ $\quad v_0 = \frac{6{,}0\,\text{m}}{\sqrt{\frac{2 \cdot 2{,}5\,\text{m}}{9{,}81\frac{\text{m}}{\text{s}}}}} = \underline{\underline{8{,}4\frac{\text{m}}{\text{s}}}}$

b $t_\text{w} = \sqrt{\frac{2h}{g}} = \sqrt{\frac{2 \cdot 2{,}5\,\text{m}}{9{,}81\frac{\text{m}}{\text{s}^2}}} = \underline{\underline{0{,}71\,\text{s}}}$

Aufgabe 2

Um die Geschwindigkeit v des Flugzeuges berechnen zu können, wird zunächst die Fallzeit t_F berechnet:

$t_\text{F} = \sqrt{\frac{2h}{g}}$, wobei h die Abwurfhöhe bezeichnet.

Horizontal führt das Paket eine gleichförmige Bewegung aus, sodass für die Entfernung s_F zum Ziel gilt:

$s_\text{F} = v \cdot t_\text{F}$.

Daraus folgt:

$v = \frac{s_\text{F}}{t_\text{F}} = \frac{s_\text{F}}{\sqrt{\frac{2h}{g}}}$

$v = \frac{1000\,\text{m}}{\sqrt{\frac{2 \cdot 500\,\text{m}}{9{,}81\,\text{m/s}^2}}} = 99\,\text{m/s} = \underline{\underline{356\,\text{km/h}}}$

Aufgabe 3

a $s_y = \frac{-g}{2 \cdot v_0^2} \cdot s_x^2 + h_0 = \frac{-9{,}81\frac{\text{m}}{\text{s}}}{2 \cdot \left(5\frac{\text{m}}{\text{s}}\right)^2} \cdot s_x^2 + 1{,}2\,\text{m}$

$= -0{,}196\frac{1}{\text{m}} \cdot s_x^2 + 1{,}2\,\text{m}$

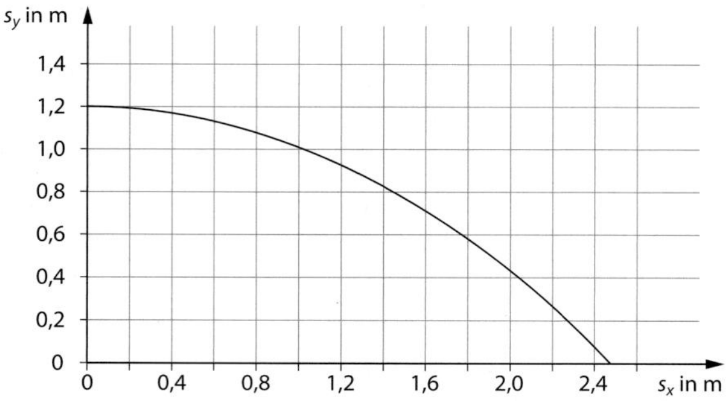

b $v = v_x + v_y = v_0 - g \cdot t_\text{w}^2$

$t_\text{w} = \sqrt{\frac{2h}{g}} = \sqrt{\frac{2 \cdot 1{,}2\,\text{m}}{9{,}81\frac{\text{m}}{\text{s}}}}$

$t_\text{w} = 0{,}495\,\text{s}$

$v = \sqrt{\left(5{,}0\frac{\text{m}}{\text{s}}\right)^2 + \left(9{,}81\frac{\text{m}}{\text{s}}\right)^2 \cdot (0{,}495\,\text{s})}$

$v = 6{,}97\frac{\text{m}}{\text{s}}$

$v_x = v_0 = \underline{\underline{5{,}0\frac{\text{m}}{\text{s}}}}$

$v_y = \sqrt{v^2 - v_x^2}$

$v_y = \sqrt{\left(6{,}97\frac{\text{m}}{\text{s}}\right)^2 - \left(5{,}0\frac{\text{m}}{\text{s}}\right)^2}$

$v_y = \underline{\underline{4{,}86\frac{\text{m}}{\text{s}}}}$

c $\tan\alpha = \frac{v_y}{v_x}$

$\alpha = \arctan\left(\frac{v_y}{v_x}\right) = \left(\frac{4{,}86\frac{\text{m}}{\text{s}}}{5{,}0\frac{\text{m}}{\text{s}}}\right)$

$\alpha = \underline{\underline{44{,}2°}}$

Aufgabe 4

Die Luftreibung hemmt die Bewegung, sie führt zu einer Beschleunigung, die der aktuellen Geschwindigkeit entgegen gerichtet ist. Beim waagerechten Wurf wird daher die horizontale Komponente v_x nach und nach kleiner, bis sie auf null abgesunken ist. Der Betrag der Vertikalkomponente v_y nimmt aufgrund der Luftreibung in geringerem Maße zu als beim idealisierten Fall ohne Reibung.

Der Extremfall eines sehr zähen Mediums mit großer Reibung zeigt: Ist die Vertikalkomponente auf null abgesunken, geht die Wurfbewegung in eine senkrechte Bewegung über. Allgemein gilt, dass die Bahnkurve des waagerechten Wurfs infolge mit Luftreibung steiler verläuft als ohne.

1.11 Schiefer Wurf

Aufgabe 1

a

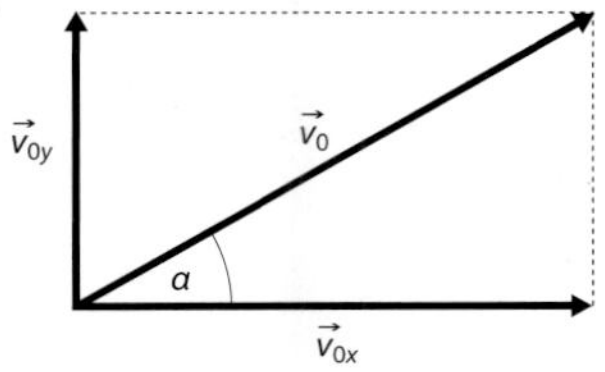

$v_{0y} = v_0 \cdot \sin\alpha$

$v_{0y} = \frac{100\,\text{m}}{3{,}6\,\text{s}} \cdot \sin 30°$

$v_{0y} = 13{,}9\,\frac{\text{m}}{\text{s}}$

Wurfzeit:

$$t_w = \frac{2 \cdot v_{0y}}{g}$$

$$t_w = \frac{2 \cdot 13{,}9\,\frac{\text{m}}{\text{s}}}{9{,}81\,\frac{\text{m}}{\text{s}}}$$

$t_w = 2{,}83\,\text{s}$

Wurfweite:

$$s_w = \frac{v_0^2 \cdot \sin(2\alpha)}{g} = \frac{\left(\frac{100}{3{,}6}\,\frac{\text{m}}{\text{s}}\right)^2 \cdot \sin 60°}{9{,}81\,\frac{\text{m}}{\text{s}}}$$

$s_w \approx 68{,}1\,\text{m}$

Wurfhöhe:

Setzt man

$$t = \frac{1}{2} \cdot t_w = \frac{v_{0y}}{g}$$

in $s_y(t) = \frac{1}{2} \cdot g \cdot t + v_{0y} \cdot t$

ein, so erhält man:

$$s_y\left(\frac{1}{2}\,t_w\right) = s_h = \frac{v_{0y}^2}{2g}$$

$$s_h = \frac{\left(13{,}9\,\frac{\text{m}}{\text{s}}\right)^2}{2 \cdot 9{,}81\,\frac{\text{m}}{\text{s}}}$$

$s_h = 9{,}8\,\text{m}$

Alternativer Lösungsweg:

$$s_h = \frac{v_0^2 \cdot (\sin\alpha)^2}{2g} = \frac{\left(\frac{100}{3{,}6}\,\frac{\text{m}}{\text{s}}\right)^2 \cdot (\sin 30°)^2}{2 \cdot 9{,}81\,\frac{\text{m}}{\text{s}}}$$

$s_h = 9{,}8\,\text{m}$

b

Gleichung der Wurfparabel:

$$s_y = \frac{g}{2 \cdot v_0^2 \cdot (\cos\alpha)^2} \cdot s_x^2 + \tan\alpha \cdot s_x$$

$$s_y = \frac{9{,}81\,\frac{\text{m}}{\text{s}}}{2 \cdot \left(\frac{100}{3{,}6}\,\frac{\text{m}}{\text{s}}\right)^2 \cdot (\cos 30°)^2} \cdot s_x^2 + \tan 30° \cdot s_x$$

$$s_y = -0{,}00848\,\frac{1}{\text{m}} \cdot s_x^2 + 0{,}577 \cdot s_x$$

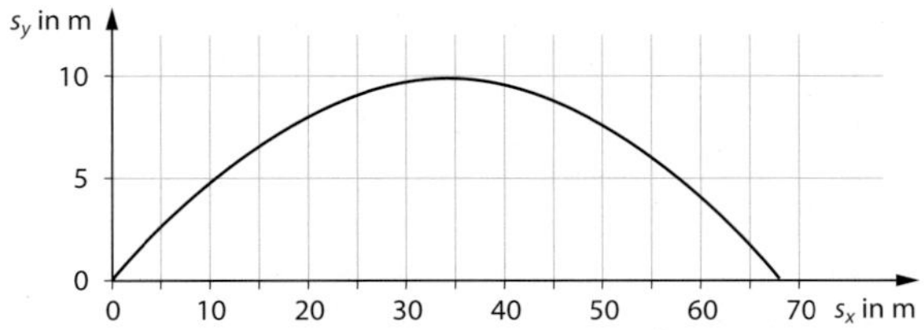

c $s_w = \frac{v_0^2 \cdot \sin(2\alpha)}{g}$

$$v_0 = \sqrt{\frac{s_w \cdot g_M}{\sin(2\alpha)}} = \sqrt{\frac{68{,}1\,\text{m} \cdot 1{,}62\,\frac{\text{m}}{\text{s}^2}}{\sin(60°)}}$$

$v_0 \approx 11{,}3\,\frac{\text{m}}{\text{s}} = 40{,}6\,\frac{\text{km}}{\text{h}}$

Aufgabe 2

Es gilt (Gl. 5 im Lehrbuch):

$$s_w = \frac{v_0^2 \cdot \sin(2\alpha)}{g}$$

Im Intervall [0°; 90°] ist der Sinus eines Winkels bei 90° maximal. Folglich ist für $2\alpha = 90°$ bzw. $\alpha = 45°$ die Wurfweite s_w maximal.

Aufgabe 3

a Wurfparabeln von Bällen, die in den Korb gehen, erfüllen die folgende Gleichung:

$$s_y = \frac{g}{2 \cdot v_0^2 \cdot (\cos\alpha)^2} \cdot s_x^2 + \tan\alpha \cdot s_x + 2{,}55,$$

wobei die Punkte [0 ; 2,55] und [4,00 ; 3,05] auf der Wurfparabel liegen (alle Längenangaben in m).

Zur Vereinfachung werden die Koeffizienten a, b und c eingeführt:

$$s_y = \underbrace{\frac{g}{2 \cdot v_0^2 \cdot (\cos\alpha)^2}}_{\text{a}} \cdot s_x^2 + \underbrace{\tan\alpha}_{\text{b}} \cdot s_x + \underbrace{2{,}55}_{\text{c}}$$

Man erhält: $s_y = \text{a} \cdot s_x^2 + \text{b} \cdot s_x + \text{c}$

Der Zusammenhang zwischen dem Abwurfwinkel α und der Anfangsgeschwindigkeit v_0 des Balls kann mithilfe des folgenden Gleichungssystems ermittelt werden:

(I) $2{,}55 = a \cdot 0^2 + b \cdot 0 + c$

(II) $3{,}05 = a \cdot 4^2 + b \cdot 4 + c$

Hieraus folgt: c = 2,55 und

$$a = \frac{1}{4}b + \frac{1}{32}$$

$$-\frac{g}{2 \cdot v_0^2 \cdot (\cos\alpha)^2} = -\frac{1}{4} \cdot \tan\alpha + \frac{1}{32}$$

$$v_0 = \sqrt{-\frac{g}{2 \cdot \left(-\frac{1}{4} \cdot \tan\alpha + \frac{1}{32}\right) \cdot (\cos\alpha)^2}}$$

Mithilfe dieser Gleichung lassen sich für selbstgewählte Abwurfwinkel diejenigen Anfangsgeschwindigkeiten berechnen, für die die Wurfparabeln durch die Punkte [0 ; 2,55] und [4,00 ; 3,05] verlaufen.

Zwei mögliche Lösungen lauten beispielsweise:

$$v_0(60°) = \sqrt{-\frac{9{,}81}{2 \cdot \left(-\frac{1}{4} \cdot \tan 60° + \frac{1}{32}\right) \cdot (\cos 60°)^2}}\ \frac{\text{m}}{\text{s}}$$

$$v_0(60°) = 6{,}99\,\frac{\text{m}}{\text{s}}$$

$$v_0(80°) = 10{,}83\,\frac{\text{m}}{\text{s}}$$

v_0 in m/s	6,99	10,832	19,85
α	60°	80°	10°
s_x in m	s_y in m	s_y in m	s_y in m
0,00	2,55	2,55	2,55
0,25	2,96	3,88	2,59
0,50	3,32	5,04	2,63
0,75	3,62	6,02	2,68
1,00	3,88	6,83	2,71
1,25	4,09	7,47	2,75
1,50	4,24	7,94	2,79
1,75	4,35	8,23	2,82
2,00	4,41	8,35	2,85
2,25	4,41	8,29	2,88
2,50	4,37	8,06	2,91
2,75	4,28	7,66	2,94
3,00	4,13	7,09	2,96
3,25	3,94	6,34	2,99
3,50	3,69	5,42	3,01
3,75	3,40	4,32	3,03
4,00	3,05	3,05	3,05
4,25	2,66	1,61	3,07

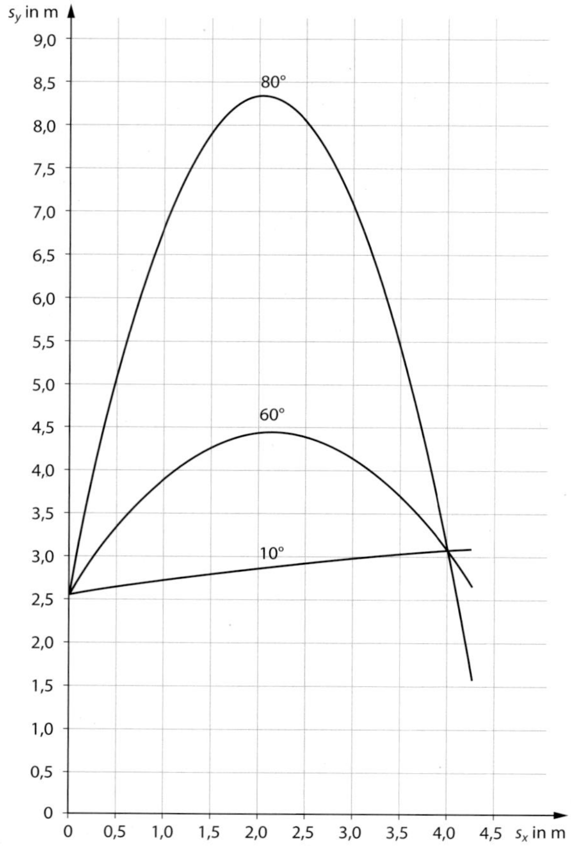

b Nein. Bei einer gegebenen Anfangsgeschwindigkeit gilt:

– Wird ein bestimmter Abwurfwinkel überschritten, so erreicht der Ball nicht mehr die erforderliche Weite in x-Richtung, um durch den Korb zu fallen.

– Wird ein bestimmter Abwurfwinkel unterschritten, so trifft der Ball den Korb von der Seite, oder er erreicht nicht mehr die erforderliche Höhe in y-Richtung, um durch den Korb fallen zu können, z. B. für

$$v_0(10°) = 19{,}85\,\frac{\text{m}}{\text{s}}$$

(siehe Diagramm von Teil a für $\alpha = 10°$).

2.1 Galileo Galilei

Aufgabe 1

Nach der aristotelischen Auffassung überträgt der Bogen ein gewisses Maß an „Kraft" auf die Luft. Die Luft treibt den Pfeil an, bis ihre „Kraft" aufgebraucht ist. Nach Galilei dagegen wirkt der Bogen unmittelbar auf den Pfeil, die Bewegung ist ohne weiteren Antrieb auch im Vakuum möglich. Die Luft dagegen hemmt die Bewegung.

Aufgabe 2

Das Fallgesetz beschreibt eine quadratische Abhängigkeit zwischen s und t. Die Zahlenfolge 3, 5, 7, 9, … entspricht den Differenzen zwischen den Quadratzahlen 1, 4, 9, 16, 25, …

Aufgabe 3

a Der Vertreter der aristotelischen Physik könnte argumentieren: Würde sich die Erde drehen, käme der Stein nicht senkrecht unter seinem Startpunkt an. Denn die Erde würde sich während der Falldauer weiterdrehen.

b $t = \sqrt{\frac{2s}{g}}$

$v = \sqrt{2s \cdot g}$

s in m	t in s	v in m/s
10	1,43	14,0
20	2,02	19,8
40	2,86	28,0

c Galilei hätte argumentieren müssen: Eine Vervierfachung der Fallstrecke führt zu einer Verdopplung der Fallzeit und der Geschwindigkeit. Allerdings hätte er es nicht leicht gehabt, den Aristoteliker zu überzeugen: Die Zeitmessungen wären kaum in einer Genauigkeit möglich gewesen, die das Fallgesetz als zwingend hätten erscheinen lassen. Zusätzlich waren Experimente als Grundlage für Naturgesetze in der aristotelischen Physik nicht akzeptiert.

2.2 Maße und Einheiten

Aufgabe 1

Es werden alle anderen Atome vernachlässigt, die Anzahl der Wasserstoff-Atome beträgt dann näherungsweise:

$$n = \frac{m_S}{m_H} = \frac{1{,}99 \cdot 10^{30}}{1{,}67 \cdot 10^{-27}\,\text{kg}} \approx \underline{\underline{1{,}2 \cdot 10^{57}}}$$

Aufgabe 2

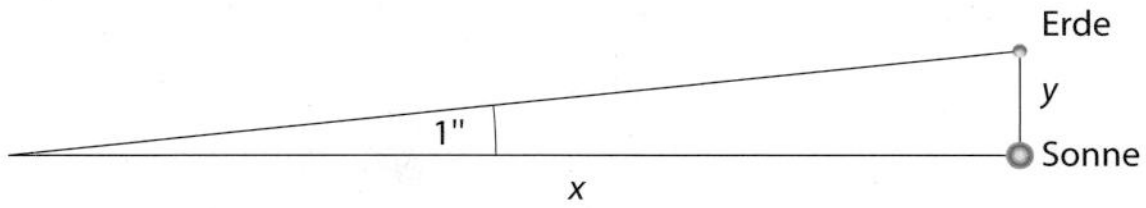

Skizze nicht maßstäblich

Die Strecke x entspricht 1pc (Parsec) und lässt sich folgendermaßen berechnen.

$$1'' = \frac{1}{3600}^{\circ}$$

$$\tan \frac{1}{3600}^{\circ} = \frac{y}{x} \quad \text{mit} \quad y = 1{,}5 \cdot 10^{11}\,\text{m}$$

$$x = \frac{1{,}5 \cdot 10^{11}\,\text{m}}{\tan \frac{1}{3600}^{\circ}} = 3{,}09 \cdot 10^{16}\,\text{m}$$

Ein Lichtjahr (1 Lj) entspricht der Strecke s, die das Licht in einem Jahr zurücklegt.

$$s = 1\,\text{Lj} = 3 \cdot 10^{8}\,\frac{\text{m}}{\text{s}} \cdot 365{,}25 \cdot 24 \cdot 60 \cdot 60\,\text{s}$$

$$1\,\text{Lj} \approx 9{,}47 \cdot 10^{15}\,\text{m}$$

$$\frac{x}{3{,}09 \cdot 10^{16}\,\text{m}} = \frac{1\,\text{Lj}}{9{,}47 \cdot 10^{15}\,\text{m}}$$

$$x = \frac{3{,}09 \cdot 10^{16}\,\text{m}}{9{,}47 \cdot 10^{15}\,\text{m}}\,\text{Lj} = \underline{\underline{3{,}26\,\text{Lj}}}$$

Aufgabe 3

Der Zeitunterschied von einer Stunde entspricht 3600 s bzw. 3 600 000 ms.
Es würde also 360 000 · 100 Jahre bzw. 36 Millionen Jahre dauern.

2.3 Masse

Aufgabe 1

Trägheit der Lkw-Ladung: Die Lkw-Ladung kann bei Änderungen der Geschwindigkeit, also beim Anfahren, Abbremsen oder während einer Kurvenfahrt verrutschen. Dies muss mithilfe geeigneter Befestigungssysteme verhindert werden.
Schwere der Lkw-Ladung: Der Fahrer ist dafür verantwortlich, dass die maximale Masse, für die der jeweilige Lkw zugelassen ist, nicht überschritten wird. Auch die Belastbarkeit der einzelnen Achsen ist zu berücksichtigen.

Aufgabe 2

a Die Wasserwaage ist zunächst in Ruhe und in waagerechter Position, sodass sich die Luftblase in der Mitte zwischen den beiden Markierungen befindet. Bei Geschwindigkeitsänderungen des Körpers sind folgende Bewegungen der Luftblase relativ zu den Markierungen sichtbar:

Geschwindigkeit des Körpers	Beobachtung
nimmt zu	Die Luftblase verschiebt sich in Bewegungsrichtung.
nimmt ab	Die Luftblase verschiebt sich entgegen der Bewegungsrichtung.
bleibt konstant	Die Luftblase bleibt in der Mitte.

b Die Luftblase besitzt eine wesentlich geringere Masse und damit eine geringere Trägheit als die Flüssigkeit. Folglich widersetzt sich die Flüssigkeit einer Beschleunigung stärker und verdrängt die Luftblase.

Aufgabe 3

a Die Anziehung zwischen Massestück und Mond ist in der Tat schwächer als diejenige zwischen Massestück und Erde. Die Trägheit eines Körpers ist aber unabhängig davon, ob er sich auf dem Mond oder auf der Erde befindet. Im freien Fall auf dem Mond wird der Körper langsamer beschleunigt, aber auch dort fallen Körper unterschiedlicher Masse gleich schnell.

b Das Experiment zeigt im Prinzip das gleiche Resultat. Allerdings ist der Unterschied der Fadenbelastungen nicht so groß wie auf der Erde: Der schwere Stein zieht weniger stark am oberen Faden. Daher muss Teil b des Experiments mit besonderer Sorgfalt ausgeführt werden, um den Effekt sichtbar werden zu lassen.

Aufgabe 4

Man kann z.B. in einer Kunststoffflasche oder einem Rohrstück Aluminiumstreifen anbringen, die sich dann mit der Wasserströmung bewegen. Auch ein Faden, an dem ein Schwimmkörper befestigt ist, lässt sich einsetzen; die Position des Schwimmkörpers ist dann mit einem Helligkeitssensor bzw. einer Lichtschranke auszuwerten.

2.4 Impuls und Impulserhaltung

Aufgabe 1

a $p_1 = m_1 \cdot v_1 = 150\,\text{kg} \cdot 1{,}2\,\frac{\text{m}}{\text{s}} = \underline{\underline{180\,\frac{\text{kg} \cdot \text{m}}{\text{s}}}}$

b $m_1 \cdot v_1 = -m_2 \cdot v_2$

$$v_2 = \frac{150\,\text{kg} \cdot 1{,}2\,\frac{\text{m}}{\text{s}}}{-2500\,\text{kg}} = \underline{\underline{-0{,}072\,\frac{\text{m}}{\text{s}}}}$$

Dies ist die Geschwindigkeit des Raumschiffs im gemeinsamen Schwerpunktsystem, das Raumschiff und Astronaut umfasst.

Aufgabe 2

a Die Erde bewegt sich auf einer kreisähnlichen Bahn um die Sonne. Da sie eine sehr große Masse besitzt, ist auch ihr Impuls sehr groß. Der Impuls des Apfels ist dagegen verschwindend gering. Es kommt also nicht zu einer beobachtbaren Geschwindigkeitsänderung der Erde.

b $m_E \cdot \Delta v_E = -m_A \cdot \Delta v_A$

$$\Delta v_E = \frac{-m_A \cdot \Delta v_A}{m_E}$$

$$\Delta v_E = \frac{-0{,}15\,\text{kg} \cdot 18\,\frac{\text{m}}{\text{s}}}{5{,}97 \cdot 10^{24}\,\text{kg}} \approx 0\,\frac{\text{m}}{\text{s}}$$

Aufgabe 3

$E_{kin} = \frac{m}{2} v^2 \qquad p = m \cdot v \qquad v = \frac{p}{m}$

$$E_{kin} = \frac{m}{2} \frac{p^2}{m^2}$$

$$E_{kin} = \frac{p^2}{2m}$$

Aufgabe 4

Nach dem Ankoppeln bewegen sich die Wagen mit der gemeinsamen Geschwindigkeit v_{gem} weiter.

$m_1 \cdot v_1 + m_2 \cdot v_2 = (m_1 + m_2) \cdot v_{gem} \qquad v_2 = 0$

$$m_2 = \frac{v_1 - v_{gem}}{v_{gem}} \cdot m_1$$

$$m_2 = \frac{25\,\frac{\text{km}}{\text{h}} - 6\,\frac{\text{km}}{\text{h}}}{6\,\frac{\text{km}}{\text{h}}} \cdot 12\,\text{t}$$

$\underline{\underline{m_2 = 38{,}0\,\text{t}}}$

2.5 Kraft

Aufgabe 1

Auf den Schlitten werden die Gewichtskraft $\vec{F}_G$ und die Kraft der Unterlage $\vec{F}_U$ ausgeübt. Die beiden Kräfte ergeben zusammen die Hangabtriebskraft $\vec{F}_H$. Die Normalkraft $\vec{F}_N = -\vec{F}_U$ ist die Kraft, die der Schlitten auf die Unterlage ausübt.

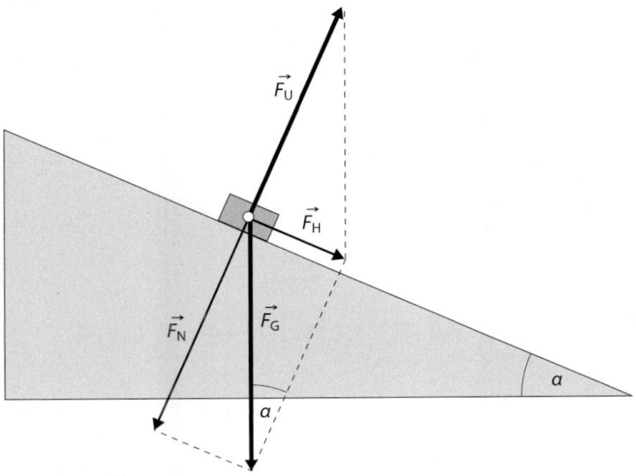

b $\sin\alpha = \frac{F_H}{F_G}$ $F_H = F_G \cdot \sin\alpha$

Hangabtriebskraft:
$F_H = m \cdot g \cdot \sin\alpha$ $F_H = 84\,\text{kg} \cdot 9{,}81\,\frac{\text{m}}{\text{s}^2} \cdot \sin 24°$ $\underline{\underline{F_H = 335\,\text{N}}}$

Beschleunigung:
$a = \frac{F_H}{m} = \frac{335\,\text{N}}{84\,\text{kg}} = 3{,}99\,\frac{\text{m}}{\text{s}^2}$

Impulsnach 5 Sekunden:
$p = F_H \cdot \Delta t$
$p = 335\,\text{N} \cdot 5\,\text{s}$
$\underline{\underline{p = 1675\,\frac{\text{kg} \cdot \text{m}}{\text{s}}}}$

Oder:
$p = m \cdot \Delta v = m \cdot a \cdot \Delta t$
$p = 84\,\text{kg} \cdot 3{,}99\,\frac{\text{m}}{\text{s}^2} \cdot 5\,\text{s}$
$\underline{\underline{p = 1675\,\frac{\text{kg} \cdot \text{m}}{\text{s}}}}$

Aufgabe 2

a

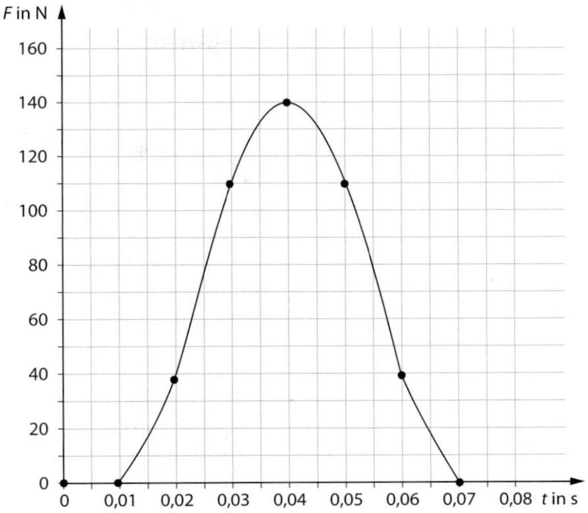

b Die von der t-Achse und dem Graphen $F(t)$ eingeschlossene Fläche entspricht der Impulsänderung. Bei konstanter Kraft gilt $\Delta p = F \cdot \Delta t$.

c Die Gesamtfläche bei veränderlicher Kraft kann näherungsweise durch Auszählen der Flächeneinheiten der betreffenden Fläche ermittelt werden.
Die Anzahl der Flächeneinheiten beträgt 88.
Eine Flächeneinheit entspricht $0{,}005\,\text{s} \cdot 10\,\text{N} = 0{,}05\,\text{N} \cdot \text{s}$.
Die Impulsänderung beträgt also:
$\Delta p = 88 \cdot 0{,}05\,\text{N} \cdot \text{s} = 4{,}4\,\text{N} \cdot \text{s}$
$\Delta p = m \cdot \Delta v$

$\Delta v = \frac{\Delta p}{m}$

$\Delta v = \frac{4{,}4\,\text{N} \cdot \text{s}}{0{,}058\,\text{kg}} \approx \underline{\underline{76\,\frac{\text{m}}{\text{s}}}}$

2.6 Die Newton´schen Axiome

Aufgabe 1

Das Verharren eines Körpers in Ruhe oder gleichförmig geradliniger Bewegung bedeutet, dass seine Beschleunigung null ist. Nach dem zweiten Newton'schen Axiom ist für $a = 0$ auch $F = 0$.

Aufgabe 2

a Der Schwimmer übt auf das Boot eine Kraft aus und umgekehrt. Beide Kräfte sind gleich groß. Die Beschleunigungen sind aber entsprechend dem Massenverhältnis unterschiedlich.

b Das Auto übt auf die Erde eine Kraft aus und umgekehrt. Beide Kräfte sind gleich groß. Da die Massen extrem ungleich sind, wird die Bewegung der Erde nicht beeinflusst.

c Das Raumschiff tritt mit den Teilchen der Atmosphäre in Wechselwirkung. Die Kräfte, die die Teilchen auf das Raumschiff ausüben, sind in der Summe genauso groß wie die Kraft, die das Raumschiff auf die Teilchen ausübt.

d Magnet und Kugel ziehen einander an. Die Kräfte, die sie aufeinander ausüben, sind gleich groß. Ist die Oberfläche hinreichend glatt, gleitet der Magnet auch auf die Stahlkugel zu.

Aufgabe 3

Auf den Stein wird die Gewichtskraft $\vec{F}_G$ ausgeübt, eine gleichgroße Kraft übt der Stein auf die Erde aus.
Der Stein ist in Ruhe. Daher gleicht die Summe aus Auftriebskraft $\vec{F}_A$ und Federkraft $\vec{F}_F$ dem Betrag der Gewichtskraft.
Der Wasserbehälter drückt mit seiner Gewichtskraft $\vec{F}_B$ zuzüglich der Auftriebskraft $\vec{F}_A$ auf den Boden.
Der Federkraftmesser wird von unten mit der Kraft $\vec{F}_F$ und von oben mit der Kraft $-\vec{F}_F$ gespannt.
Das Stativ wird entsprechend von zwei Kräften gestaucht, die ebenfalls den Betrag F_F besitzen.

Aufgabe 4

Im statischen Fall wird der Federkraftmesser durch eine Kraft vom Betrag $m \cdot g$ gestreckt, wenn m die Masse des Antriebskörpers ist. Nach dem Loslassen setzt sich der gesamte Zug mit der Beschleunigung a in Bewegung. Die Kraft, die dann auf den Gleiter (bzw. den als masselos angenommenen Federkraftmesser) ausgeübt wird, ist dann entsprechend kleiner: $F = m \cdot (g - a)$.
Die Situation ist mit einem nach unten beschleunigenden Fahrstuhl zu vergleichen, in dem eine Person auf einer Waage steht. Während der Beschleunigung zeigt die Waage einen kleineren Betrag an – im freien Fall sogar den Wert null.

Aufgabe 5

Gesucht:
Masse der Freundin: m_F
Gegeben:
Masse des Manns: $m_M = 78$ kg
Masse des Skatboards: $m_S = 5$ kg

$$m_1 = m_M + m_S$$
$$m_2 = m_F + m_S$$
$$m_1 \cdot \Delta v_1 = -m_2 \cdot \Delta v_2$$
$$(m_M + m)_S \cdot \Delta v_1 = -(m_F + m_S) \cdot \Delta v_2$$
$$m_F = \frac{(m_M + m_S) \cdot \Delta v_1}{\Delta v_2} - m_S$$
$$m_F = \frac{(78{,}8\,\text{kg} + 5\,\text{kg}) \cdot \left(-2{,}5\,\frac{\text{m}}{\text{s}}\right)}{3{,}1\,\frac{\text{m}}{\text{s}}} - 5\,\text{kg}$$
$$m_F = 62{,}6\,\text{kg}$$

2.7 Die Mechanik Newtons

Aufgabe 1

Newton wendet sich mit seinem Ausspruch gegen Spekulationen über Ursachen von Naturerscheinungen, für die es keine experimentell zu belegenden Hinweise gibt. Was Erde und Apfel „voneinander wollen", sodass sie sich gegenseitig anziehen, kann Newton nicht sagen. – Aber er kann ein Gesetz angeben, das die Anziehung und die resultierende Beschleunigung quantitativ beschreibt.

Aufgabe 2

a Der Dämon selbst ist in dieser Form nicht beunruhigend – er nimmt keinen Einfluss auf den Verlauf der Welt. Aber die Tatsache, dass die Positionen und Bewegungszustände sämtlicher Teilchen zu einem Zeitpunkt t_0 bekannt wären – eben diesem Dämon – würde bedeuten, dass auch die nachfolgenden Zustände eindeutig daraus abzuleiten wären: Die Welt würde ablaufen wie ein mechanisches Uhrwerk. Und dies hieße in letzter Konsequenz, dass auch alles Leben, selbst das menschliche Handeln bereits durch diesen Zustand zum Zeitpunkt t_0 vorherbestimmt wären. Einen freien Willen gäbe es nicht.

b Da für eine wirklich exakte Beschreibung sämtliche Teilchen des Universums und alle ihre Wechselwirkungen untereinander bekannt sein müssten, wäre der Rechenaufwand unermesslich.

2.8 Elastizität und Hooke´sches Gesetz

Aufgabe 1

a

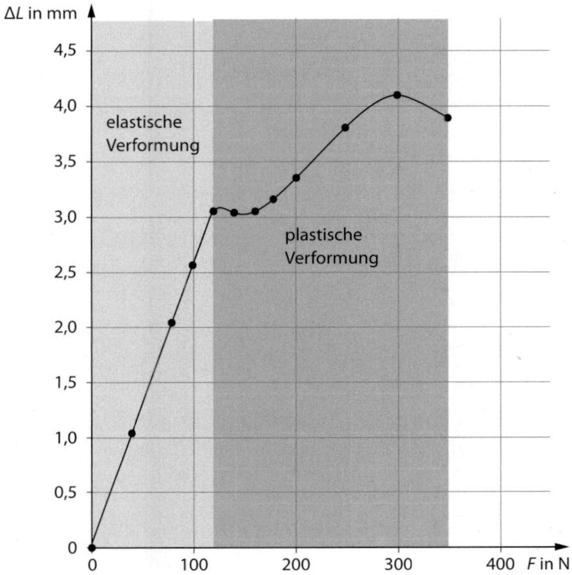

b Im Intervall [0 N ; 120 N] besteht ein proportionaler Zusammenhang zwischen der Kraft und der Längenänderung des Stahldrahts.

Aufgabe 2

Messbeispiel:

F in N	*L* in cm	Δ*L* in cm	*F*/Δ*L* in N/cm
0,0	26,0	0,0	-
0,5	49,0	23,0	0,02
1,0	77,5	51,5	0,02
1,5	100,5	74,5	0,02
2,0	112,5	86,5	0,02
2,5	118,0	92,0	0,03
3,0	124,0	98,0	0,03
3,5	127,0	101,0	0,03
4,0	130,5	104,5	0,04
4,5	133,0	107,0	0,04
5,0	136,0	110,0	0,05
5,5	139,5	113,5	0,05
6,0	143,5	117,5	0,05
7,0	146,5	120,5	0,06
8,0	150,0	124,0	0,06
9,0	152,0	126,0	0,07
10,0	155,0	129,0	0,08
11,0	157,0	131,0	0,08
12,0	159,0	133,0	0,09
13,0	160,0	134,0	0,10
14,0	Gummifaden gerissen		-

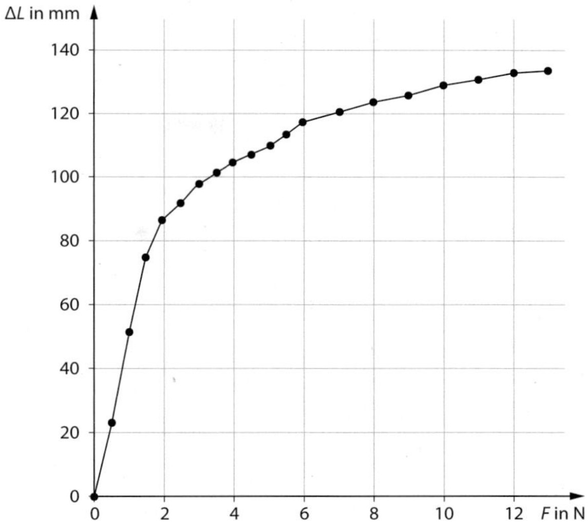

Der Kurvenverlauf ähnelt zunächst dem des Kraft-Dehnungs-Diagramms eines Drahts unter Zugbelastung. Im Intervall [0 N ; 2 N] ist ein proportionaler Zusammenhang zwischen der Kraft und der Längenänderung des Gummibandes erkennbar. Der bei metallischen Körpern ausgeprägte starke Anstieg der Kurve kurz vor dem Erreichen der Elastizitätsgrenze ist beim Gummiband nicht zu beobachten.

Aufgabe 3

Bauteile wie Stahlträger werden unterhalb der Proportionalitätsgrenze ihres Materials eingesetzt. Da die Angabe dieser Proportionalitätsgrenze, z. B. durch Fertigungs- oder Materialfehler eine Fehlertoleranz besitzt, wird das Material weit unterhalb dieser Grenze belastet. So steht eine größere Sicherheitsreserve bei extremen Belastungen zur Verfügung. Zudem kann auf diese Weise eine Materialermüdung, also eine Veränderung der inneren Struktur aufgrund wiederkehrender Belastung, begrenzt werden.

2.9 Mechanische Energieformen

Aufgabe 1

Es gilt der Energieerhaltungssatz:
$E_{ges} = E_{pot} + E_{kin} = \text{konst.}$

a Die Gesamtenergie des Systems ist die potenzielle Energie zu Beginn des Experiments, also die Lageenergie in einer Höhe von $h = 4\,\text{m}$:

$E_{ges} = E_{pot}(4\,\text{m}) = m \cdot g \cdot h$

$= 0{,}102\,\text{kg} \cdot 9{,}81\,\text{N/kg} \cdot 4\,\text{m} = 4\,\text{N} \cdot \text{m} = 4\,\text{J}.$

Da die potenzielle Energie proportional zur Höhe ist, beträgt sie für die verschiedenen Höhen:	Aus dem Energieerhaltungssatz ergeben sich die kinetischen Energien:
$E_{pot}(4\,m) = 4\,J$	$E_{kin}(4\,m) = 0$
$E_{pot}(3\,m) = 3\,J$	$E_{kin}(3\,m) = 1\,J$
$E_{pot}(2\,m) = 2\,J$	$E_{kin}(2\,m) = 2\,J$
$E_{pot}(1\,m) = 1\,J$	$E_{kin}(1\,m) = 3\,J$
$E_{pot}(0\,m) = 0$	$E_{kin}(0\,m) = 4\,J$

b Die Geschwindigkeiten lassen sich mit der Gleichung

$$E_{kin} = \frac{1}{2} \cdot m \cdot v^2$$

aus den kinetischen Energien berechnen.

$v = \sqrt{\frac{2E_{kin}}{m}}$ führt zu:

$v(4\,m) = 0$
$v(3\,m) = 4{,}43\,m/s$
$v(2\,m) = 6{,}26\,m/s$
$v(1\,m) = 7{,}67\,m/s$
$v(0\,m) = 8{,}86\,m/s$

c Zunächst sind die Geschwindigkeiten zu den vorgegebenen Zeiten zu berechnen. Dazu müssen die entsprechenden Werte für t in die Bewegungsgleichung des freien Falls eingesetzt werden:

$v = g \cdot t.$

Mit der Gleichung für die kinetische Energie ergibt sich:

$$E_{kin} = \frac{1}{2} m \cdot (g \cdot t)^2.$$

Durch Einsetzen der Werte für t erhält man:	Die potenziellen Energien ergeben sich aus der Gesamtenergie zu:
$E_{kin}(0\,s) = 0$	$E_{pot}(0\,s) = 4\,J$
$E_{kin}(0{,}1\,s) = 0{,}049\,J$	$E_{pot}(0{,}1\,s) = 3{,}95\,J$
$E_{kin}(0{,}2\,s) = 0{,}196\,J$	$E_{pot}(0{,}2\,s) = 3{,}80\,J$
$E_{kin}(0{,}3\,s) = 0{,}442\,J$	$E_{pot}(0{,}3\,s) = 3{,}56\,J$
$E_{kin}(0{,}4\,s) = 0{,}785\,J$	$E_{pot}(0{,}4\,s) = 3{,}21\,J$

d Die Umwandlungsrate beschreibt die zeitliche Änderung der kinetischen bzw. der potenziellen Energie:

$$E_{kin} = \frac{1}{2} \cdot m \cdot v^2.$$

Mit $v = g \cdot t$ ergibt sich:

$$E_{kin} = \frac{1}{2} \cdot m \cdot (g \cdot t)^2 = \frac{1}{2} \cdot m \cdot g^2 \cdot t^2.$$

Die zeitliche Änderung ergibt sich als zeitliche Ableitung

$$E_{kin} = m \cdot g^2 \cdot t.$$

Mit fortschreitender Zeit wird also die potenzielle Energie immer schneller in kinetische Energie umgewandelt. Dies wird auch in der grafischen Darstellung der beiden Energieanteile deutlich.

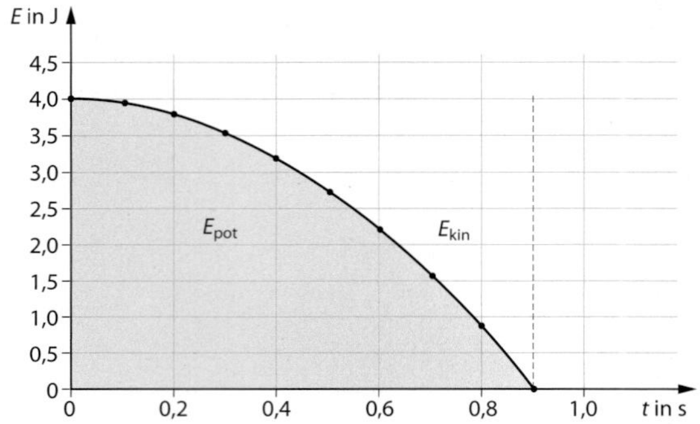

Aufgabe 2

In 3 m Höhe besitzt der Athlet mit seinen Hanteln lediglich potenzielle Energie:

$$E_{pot} = m_{ges} \cdot g \cdot h_A$$
$$= (m_{Artist} + 2m_{Hantel}) \cdot g \cdot h$$
$$= 100\,kg \cdot 9{,}81\,m/s^2 \cdot 3\,m = 2943\,kg \cdot m^2/s^2$$

Im tiefsten Punkt des Trampolins wird diese potenzielle Energie komplett in Spannenergie des Trampolins umgewandelt:

$E_{pot} = E_{spann}.$

Da die Hanteln im tiefsten Punkt losgelassen werden (die Hanteln dürfen dabei nicht auf dem Trampolin abgelegt werden), wird die Spannenergie beim Herauskatapultieren in potenzielle Energie des Artisten ohne Hanteln umgewandelt. Daher gilt:

$E_{spann} = m_{Artist} \cdot g \cdot h_E.$

Daraus lässt sich die vom Athleten erreichte Höhe h_A errechnen:

$$h_E = \frac{E_{spann}}{m_{Artist} \cdot g} = \frac{2943\,kg \cdot m^2/s^2}{70\,kg \cdot 9{,}81\,m/s^2} = \underline{\underline{4{,}29\,m}}$$

Der Artist wird also in eine Höhe von 4,29 m katapultiert, 1,29 Meter höher als zu Anfang.

Alternative

Die Aufgabe lässt sich auch durch Vergleich der Verhältnisse von Massen und Höhen zueinander lösen:

$$\frac{m_1}{m_2} = \frac{h_2}{h_1}.$$

Es folgt für die beim zweiten Sprung erreichte Höhe:

$$h_2 = h_1 \frac{m_1}{m_2} = 3\,m \cdot \frac{100\,kg}{70\,kg} = \underline{\underline{4{,}29\,m}}.$$

Aufgabe 3

Die maximale Höhe der Kugel ist erreicht, wenn die Spannenergie der Feder komplett in Lageenergie umgewandelt wird:

$E_{pot} = E_S$

$m \cdot g \cdot h = \frac{1}{2} \cdot D \cdot s^2$

Hierbei ist s die Dehnung der Feder und h die maximale Steighöhe der Kugel. Dieser Ausdruck lässt sich umformen, sodass man nur noch die Werte einsetzen muss:

$h = \frac{D \cdot s^2}{2 \cdot m \cdot g} = \underline{\underline{1{,}02\,\text{m}}}.$

Diese Höhe h bezieht sich auf die ursprüngliche Höhe der Kugel bei gespannter Feder.

2.10 Energieübertragung und Leistung

Aufgabe 1

$t = 10\,\text{min} : 19\,\text{s} = 619\,\text{s}$

$m = 74\,\text{kg}$

$h = 320\,\text{m}$

$P = \frac{\Delta E_{pot}}{t} = \frac{m \cdot g \cdot h}{t}$

$P = \frac{74\,\text{kg} \cdot 9{,}81\,\frac{\text{m}}{\text{s}^2} \cdot 320\,\text{m}}{619\,\text{s}}$

$P = \underline{\underline{375{,}3\,\text{W}}}$

Dies ist die mechanische Leistung des Läufers. Der „Wirkungsgrad" des Menschen liegt bei ca. 20 bis 25 %. Die Gesamtleistung bzw. der Gesamtenergieumsatz liegt also um einen Faktor 4 bis 5 höher.

Aufgabe 2

a $W = F \cdot s \qquad s = v \cdot t$

$W = F \cdot v \cdot t$

$W = 55\,000\,\text{N} \cdot 60\,000\,\frac{\text{m}}{\text{h}} \cdot \frac{2}{3}\text{h}$

$W = \underline{\underline{2{,}2 \cdot 10^9\,\text{J}}}$

b $P = F \cdot v$

$P = 55000\,\text{N} \cdot \frac{60}{3{,}6}\,\frac{\text{m}}{\text{s}} = 917\,\text{kW}$

oder:

$P = \frac{W}{t} = \frac{2{,}2 \cdot 10^9\,\text{J}}{\frac{2}{3}\text{h} \cdot 3600\,\text{s}}$

$P = \underline{\underline{917\,\text{kW}}}$

Aufgabe 3

Variante 1: Kraftansatz

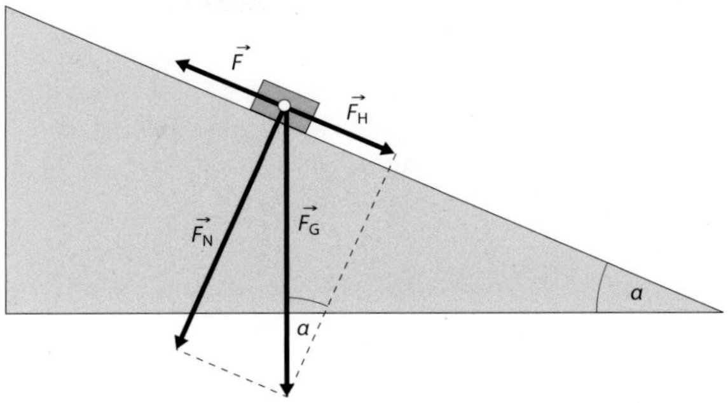

Abgesehen von den Reibungskräften muss die Radfahrerin die Hangabtriebskraft überwinden. Es gilt:

$|\vec{F}| = |-\vec{F}_H|$

$\sin\alpha = \frac{F_H}{F_G}$

$F = F_G \cdot \sin\alpha$

$F = m \cdot g \cdot \sin\alpha$

$\tan\alpha = \frac{8\,\text{m}}{100\,\text{m}}$

$\alpha = \arctan\left(\frac{8\,\text{m}}{100\,\text{m}}\right) \approx 4{,}57°$

$F = 82\,\text{kg} \cdot 9{,}81\,\frac{\text{m}}{\text{s}^2}\,\sin 4{,}57°$

$F = 64{,}1\,\text{N}$

$P = F \cdot v$

$P = 64{,}1\,\text{N} \cdot \frac{7}{3{,}6}\,\frac{\text{m}}{\text{s}}$

$P = \underline{\underline{125\,\text{W}}}$

Variante 2: Energieansatz

$P = \frac{\Delta E_{pot}}{t}$

$\Delta E_{pot} = m \cdot g \cdot h$

$\Delta E_{pot} = 82\,\text{kg} \cdot 9{,}81\,\frac{\text{m}}{\text{s}} \cdot 8\,\text{m} = 6435\,\text{J}$

$\sin\alpha = \frac{8\,\text{m}}{s}$

$s = \frac{8\,\text{m}}{\sin 4{,}57°} = 100{,}4\,\text{m}$

$t = \frac{s}{v}$

$t = \frac{100{,}4\,\text{m}}{7 \cdot \frac{1}{3{,}6}\,\frac{\text{m}}{\text{s}}} = 51{,}6\,\text{s}$

$P = \frac{6435\,\text{J}}{51{,}6\,\text{s}}$

$P = \underline{\underline{125\,\text{W}}}$

2.11 Stoßprozesse

Aufgabe 1

In Knautschzonen wird bei einem Unfall ein erheblicher Teil der kinetischen Energie des Autos in Verformungsarbeit umgewandelt. Weg und Zeit für das Abbremsen der Insassen werden durch die Knautschzone vergrößert, die Beschleunigung der Insassen damit verringert.

Aufgabe 2

a Weil sich die Fahrzeuge ineinander verhaken und nach dem Stoß gemeinsam weiterbewegen, handelt es sich um einen ideal unelastischen Stoß. Die Geschwindigkeiten v_1 und v_2 haben vor dem Zusammenstoß unterschiedliche Richtungen und damit unterschiedliche Vorzeichen. Hier wird die Geschwindigkeit des Geländewagen als positiv angenommen.

Für die Geschwindigkeit v' der ineinander verkeilten Fahrzeuge nach dem Stoß gilt aufgrund der Impulserhaltung:

$$v' = \frac{m_1 v_1 + m_2 v_2}{m_1 + m_2} = \frac{2\,500\,\text{kg} \cdot 50\,\text{km/h} + 800\,\text{kg} \cdot (-30\,\text{km/h})}{2\,500\,\text{kg} + 800\,\text{kg}}$$

$$= \frac{10\,100\,\text{km/h}}{3\,300} = 30{,}6\,\text{km/h}$$

Die Geschwindigkeit des Geländewagens nimmt daher von 50 km/h auf 30,6 km/h ab. Die Geschwindigkeitsänderung beträgt also $\underline{\underline{19{,}4\,\text{km/h}}}$.

Die Geschwindigkeit des Kleinwagens ändert sich von −30 km/h auf +30,6 km/h, also um den Betrag $\underline{\underline{60{,}6\,\text{km/h}}}$.

b Bei einem Unfall erfährt ein Kleinwagen eine bedeutend größere Geschwindigkeitsänderung als der massereichere Kollisionspartner. Da die „Dauer" der Kollision für beide Fahrzeuge dieselbe ist, überträgt sich das Verhältnis auf die Beschleunigungen. In diesem Fall ist die Belastung im Kleinwagen etwa dreimal so groß wie die im Geländewagen. Passive Sicherheitssysteme sind daher in Kleinwagen von noch viel größerer Bedeutung als in schweren Limousinen, Geländewagen oder gar Lkws. Der Wirkungsumfang passiver Sicherheitsvorkehrungen ist aber begrenzt, sodass aktive Sicherheit, insbesondere vorsichtiges Fahren, in kleinen Autos besonders wichtig ist.

Aufgabe 3

a Beim elastischen Stoß gilt für die Geschwindigkeit v_1' des ersten Wagens nach dem Stoß:

$$v_1' = \frac{m_1 v_1 + m_2(2v_2 - v_1)}{m_1 + m_2} = \frac{40\,\text{g} \cdot 4\,\frac{\text{m}}{\text{s}} + 60\,\text{g} \cdot \left(-4\,\frac{\text{m}}{\text{s}}\right)}{40\,\text{g} + 60\,\text{g}}$$

$$= -\frac{80\,\text{g} \cdot \frac{\text{m}}{\text{s}}}{100\,\text{g}} = \underline{\underline{-0{,}8\,\text{m/s}}}$$

Analog ergibt sich für die Geschwindigkeit v_2' des zweiten Wagens:

$$v_2' = \underline{\underline{3{,}2\,\text{m/s}}}$$

Beim ideal unelastischen Stoß bleibt die kinetische Energie nicht vollständig erhalten, sondern sie wird in teilweise Verformungsenergie umgewandelt. Für die gemeinsame Geschwindigkeit der beiden Körper nach dem Stoß gilt Gl. 1.62 :

$$v' = \frac{m_1 \cdot v_1 + m_2 \cdot v_2}{m_1 + m_2} = \frac{40\,\text{g} \cdot 4\,\frac{\text{m}}{\text{s}} + 0}{40\,\text{g} + 60\,\text{g}} = 1{,}6\,\text{m/s}$$

b Um einen Höhenunterschied von $h = 30\,\text{cm}$ überwinden zu können, muss der Wagen eine kinetische Energie erhalten, die gleich der potenziellen Energie des Körpers in 30 cm Höhe ist:

$$E_{\text{pot}} = E_{\text{kin}}$$

$$m_2 \cdot g \cdot h = \frac{1}{2} \cdot m_2$$

$$v_2' = \sqrt{2 \cdot g \cdot h} = \sqrt{2 \cdot 9{,}81\,\frac{\text{m}}{\text{s}^2} \cdot 0{,}3\,\text{m}} = 2{,}43\,\text{m/s}$$

v_1 lässt sich nun aus der oben bereits verwendeten Gleichung für den elastischen Stoß bestimmen, wobei sich die Gleichung noch vereinfacht, wenn man direkt $v_2 = 0$ einsetzt.

$$v_2' = \frac{m_2 v_2 + m_1(2v_1 - v_2)}{m_1 + m_2} = \frac{2m_1 v_1}{m_1 + m_2}$$

Auflösen nach v_1 ergibt:

$$v_1 = \frac{v_2' \cdot (m_1 + m_2)}{2m_1} = \frac{2{,}43\,\frac{\text{m}}{\text{s}} \cdot (40\,\text{g} + 60\,\text{g})}{2 \cdot 40\,\text{g}} = \underline{\underline{3{,}03\,\text{m/s}}}.$$

Wagen 1 muss also mit einer Geschwindigkeit von wenigstens 3,03 m/s auf den stehenden Wagen 2 stoßen, um ihn auf eine Höhe von 30 cm zu befördern.

2.12 Schwerpunktsatz

Aufgabe 1

a $x_1 = 0\,\text{m}$ Koordinatenursprung (Punkt A)
$x_2 = 1\,\text{m}$ Abstand der Punkte A und B
$x_3 = 6\,\text{m}$ Abstand der Punkte A und C

$$x_S = \frac{1}{m_1 + m_2 + m_3} \cdot (m_1 \cdot x_1 + m_2 \cdot x_2 + m_3 \cdot x_3)$$

$$x_S = \frac{1}{70\,\text{kg} + 20\,\text{kg} + 90\,\text{kg}} \cdot (70\,\text{kg} \cdot 0\,\text{m} + 20\,\text{kg} \cdot 1\,\text{m} + 90\,\text{kg} \cdot 6\,\text{m})$$

$$x_S = 3{,}11\,\text{m}$$

Der Schwerpunkt befindet sich <u>11 cm</u> rechts vom Drehpunkt der Wippe.

b Der Schwerpunkt der Wippe befindet sich am Ort $x = 3{,}11\,\text{m}$, der Drehpunkt befindet sich jedoch an der Stelle $x = 3{,}00\,\text{m}$. Demnach ist die Wippe nicht im Gleichgewicht und neigt sich auf der rechten Seite nach unten.

c Bereits ohne Rechnung ist erkennbar, dass die Wippe im Gleichgewicht ist, wenn sich Körper gleicher Masse im gleichen Abstand vom Drehpunkt befinden. Dies ist der Fall, wenn sich die Tochter auf den Schoß der Mutter setzt. Dann befinden sich auf beiden Seiten der Wippe Gesamtmassen von jeweils 90 kg im Abstand von jeweils 3 m vom Drehpunkt.
<u>Allgemeiner Lösungsansatz</u>

$$x_S = \frac{1}{m_1 + m_2 + m_3} \cdot (m_1 \cdot x_1 + m_2 \cdot x_2 + m_3 \cdot x_3).$$

$$x_2 = \frac{(m_1 + m_2 + m_3) \cdot x_S - m_3 \cdot x_3}{m_2}$$

Mit $x_S = 3\,\text{m}$ erhält man:

$$x_2 = \frac{(70\,\text{kg} + 20\,\text{kg} + 90\,\text{kg}) \cdot 3\,\text{m} - 90\,\text{kg} \cdot 6\,\text{m}}{20\,\text{kg}}$$

$$x_2 = 0\,\text{m}$$

Die Tochter muss demnach um <u>1 m</u> nach links rutschen.

Aufgabe 2

Der Feuerwerkskörper beschreibt – abhängig von der Luftreibung – eine mehr oder weniger parabelförmige Bahn. Man kann davon ausgehen, dass bei der Explosion die leuchtenden Bruchstücke ungefähr gleichmäßig nach allen Richtungen geschossen werden. Der Schwerpunkt der Bruchstücke bewegt sich weiter auf der Parabelbahn.
Im Vordergrund ist zu erkennen, dass die nach links unten weisenden Leuchtspuren länger sind als die nach rechts oben weisenden. Dies könnte darauf zurückzuführen sein, dass sich die einen Teilchen durch die Explosion in ihrer ursprünglichen Richtung beschleunigt weiterbewegen, während die anderen Teilchen entgegen der ursprünglichen Bewegungsrichtung zurückgeschleudert werden.

Aufgabe 3

Wenn der Wagen an der Kante stehen bleibt, oder sogar zurückgestoßen wird, neigt sich die Wippe nach der anderen Seite. Denn der Schwerpunkt verschiebt sich nun in der Richtung, in der sich der andere Wagen bewegt.

2.13 Streuprozesse

Aufgabe 1

Da die Massen der Billardkugeln gleich groß sind, genügt es, die Geschwindigkeitsvektoren zu betrachten.

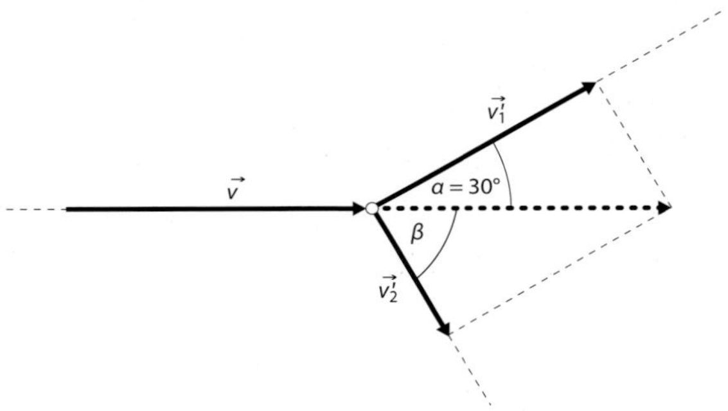

$\beta = 90° - \alpha = \underline{\underline{60°}}$
Damit gilt:
$v_1' = v_1 \cdot \cos(30°) \approx \underline{\underline{4{,}3\,\frac{\text{m}}{\text{s}}}}$
und
$v_2' = v_1 \cdot \cos(60°) = \underline{\underline{2{,}5\,\frac{\text{m}}{\text{s}}}}$

Aufgabe 2

Da die Massen der Billardkugeln gleich groß sind, genügt es, die Geschwindigkeitsvektoren zu betrachten.
Beim Stoß von Kugel 1 auf Kugel 2 wird der gesamte Anfangsimpuls von Kugel 1 übertragen.
Nach dem Stoß von Kugel 2 mit den Kugeln 3 und 4 muss die Vektorsumme der Impulse (bzw. der Geschwindigkeiten) der Kugeln 2, 3 und 4 diesem Anfangsimpuls entsprechen, also
$\vec{v} = \vec{v}_2 + \vec{v}_3 + \vec{v}_4$
bzw.
$v = v_2 + \frac{v_3}{\cos(30°)} + \frac{v_4}{\cos(30°)}$

Da die Impulse (und auch die Geschwindigkeiten) der Kugeln 3 und 4 betragsmäßig gleich groß sind, gilt:

$$v = v_2 + \frac{v_3}{\cos(30°)} + \frac{v_4}{\cos(30°)}$$
$$= \frac{2v_3}{\cos(30°)}$$
$$= v_2 + \frac{4}{\sqrt{3}} v_3$$
$$= v_2 + \frac{4}{3}\sqrt{3} v_3 \ (*)$$

Sofern die Stöße vollkommen elastisch sind, bleibt die kinetische Energie als solche erhalten, sodass gilt:

$$v^2 = v_2^2 + v_3^2 + v_4^2 \quad \text{bzw.} \quad v^2 = v_2^2 + 2v_3^2$$

also:

$$v_2^2 + 2v_3^2 = \left(v_2 + \frac{4}{3}\sqrt{3}v_3\right)^2 = v_2^2 + \frac{8}{3}\sqrt{3}v_2v_3 + \frac{16}{3}v_3^2$$
$$0 = \frac{8}{3}\sqrt{3}v_2v_3 + \frac{10}{3}v_3^2 = \left(\frac{8}{3}\sqrt{3}v_2 + \frac{10}{3}v_3\right)v_3$$

Daraus folgt:

$$0 = \frac{8}{3}\sqrt{3}v_2 + \frac{10}{3}v_3$$

und damit:

$$v_3 = -\frac{4}{5}\sqrt{3}v_2$$

Die Kugel 2 bewegt sich also vom Stoßpunkt nach links weg.

Einsetzen in (*) ergibt:

$$v = v_2 + \frac{4}{3}\sqrt{3}\left(-\frac{4}{5}\sqrt{3}v_2\right) = v_2 - \frac{16}{5}v_2 = -\frac{11}{5}v_2$$

bzw. $v_2 = -\frac{5}{11}v$

also:

$$v_3 = v_4 = -\frac{4}{11}\sqrt{3}v$$

Da Kugel 2 sich nach dem Stoß mit den Kugeln 3 und 4 nach links bewegt, stößt sie wieder mit Kugel 1 und gibt ihren Impuls vollständig an Kugel 1 weiter.

Besitzt Kugel 1 ursprünglich die Anfangsgeschwindigkeit v, so haben die Kugeln nach dem Stoß folgende Geschwindigkeiten:

$$v_1 = -\frac{5}{11}v$$
$$v_2 = 0$$
$$v_3 = \frac{4}{11}\sqrt{3}v$$
$$v_4 = \frac{4}{11}\sqrt{3}v$$

Daraus folgt auch, dass der Nagel in der Mitte des Kugeldreiecks stehenbleibt.

2.14 Reibung

Aufgabe 1

Da die Geschwindigkeit der Bewegung unverändert bleibt, muss die resultierende Kraft auf den Körper null sein. Die Zugkraft von $F = 12\,\text{N}$ muss also durch die Gleitreibungskraft F_g vollständig kompensiert werden:

$F = F_g$

$F = f_g \cdot F_G$

Umgeformt nach dem Gleitreibungskoeffizienten f_{Gl} ergibt sich:

$$f_g = \frac{F}{F_G} = \frac{F}{m \cdot g} = \frac{12\,\text{N}}{3\,\text{kg} \cdot 9{,}81\,\frac{\text{N}}{\text{kg}}} = \underline{\underline{0{,}41}}.$$

Die durch die Reibung umgewandelte Energie berechnet dann sich gemäß:

$\Delta E = W_R = F_R \cdot s = f_{Gl} \cdot F_G \cdot s = \underline{\underline{24\,\text{J}}}.$

Alternative

Die Reibungsarbeit kann aber auch ganz ohne Bestimmen des Reibungskoeffizienten bestimmt werden. Weil die Zugkraft F gleicht der Reibungskraft F_g ist, lässt sich in der Gleichung für die Reibungsarbeit die entsprechende Ersetzung durchführen:

$W_R = F_R \cdot s = F \cdot s = 24\,\text{J}.$

Aufgabe 2

a Ruht ein Körper auf einer Unterlage, so dringt er geringfügig tiefer in diese ein als in dem Fall, in dem er sich bewegt. Dies hat zur Folge, dass sich die Strukturen der beiden Oberflächen stärker verbinden und somit größere Reibungskräfte hervorrufen als beim Gleiten.

F_H Hangabtriebskraft

F_R Reibungskraft

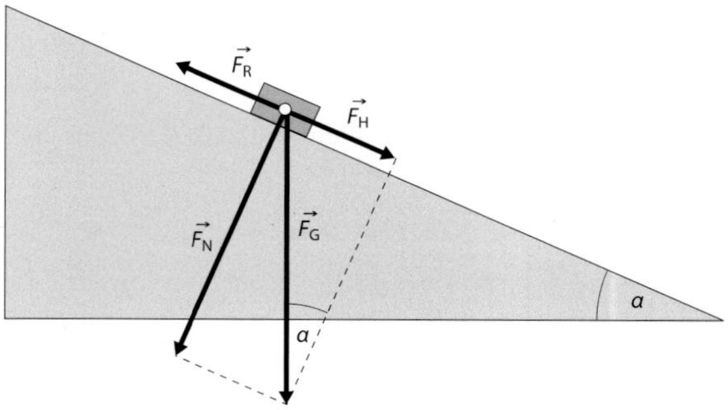

$$\sin\alpha = \frac{F_H}{F_G}$$

$F_H = F_G \cdot \sin\alpha$

$$\cos\alpha = \frac{F_N}{F_G} \qquad F_N = F_G \cdot \cos\alpha$$

$F_R = \mu \cdot F_G \cdot \cos\alpha$

Der Körper beginnt zu rutschen, wenn gilt:

$F_H \geq F_{R,h}$

$\alpha = \alpha_1$ Winkel beim Übergang von Haftreibung in Gleitreibung

$F_G \cdot \sin\alpha_1 \geq \mu_h \cdot F_G \cdot \cos\alpha_1$

$\tan\alpha_1 \geq \mu_h$

$\alpha_1 \geq \arctan(\mu_h)$

$\alpha_1 \geq \arctan(0{,}75)$

$\alpha_1 \geq \underline{\underline{36{,}9°}}$

Der Körper beginnt bei einem Winkel, der größer als 36,9° ist, zu gleiten.

c Der Körper geht von Gleitreibung in Haftreibung über, wenn gilt:

$F_h \leq F_{R,g}$

$\alpha = \alpha_2$ Winkel beim Übergang von Gleitreibung in Haftreibung

$\alpha_2 \leq \arctan(\mu_g)$

$\alpha_2 \leq \arctan(0{,}42)$

$\alpha_2 \leq \underline{\underline{22{,}8°}}$

Unterschreitet der Winkel den Wert 22,8° beginnt der Körper zu haften.

Aufgabe 3

Wenn beim Lkw an Hang die Räder beginnen durchzudrehen, müssen die Hangabtriebskraft F_H und die entgegengesetzt gerichtete Gleitreibungskraft F_{Gl} betragsgleich sein:

$F_H = F_{Gl}$.

Um die Kräfte berechen zu können, muss zunächst der Steigungswinkel α bestimmt werden. Steigungsangaben sind gleichbedeutend mit dem vertikalen Anstieg bezogen auf die entsprechende horizontaler Strecke. Es gilt also:

$\tan\alpha = 0{,}07$.

Die Hangabtriebskraft ergibt sich als den Hang hinab weisende Komponente der Gewichtskraft:

$F_H = F_G \cdot \sin\alpha$.

Die Komponente senkrecht dazu ist die Normalkraft:

$F_N = F_G \cdot \cos\alpha$.

Es gilt:

$F_{Gl} = f_g \cdot F_N = f_g \cdot F_G \cdot \cos\alpha$.

Durch Gleichsetzen der Beträge von Gleitreibungs- und Hangabtriebskraft erhält man:

$F_G \cdot \sin\alpha = f_g \cdot F_G \cdot \cos\alpha$

Umformen nach f_g ergibt:

$f_g = \frac{\sin\alpha}{\cos\alpha} = \tan\alpha = \underline{\underline{0{,}07}}$.

2.15 Strömungswiderstand

Aufgabe 1

a $F_R = \frac{1}{2} \cdot c_W \cdot \rho \cdot A \cdot v^2$

$$F_R\left(50\,\frac{\text{km}}{\text{h}}\right) = \frac{1}{2} \cdot 0{,}32 \cdot 1{,}29\,\frac{\text{kg}}{\text{m}^3} \cdot 1{,}8\,\text{m}^2 \cdot \left(\frac{50}{3{,}6}\,\frac{\text{m}}{\text{s}}\right)^2$$

$$= \underline{\underline{71{,}7\,\text{N}}}$$

$$F_R\left(120\,\frac{\text{km}}{\text{h}}\right) = \frac{1}{2} \cdot 0{,}32 \cdot 1{,}29\,\frac{\text{kg}}{\text{m}^3} \cdot 1{,}8\,\text{m}^2 \cdot \left(\frac{120}{3{,}6}\,\frac{\text{m}}{\text{s}}\right)^2$$

$$= \underline{\underline{413\,\text{N}}}$$

b $P = F \cdot v$

$$P\left(50\,\frac{\text{km}}{\text{h}}\right) = 71{,}7\,\text{N} \cdot \frac{50}{3{,}6}\,\frac{\text{m}}{\text{s}}$$

$$= \underline{\underline{0{,}966\,\text{kW}}}$$

$$P\left(120\,\frac{\text{km}}{\text{h}}\right) = 413\,\text{N} \cdot \frac{120}{3{,}6}\,\frac{\text{m}}{\text{s}}$$

$$= \underline{\underline{13{,}8\,\text{kW}}}$$

Aufgabe 2

Ist die Gewichtskraft der Kugel gleicht der auf sie ausgeübten Luftwiderstandskraft, dann wird sie nicht weiter beschleunigt und bewegt sich gleichförmig weiter.

$F_R = F_G$

$\frac{1}{2} \cdot c_W \cdot \rho \cdot A \cdot v_G^2 = m \cdot g$

$$v_G = \sqrt{\frac{2m \cdot g}{c_W \cdot \rho \cdot A}}$$

$m = \rho_{Fe} \cdot V \qquad m = \frac{4}{3} \cdot \rho_{Fe} \cdot \pi \cdot r^3$

$A = \pi \cdot r^2$

$$v_G = \sqrt{\frac{2\frac{4}{3} \cdot \rho_{Fe} \cdot \pi \cdot r^3 \cdot g}{c_W \cdot \rho L \cdot \pi \cdot r^2}}$$

$$v_G = \sqrt{\frac{8\rho_{Fe} \cdot r \cdot g}{3 \cdot c_W \cdot \rho_L}}$$

Zur Berechnung werden folgende Parameter verwendet:

$r = 0{,}005\,\text{m}$

$c_W = 0{,}4$

$\rho_L = 1{,}29\,\frac{\text{kg}}{\text{m}^3}$

$\rho_{Fe} = 7860\,\frac{\text{kg}}{\text{m}^3}$

Damit ergibt sich:

$$v_G = \sqrt{\frac{8 \cdot 7860\,\frac{\text{kg}}{\text{m}^3} \cdot 0{,}005\,\text{m} \cdot 9{,}81\,\frac{\text{m}}{\text{s}^2}}{3 \cdot 0{,}4 \cdot 1{,}29\,\frac{\text{kg}}{\text{m}^3}}}$$

$$v_G = 44{,}6\,\frac{\text{m}}{\text{s}} = \underline{\underline{161\,\frac{\text{km}}{\text{h}}}}$$

Nein. Wegen $v_G \sim \sqrt{r}$ steigt die Grenzgeschwindigkeit v_G mit zunehmendem Radius der Stahlkugel.

Aufgabe 3

Ist die Gewichtskraft des Regenschirms gleich der Luftwiderstandskraft, wird er nicht weiter beschleunigt und bewegt sich gleichförmig weiter.

$F_R = F_G$

Aus diesem Kräfteansatz lässt sich der Strömungswiderstand ermitteln.

$$\frac{1}{2} \cdot c_W \cdot \rho \cdot A \cdot v_G^2 = m \cdot g$$

$$c_W = \frac{2 \cdot m \cdot g}{\rho \cdot A \cdot v_G^2}$$

Folgende Größen müssen bestimmt werden: Geschwindigkeit v_G, Querschnittsfläche A und Masse m des Regenschirms.

Messbeispiel

Damit der Schirm senkrecht nach unten fällt, wurde eine PET-Flasche am Griff des Schirms mithilfe eines Fadens befestigt. Dadurch verschiebt sich der Schwerpunkt nach unten, sodass das Taumeln des Schirms verringert wird. Durch Variation der Wassermenge in der Flasche kann die Fallbewegung optimiert werden.

Für die Ermittlung der Geschwindigkeit v_G bietet sich eine Videoanalyse an. Hierbei kann die Endgeschwindigkeit mithilfe eines $s(t)$- oder $v(t)$-Diagramms ermittelt werden.

$$v_G = 3{,}7\,\frac{\text{m}}{\text{s}}$$

Mit der Querschnittsfläche

$A = \pi \cdot r^2 = 0{,}817\,\text{m}^2$

und der Masse des Regenschirms $m = 0{,}9\,\text{kg}$ sowie der Dichte der Luft $\rho_L = 1{,}29\,\text{kg/m}^3$ ergibt sich:

$$c_W = \frac{2 \cdot 0{,}9\,\text{kg} \cdot 9{,}81\,\frac{\text{m}}{\text{s}^2}}{1{,}29\,\frac{\text{kg}}{\text{m}^3} \cdot 0{,}817 \cdot \left(3{,}7\,\frac{\text{m}}{\text{s}}\right)^2}$$

$$c_W \approx 1{,}2$$

3.1 Kreisbewegung

Aufgabe 1

Die Geschwindigkeit, mit der sich die abgelösten Partikel fortbewegen, ist ihre Bahngeschwindigkeit. Die Bahngeschwindigkeit berechnet sich bei einer Kreisbewegung mit Radius r und Winkelgeschwindigkeit ω gemäß:

$$v = \omega \cdot r$$

Die Winkelgeschwindigkeit ω ergibt sich aus

$$\omega = 2\pi \cdot f = \frac{2\pi \cdot n}{t},$$

wobei n die Anzahl der Umläufe und t die dafür benötigte Zeit bezeichnet.

$$v = \frac{2\pi \cdot n}{t} \cdot \frac{d}{2} = \frac{2\pi \cdot 10\,000 \cdot 0{,}115\,\text{m}}{2 \cdot 60\,\text{s}} = \underline{\underline{60{,}21\,\frac{\text{m}}{\text{s}}}}$$

Aufgabe 2

Im Bezugssystem des Fahrrads führen die Regentropfen eine Kreisbewegung aus. Bezüglich der Straße überlagert sich die Kreisbewegung der Räder mit der gleichförmig geradlinigen Bewegung des Fahrrads. Die Bahngeschwindigkeit der Kreisbewegung stimmt mit der Fahrgeschwindigkeit des Fahrrads überein.

a Bezugssystem Fahrrad
Die Tropfen führen im Bezugssystem des Rads eine Kreisbewegung aus. Dabei bleibt der Betrag der Bahngeschwindigkeit konstant. Im höchsten Punkt der Kreisbewegung ist die Richtung der Bahngeschwindigkeit in Fahrtrichtung des Fahrrads orientiert. Nach dem Ablösen führen die Tropfen daher einen waagerechten Wurf (mit der Bahngeschwindigkeit v als Anfangsgeschwindigkeit) nach vorne aus.

Bezugssystem Straße
Bezüglich der Straße kommt noch die Geschwindigkeit des Fahrrades hinzu. Es ergibt sich also ein waagerechter Wurf mit doppelt so großer Anfangsgeschwindigkeit.

b Bezugssystem Fahrrad
Die Tropfen besitzen kurz vor dem Ablösen eine senkrecht nach oben gerichtete Geschwindigkeit. Nach dem Ablösen führen die Tropfen einen senkrechten Wurf mit der Bahngeschwindigkeit als Anfangsgeschwindigkeit aus.

Bezugssystem Straße
Der senkrechten Geschwindigkeitskomponente wird eine betragsgleiche waagerechte Geschwindigkeitskomponente überlagert. Der Vektor der Anfangsgeschwindigkeit des schiefen Wurfs (in Fahrtrichtung) ist also um 45° nach oben gerichtet.

Aufgabe 3

Die Radialbeschleunigung gibt an, wie stark ein Körper aufgrund seiner Bewegung um ein Drehzentrum auf dieses Zentrum hin beschleunigt wird. Sie ist auf das Zentrum gerichtet und heißt daher auch Zentralbeschleunigung. Ihre Einheit ist m/s^2.
Die Winkelbeschleunigung beschreibt die Änderung der Winkelgeschwindigkeit eines Objekts, das um eine Achse rotiert. Ihre Einheit ist s^{-2}.

3.2 Zentralkraft

Aufgabe 1

a $F_Z = m \cdot \frac{v_B^2}{r}$

$m = 60\,\text{kg}$
$v = 30\,\text{km/h} = 8{,}33\,\text{m/s}$
$r = 10\,\text{m}$

Einsetzen ergibt:
$F_Z = \underline{\underline{416{,}7\,\text{N}}}$

b Für die Winkelgeschwindigkeit gilt:

$\omega = \frac{2\pi}{T}.$

Für eine vollständige Kreisbahn der Länge π·d benötigt das Fahrzeug die Zeit:

$T = \frac{\pi \cdot d}{v}.$

Also gilt:

$\omega = \frac{2}{d} \cdot v$

$\omega = \frac{2}{20\,\text{m} \cdot 8{,}33\,\text{m/s}} = \underline{\underline{0{,}83\,\text{s}^{-1}}}.$

c Erster Fall: Die Geschwindigkeit bleibt konstant.

$F_Z = m \cdot \frac{v_B^2}{r}$
$r = 15\,\text{m}$
$F_Z = \underline{\underline{277{,}8\,\text{N}}}$

Zweiter Fall: Die Kreisfrequenz bleibt konstant.
$F_Z = m \cdot \omega^2 \cdot r$
$F_Z = 60\,\text{kg} \cdot (0{,}83\,\text{s}^{-1})^2 \cdot 15\,\text{m} = \underline{\underline{624{,}5\,\text{N}}}$

Bei konstanter *Bahngeschwindigkeit* führt eine Vergrößerung des Radius dazu, dass die Krümmung kleiner wird, also auch die Änderung des Geschwindigkeitsvektors in gleichen Zeitabschnitten geringer wird.
Bei konstanter *Kreisfrequenz* führt eine Vergrößerung des Radius dazu, dass die Geschwindigkeit zunimmt – und daher auch die Geschwindigkeitsänderung in gleichen Zeitabschnitten größer wird.

Aufgabe 2

a

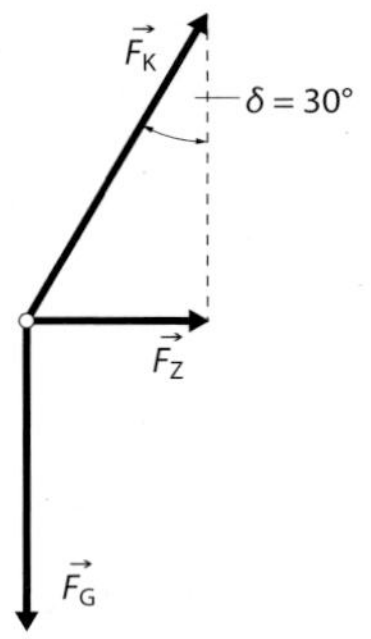

$$\frac{F_Z}{F_G} = \tan 30°$$

$$F_G = m \cdot g$$

$$a_Z = \frac{F_Z}{m} = \frac{F_G}{m} \cdot \tan 30° = g \cdot \tan 30°$$

$$a_Z = 5{,}66\ \frac{\text{m}}{\text{s}^2}$$

b Zunächst muss der Radius r der Kreisbahn bestimmt werden, die die Gondeln beschreiben. Dazu berechnet man zunächst den Anteil des neuen Radius, der durch die Auslenkung der Kette zustande kommt und addiert diesen mit dem Radius der Aufhängepunkte.

$$\sin 30° = \frac{r_K}{3\,\text{m}} \quad \Rightarrow \quad r_K = 3\,\text{m} \cdot \sin 30° = 1{,}5\,\text{m}$$

$$r = r_K + 3\,\text{m} = 4{,}5\,\text{m}$$

Es ergibt sich dann aus der Zentripetalkraft und der Gewichtskraft die Winkelgeschwindigkeit und damit dann die Anzahl der Umdrehungen in 2 Minuten:

$$\tan 30° = \frac{F_Z}{F_G} = \frac{m \cdot \omega^2 \cdot r}{m \cdot g} = \frac{\omega^2 \cdot r}{g}$$

$$\omega = \sqrt{\frac{\tan 30° \cdot g}{r}} = 1{,}12\,\text{s}^{-1}$$

$$\omega = 2\pi \frac{n}{t}$$

$$n = \frac{\omega \cdot t}{2\pi} = \frac{1{,}12\,\text{s}^{-1} \cdot 120\,\text{s}}{2\pi} = 21{,}42$$

c Die Belastung der Ketten während der Fahrt ergibt sich aus der Seilkraft F_K, für die gilt:

$$\cos 30° = \frac{F_G}{F_K} \quad \Leftrightarrow \quad F_K = \frac{F_G}{\cos 30°}.$$

In Ruhe wirkt auf die Ketten F_G. Der Faktor ergibt sich demzufolge aus dem Quotienten aus F_K und F_G.

$$\frac{F_K}{F_G} = \frac{1}{\cos 30°} = 1{,}15$$

Die Belastung wird um ca. 15 % größer.

d Sowohl die Zentralkraft als auch die Gewichtskraft sind proportional zur Masse, vgl. auch Aufgabenteil a.

Aufgabe 3

$$F_Z = 0{,}01 \cdot F_G$$

Mit den Gleichungen für die Gewichtskraft und die Zentripetalkraft ergibt sich daraus:

$$m \cdot \omega^2 \cdot R = 0{,}01 \cdot m \cdot g$$

$$\omega = \sqrt{\frac{0{,}01 \cdot g}{R}} = \sqrt{\frac{0{,}01 \cdot 9{,}81\,\frac{\text{m}}{\text{s}^2}}{6371 \cdot 10^3\,\text{m}}} = 1{,}24 \cdot 10^{-4}\text{s}^{-1}$$

Hieraus lässt sich die Umlaufzeit berechnen:

$$\omega = \frac{2\pi}{T} \quad \Leftrightarrow \quad T = \frac{2\pi}{\omega} = \frac{2\pi}{\sqrt{\frac{0{,}01 \cdot g}{R}}} = \frac{2\pi\sqrt{R}}{\sqrt{0{,}01 \cdot g}} = 50\,634\,\text{s}$$

$$= 843{,}9\,\text{min} = 14{,}07\,\text{h}$$

Ein Tag würde also ca. 14 Stunden dauern.

3.3 Rotation ausgedehnter Körper

Aufgabe 1

a Das Gesamt-Trägheitsmoment ist die Summe der Einzelträgheitsmomente $m_i \cdot r_i^2$ jedes einzelnen Massepunktes m_i. Bei einem dünnen Reifen, einem dünnwandigen Hohlzylinder und einem einzelnen Massepunkt besitzt jeder einzelne Massepunkt den gleichen Abstand r zur Drehachse. Daher kann r^2 in der Summe ausgeklammert werden:

$$J = (m_1 + m_2 + \ldots + m_i) \cdot r^2$$

Der Klammerterm stellt die Summe der Einzelmassen dar, also gerade die Gesamtmasse M. Es ergibt sich daher insgesamt:

$$J = M \cdot r^2$$

für alle drei Körper.

b Zerlegt man die beiden Figuren beispielsweise in Scheiben mit der Drehachse als Zentrum, so wird man beim Vollzylinder stets gleiche Scheiben erhalten. Dies ist jedoch bei der Kugel nicht so. (Hier gibt es – bei symmetrischer Teilung – zu jeder Scheibe genau eine passende Scheibe.)

Aufgabe 2

a Das Trägheitsmoment gibt an, welchen Widerstand ein Körper einer Änderung der Winkelgeschwindigkeit entgegensetzt bzw. wie viel Rotationsenergie in ihm gespeichert ist.

Die Erfahrung lehrt, dass es am schwersten ist, den Stab um Achse (a) in Drehung zu versetzen. Am leichtesten fällt es, ihn um die Achse (c) zu beschleunigen.
Der durchschnittliche Abstand der Massenelemente m_i zur Drehachse ist bei einer Drehung um Achse (a) größer als bei einer Drehung um Achse (b) oder (c). Da der Abstand r zur Drehachse quadratisch in die Berechnung eingeht, ist das Trägheitsmoment sogar deutlich größer als bei Drehung um (c).
Die Betrachtung der Drehachsen im Falle eines Quaders verläuft analog.

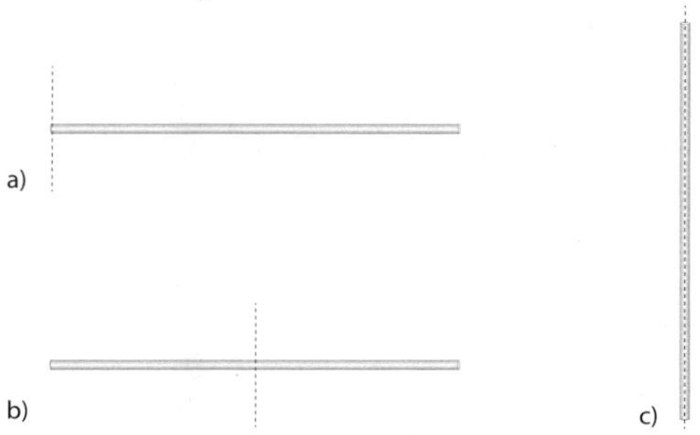

b Dass der Abstand eines Massenpunkts zur Drehachse quadratisch in das Trägheitsmoment eingeht, liegt an dessen Definition (Gl. 2 auf der Doppelseite im Lehrbuch). Die kinetische Energie des Massenpunkts bei einer bestimmten Kreisfrequenz ω ist proportional zum Quadrat der Bahngeschwindigkeit $v^2 = \omega^2 \cdot r^2$.

Aufgabe 3

Hohlzylinder:
$E_{\text{Start}} = E_{\text{hohl, kin}} + E_{\text{hohl, rot}}$

Vollzylinder:
$E_{\text{Start}} = E_{\text{voll, kin}} + E_{\text{voll, rot}}$

$$\frac{1}{2} m\,(\omega_{\text{hohl}} \cdot R)^2 + \frac{1}{2} J_{\text{hohl}} \cdot \omega^2_{\text{hohl}} = \frac{1}{2} m\,(\omega_{\text{voll}} \cdot R)^2 + \frac{1}{2}\, J_{\text{voll}} \cdot \omega^2_{\text{hohl}}$$

$$\frac{1}{2} m\,(\omega_{\text{hohl}} \cdot R)^2 + \frac{1}{2} m \cdot R^2 \cdot \omega^2_{\text{hohl}} = \frac{1}{2} m\,(\omega_{\text{voll}} \cdot R)^2 + \frac{1}{2} \cdot \frac{1}{2}\, m \cdot R^2 \cdot \omega^2_{\text{voll}}$$

$$\omega^2_{\text{hohl}} = \frac{3}{4}\, \omega^2_{\text{voll}}$$

3.4 Drehimpuls und Drehimpulserhaltung

Aufgabe 1

a Es gilt der Drehimpulserhaltungssatz.

$$L_1 = L_2$$

$$J_1 \omega_1 = J_2 \omega_2$$

Da alle Bewegungen die gleiche Drehachse haben, können die einzelnen Trägheitsmomente einfach aufaddiert werden.

Angezogene Hanteln
Bei der Anordnung in Exp.1 b gilt für den Vollzylinder als Näherung:

$$J_2 = \frac{1}{2} m_{\text{ges}}\, R_2^2$$

mit $R_2 = 0{,}2\,\text{m}$ und $m_{\text{ges}} = 70\,\text{kg}$

Ausgestreckte Hanteln
Bei der Anordnung in Exp.2 a kann man die Person und den Drehstuhl immer noch als Vollzylinder betrachten, jetzt bezieht sich dies jedoch nicht mehr auf die Hanteln. Die Hanteln kann man einzeln als jeweils zwei Massepunkte im Abstand von $R_1 = 0{,}7\,\text{m}$ betrachten.

$$J_1 = 2 \cdot J_{\text{Hantel}} + J_{\text{Person}} = 2 \cdot m_{\text{Hantel}}\, R_1^2 + \frac{1}{2} m_{\text{Person}}\, R_2^2$$

Es ergibt sich hiermit das Verhältnis der beiden Winkelgeschwindigkeiten:

$$\left(2 \cdot m_{\text{Hantel}}\, R_1^2 + \frac{1}{2} m_{\text{Person}}\, R_2^2\right) \omega_1 = \left(\frac{1}{2} m_{\text{gesamt}}\, R_2^2\right) \omega_2$$

$$\omega_2 = \frac{2 \cdot m_{\text{Hantel}}\, R_1^2 + \frac{1}{2} m_{\text{Person}}\, R_2^2}{\frac{1}{2} m_{\text{gesamt}}\, R_2^2} \cdot \omega_1$$

Mit den Werten aus der Aufgabenstellung ergibt sich für die Winkelgeschwindigkeit:

$$\omega_2 = \underline{\underline{2{,}0\,\text{Hz}}}.$$

b Die Rotationsenergie ergibt sich jeweils aus

$$E_{\text{rot}} = \frac{1}{2} J \omega^2.$$

Mit den oben berechneten Ausdrücken für die Trägheitsmomenten den berechneten Winkelgeschwindigkeit ergibt dies:

$$E_{\text{rot},1} = \frac{1}{2} J_1 \omega_1^2 = \frac{1}{2}\left(2 \cdot m_{\text{Hantel}}\, R_1^2 + \frac{1}{2} m_{\text{Person}}\, R_2^2\right) \omega_1^2 = \underline{\underline{0{,}7625\,\text{J}}}$$

$$E_{\text{rot},2} = \frac{1}{2} J_2 \omega_2^2 = \frac{1}{2}\left(\frac{1}{2} m_{\text{gesamt}}\, R_2^2\right) \omega_2^2 = \underline{\underline{3{,}2\,\text{J}}}$$

c Die Rotationsenergie ist mit angezogenen Armen größer als mit ausgestreckten. Dies lässt sich damit erklären, dass beim Anziehen der Arme Arbeit verrichtet wird, um die Hanteln an den Körper zu bringen. Dafür wird Energie benötigt, die sich dann als Rotationsenergie wiederfindet.

3.5 Drehmoment

Aufgabe 1

Für das Drehmoment gilt:

$M = J \cdot \dot{\omega}$.

Bei einer Kreisscheibe ist das Trägheitsmoment konstant. Im Fall eines konstanten Drehmoments steigt also die Winkelgeschwindigkeit linear mit der Zeit an.

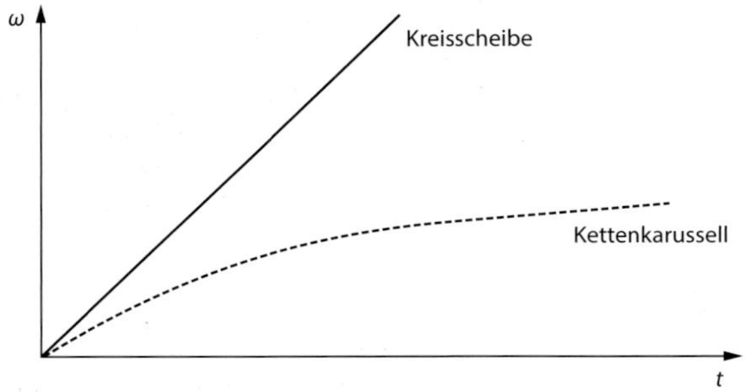

Beim Kettenkarussell dagegen nimmt das Trägheitsmoment zu, sobald sich die Ketten aus der Vertikalen bewegen. Dadurch verlangsamt sich der Anstieg. Im Extremfall einer sehr schnellen Rotation verlaufen allerdings die Ketten horizontal; dann ist das Trägheitsmoment wiederum konstant. Es kommt wieder zu einem linearen Anstieg, der allerdings flacher verläuft, da das Trägheitsmoment zugenommen hat.

Aufgabe 2

a $\omega = \frac{2\pi}{T}$

$T = 3\ \text{s}$

$\omega = \underline{\underline{2{,}09\ \text{s}^{-1}}}$

b $P_{\text{rot}} = M \cdot \omega$

$M = 2\ \text{MW}/2{,}09\ \text{s}^{-1} = \underline{\underline{0{,}955 \cdot 10^6\ \text{N} \cdot \text{m}}}$

c Annahme: Die Kraft ist senkrecht zur Verbindungslinie von Drehachse und Angriffspunkt gerichtet.

$F = \frac{M}{r}$

$F = \frac{0{,}955 \cdot 10^6\ \text{N} \cdot \text{m}}{50\ \text{m}} = \underline{\underline{19{,}1\ \text{kN}}}.$

Dies entspricht der Gewichtskraft eines Geländewagens mit einer Masse von knapp zwei Tonnen.

3.6 Kräfte bei Drehbewegungen

Aufgabe 1

Die Scheibe erhält beim Abwurf einen Drehimpuls, der – abgesehen von Reibungsverlusten – konstant bleibt. Sie dreht sich um ihre Mittelachse, weil ihre Massenelemente rotationssymmetrisch um diese Achse verteilt angeordnet sind. Die Mittelachse verläuft durch den Schwerpunkt.

Aufgabe 2

a Das System Erde–Mond führt eine freie Rotation aus. Es rotiert um eine Achse, die durch den gemeinsamen Schwerpunkt verläuft.

b Hätte der Mond die gleiche Masse wie die Erde, läge der gemeinsame Schwerpunkt in der Mitte zwischen den beiden Körpern. Die Rotation des Systems Erde–Mond gliche derjenigen einer Hantel.

c Hinweis: Zur Lösung dieses Aufgabenteils ist die Kenntnis des Newton'schen Gravitationsgesetzes erforderlich.

Annahme: $m_1 = m_2 = m = 5{,}97 \cdot 10^{24}\ \text{kg}$

$r = 1{,}92 \cdot 10^8\ \text{m}$

$F_G = F_Z$

$G \cdot \frac{m^2}{r} = m \cdot \omega^2 \cdot r$

$\omega^2 = G \cdot \frac{m}{r^3}$

$\omega = 7{,}501 \cdot 10^{-6}\ \text{s}^{-1}$

$T = 2\pi/\omega$

$T = 837687\ \text{s} = \underline{\underline{9{,}70\ \text{d}}}$

Aufgabe 3

a Die ungleichmäßige Massenverteilung an dem Rad führt bei bestimmten Geschwindigkeiten zu einem Rütteln oder auch zu einem „Flattern" der Lenkung.

b $F_Z = \frac{m \cdot v^2}{r}$

$m = 0{,}05\ \text{kg}$

$r = 0{,}29\ \text{m}$

1. Fall: $v = 80\ \text{km/h} = 22{,}2\ \text{m/s}$

$F_Z = \underline{\underline{85\ \text{N}}}$

2. Fall: $v = 160\ \text{km/h} = 44{,}4\ \text{m/s}$

$F_Z = \underline{\underline{341\ \text{N}}}$

c Mangelnde Auswuchtung der Räder führt zu einer stärkeren Belastung der Radlager und zu einem ungleichmäßigen Reifenabrieb. Sie kann auch eine mangelnde Bodenhaftung in Kurvenfahrten zur Folge haben.

3.7 Rotierende Bezugssysteme

Aufgabe 1

Beobachtung: Die Teeblätter sammeln sich am Boden in der Mitte des Teeglases. Zur Erklärung bieten sich zwei Varianten an:
Erklärung, Variante A: Die Teeblätter werden von der rotierenden Flüssigkeit zunächst mitgerissen; ihre kinetische Energie ist umso größer, je weiter sie vom Rotationszentrum entfernt sind. Durch Reibung am Boden verlieren die Teeblätter kinetische Energie und werden langsamer. Langsamer können sie jedoch nur auf dem Weg zur Rotationsachse werden. Im Zentrum schließlich ist ihre kinetische Energie nahezu null.
Erklärung, Variante B: Die Flüssigkeit rotiert wegen der Reibung am ruhenden Boden etwas langsamer als oberhalb davon im gleichen Abstand vom Rotationszentrum. Die Fliehkräfte auf Flüssigkeitsbereiche nahe am Boden sind also geringer als darüber. Dies führt zu einer Strömung innerhalb der rotierenden Flüssigkeit am Boden in Richtung Zentrum und nach kurzer Zeit zu einer zirkulären Strömung: am Boden zum Zentrum, dort aufwärts und oben im Glas wieder nach außen. Dieser Strömung folgen die Teeblätter und sammeln sich wegen ihrer größeren Dichte am Boden im Rotationszentrum.

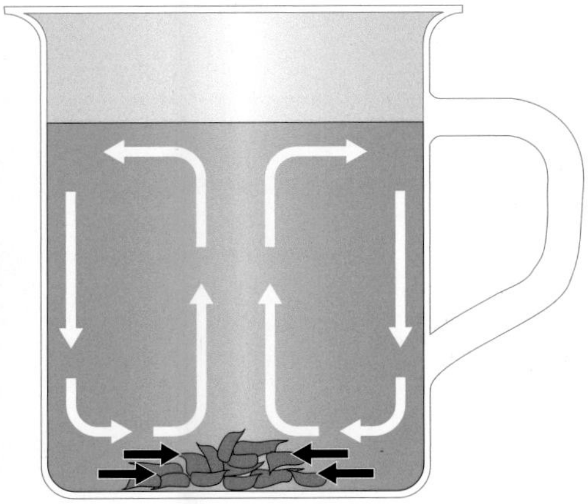

Aufgabe 2

Hurrikans entstehen als Folge der Coriolisbeschleunigung. Unmittelbar am Äquator ist die Coriolisbeschleunigung null, es gibt dort keine lokale Drehung.

Aufgabe 3

Um den Verlust durch Reibung zu kompensieren, muss dem System permanent Energie zugeführt werden. Die ausgeübte Kraft muss unabhängig davon sein, in welche Richtung das Pendel gerade schwingt. Unter der Ruhelage kann ein Elektromagnet positioniert werden, der das Pendel zur Ruhelage hin beschleunigt und nach dem Durchlaufen der Ruhelage abgeschaltet wird. Eine Alternative besteht darin, die Aufhängung des Pendels etwas anzuheben, wenn es die Ruhelage durchläuft.

Aufgabe 4

Alle Punkte auf der Erdoberfläche bewegen sich nach Osten. Die Bahngeschwindigkeit der Turmspitze ist dabei etwas größer als diejenige des Turmsockels. Daher werden Kugeln, die von der Turmspitze aus fallen, etwas weiter in Richtung Osten landen.
Tatsächlich lässt sich in Experimenten eine Streuung von Aufschlagpunkten ermitteln. Deren Zentrum liegt gegenüber dem Punkt, der sich lotrecht unter der Abwurfstelle befindet, ein wenig nach Osten verschoben.

Aufgabe 5

Beobachtung: Der senkrecht eingespannte und seitlich ausgelenkte Stab schwingt trotz der einsetzenden Rotation in der anfänglichen Schwingungsebene weiter.
Erklärung: Auch ein Foucault'sches Pendel behält im homogenen Gravitationsfeld seine anfängliche Schwingungsebene bei. Der Stab schwingt infolge der radial in Richtung seiner Ruhelage gerichteten elastischen Rückstellkräfte. Dreht sich der Stab um die Ruhelage ändert sich dieses Kraftfeld nicht. Der Stab setzt seine Schwingungen unverändert fort.

4.1 Frühe Weltbilder

Aufgabe 1

Geozentrisches Weltbild nach Ptolemäus (ca. 100–160 n. Chr.)	**Heliozentrisches Weltbild** nach Kopernikus (1473–1543)
– Die Erde befindet sich im Mittelpunkt des Kosmos und ruht dort. – Sonne, Mond, Merkur, Venus, Mars, Jupiter und Saturn haben eine perfekte Kugelgestalt und bewegen sich auf Kreisbahnen um die Erde. – Sie bewegen sich auf kugelförmigen Kristallschalen, damit sie nicht vom Himmel fallen. – Die Sterne befinden sich auf der äußeren Kristallschale und bewegen sich um die Erde. – Die äußere Kristallschale ist die Grenze des Kosmos.	– Die Sonne steht im Mittelpunkt des Kosmos. – Die sechs Planeten Merkur, Venus, Erde, Mars, Jupiter und Saturn haben eine perfekte Kugelgestalt und bewegen sich auf Kreisbahnen um die Sonne. – Der Erdmond umkreist die Erde. – Die Planeten bewegen sich auf kugelförmigen Kristallschalen, damit sie nicht vom Himmel fallen. – Die Sterne befinden sich auf der äußeren Kristallschale und bewegen sich um die Sonne.

Aufgabe 2

Galileo Galilei (1564–1642) hat 1609 als erster ein Fernrohr holländischer Bauart benutzt, um astronomische Beobachtungen durchzuführen. Dabei hat er entdeckt, dass der Planet Jupiter von vier Monden umkreist wird. Damit hatte er Himmelskörper entdeckt, die nicht um die Erde kreisen, was dem ptolemäischen Weltbild widersprach.
Er beobachte mit dem Fernrohr auch die Mondoberfläche und stellte fest, dass der Mond Krater und Berge besitzt und damit eine zur Erde ähnliche Struktur. Die Mondoberfläche ist also nicht glatt, wie es das ptolemäische Weltbild postulierte.

Aufgabe 3

Das Weltbild des Ptolemäus stellte bis zum Ende des Mittelalters die gängige Lehrmeinung über den Aufbau des Universums dar. Hiernach befand sich die Erde im Mittelpunkt und Mond, Merkur, Venus, Sonne, Mars, Jupiter und Saturn bewegten sich auf Sphären um die Erde.
Kopernikus veröffentlichte kurz vor seinem Tod das Werk *De Revolutionibus Orbium Coelestium*. Hierin stellte er das heliozentrische Weltbild vor, bei dem sich die Sonne im Mittelpunkt befindet und von den Planeten umkreist wird. Diese Idee setzte jedoch sich nur langsam durch. Um das Jahr 1600 war das heliozentrische Weltbild des Kopernikus wenig verbreitet und wurde von den meisten Gelehrten und Theologen abgelehnt.
Giordano Bruno (1548–1600) vertrat gegen Ende des 16 Jahrhunderts u.a. folgende Thesen:
- Das Universum ist eine unendliche stoffliche Substanz im unendlichen Raum.
- Es ist unerschaffen und unvergänglich.
- Jenseits des Saturns gibt es weitere Sterne, die unserer Sonne ähnlich sind.

Für seine Ansichten, die dem vorherrschenden ptolemäischen Weltbild widersprachen, wurde er als Ketzer inhaftiert, gefoltert und schließlich 1600 öffentlich in Rom verbrannt.
Giordano Bruno hat seine Thesen nicht wie später Galilei durch naturwissenschaftliche Arbeitsweisen begründet. Galilei (1564–1642) und Kepler (1571–1630) griffen die Vorstellungen vom heliozentrischen Weltbild des Kopernikus auf und präzisierten sie.

4.2 Gravitationsgesetz

Aufgabe 1

Vereinfachend werden die Massenmittelpunkte der Schiffe betrachtet, die einen Abstand von 100 m besitzen.

$m_1 = 250 \cdot 10^6\,\text{kg}$

$m_2 = 390 \cdot 10^6\,\text{kg}$

$r = 100\text{m}$

$$F = G \cdot \frac{m_1 \cdot m_2}{r^2}$$

$$F = 6{,}673 \cdot 10^{-11}\,\frac{\text{m}^3}{\text{kg} \cdot \text{m}^2} \cdot \frac{250 \cdot 10^6\,\text{kg} \cdot 390 \cdot 10^6\,\text{kg}}{(100\,\text{m})^2}$$

$$F = \underline{\underline{651\,\text{N}}}$$

Aufgabe 2

$r = 384\,400 \cdot 10^3\,\text{m}$

$T = 27{,}32\,\text{d} = 24 \cdot 3600 \cdot 27{,}32\,\text{s} = 2\,360\,448\,\text{s}$

$m_\text{E} = 5{,}97 \cdot 10^{24}\,\text{kg}$

$$F_\text{r} = F_\text{G}$$

$$\frac{m_\text{M} \cdot v^2}{r} = G \cdot \frac{m_\text{M} \cdot m_\text{E}}{r^2} \quad \text{mit } v = \frac{2\pi r}{T}$$

$$\frac{4\pi^2 r^2}{T^2 \cdot r} = G \cdot \frac{m_\text{E}}{r^2}$$

$$G = \frac{4\pi^2 r^2}{T^2 \cdot m_\text{E}}$$

$$G = \frac{4\pi^2 (384\,400 \cdot 10^3\,\text{m})^3}{(2\,360\,448\,\text{s})^2 \cdot 5{,}97 \cdot 10^{24}\,\text{kg}}$$

$$\underline{\underline{G = 6{,}74 \cdot 10^{-11}\,\frac{m^3}{s^2 \cdot \text{kg}}}}$$

Aufgabe 3

$r = 52\,526 \cdot 10^3\,\text{m}$
$T = 0{,}3347\,\text{d} = 24 \cdot 3600 \cdot 0{,}3347\,\text{s} = 28\,918\,\text{s}$
$F_r = F_G$
$m_D \frac{v^2}{r} = G \cdot \frac{m_D \cdot m_N}{r^2} \quad \text{mit } v = \frac{2\pi r}{T}$
$\frac{4\pi^2 r^2}{T^2 \cdot r} = G \cdot \frac{m_N}{r^2}$
$m_N = \frac{4\pi^2 r^3}{T^2 \cdot G}$

$$m_N = \frac{4\pi^2 (52\,526 \cdot 10^3\,\text{m})^3}{(28\,918\,\text{s})^2 \cdot 6{,}673 \cdot 10^{-11} \frac{\text{m}^3}{\text{s}^2 \cdot \text{kg}}}$$

$m_N = \underline{\underline{1{,}03 \cdot 10^{26}\,\text{kg}}}$

Aufgabe 4

Sind r der Abstand Erde–Mond und T die (siderische) Umlaufdauer des Monds um die Erde, m_M die Mondmasse und m_E die gesuchte Erdmasse, dann gilt:
$F_r = F_G$
$m_M \cdot \frac{v^2}{r} = G \cdot \frac{m_M \cdot m_E}{r^2} \quad \text{mit } v = \frac{2\pi r}{T}$
$\frac{4\pi^2 r^2}{T^2 \cdot r} = G \cdot \frac{m_E}{r^2}$
$m_E = \frac{4\pi^2 r^3}{T^2 \cdot G}$

Ist die Gravitationskonstante G bekannt, lässt sich die Erdmasse aus den Messwerten für r und T ermitteln.

Aufgabe 5

a Der geostationäre Satellit befindet sich genau über einem Punkt der Erdoberfläche, er bewegt sich mit der gleichen Winkelgeschwindigkeit wie die Erde. In diesem Punkt ist die Gravitationskraft mit der Zentripetalkraft identisch. Der Satellit befindet sich über dem Äquator.

b Es gilt:
$F_G = F_Z$
$G \cdot \frac{m \cdot M}{r^2} = m \cdot \omega^2 \cdot r$

$$r = \sqrt[3]{\frac{G \cdot M}{\omega^2}} = \sqrt[3]{\frac{6{,}674 \cdot 10^{-11} \frac{\text{m}^3}{\text{kg} \cdot \text{s}^2} 5{,}976 \cdot 10^{24}\,\text{kg}}{\left(\frac{2\pi}{86\,400\,\text{s}}\right)^2}}$$

$= 42{,}25 \cdot 10^6\,\text{m} = 42\,250\,\text{km}$

Dies ist der Abstand vom Erdmittelpunkt. Die Höhe über dem Erdboden beträgt mit $r_{Äq} = 6\,378\,\text{km}$ etwa $\underline{\underline{35\,870\,\text{km}}}$.

c Damit ein Satellit um die Erde kreisen kann, muss der Kreisbahnmittelpunkt mit dem Erdmittelpunkt zusammenfallen. Außerdem muss der Kreis über dem Äquator liegen – nur dann kann die Zentripetalkraft mit der Gravitationskraft identisch sein. Geostationäre Satelliten befinden sich also stets über dem Äquator und der liegt südlich von Deutschland. Deswegen werden die Satellitenempfänger nach Süden ausgerichtet.

Aufgabe 6

$F = G \cdot \frac{m \cdot m_E}{r_E^2}$

mit $m_E = \rho \cdot V$ und $V = \frac{4}{3} \cdot \pi \cdot r_E^3$ erhät man:

$$F = \frac{G \cdot m \cdot \rho \cdot \frac{4}{3} \cdot \pi \cdot r_E^3}{r_E^2} = \frac{4 \cdot G \cdot m \cdot \rho \cdot \pi \cdot r_E}{3}$$

$$F = \frac{4 \cdot 6{,}673 \cdot 10^{-11} \frac{\text{m}^3}{\text{s}^2 \cdot \text{kg}} \cdot 1\,\text{kg} \cdot 3000 \frac{\text{kg}}{\text{m}^3} \cdot \pi \cdot 6731 \cdot 10^3\,\text{m}}{3}$$

$F = \underline{\underline{5{,}34\,\text{N}}}$

Die Massenverteilung auf der Erde wird hierbei als radialsymmetrisch angenommen.

4.3 Kepler´sche Gesetze

Aufgabe 1

<u>Für Europa gilt:</u>
$a_{EU} = 670\,900\,\text{km}$
$\varepsilon_{EU} = 0{,}0101$
$e_{EU} = \varepsilon_{EU} \cdot a_{EU}$
$e_{EU} = 0{,}0101 \cdot 670\,900\,\text{km}$
$e_{EU} = 6776\,\text{km}$
$b_{EU} = \sqrt{a_{EU}^2 - e_{EU}^2}$
$b_{EU} = (670\,900\,\text{km})^2 - (6776\,\text{km})^2$
$b_{EU} = \underline{\underline{670\,866\,\text{km}}}$

Abstand Brennpunkt-Aphel $r_{1,max}$:
$r_{1,\,max} = a_{EU} + e_{EU} = 670\,900\,\text{km} + 6776\,\text{km}$
$r_{1,\,max} = \underline{\underline{677\,676\,\text{km}}}$

Abstand Brennpunkt-Perihel $r_{1,min}$:
$r_{1,\,min} = a_{EU} - e_{EU} = 670\,900\,\text{km} - 6776\,\text{km}$
$r_{1,\,min} = \underline{\underline{664\,124\,\text{km}}}$

Europa bewegt sich nahezu auf einer Kreisbahn.

Für Pasiphae gilt:
$a_{Pa} = 23\,624\,000\,\text{km}$
$\varepsilon_{Pa} = 0{,}409$
$e_{Pa} = \varepsilon_{Pa} \cdot a_{Pa}$
$e_{Pa} = 0{,}409 \cdot 23\,624\,000\,\text{km}$
$e_{Pa} = \underline{\underline{9\,662\,200\,\text{km}}}$

$b_{Pa} = \sqrt{a_{Pa}^2 - e_{Pa}^2}$

$b_{Pa} = (23\,624\,000\,\text{km})^2 - (9\,662\,200\,\text{km})^2$
$b_{Pa} = \underline{\underline{21\,558\,000\,\text{km}}}$

Abstand Brennpunkt-Aphel $r_{2,max}$:
$r_{2,\,max} = a_{Pa} + e_{Pa} = 23\,624\,000\,\text{km} + 9\,662\,200\,\text{km}$
$r_{2,\,max} = \underline{\underline{33\,286\,200\,\text{km}}}$

Abstand Brennpunkt-Perihel $r_{2,min}$:
$r_{2,\,min} = a_{Pa} - e_{Pa} = 23\,624\,000\,\text{km} - 9\,662\,200\,\text{km}$
$r_{2,\,min} = \underline{\underline{13\,961\,800\,\text{km}}}$

Pasiphae bewegt sich auf einer Ellipsenbahn.

b

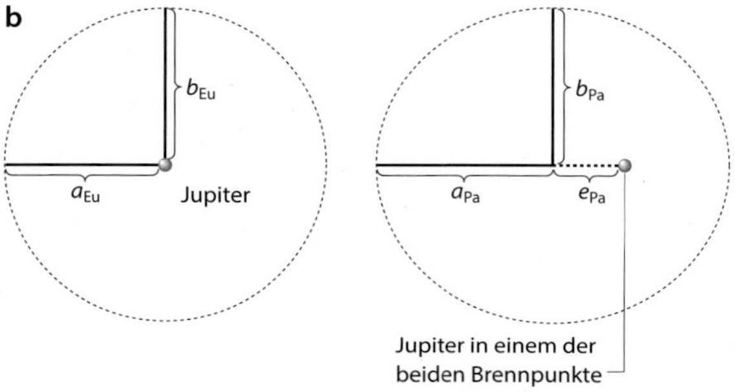

Aufgabe 2

$\frac{\Delta A}{\Delta t} = \text{konst.}$

Für kleine Winkel kann die Fläche näherungsweise mit $\Delta A_1 = \frac{1}{2} \cdot \Delta s \cdot r$ angegeben werden.

Es gilt:
$\frac{\Delta A_1}{\Delta t_1} = \frac{\Delta A_2}{\Delta t_2}$
$\frac{\Delta s_1}{\Delta t_1} \cdot r_1 = \frac{\Delta s_2}{\Delta t_2} \cdot r_2$
$v_1 \cdot r_1 = v_2 \cdot r_2$

Der Index 1 steht dabei das Perihel, der Index 2 für das Aphel.

$\frac{v_1}{v_2} = \frac{r_2}{r_1} = \frac{6371\,\text{km} + 2000\,\text{km}}{6371\,\text{km} + 300\,\text{km}} \approx \underline{\underline{\frac{5}{4}}}$

Die Geschwindigkeit im Perihel verhält sich zu der im Aphel etwa wie 5 zu 4.

Aufgabe 3

$a_E = 149{,}6 \cdot 10^6\,\text{km}$
$T_E = 1\text{a}$
$T_N = 164{,}79\,\text{a}$

$\frac{a_E^3}{a_N^3} = \frac{T_E^2}{T_N^2}$
$a_N = a_E \cdot \sqrt[3]{\frac{T_N^2}{T_E^2}}$
$a_N = 149{,}6 \cdot 10^6\,\text{km} \cdot \sqrt[3]{\frac{(164{,}79\,\text{a})^2}{(1\,\text{a})^2}}$

$a_N = \underline{\underline{4{,}497 \cdot 10^9\,\text{km}}}$

Aufgabe 4

Die Gravitationskonstante G ist eine universelle Naturkonstante. Sie stellt den Proportionalitätsfaktor im Newton'schen Gravitationsgesetz dar, das die gilt für Anziehung zweier beliebiger Massen beschreibt:

$F = G \cdot \frac{m_1 \cdot m_E}{r_E^2}.$

Die Keplerkonstante C_K ist der Proportionalitätsfaktor in der Beziehung $a^3 = C_K T^3$ mit der Länge der großen Halbachse a und der Umlaufdauer T des jeweils betrachteten Planeten um den Zentralkörper. Die Konstante C_K ist nicht universell, sondern nimmt für jedes Planetensystem – genauer: für jeden Zentralkörper – einen andern Wert an.

4.4 Isaac Newton

Aufgabe 1

Isaac Newton …
- beschreibt die Mechanik als axiomatisch aufgebaute Theorie
- formuliert das universelle Gravitationsgesetz
- stellt einen begründeten Zusammenhang zwischen den Kepler´schen Gesetzen und dem Gravitationsgesetz her
- formuliert das Trägheitsgesetz, das Grundgesetz der Mechanik und das Wechselwirkungsgesetz
- entwickelt ein verbessertes Spiegelteleskop, das später nach ihm benannt wird
- entdeckt die Dispersion von Licht und zerlegt Sonnenlicht mithilfe eines Prismas in Spektralfarben
- untersucht Interferenzerscheinungen (Newton´sche Ringe)
- ist neben Leibniz und Gregory ein Begründer der Infinitesimalrechnung

Aufgabe 2

Gesucht: g_S
$r_S = 58\,200\,\text{km}$
$r_{S\text{–}R} = 527\,000\,\text{km}$
$T_R = 4{,}518\,\text{d}$

$a_S = \frac{4\pi^2 r_{S\text{–}R}}{T^2}$

$$a_S = \frac{4\pi^2 \cdot 5{,}27 \cdot 10^8\,\text{m}}{(4{,}518 \cdot 24 \cdot 3600\,\text{s})^2}$$

$$a_S = 0{,}137\,\frac{\text{m}}{\text{s}^2}$$

$$g_S = k^2 \cdot a_S \quad \text{mit} \quad k = \frac{r_{S\text{-}R}}{r_S}$$

$$k = \frac{527\,000\,\text{km}}{58\,200\,\text{km}} \approx 9{,}05 \qquad k^2 \approx 82$$

$$g_S \approx 82 \cdot 0{,}137\,\frac{\text{m}}{\text{s}^2}$$

$$\underline{\underline{g_S = 11{,}2\,\frac{\text{m}}{\text{s}^2}}}$$

Aufgabe 3

Das Newton'sche Gravitationsgesetz lautet

$$F_G = G \cdot \frac{m \cdot M}{r^2}$$

und das 3. Kepler'sche Gesetz für Planeten auf Kreisbahnen lautet

$$\frac{r^3}{T^2} = \text{konst.}$$

Für einen Planeten auf einer Kreisbahn ist die Gravitationskraft die Zentripetalkraft:

$$F_G = G \cdot \frac{m \cdot M}{r^2} = F_Z = m \cdot r \cdot \omega^2 = m \cdot r \left(\frac{2\pi}{T}\right)^2$$

$$G \frac{M}{r^2} = r \cdot \frac{4\pi^2}{T^2}$$

$$\frac{G \cdot M}{4\pi^2} = \frac{r^3}{T^2}$$

Dies das 3. Kepler'sche Gesetz: Auf der linken Seite befinden sich nur Konstanten, die sich zur Keperkonstenten C_K zusammenfassen lassen.

4.5 Gravitationsfeld und Energie

Aufgabe 1

$$r_{\text{Mond}} = 1{,}738 \cdot 10^6\,\text{m}$$
$$r_{\text{Merkur}} = 2{,}44 \cdot 10^6\,\text{m}$$
$$m_{\text{Mond}} = 7{,}35 \cdot 10^{22}\,\text{kg}$$
$$m_{\text{Merkur}} = 3{,}4 \cdot 10^{23}\,\text{kg}$$
$$G = 6{,}673 \cdot 10^{-11}\,\frac{\text{m}^3}{\text{kg} \cdot \text{s}^2}$$
$$g = G \cdot \frac{m}{r^2}$$

$$g_{\text{Mond}} = 6{,}673 \cdot 10^{-11}\,\frac{\text{m}^3}{\text{kg} \cdot \text{s}^2} \cdot \frac{7{,}35 \cdot 10^{22}\,\text{kg}}{(1{,}738 \cdot 10^6\,\text{m})^2} = 1{,}62\,\frac{\text{m}}{\text{s}^2}$$

$$g_{\text{Mond}} = 6{,}673 \cdot 10^{-11}\,\frac{\text{m}^3}{\text{kg} \cdot \text{s}^2} \cdot \frac{3{,}4 \cdot 10^{23}\,\text{kg}}{(2{,}44 \cdot 10^6\,\text{m})^2} = 3{,}81\,\frac{\text{m}}{\text{s}^2}$$

Die Fallbeschleunigung ist auf der Merkuroberfläche rund 2,3-mal so groß wie auf der Oberfläche des Erdmonds.

Aufgabe 2

a $E_{pot} = G \cdot m \cdot M \cdot \left(\frac{1}{r_E} - \frac{1}{r_E + h}\right)$

$$E_{pot} = -6{,}674 \cdot 10^{-11}\,\frac{\text{m}^3}{\text{kg} \cdot \text{s}^2} \cdot 490\,\text{kg} \cdot 5{,}976 \cdot 10^{24}\,\text{kg} \cdot \left(\frac{1}{6\,371\,000\,\text{m}} - \frac{1}{6\,371\,000\,\text{m} + 500\,000\,\text{m}}\right)$$

$$E_{pot} = \underline{\underline{-2{,}23 \cdot 10^9\,\text{J}}}$$

b $F_Z = F_G$

$$m \cdot \frac{v^2}{r_E + h} = G \cdot \frac{m \cdot M}{(r_E + h)^2}$$

$$v = \sqrt{\frac{G \cdot M}{r + h}}$$

$$v = \sqrt{\frac{6{,}674 \cdot 10^{-11}\,\frac{\text{m}^3}{\text{kg} \cdot \text{s}^2} \cdot 5{,}976 \cdot 10^{24}\,\text{kg}}{6\,371\,000\,\text{m} + 500\,000\,\text{m}}} = \underline{\underline{7\,619\,\frac{\text{m}}{\text{s}}}}$$

Aufgabe 3

a Der Potenzialverlauf, also die potenzielle Energie eines Probekörpers im Feld, ist auch in Abb. 2 in Kap.4.6 dargestellt.

b Die Feldstärken des Erd- und des Mondfelds sind im Punkt L gleich groß:

$$g_E = G \cdot \frac{m_E}{r_E^2} = G \cdot \frac{m_M}{r_M^2} = g_M$$

$$\frac{r_E^2}{r_M^2} = \frac{m_E}{m_M}$$

$$\frac{r_E}{r_M} = \sqrt{\frac{m_E}{m_M}}$$

$$= \sqrt{\frac{5{,}976 \cdot 10^{24}\,\text{kg}}{7{,}349 \cdot 10^{22}\,\text{kg}}} = \underline{\underline{9{,}02}}$$

Die Entfernung des Punkts L zur Erde ist etwa 9-mal so groß wie die Entfernung zum Mond.

Aufgabe 4

a $E_{pot} = m \cdot g \cdot h$

$$E_{pot} = 1000\,\text{kg} \cdot \left(-9{,}81\,\frac{\text{m}}{\text{s}^2}\right) \cdot 900\,000\,\text{m}$$

$$E_{pot} = \underline{\underline{-8{,}83 \cdot 10^9\,\text{J}}}$$

b $E_{pot} = G \cdot m \cdot M \cdot \left(\frac{1}{r_E} - \frac{1}{r_E + h}\right)$

$$E_{pot} = -6{,}674 \cdot 10^{-11}\,\frac{\text{m}^3}{\text{kg} \cdot \text{s}^2} \cdot 1000\,\text{kg} \cdot 5{,}976 \cdot 10^{24}\,\text{kg} \cdot \left(\frac{1}{6\,371\,000\,\text{m}} - \frac{1}{6\,371\,000\,\text{m} + 900\,000\,\text{m}}\right)$$

$$E_{pot} = \underline{\underline{-7{,}75 \cdot 10^9\,\text{J}}}$$

Der Betrag der potenziellen Energie im Radialfeld ist kleiner.

4.6 Gravitationspotenzial

Aufgabe 1

$r_{Mars} = 3{,}4 \cdot 10^6\,\text{m}$

$m_{Mars} = 6{,}4 \cdot 10^{23}\,\text{kg}$

$G = 6{,}673 \cdot 10^{-11}\,\frac{\text{m}^3}{\text{kg} \cdot \text{s}^2}$

$v_1 = \sqrt{\frac{G \cdot m_{Mars}}{r}}$

$v_1 = \sqrt{6{,}673 \cdot 10^{-11}\,\frac{\text{m}^3}{\text{kg} \cdot \text{s}^2} \cdot \frac{6{,}4 \cdot 10^{23}\,\text{kg}}{3{,}4 \cdot 10^6\,\text{m}}}$

$v_1 = 3540\,\frac{\text{m}}{\text{s}}$

$v_2 = \sqrt{\frac{2 \cdot G \cdot m_{Mars}}{r}}$

$v_2 = \sqrt{\frac{2 \cdot 6{,}673 \cdot 10^{-11}\,\frac{\text{m}^3}{\text{kg} \cdot \text{s}^2} \cdot 6{,}4 \cdot 10^{23}\,\text{kg}}{3{,}4 \cdot 10^6\,\text{m}}}$

$v_2 = 5012\,\frac{\text{m}}{\text{s}}$

Aufgabe 2

Die Gravitationskraft gibt an, wie stark sich zwei Körper aufgrund ihrer Massen anziehen.
Die Feldstärke in einem Gravitationsfeld gibt an, wie groß die Kraft ist, die auf einen Probekörper der Masse m_{Pr} ausgeübt wird.
Das Gravitationspotenzial gibt an, wie groß die potenzielle Energie eines Probekörpers im Gravitationsfeld ist.

Aufgabe 3

Es können die Gleichungen aus dem Absatz „Berechnung von Satellitenbahnen“ mit folgenden Anfangsgeschwindigkeiten verwendet werden:

$v = \frac{2 \cdot \pi \cdot r}{T}$

$v_E = \frac{2 \cdot \pi \cdot 149{,}6 \cdot 10^9\,\text{m}}{(24 \cdot 3600 \cdot 365{,}26\,\text{s})} \approx 29\,800\,\frac{\text{m}}{\text{s}}$

$v_M = \frac{2 \cdot \pi \cdot 5{,}97 \cdot 10^{10}\,\text{m}}{(24 \cdot 3600 \cdot 0{,}24 \cdot 365{,}26\,\text{s}} \approx 48\,030\,\frac{\text{m}}{\text{s}}$

Beide Bahnen ähneln einer Kreisbahn, wobei die Merkurbahn etwas stärker von Kreisbahn abweicht.
Alternativ lassen sich die Ellipsenbahnen mithilfe von Parameterdarstellungen zeichnen. Hierzu müssen die großen Halbachsen und die numerischen Exzentrizitäten bekannt sein, siehe Abschnitt 4.3.

4.7 Raumfahrt und Raketen

Aufgabe 1

Gegeben:

$m_0 = 484\,\text{t}$

$m_T = 230\,\text{t}$

$\Delta t = 209\,\text{s}$

$F_S = 5{,}395 \cdot 10^6\,\text{N}$

a Gesucht: $\frac{\Delta m}{\Delta t}$

$\frac{\Delta m}{\Delta t} = \frac{230\,\text{t}}{209\,\text{s}} = 1{,}1\,\frac{\text{t}}{\text{s}} = 1100\,\frac{\text{kg}}{\text{s}}$

b Gesucht: v_g

$F_s = v_g \cdot \frac{\Delta m}{\Delta t}$

$v_g = \frac{F_S}{\Delta m}\,\Delta t$

$v_g = \frac{5{,}395 \cdot 10^6\,\text{N}}{230\,000\,\text{kg}} \cdot 209\,\text{s}$

$v_g = 4902\,\frac{\text{m}}{\text{s}}$

c $v(t) = v_g \cdot \ln\left(\frac{m_0}{m(t)}\right)$

$v(209\,\text{s}) = 4902\,\frac{\text{m}}{\text{s}} \cdot \ln\left(\frac{484\,\text{t}}{484\,\text{t} - 230\,\text{t}}\right)$

$v(209\,\text{s}) = 3161\,\frac{\text{m}}{\text{s}}$

d Mithilfe einer Tabellenkalkulation ergibt sich folgender Verlauf:

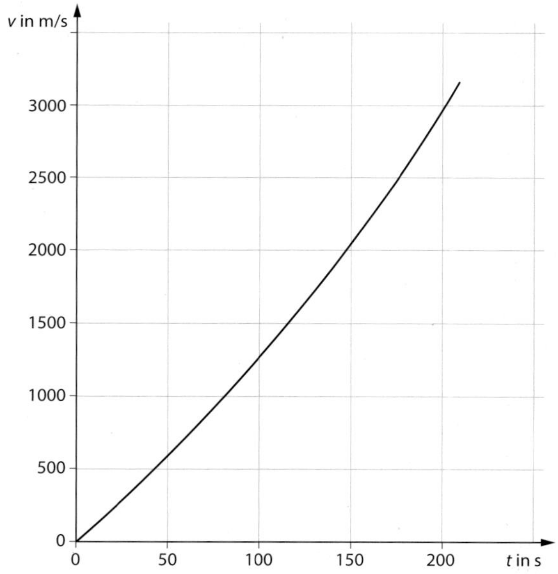

Aufgabe 2

Nach der Raketengleichung von Ziolkowski muss das Verhältnis aus Startmasse und Endmasse (bzw. Leermasse) m_S/m_L möglichst groß sein, damit große Endgeschwindigkeiten erreicht werden können. Verwendet man mehrstufige Raketen, so können die leeren Tankbehälter abgestoßen werden. Die übrig bleibende geringere Masse der Rakete lässt sich schneller beschleunigen als eine größere.

Aufgabe 3

Die Schubkraft einer Rakete ergibt sich aus der zeitlichen Änderung des Impulses:

$$F_S = \frac{\Delta p}{\Delta t}.$$

Die Impulsänderung entspricht dem Produkt aus der Ausströmgeschwindigkeit v_g der Verbrennungsgase und der dabei stattfindenden Masseänderung Δm der Rakete:

$$\Delta p = v_g \cdot \Delta m.$$

Daraus ergibt sich:

$$F_S = v_g \cdot \frac{\Delta m}{\Delta t}.$$

4.8 Gezeiten

Aufgabe 1

Allgemein hat die Lage von Erde, Sonne und Mond zueinander Einfluss auf die Gezeitenhöhe: Bei Neumond und bei Vollmond stehen Sonne, Erde und Mond auf einer Linie. Als Folge kommt es zu einer Verstärkung der Gezeiteneffekte (Springtiden). Bei Halbmond dagegen bilden Sonne, Erde und Mond ein rechtwinkliges Dreieck. Die Gezeiteneffekte werden abgeschwächt (Nipptiden).

Spezifische Effekte für Küstenorte:

- unterschiedliche Form des Meeresbodens, z. B. unterschiedliche Tiefe
- unterschiedliche Beschaffenheit des Meeresbodens, z. B. glatt oder zerklüftet
- mit oder entgegen der Ausbreitungsrichtung der Flutwelle strömender Wind

Aufgabe 2

Da der Einfluss der Sonne auf die Gezeiten kleiner ist als die des Monds, werden nachfolgend nur die Bewegungen des Monds und der Erde betrachtet. Da Ebbe und Flut für bestimmte Küstenorte von weiteren Faktoren abhängt, ist eine exakte Vorhersage von Wasserständen schwierig, vergleiche auch Aufgabe 1.

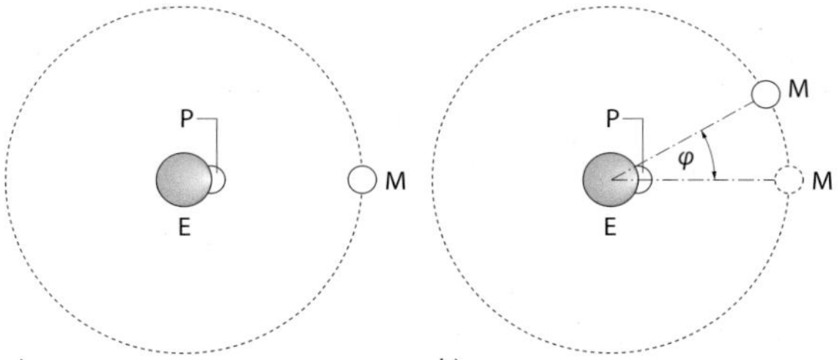

a) b)

Abbildung a zeigt die Konstellation von Erde und Mond zu einem bestimmten Zeitpunkt. Es wird angenommen, dass sich zu diesem Zeitpunkt im Punkt P ein Flutberg befindet. Nach 24 Stunden hat sich die Erde einmal um sich selbst gedreht. Der Mond hat sich dabei ebenfalls auf seiner Bahn um die Erde weiterbewegt, siehe Abb.b. Da er die Erde in 27,322 Tagen vollständig umkreist, hat er sich innerhalb von 24 Stunden um den Winkel φ weiter bewegt. Für φ gilt:

$$\frac{\varphi}{1\,\text{d}} = \frac{360°}{27{,}322\,\text{d}} \quad \text{bzw.} \quad \varphi = \frac{360°}{27{,}322\,\text{d}} \cdot 1\,\text{d} = 13{,}18°$$

Der Punkt P erreicht daher den Ort des Flutbergs erst dann, wenn sich die Erde um den Winkel um ihre eigene Achse weiter gedreht hat. Für die Zeit t, die hierfür benötigt wird, gilt:

$$\frac{\varphi}{t} = \frac{360°}{24\,\text{h}} \quad \text{bzw.} \quad t = \frac{24\,\text{h} \cdot \varphi}{360°} = \frac{24\,\text{h} \cdot 13{,}18°}{360°} = 0{,}879\,\text{h} \approx 50\,\text{min}.$$

Folglich dauert ein vollständiger Ebbe-Flut-Zyklus etwa 24 h und 50 min.

Aufgabe 3

Gezeiten verursachen Reibung, die der Erdrotation entgegenwirkt. Die Rotationsenergie der Erde nimmt daher mit der Zeit ab, die Rotationsgeschwindigkeit wird kleiner. Demnach werden die Tage im Laufe der Zeit länger – wenn auch nur geringfügig.

Aufgabe 4

Gezeitenkraftwerke nutzen die kinetische Energie des sich bei Ebbe und Flut bewegenden Wassers aus. Dabei übertragen Turbinen, die in beiden Strömungsrichtungen betrieben werden, die Energie an Generatoren. Diese wandeln die kinetische Energie in elektrische Energie um. Das erste Gezeitenkraftwerk wurde 1966 bei St. Malo (Frankreich) in Betrieb genommen. Es hat eine Leistung von 240 MW.

Aufgabe 5

Dem Diagramm kann entnommen werden, dass es je zwei relative Maxima und Minima des Wasserstands gibt. Da zwei einander gegenüberliegende Flutberge auf der Erde entstehen und die Erde sich in 24 Stunden einmal um sich selbst dreht, wird Venedig zweimal von einem Flutberg erfasst.

Die Höhe der Flutberge ist unterschiedlich – dies zeigt sich in den unterschiedlich hohen Maxima des Diagramms. Ursache hierfür ist, dass die Inhomogenität des Gravitationsfelds auf der mondzugewandten Seite stärker ist als auf der mondabgewandten Seite.

TRAINING
Mechanik und Gravitation

Aufgabe 1

a Die Länge der Rennstrecke ist unmittelbar aus dem Diagramm abzulesen: 3,0 km .

b Maximale Geschwindigkeit am Ort 2,2 km: $v = 300\,\text{km/h}$
Minimale Geschwindigkeit am Ort 1,3 km: $v = 60\,\text{km/h}$

c Das Diagramm passt am besten zur Strecke B: In Runde 1 wird dreimal stark abgebremst. Hieraus kann geschlussfolgert werden, dass es drei Kurven gibt, die ein Abbremsen erfordern. Das trifft auf die Strecken B, C und E zu. Die Wahl fällt auf Strecke B, weil die zweite Kurve nach dem Start einen besonders kleinen Radius besitzt. Dies passt zu der Tatsache, dass das zweite Bremsen im Diagramm am stärksten ist; hier wird das Geschwindigkeitsminimum angenommen.

Aufgabe 2

a Zunächst beschleunigt das Motorrad aus der Ruhe heraus; etwa die ersten zwei Sekunden verläuft die Beschleunigung gleichmäßig: Die Geschwindigkeit nimmt gleichmäßig zu. Anschließend verringert sich die Beschleunigung, die Geschwindigkeit nimmt aber weiter zu und erreicht zum Zeitpunkt 6,5 s ihr Maximum von etwa 11,8 m/s. Danach bremst das Motorrad ab: Die Beschleunigung ist negativ. Ihr Betrag nimmt dabei allmählich zu, bleibt in der Zeitspanne $10\,\text{s} \le t \le 15\,\text{s}$ etwa konstant und nimmt dann wieder ab. Zum Zeitpunkt $t = 20\,\text{s}$ befindet sich das Motorrad wieder in Ruhe.

b

t in s	v in m/s	Δs in m	s in m
0,0	0,0	0,0	0,0
1,0	4,0	2,0	2,0
2,0	7,0	5,5	7,5
3,0	8,8	7,9	15,4
4,0	10,3	9,6	25,0
5,0	11,2	10,8	35,7
6,0	11,7	11,5	47,2
7,0	11,7	11,7	58,9
8,0	11,4	11,6	70,4
9,0	10,6	11,0	81,4
10,0	9,8	10,2	91,6
11,0	8,7	9,3	100,9
12,0	7,4	8,1	108,9
13,0	6,1	6,8	115,7
14,0	4,8	5,5	121,1
15,0	3,5	4,2	125,3
16,0	2,5	3,0	128,3
17,0	1,5	2,0	130,3
18,0	0,7	1,1	131,4
19,0	0,2	0,5	131,8
20,0	0,0	0,1	131,9

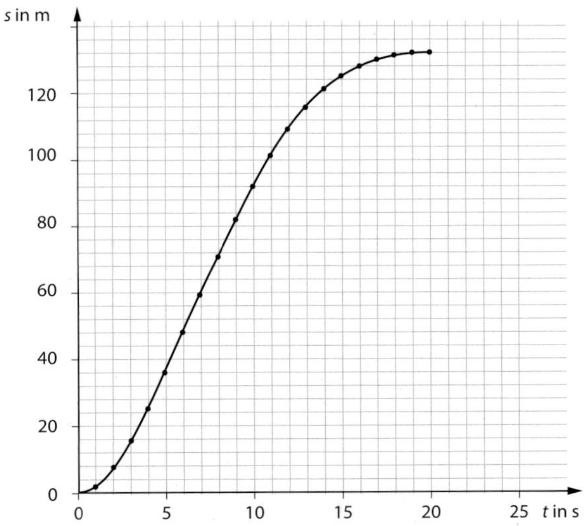

Zurückgelegter Weg: $s_{\text{ges}} = \underline{\underline{131{,}9\,\text{m}}}$

c

t in s	v in m/s	$a = \frac{\Delta v}{\Delta t}$ in m/s²
0,0	0,0	4,0
1,0	4,0	4,0
2,0	7,0	3,0
3,0	8,8	1,8
4,0	10,3	1,5
5,0	11,2	0,9
6,0	11,7	0,5
7,0	11,7	0,0
8,0	11,4	–0,3
9,0	10,6	–0,8
10,0	9,8	–0,8
11,0	8,7	–1,1
12,0	7,4	–1,3
13,0	6,1	–1,3
14,0	4,8	–1,3
15,0	3,5	–1,3
16,0	2,5	–1,0
17,0	1,5	–1,0
18,0	0,7	–0,8
19,0	0,2	–0,5
20,0	0,0	–0,2

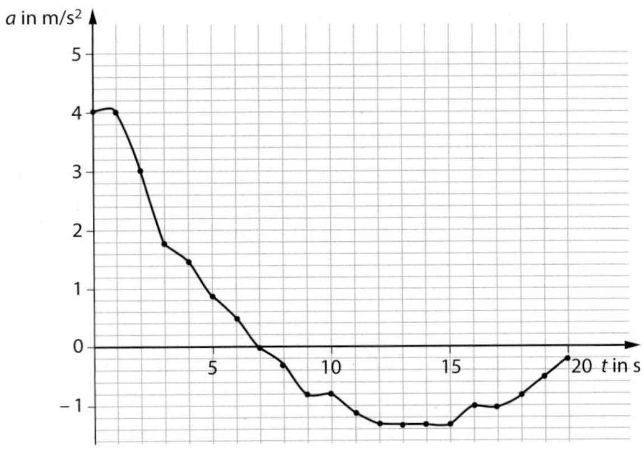

Aufgabe 3

a Das t-s-Diagramm ergibt sich direkt aus den gegebenen Messwerten:

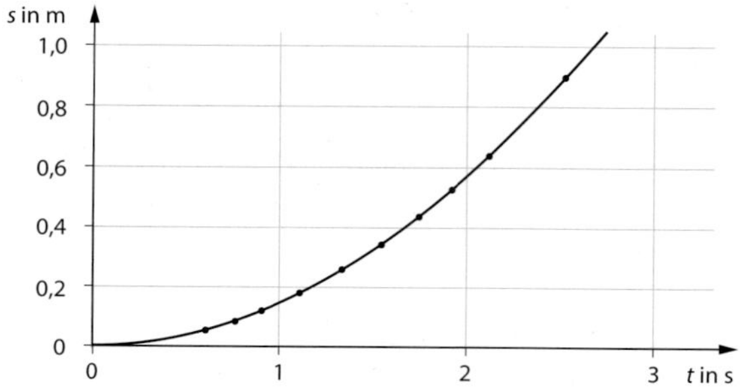

b Die Geschwindigkeit lässt sich direkt aus der Dunkelzeit berechnen. Der Gleiter legt während dieser Zeit eine Strecke von $s_D = 2\,\text{cm}$ zurück:

$v = \frac{s_D}{\Delta t}$.

t in s	s in m	Δt in s	v in m/s
0	0		0
0,621	0,055	0,104	0,192
0,755	0,091	0,081	0,247
0,904	0,13	0,069	0,290
1,115	0,191	0,058	0,345
1,336	0,267	0,049	0,408
1,55	0,356	0,043	0,465
1,753	0,449	0,038	0,526
1,928	0,534	0,035	0,571
2,113	0,642	0,033	0,606
2,522	0,912	0,027	0,741

c Mit den Werten für v lässt sich das t-v-Diagramm zeichnen.

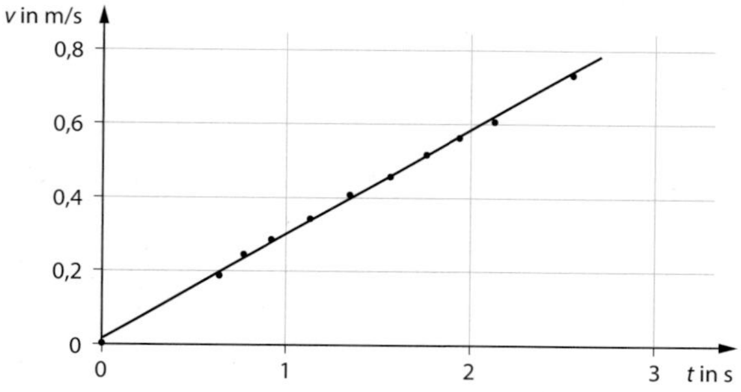

Die Geschwindigkeit des Gleiters nimmt linear zu, es handelt sich also um eine gleichmäßig beschleunigte Bewegung. Die konstante Beschleunigung ergibt sich aus der Steigung des $v(t)$-Graphen zu $0{,}287\,\text{m/s}^2$.

Alternativ lässt sich die Beschleunigung auch aus den Geschwindigkeitswerten berechnen, indem man sie durch die Zeit Δt teilt:

$$a = \frac{v_m - v_n}{t_m - t_n}$$

Die Mittelwertbildung liefert die Beschleunigungswerte.

t in s	s in m	v in m/s	a in m/s^2
0	0	0	
0,621	0,055	0,192	0,309
0,755	0,091	0,247	0,410
0,904	0,13	0,29	0,289
1,115	0,191	0,345	0,261
1,336	0,267	0,408	0,285
1,55	0,356	0,465	0,266
1,753	0,449	0,526	0,300
1,928	0,534	0,571	0,257
2,113	0,642	0,606	0,189
2,522	0,912	0,741	0,330
			$\overline{a}$ 0,290

Die zugehörige t-v-Funktion lautet:

$$v(t) = a \cdot t = 0{,}29\,\text{m/s}^2 \cdot t$$

d An die Werte im s-t^2-Diagramm lässt sich eine Ausgleichsgerade zeichnen:

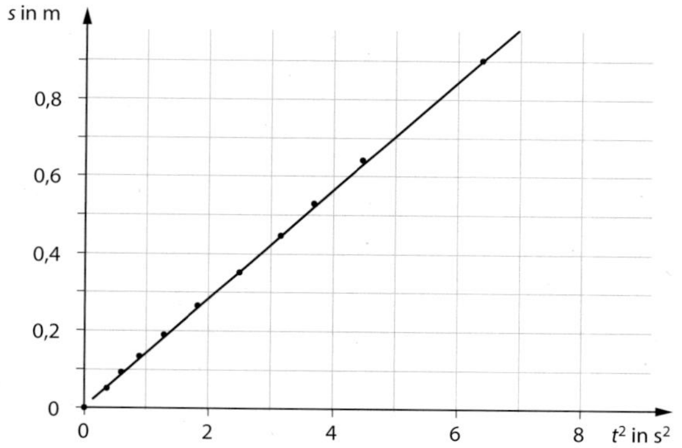

Die Steigung der Geraden und damit die Proportionalitätskonstante beträgt $0{,}14\,\text{m/s}^2$.
Daher ergibt sich als t-s-Funktion:

$$s(t) = 0{,}14\,\frac{\text{m}}{\text{s}^2} \cdot t^2.$$

Aufgabe 4

a $t_1 = \dfrac{1800\,\text{m} - 201\,\text{m}}{\dfrac{120\,\text{m}}{3{,}6\,\text{s}}} = \underline{\underline{48\,\text{s}}}$

b $t_2 = \dfrac{1800\,\text{m} + 201\,\text{m}}{\dfrac{120\,\text{m}}{3{,}6\,\text{s}}} = \underline{\underline{60\,\text{s}}}$

Aufgabe 5

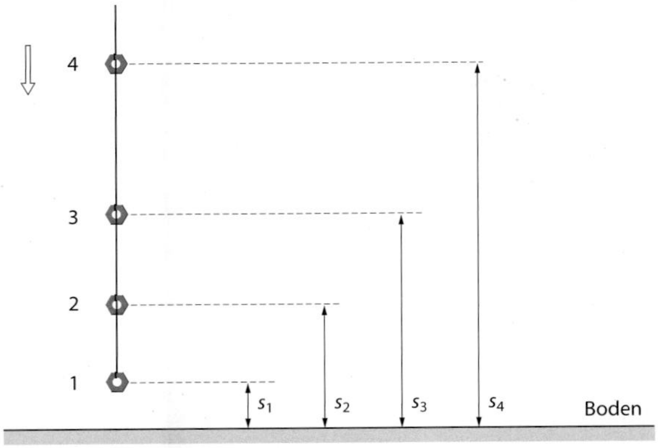

$$s_1 = \frac{g}{2} \cdot t_1^2 = \frac{9{,}81\,\frac{\text{m}}{\text{s}^2}}{2}\,(0{,}2\,\text{s})^2 = 0{,}196\,\text{m}$$

$$s_2 = \frac{9{,}81\,\frac{\text{m}}{\text{s}^2}}{2}\,(0{,}4\,\text{s})^2 = 0{,}785\,\text{m}$$

$$s_3 = \frac{9{,}81\,\frac{\text{m}}{\text{s}^2}}{2}\,(0{,}6\,\text{s})^2 = 1{,}77\,\text{m}$$

$$s_4 = \frac{9{,}81\,\frac{\text{m}}{\text{s}^2}}{2}\,(0{,}8\,\text{s})^2 = 3{,}14\,\text{m}$$

Die Schnur muss so gehalten werden, dass sich die Gewindemutter 1 genau 0,196 m über dem Boden befindet. Die Abstände d der Gewindemuttern betragen:
$d_{12} = 0{,}758\,\text{m} - 0{,}196\,\text{m} = 0{,}589\,\text{m}$
$d_{23} = 1{,}77\,\text{m} - 0{,}785\,\text{m} = 0{,}985\,\text{m}$
$d_{34} = 3{,}14\,\text{m} - 1{,}77\,\text{m} = 1{,}37\,\text{m}$

Aufgabe 6

a $v_{0,x} = 9\,\text{m/s} \cdot \cos 40° = 6{,}89\,\text{m/s}$
$v_{0,y} = 9\,\text{m/s} \cdot \sin 40° = 5{,}79\,\text{m/s}$

$s_x(t) = 9\,\text{m/s} \cdot t \cdot \cos 40° = 6{,}89\,\text{m/s} \cdot t$

$s_y(t) = -0{,}5 \cdot \text{g} \cdot t^2 + 9\,\text{m/s} \cdot t \cdot \sin 40° + 1{,}80\,\text{m}$
$= -4{,}91\,\text{m/s}^2 \cdot t^2 + 5{,}79\,\text{m/s} \cdot t + 1{,}80\,\text{m}$

$v_x(t) = v_{0,x} = 9\,\text{m/s} \cdot \cos 40° = 6{,}89\,\text{m/s}$

$v_y(t) = s'_y(t) = -g \cdot t + 9\,\text{m/s} \cdot \sin 40°$
$= -9{,}81\,\text{m/s} \cdot t + 5{,}79\,\text{m/s}$

b Die Wurfzeit t_W ergibt sich aus der Bedingung, dass $s_y(t_W) = 0$ wird:

$0 = -4{,}91\,\text{m/s}^2 \cdot t_W^{\ 2} + 5{,}79\,\text{m/s} \cdot t_W + 1{,}80\,\text{m}.$

Auflösen der quadratischen Gleichung ergibt:
$t_W = \underline{\underline{1{,}435\,\text{s}}}.$

Für die Wurfweite ergibt sich:
$s_x(t_W) = \underline{\underline{9{,}89\,\text{m}}}.$

c Der Betrag der Geschwindigkeit ergibt sich aus dem Satz des Pythagoras:

$v(t) = \sqrt{v_x^2(t) + v_y^2(t)}.$

Wird t_W eingesetzt, folgt für die Auftreffgeschwindigkeit:
$v = \underline{\underline{10{,}78\,\text{m/s}}}.$

Mit der Trigonometrie lässt sich der Auftreffwinkel bestimmen:
$\tan\beta = \frac{v_y(t_W)}{v_x(t_W)} = -1{,}203$

$\beta = \underline{\underline{-50{,}3°}}$

Das negative Vorzeichen vor dem Winkel besagt, dass die Geschwindigkeit nach unten weist.

d Für die Steigzeit t_S gilt die Bedingung:
$v_y(t_S) = 0$
$0 = -9{,}81\,\text{m/s} \cdot t + 5{,}79\,\text{m/s}$
$t_S = 0{,}59\,\text{s}$

Die Steigzeit ist hier nicht die Hälfte der Wurfzeit, weil die Kugel unterhalb der Abwurfhöhe auf den Boden trifft.
t_S in $s_y(t)$ eingesetzt, ergibt die maximale Wurfhöhe:
$s_y(t_S) = \underline{\underline{3{,}51\,\text{m}}}.$

e $E_{\text{kin}} = \frac{1}{2} m \cdot v_0^{\ 2}$
$= \underline{\underline{162\,\text{J}}}$

f Aus $v = a \cdot t$ und $s = \frac{1}{2} a \cdot t^2$ folgt:
$a = \frac{1}{2}\frac{v^2}{s}.$

Damit ergibt sich für die Beschleunigung:
$\text{a} = \frac{1}{2}\frac{(9\,\text{m/s})^2}{0{,}8\,\text{m}} = 50{,}6\,\text{m/s}^2$
und für die Kraft
$F = m \cdot a = \underline{\underline{202{,}5\,\text{N}}}$

Aufgabe 7

a

Intervall	Geschwindigkeit
$0\,s \le t \le 3\,s$	$v(t) = 3\frac{m}{s^2} \cdot t$
$3\,s \le t \le 6\,s$	$v(t) = 9\frac{m}{s} = \text{konst.}$
$6\,s \le t \le 8\,s$	$v(t) = -4\frac{m}{s^2} \cdot (t - 6\,s) + 9\frac{m}{s}$

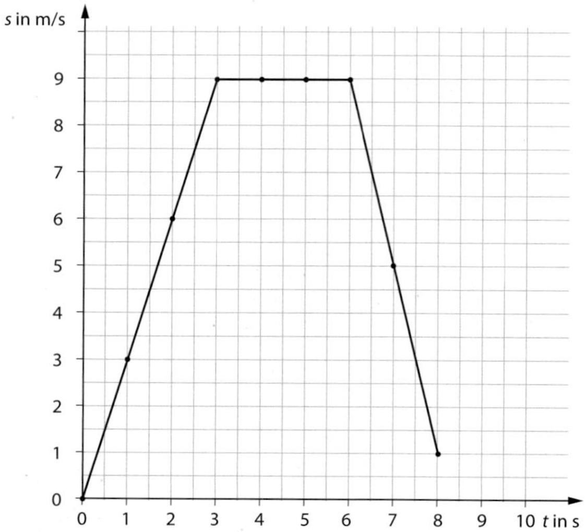

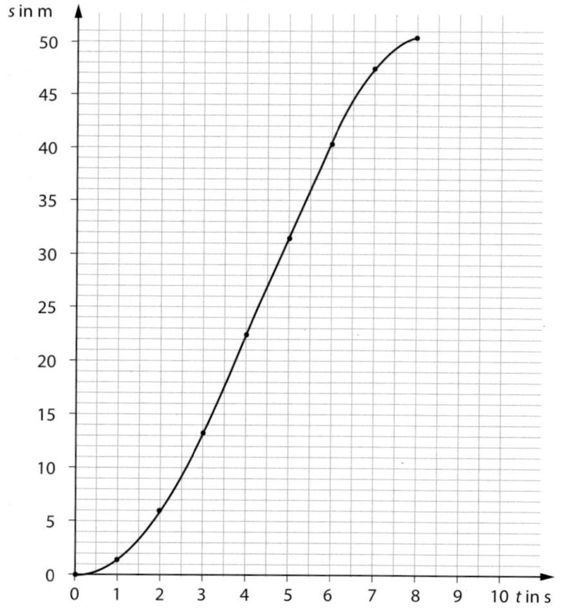

Intervall	Bewegungstyp	Ortsänderung	Geschwindigkeitsänderung
$0\,s \le t < 3\,s$	gleichmäßig beschleunigte Bewegung mit $a = 3\frac{m}{s^2}$	$\Delta s = 13{,}5\,m$	$\Delta v = 9\frac{m}{s}$
$3\,s \le t < 6\,s$	gleichförmige Bewegung mit $v = 9\frac{m}{s}$	$\Delta s = 27\,m$	$\Delta v = 0\frac{m}{s}$
$6\,s \le t \le 8\,s$	gleichmäßig beschleunigte Bewegung mit $a = -4\frac{m}{s^2}$ (verzögerte Bewegung)	$\Delta s = 10\,m$	$\Delta v = -8\frac{m}{s}$

Aufgabe 8

Unter der Annahme einer gleichmäßig beschleunigten Bewegung ergeben sich für Auto und Lkw folgende Beschleunigungen:

$v(t) = a \cdot t$

$a = \frac{v(t)}{t}$

$a_{Lkw} = \frac{40\,km/h}{9\,s} = \frac{11{,}11\,m/s}{9\,s} = 1{,}235\,m/s^2$

$a_{Pkw} = \frac{40\,km/h}{3\,s} = \frac{11{,}11\,m/s}{3\,s} = 3{,}704\,m/s^2$

Mit der Grundgleichung der Mechanik lassen sich hieraus die maximalen Kräfte der Motoren berechnen:

$F_{Lkw} = m_{Lkw} \cdot a_{Lkw} = 5\,926\,N$

$F_{Pkw} = m_{Pkw} \cdot a_{Pkw} = 4\,444\,N$

Aus diesen Kräften ergeben sich jeweils die Beschleunigungen des Gesamtsystems.

Wenn der Lkw zieht:

$a_{ges} = \frac{F_{Lkw}}{m_{Lkw} + m_{Pkw}} = \frac{5926\,N}{6000\,kg} = 0{,}988\,m/s^2.$

Wenn der Pkw zieht:

$a_{ges} = \frac{F_{Pkw}}{m_{Lkw} + m_{Pkw}} = \frac{4444\,N}{6000\,kg} = 0{,}741\,m/s^2.$

a Bei einer Beschleunigung von $0{,}988\,m/s^2$ beträgt die Kraft, die auf den Pkw ausgeübt wird:
$F = 1200\,kg \cdot 0{,}988\,m/s^2 = \underline{\underline{1186\,N}}.$
Dies ist die Kraft, mit der das Seil belastet wird.

b Bei einer Beschleunigung von $0{,}741\,m/s^2$ beträgt die Kraft, die auf den Lkw ausgeübt wird:
$F = 4\,800\,kg \cdot 0{,}741\,m/s^2 = \underline{\underline{3\,555\,N}}.$
Dies ist die Kraft, mit der nun das Seil belastet wird. Obwohl also die maximale Kraft des Pkw-Motors geringer ist als die des Lkw, und auch die Gesamtbeschleunigung kleiner ist, muss hier das Seil einer etwa dreimal so großen Kraft standhalten.

Aufgabe 9

a Die durchschnittliche Beschleunigung ergibt sich aus dem Zeitintervall der Beschleunigung $\Delta t = 0{,}12\,\text{s}$ und der Geschwindigkeitszunahme von $\Delta v = 23\,\text{m/s}$ während dieser Zeit:

$$\overline{a} = \frac{\Delta v}{\Delta t} = \underline{\underline{192\,\frac{\text{m}}{\text{s}^2}}}.$$

Die Kraft ergibt sich aus der errechneten Beschleunigung und der Masse des Balls $m = 0{,}5\,\text{kg}$ über das Newton'sche Axiom:

$$\overline{F} = m\overline{a} = \underline{\underline{95{,}8\,\text{N}}}$$

b Im t-v-Diagramm der gleichmäßig beschleunigten Bewegung eines Bremsvorgangs mit Endgeschwindigkeit null stellt der Weg s eine Dreiecksfläche dar:

$$s = \frac{1}{2} v \cdot t.$$

Dies ergibt sich auch durch Einsetzen von

$a = v/t$ in $s = \frac{1}{2}at^2$.

Daraus ergibt sich ein Ausdruck für die Zeit, in der der Ball abgebremst wird:

$$t = 2\frac{s}{v}.$$

Mit 0,4 m Bremsstrecke und einer Ausgangsgeschwindigkeit des Balls von 23 m/s ergibt das:

$$t = 2 \cdot \frac{0{,}4\,\text{m}}{23\,\text{m/s}} = 0{,}0348\,\text{s}.$$

Für die Beschleunigung des Balls ergibt sich daraus mit $a = v/t$:

$$\overline{a} = \frac{23\,\text{m/s}}{0{,}0348\,\text{s}} = 661\,\text{m/s}^2.$$

Mit dem zweiten Newton'schen Axiom erhält man nun die Kraft:

$$\overline{F} = m\overline{a} = 0{,}5\,\text{kg} \cdot 661\,\text{m/s}^2 = \underline{\underline{331\,\text{N}}}.$$

Alternative

Die kinetische Energie $\frac{1}{2}m \cdot v^2$ des Fußballs wird während des Fangens entlang des Bremswegs s durch die Kraft F gemäß $E_{\text{kin}} = F \cdot s$ umgewandelt:

$$\frac{1}{2}mv^2 = F \cdot s$$

$$F = \frac{\frac{1}{2}mv^2}{s} = \underline{\underline{331\,\text{N}}}.$$

Aufgabe 10

Der Graph b im t-s-Diagramm ist ein Ast einer quadratischen Parabel. Dies lässt sich überprüfen: Verdoppelt man die Zeit, vervierfacht sich die Strecke. Darum ergeben sich dort exakte Geraden im t-v- und im t-a-Diagramm. Bei rein qualitativer Abschätzung, wie sie in der Aufgabenstellung erwartet wird, sind auch leichte Abweichungen von der Geraden als Lösungen zu akzeptieren.

Der Graph a beschreibt beispielsweise das Ausrollen eines Fahrrads auf einer Ebene. Die Bewegung wird bis zum Stillstand verlangsamt. Dabei wird der Betrag der Beschleunigung geringer.

Der Graph b gehört zum Beispiel zum freien Fall eines Steins aus einer bestimmten Höhe, wobei der Körper tiefer unter die Nulllinie fällt. Der Körper wird gleichmäßig beschleunigt.

Die ungedämpfte Schwingung eines Federpendels wird durch den Graphen c beschrieben. In den Umkehrpunkten ist die Geschwindigkeit null, während sie maximal wird, wenn sich der Körper durch seine Gleichgewichtslage bewegt.

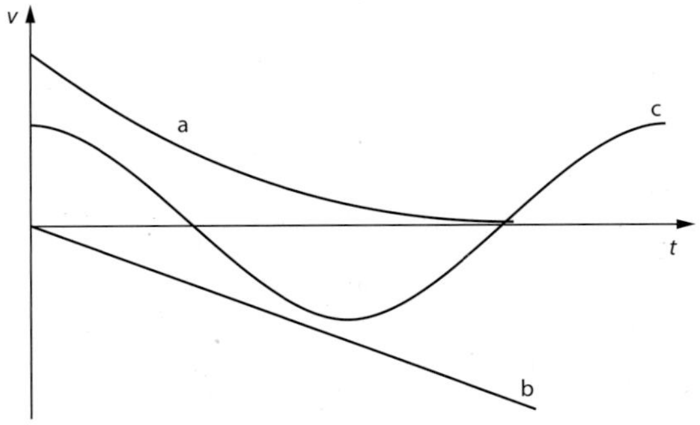

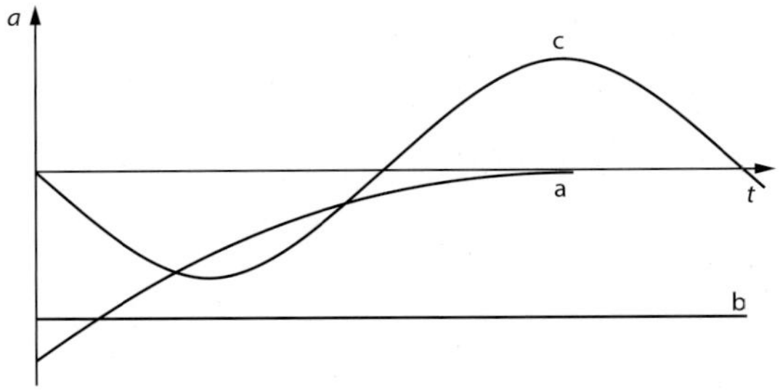

Aufgabe 11

a Das System befindet sich dann im Gleichgewicht, wenn die resultierende Kraft F_R der beiden Wand- bzw. Seilkräfte F_w der Gewichtskraft F_G des Körpers entspricht. Die beiden Seilkräfte haben denselben Betrag, weil die Masse genau in der Mitte hängt. Es gilt:

$$\cos\alpha = \frac{0{,}5\,F_G}{F_W} \text{ bzw. } F_W = \frac{0{,}5\,F_G}{\cos\alpha}.$$

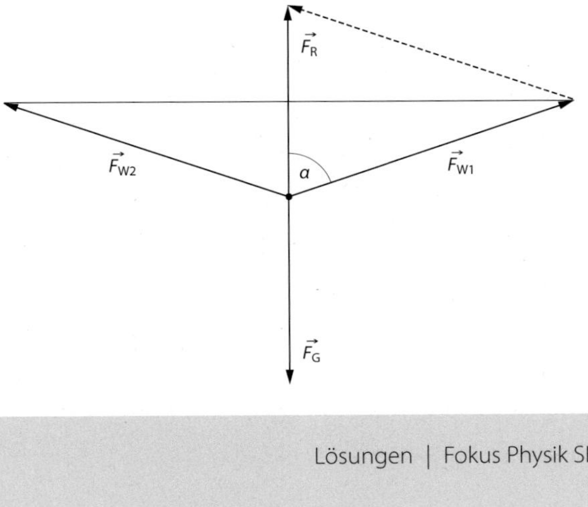

Der Winkel α ergibt sich aus dem „Durchhängen“ des 10 m langen Seils um 10 cm:

$\tan\alpha = \frac{5\,\text{m}}{0{,}10\,\text{m}} = 50$ bzw. $\alpha = 88{,}854237°$.

Der Winkel muss mit vielen Stellen angegeben werden, da sehr geringe Abweichungen im Winkel massiv die Größe der Kräfte beeinflussen.
Einsetzen ergibt als Kraft auf die Wandhaken:

$F_W = 1226\,\text{N}$.

b Eine Rechnung wie im Aufgabenteil **a** liefert einen Winkel $\alpha = 89{,}942704°$ und damit eine Kraft $F_W = 24\,525\,\text{N}$.

Die Kraft würde sich also etwa um den Faktor 20 vergrößern.

Aufgabe 12

a „Gleiche Heftigkeit“ bedeutet, dass bei jedem Abstoßen immer der gleiche Impuls übertragen wird. Da die Gruppe von Schlittschuhläufern immer kleiner wird, wird der Geschwindigkeitszuwachs der Gruppe von Stoß zu Stoß größer. Dies wiederum bedeutet, dass der einzelne Läufer, der sich abstößt, irgendwann nicht mehr nach rechts zurückgleitet, sondern nur verlangsamt nach links weiter gleitet.

b Bei jedem Stoß wird ein Gesamtimpuls $p = m \cdot v = 100\,\text{kg} \cdot \text{m/s}$ auf die linke Gruppe übertragen.

1. Stoß: Jede einzelne Person der linken Gruppe gewinnt den Impuls

$\frac{100\,\text{kg} \cdot \text{m/s}}{9}$

hinzu.

2. Stoß: Nun wird der Impuls nur noch auf 8 Personen aufgeteilt. Der zusätzliche Impulsgewinn für jede Person der Gruppe beträgt demnach:

$\frac{100\,\text{kg} \cdot \text{m/s}}{8}$.

3. Stoß: Nun wird der Impuls nur noch auf 7 Personen aufgeteilt. Der zusätzliche Impulsgewinn für jede Person der Gruppe beträgt demnach:

$\frac{100\,\text{kg} \cdot \text{m/s}}{7}$

usw.

Der 9. Läufer erhält also acht, zunehmend größer werdende Impulse. Insgesamt erhält er:

$$p_9 = \left(\tfrac{1}{9} + \tfrac{1}{8} + \tfrac{1}{7} + \tfrac{1}{6} + \tfrac{1}{5} + \tfrac{1}{4} + \tfrac{1}{3} + \tfrac{1}{2}\right) \cdot 100\,\text{kg} \cdot \tfrac{\text{m}}{\text{s}}$$
$$= 183\,\text{kg} \cdot \tfrac{\text{m}}{\text{s}}.$$

Er selbst stößt sich nun seinerseits vom 10. Läufer ab. Sein eigener Impuls verringert sich somit auf
$183 - 100\,\text{kg} \cdot \text{m/s} = 83\,\text{kg} \cdot \text{m/s}$.

Das entspricht einer Geschwindigkeit von
$v = p/m = \underline{1{,}66\,\text{m/s}}$ nach links.

Die Geschwindigkeit des 10. Läufers berechnet sich analog, nur dass er zusätzlich die vollen 100 kg · m/s vom 9. Läufer erhält.

$$p_{10} = \left(\tfrac{1}{9} + \tfrac{1}{8} + \tfrac{1}{7} + \tfrac{1}{6} + \tfrac{1}{5} + \tfrac{1}{4} + \tfrac{1}{3} + \tfrac{1}{2} + 1\right) \cdot 100\,\text{kg} \cdot \tfrac{\text{m}}{\text{s}}$$
$$= p_9 + 100\,\text{kg} \cdot \tfrac{\text{m}}{\text{s}} = 283\,\text{kg} \cdot \tfrac{\text{m}}{\text{s}}$$

Weil der 10. Läufer seinerseits keinen Impuls mehr abgibt, behält er den Impuls von 283 kg · m/s.
Dies ergibt eine Geschwindigkeit des 10. Läufers von $\underline{\underline{5{,}66\,\text{m/s}}}$ nach links.

Aufgabe 13

a Annahme: Es gilt das Hooke'sche Gesetz:
$F = D \cdot s$
$m \cdot g = D \cdot s$

Stahlfeder 1 mit $m = 0{,}05\,\text{kg}$ und $s_1 = 0{,}075\,\text{m}$:
$$D_1 = \frac{m \cdot g}{s_1} = \frac{0{,}05\,\text{kg} \cdot 9{,}81\,\text{m/s}^2}{0{,}075\,\text{m}} = \underline{\underline{6{,}54\,\text{N/m}}}$$
Stahlfeder 2 mit $m = 0{,}05\,\text{kg}$ und $s_2 = 0{,}025\,\text{m}$:
$$D_2 = \frac{m \cdot g}{s_2} = \frac{0{,}05\,\text{kg} \cdot 9{,}81\,\text{m/s}^2}{0{,}025\,\text{m}} = \underline{\underline{19{,}62\,\text{N/m}}}$$

b Hängt man die Federn aneinander – die Masse der Federn wird vernachlässigt –, werden beide Federn jeweils mit der gleich großen Kraft F gedehnt.
Durch das Aneinanderhängen addieren sich nun beide Strecken:
$s_{ges} = s_1 + s_2$.

Für das Gesamtsystem aus beiden Federn gilt ebenfalls das Hooke'sche Gesetz:
$F = D_{ges} \cdot s$

und mit

$$\frac{F}{D_{ges}} = s_{ges} = s_1 + s_2 = \frac{F}{D_1} + \frac{F}{D_2}$$

folgt:

$$\frac{1}{D_{ges}} = \frac{1}{D_1} + \frac{1}{D_2}$$
Einsetzen ergibt:
$D_{ges} = 4{,}91\,\text{N/m}$.

Das Gesamtsystem ist also weicher als die weichere der beiden Einzelfedern.

Aufgabe 14

a Für die geleistete Arbeit gilt: $W = F \cdot s$. Mit $F \sim v^2$ und $v_2 = 2\,v_1$ folgt daraus:

$$\frac{W_2}{W_1} = \underline{\underline{4}}$$

Für die Leistung $P = W/t$ gilt mit $P = F \cdot v$ also: $P \sim v^3$ und damit:

$$\frac{P_2}{P_1} = \underline{\underline{8}}$$

b Die Angabe „verbrauchte Kalorien pro Stunde“ ist beim Radfahren also sehr problematisch: Nach der Betrachtung in Teil a gilt zumindest für die geleistete mechanische Arbeit, dass der Energieumsatz pro Zeit, also die Leistung mit der dritten Potenz von der Geschwindigkeit abhängt. Die geleistete Arbeit pro Strecke hängt dagegen nur quadratisch von der Geschwindigkeit ab.

Aufgabe 15

a

Zeitpunkt bzw. -abschnitt	Bewegung	Energieumwandlungen
$0\,\text{s} \le t < 0{,}03\,\text{s}$	Der Ball bewegt sich annähernd gleichförmig mit $v_1 = -18\,\text{m/s}$.	Der Ball besitzt kinetische Energie. Ein geringer Anteil wird durch Reibung mit der Luft in thermische Energie umgewandelt.
$0{,}3\,\text{s} \le t < 0{,}087\,\text{s}$	Der Ball berührt die gespannten Saiten des Schlägers und wird abgebremst.	Die kinetische Energie des Balls wird in Spannenergie der Saiten und des verformten Balls selbst umgewandelt.
$0{,}087\,\text{s}$	Der Ball befindet sich relativ zum Schläger in Ruhe.	Die Energie ist jetzt vollständig als Spannenergie in den gespannten Saiten und im Ball gespeichert.
$0{,}087\,\text{s} \le t \le 0{,}13\,\text{s}$	Der Ball wird nun in entgegengesetzter Richtung beschleunigt.	Die Spannenergie der Saiten und des Balls wird in kinetische Energie des Balls umgewandelt.
$0{,}13\,\text{s} \le t$	Der Ball bewegt sich gleichförmig mit der Geschwindigkeit $v_2 = 13\,\frac{\text{m}}{\text{s}}$ weiter. Aufgrund entgegengesetzter Bewegungsrichtungen des Balls vor und nach dem Aufprall auf den Schläger sind die Vorzeichen von v_1 und v_2 unterschiedlich.	Die Spannenergie der gespannten Saiten und des Balls sind in kinetische Energie des Balls umgewandelt.

b $E_{\text{kin}} = \frac{m}{2} \cdot v^2$

$$E_{\text{kin,vor}} = \frac{0{,}058\,\text{kg}}{2}\left(-18\,\frac{\text{m}}{\text{s}}\right)^2 = 9{,}4\,\text{kJ}$$

$$E_{\text{kin,nach}} = \frac{0{,}058\,\text{kg}}{2}\left(13\,\frac{\text{m}}{\text{s}}\right)^2 = 4{,}9\,\text{kJ}$$

Die kinetische Energie des Tennisballs ist nach dem Aufprall kleiner als vorher. Die Verformung der Saiten des Tennisschlägers und des Tennisballs waren nicht vollständig elastisch, sodass ein Teil der zuvor im betrachteten System gespeicherte Energie in thermische Energie umgewandelt und an die Umgebung abgegeben wurde.

$p = m \cdot v$

$$p_{\text{vor}} = 0{,}058\,\text{kg} \cdot \left(-18\,\frac{\text{m}}{\text{s}}\right) = -1{,}0044\,\frac{\text{kg} \cdot \text{m}}{\text{s}}$$

$$p_{\text{nach}} = 0{,}058\,\text{kg} \cdot \left(13\,\frac{\text{m}}{\text{s}}\right) = 0{,}754\,\frac{\text{kg} \cdot \text{m}}{\text{s}}$$

Der Betrag der Geschwindigkeit des Tennisballs ist nach dem Aufprall kleiner als vorher. Entsprechendes gilt für den Betrag des Impulses, da die Masse konstant ist. Der Impuls besitzt jeweils die Richtung der zugehörigen Geschwindigkeit.

c $\Delta t = 0{,}13\,\text{s} - 0{,}087\,\text{s} = 0{,}043\,\text{s}$

$$a_{\text{m}} = \frac{\Delta v}{\Delta t} = \frac{13\,\frac{\text{m}}{\text{s}}}{0{,}043\,\text{s}} \approx \underline{\underline{302\,\frac{\text{m}}{\text{s}^2}}}$$

Dies entspricht etwa dem 30-Fachen der Fallbeschleunigung g.

d $F = m \cdot a_{\text{m}}$

$F = 0{,}058\,\text{kg} \cdot 302\,\frac{\text{m}}{\text{s}^2}$

$F \approx \underline{\underline{17{,}5\,\text{N}}}$

$\Delta p = F \cdot \Delta t$

$\Delta p = 17{,}5\,\text{N} \cdot 0{,}043\,\text{s}$

$\Delta p = \underline{\underline{0{,}75\,\frac{\text{kg} \cdot \text{m}}{\text{s}}}}$

e $\Delta p = m \cdot \Delta v$

$$\Delta v = \frac{\Delta p}{m}$$

$$\Delta v = \frac{0{,}75\,\frac{\text{kg} \cdot \text{m}}{\text{s}}}{0{,}058\,\text{kg}}$$

$\Delta v = \underline{\underline{12{,}9\,\frac{\text{m}}{\text{s}}}}$

Das Ergebnis stimmt gut mit der aus dem Diagramm abgelesenen Geschwindigkeit von 13 m/s, die der Tennisball nach dem Aufprall hatte, überein.

Aufgabe 16

Aus der Aufgabenstellung folgt, dass, der Affe die gleiche Masse besitzt wie der Stein: $m = 15\,\text{kg}$.

a Bewegt sich der Affe nun mit der Beschleunigung a nach oben, so wird das Seil mit einer zusätzlichen Kraft gespannt. Der Affe bewegt sich in Richtung der Rolle, der Stein kommt auf seiner Seite ebenfalls nach oben, und zwar mit der gleichen Beschleunigung.

b Wenn die Geschwindigkeit des Affen konstant bleibt, so wird das Seil nicht durch eine zusätzliche Kraft gespannt. Der Affe kann demnach im Unterschied zu Aufgabenteil **a** nach oben klettern, ohne dass sich der Stein auf der rechten Seite in Bewegung setzt.

c $m_{ges} = 15\,kg + 16\,kg = 31\,kg$.
Für die Kraft, mit der das System beschleunigt wird, gilt:
$F_{ges} = (16\,kg - 15\,kg) \cdot g = 9{,}81\,N$.

Daraus folgt für die Beschleunigung des Systems:
$a = F_{ges}/m_{ges} = 9{,}81\,N/31\,kg = \underline{\underline{0{,}316\,m/s^2}}$.

Der Affe wird also mit dieser Beschleunigung nach oben gezogen.

d Um die Beschleunigung des Steins zu beenden, muss sich der Affe gegenüber seinem Seilstück beschleunigt nach oben bewegen. Er muss mit einer Kraft ziehen, die genauso groß ist wie die Kraft, mit der der Stein zieht, also mit $F = 16\,kg \cdot 9{,}81\,m/s^2$. Der Affe bewegt sich dann gegenüber dem Seil beschleunigt nach oben. Gegenüber dem Bezugssystem Erde bewegt er sich mit der gleichförmigen Anfangsgeschwindigkeit nach oben.

Aufgabe 17

Auf der Ebene besitzt der Fahrradfahrer zunächst nur kinetische Energie. Auf der Rampe wird diese schrittweise in potenzielle Energie umgewandelt. Kommt er zum Stillstand, ist die gesamte kinetische Energie in potenzielle Energie verwandelt worden. Es gilt:

$$m \cdot g \cdot h = \frac{1}{2} m \cdot v^2.$$

Umformen ergibt:

$$h = \frac{\frac{1}{2} v^2}{g} = 3{,}539\,m.$$

Die Höhe h ist aber nicht gleichbedeutend mit der gefahrenen Strecke s auf der Rampe. Diese muss aus der Steigung der Rampe berechnet werden. Die Steigung wird mit 8 % angegeben, das bedeutet einen Höhenunterschied von 8 m pro 100 m horizontaler Strecke.

Der Steigungswinkel α berechnet sich nach:

$$\tan \alpha = \frac{8\,m}{100\,m}$$

$$\alpha = 4{,}574°$$

Die Strecke s, auf der bei dieser Steigung der Höhenunterschied h überwunden wird, ergibt sich also aus den Zusammenhängen am rechtwinkligen Dreieck:

$$\sin \alpha = \frac{h}{s}$$

$$s = \frac{h}{\sin \alpha} = \underline{\underline{44{,}4\,m}}$$

Aufgabe 18

a Zuordnung			**b** Begründung
A	4	b	Das Wägestück zieht mit einer konstanten Kraft F_G nach rechts, die Kraft ist also konstant positiv. Eine konstante Kraft bedeutet eine konstante Beschleunigung. Im Zeit-Weg-Diagramm ergibt sich eine nach oben geöffnete Parabel. Der Parabel ist zu entnehmen, dass keine Anfangsgeschwindigkeit vorhanden war, da die Bewegung am Scheitelpunkt der Parabel beginnt.
B	3	e	Auf den Körper wird keine Kraft ausgeübt, die Kraft ist also null. Ohne beschleunigende Kraft ist die Bewegung gleichförmig. Das Schaubild zeigt eine solche Bewegung. Da der Graph eine negative Steigung aufweist, ist die Geschwindigkeit des Wagens nach links gerichtet.
C	2	f	Das Wägestück zieht mit einer konstanten Kraft F_G nach links. Die ausgeübte Kraft ist also konstant negativ. Die Beschleunigung ist damit ebenfalls konstant negativ und der Graph im Zeit-Weg-Diagramm eine nach unten geöffnete Parabel. Der Scheitel der Parabel liegt jedoch nicht im Nullpunkt. Demzufolge startet der Wagen mit einer nach rechts gerichteten Anfangsgeschwindigkeit, kehrt aber als Folge der Krafteinwirkung bald um.
D	5	a	Aus dem Aufbau ergibt sich eine Federkraft, die proportional zur Auslenkung ist (vorausgesetzt, beide Federkonstanten sind gleich und jede der Federn genügt dem Hooke'schen Gesetz $F = D \cdot s$). Im Zeit-Weg-Diagramm ergibt sich folglich eine Sinuskurve; zu Beginn der Bewegung wird der mittig stehende Wagen angestoßen.
E	6	d	Solange die Feder die linke Wand nicht berührt, ist die Kraft auf den Körper konstant negativ. Bewegt sich der Körper jedoch weiter nach links, wird die Feder zunehmend gestaucht und kompensiert die nach links wirkende Gewichtskraft des Massenstücks zunehmend. Im Moment, in dem die beiden Kräfte betragsgleich sind, bewegt sich der Körper weiter nach links und komprimiert die Feder. Es resultiert eine nach rechts gerichtete Kraft, die den Körper nach rechts beschleunigt. Im Zeit-Weg-Diagramm entsteht in diesem Fall keine Sinusschwingung. Die Krümmung im unteren Umkehrpunkt größer als im oberen, weil dort die Kraft größer ist.
F	1	c	Solange die Federn die Wände nicht berühren, ist die Kraft null. Sobald einer der Federn zusammengedrückt wird, steigt die Kraft entgegen der Bewegungsrichtung linear an, bis der Wagen schließlich seinen Umkehrpunkt erreicht hat und wieder zurück beschleunigt wird. Es ergibt sich also ein Zeit-Weg-Diagramm, das sich aus linearen Abschnitten mit zwei (bei gleichen Federn) betragsgleichen Steigungen zusammensetzt.

Aufgabe 19

Der Zollstock knickt am ersten Gelenk, also direkt an der linken Hand, ab. Entscheidend für das Einknicken eines Gelenks ist die Größe des dort angreifenden Drehmoments. Am ersten Gelenk ist der Kraftarm, also vom Finger bis zum Gelenk, doppelt so lang wie am zweiten Gelenk. Dadurch ist auch das Drehmoment doppelt so groß.

Aufgabe 20

Die Zentripetalkraft kommt durch die Haftreibung am Boden zustande.

a Es gilt:

$$\tan 20° = \frac{F_Z}{F_G} = \frac{m \cdot v^2}{r \cdot m \cdot g}$$

$$r = \frac{v^2}{g \cdot \tan 20°} = \frac{\left(\frac{20}{3{,}6}\,\frac{\text{m}}{\text{s}}\right)^2}{9{,}81\,\frac{\text{m}}{\text{s}^2} \cdot \tan 20°} = \underline{\underline{8{,}64\,\text{m}}}$$

Der Radius beträgt 8,64 m.

b Damit der Fahrer nicht wegrutscht, muss der Haftreibungskoeffizient so groß sein, dass die Haftreibung mindestens gleich der Zentripetalkraft ist. Ist die Zentripetalkraft zu groß, verliert der Fahrradfahrer seine Haftung und kommt ins Rutschen.

$$F_H = f_H \cdot F_N$$

Hierbei ist F_N die Kraft die senkrecht zur Fahrbahnoberfläche wirkt, also die Gewichtskraft. Damit ergibt sich:

$$f_H \cdot F_G \geq F_Z$$

$$f_H \geq \frac{F_Z}{F_G} = \tan 20° = \underline{\underline{0{,}36}}$$

Der Haftreibungskoeffizient muss also mindestens 0,36 sein, damit der Fahrer mit dieser Geschwindigkeit um diese Kurve fahren kann.

Aufgabe 21

a Zu Beginn der Bewegung besitzen beide Körper lediglich potenzielle Energie. Am Fuß der schiefen Ebene haben sie sowohl kinetische Energie als auch Rotationsenergie. Der Energieerhaltungssatz liefert:

$$E_{pot} = E_{rot} + E_{kin}$$

$$m \cdot g \cdot h = \frac{1}{2} J \cdot \omega^2 + \frac{1}{2} m \cdot v^2$$

Die Bahngeschwindigkeit der Körperhülle ist gleich der Translationsgeschwindigkeit. Es ergibt sich durch Umstellen:

$$m \cdot g \cdot h = \frac{1}{2} J \cdot \left(\frac{v}{r}\right)^2 + \frac{1}{2} m \cdot v^2 = \frac{1}{2} v^2 \cdot \left(\frac{J}{r^2} + m\right)$$

$$v^2 = \frac{2m \cdot g \cdot h}{\frac{J}{r^2} + m}$$

$$v = \sqrt{\frac{2m \cdot g \cdot h}{\frac{J}{r^2} + m}}$$

Für das dünnwandige Rohr gilt $J = m \cdot r^2$ daher:

$$v = \sqrt{g \cdot h}$$

Für die Höhe h gilt:

$$\sin 30° = \frac{h}{1\,\text{m}}$$

$$h = \sin 30° \cdot 1\,\text{m} = 0{,}5\,\text{m}$$

Daraus folgt: $v_{Rohr} = \underline{\underline{2{,}21\,\frac{\text{m}}{\text{s}}}}$.

Für die Stange folgt mit $J = \frac{1}{2} m \cdot r^2$:

$$v_{Stange} = \sqrt{\frac{4}{3} g \cdot h} = \underline{\underline{2{,}56\,\frac{\text{m}}{\text{s}}}}.$$

Damit besitzt die Stange eine größere Geschwindigkeit als das dünnwandige Rohr, sie kommt also auch früher am Fuß der schiefen Ebene an. Die Stange hat durch die höhere Geschwindigkeit mehr kinetische Energie als das Rohr. Dieses hat dafür auf Grund des größeren Trägheitsmoments mehr Rotationsenergie. Die Summe der jeweiligen Energien ist aber für jeden Körper gleich.

b Gäbe es keine Reibung, würden die beiden Körper nicht ins Rollen kommen. Stattdessen würden sie über die Ebene gleiten.

$$v = \sqrt{2g \cdot h} = \underline{\underline{3{,}13\,\frac{\text{m}}{\text{s}}}}$$

Aufgabe 22

a Ist die Geschwindigkeit des fahrenden Schlittens gerade so groß, dass im höchsten Punkt die erforderliche Zentripetalkraft durch die Gravitation der Gewichtskraft aufgebracht wird ($F_Z = F_G$), fühlen sich die Passagiere schwerelos, ohne jedoch hinunterzufallen. Bei größerer Bahngeschwindigkeit des Schlittens ist die Zentripetalkraft größer als die Gewichtskraft. Mit diesem zusätzlichen Kraftbetrag werden die Passagiere in ihre Sitze gedrückt.

Es gilt also:

$$F_Z = 1{,}25\,F_G$$

$$m \cdot \frac{v^2}{r} = 1{,}25 \cdot m \cdot g$$

$$v = \sqrt{1{,}25 \cdot g \cdot r} = \underline{\underline{11{,}07\,\frac{\text{m}}{\text{s}}}}$$

Der Schlitten ist also mit einer Geschwindigkeit von etwa 11,1 m/s = 40 km/h unterwegs.

b Legt man den Nullpunkt der potenziellen Energie auf das untere Niveau des Loopings, so besitzt der Wagen beim Eintritt in den Looping lediglich kinetische Energie $E_{kin\,U}$. Im obersten Punkt des Loopings setzt sich die Gesamtenergie E_O aus der potenziellen Energie $E_{pot\,O}$ und der kinetischen Energie $E_{kin\,O}$ zusammen. Bei vernachlässigbarer Reibung gilt:

$$E_U = E_O$$

$$E_{kin\,U} = E_{kin\,O} + E_{pot\,O}$$

$$\frac{1}{2} m \cdot v_U^2 = \frac{1}{2} m \cdot v_O^2 + m \cdot g \cdot h$$

Durch Umstellen ergibt sich dann:

$v_U^2 = v_O^2 + 2 \cdot g \cdot h$

$v_U = \sqrt{v_O^2 + 2 \cdot g \cdot h} = \sqrt{\left(\sqrt{1{,}25 \cdot g \cdot r}\right)^2 + 2 \cdot g \cdot (2r)}$

$= \sqrt{5{,}25 \cdot g \cdot r} = \sqrt{5{,}25 \cdot 9{,}81\,\frac{\text{m}}{\text{s}^2} \cdot 10\,\text{m}} = \underline{\underline{22{,}69\,\frac{\text{m}}{\text{s}}}}$

c Im Ruhezustand wird der Fahrgast bereits mit seiner Gewichtskraft $F_G = mg$ in den Sitz gedrückt:
$F_G = 490{,}5\,\text{N}$.
Sobald sich aber der Passagier im Looping befindet, wird der er mit der Zentripetalkraft und einem Teil seiner Gewichtskraft in den Sitz gedrückt. Die Komponente der Zentripetalkraft ist stets auf die Sitzfläche gerichtet. Die Gewichtskraft dagegen muss in zwei Komponenten zerlegt werden: eine parallel zur Zentripetalkraft, eine tangential zur Kreisbahn.
Ist der Passagier gerade in den Looping eingetreten, so ist die Tangentialkomponente der Gewichtskraft gleich null. Er wird mit der Summe aus Zentripetal- und Gewichtskraft auf die Sitzfläche gedrückt:

$F = F_Z + F_G = m\frac{v^2}{r} + m \cdot g = 3064{,}7\,\text{N}$.

Auf halber Höhe ist von der Gewichtskraft nur noch die Tangentialkomponente vorhanden. Sie drückt den Passagier also nicht mehr auf die Sitzfläche, sondern höchstens noch in die Rückenlehne. Der Passagier wird jetzt lediglich mit F_Z auf die Sitzfläche gepresst. Auf halber Höhe ist bereits ein Teil der kinetischen Energie in potenzielle umgewandelt worden:

$E_U = E_M$

$E_{\text{kin U}} = E_{\text{kin M}} + E_{\text{pot M}}$

$\frac{1}{2}m \cdot v_U^2 = \frac{1}{2}m \cdot v_M^2 + m \cdot g \cdot h$

$v_M = \sqrt{v_U^2 - 2 \cdot g \cdot h}$

Hierbei ist h die Hälfte des Durchmessers, also gerade der Radius. Damit ergibt sich eine Zentripetalbeschleunigung von:

$F = F_Z = m\frac{v_M^2}{r} = m\frac{v_U^2 - 2 \cdot g \cdot r}{r} = \underline{1593{,}2\,\text{N}}$.

Diese Kraft entspricht also vom Betrag her etwa dem Dreifachen der Gewichtskraft.

Aufgabe 23

a

T in d	a in km	T^2 in d^2	a^3 in km^3
1,77	421 800	3,1329	$7{,}50446 \cdot 10^{16}$
3,55	671 100	12,6025	$3{,}02247 \cdot 10^{17}$
7,16	1 070 400	51,2656	$1{,}22642 \cdot 10^{18}$
16,7	1 882 700	278,89	$6{,}67334 \cdot 10^{18}$

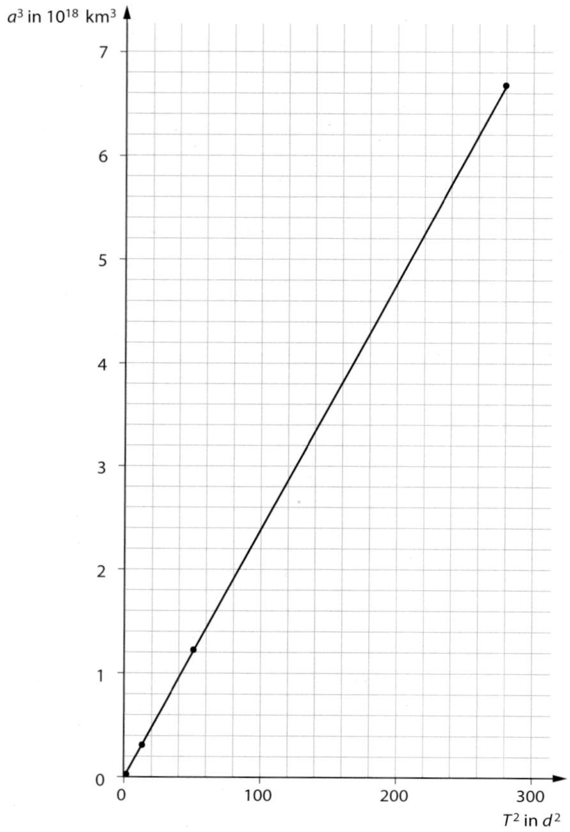

b Der Anstieg der Gerade im Diagramm entspricht der Keplerkonstante des Jupitersystems.

$m = \frac{\Delta y}{\Delta x} = \frac{a^3}{T^2} = C_K$

c $F_r = F_G$

$m_M \frac{v^2}{r} = G \cdot \frac{m_M \cdot m_J}{r^2}$ mit $v = \frac{2\pi \cdot r}{T}$

$\frac{4\pi^2 \cdot r^2}{T^2 \cdot r} = G \cdot \frac{m_J}{r^2}$

$m_J = \frac{4\pi^2 \cdot r^3}{T^2 \cdot G}$

$m_J = \frac{4\pi^2}{G} \cdot C_K$

Anstieg der Gerade: $C_K = 2{,}39 \cdot 10^{16}\,\frac{\text{km}^3}{\text{d}^2} = 3{,}2 \cdot 10^{15}\,\frac{\text{m}^3}{\text{s}^2}$

$m_J = \frac{4\pi^2}{6{,}673 \cdot 10^{-11}\,\frac{\text{m}^3}{\text{kg} \cdot \text{s}^2}} \cdot 3{,}2 \cdot 10^{15}\,\frac{\text{m}^3}{\text{s}^2}$

$m_J = \underline{\underline{1{,}9 \cdot 10^{27}\,\text{kg}}}$

Aufgabe 24

a Der Körper mit der Masse m ist gleichzeitig den Gravitationsfeldern von Erde und Mond ausgesetzt. In Erdnähe ist die Gravitationskraft der Erde größer als die des Mondes. Die resultierende Kraft auf den Körper nimmt mit zunehmendem Abstand von der Erde ab. Im Punkt P ist die Summe der von Mond und Erde verursachten Gravitationskräfte null. Bei weiterer Annäherung an den Mond überwiegt die Mondanziehungskraft. Die Kraft F wechselt im Punkt P ihr Vorzeichen, da die Erdanziehungskraft und die Mondanziehungskraft einander entgegengesetzt gerichtet sind.

b Bezeichnungen:
r_1 – Abstand Körper-Erdmittelpunkt
r_2 – Abstand Körper-Mondmittelpunkt
$r_1 + r_2 = r = 384\,400\,\text{km}$

Im Punkt P gilt:

$$F_{G,E} = F_{G,M}$$

$$G \cdot \frac{m \cdot m_E}{r_1^2} = G \cdot \frac{m \cdot m_M}{r_2^2}$$

$$\frac{m_E}{r_1^2} = \frac{m_M}{r_2^2}$$

Hieraus ist zu erkennen, dass die Masse m des Körpers keinen Einfluss auf die Lage des Punktes P besitzt.

c An einem Raumschiff, das sich von der Erde zum Mond bewegen soll, muss nur bis zum Punkt P Arbeit verrichtet werden, danach fällt es auf den Mond, weil die vom Mond ausgeübte Gravitationskraft überwiegt. Analog muss der den Rückflug betreffende Teil des Raumschiffs nur bis zum Punkt P gehoben werden, da anschließend die von der Erde ausgeübte Gravitationskraft überwiegt.

d Bezeichnungen wie in Teil b.
Die Beträge der Gravitationskräfte zwischen Körper und Erde sowie zwischen Körper und Mond sind im Punkt P gleich:

$$F_{G,E} = F_{G,M}$$

$$G \cdot \frac{m \cdot m_E}{r_1^2} = G \cdot \frac{m \cdot m_M}{r_2^2}$$

$$\frac{m_E}{r_1^2} = \frac{m_M}{r_2} \; ; \; \frac{m_E}{m_M} = \frac{r_1^2}{r_2^2}$$

Mit $r_1 + r_2 = r$ erhält man:

$$r_1 = r\left(1 - \sqrt{\frac{m_M}{m_E}}\right)$$

$$r_1 = 384\,400\,\text{km} \cdot \left(1 - \sqrt{\frac{7{,}35 \cdot 10^{22}\,\text{kg}}{5{,}97 \cdot 10^{24}\,\text{kg}}}\right)$$

$$r_1 = \underline{341\,750\,\text{km}}$$

Aufgabe 25

a

$$E_{kin} = \frac{1}{2} \cdot m \cdot v^2$$

$$E_{kin} = \frac{1}{2} \cdot 10^5\,\text{kg} \cdot \left(60\,000\,\frac{\text{m}}{\text{s}}\right)^2$$

$$E_{kin} = \underline{\underline{1{,}8 \cdot 10^{14}\,\text{J}}}$$

b Die kinetische Energie des Asteroiden wird in folgende Energieformen umgewandelt bzw. auf die Erde übertragen:

- Beim Aufprall auf Materie (Sand, Gestein, Wasser) wird die kinetische Energie des Asteroiden zu einem großen Teil in *thermische Energie* umgewandelt. Dabei erhitzt sich die Materie und verdampft bei Erreichen ihrer Siedetemperatur.
- Ein weiterer Energieanteil wird in *kinetische Energie* von weggeschleuderter Materie der Erde oder des Asteroiden umgewandelt.
- Die nach oben geschleuderte Materie besitzt *potenzielle Energie*.

c Die vom Wasser beim Erhitzen von 20 °C auf 100 °C aufgenommene Wärme beträgt:

$$Q = c \cdot m \cdot \Delta T$$

Für die vom Wasser aufgenommene Wärme beim Verdampfen gilt:

$$Q_V = q_V \cdot m$$

Energieansatz unter der Annahme, dass die kinetische Energie vollständig in Wärme für das Erhitzen und Verdampfen des Wassers umgewandelt wird:

$$\Delta E_{kin} = Q + Q_V$$

$$\Delta E_{kin} = c \cdot m \cdot \Delta T + q_V \cdot m$$

$$m = \frac{\Delta E_{kin}}{c \cdot \Delta T + q_V}$$

$$m = \frac{1{,}8 \cdot 10^{14}\,\text{J}}{4190\,\frac{\text{J}}{\text{kg} \cdot \text{K}} \cdot 80\,\text{K} + 2{,}26 \cdot 10^6\,\frac{\text{J}}{\text{kg}}}$$

$$m = \underline{\underline{6{,}94 \cdot 10^7\,\text{kg}}}$$

5.1 Geladene Körper

Aufgabe 1

Grundlegende Phänomene sind
- die Abstoßung und Anziehung zwischen elektrisch geladen Körpern
- das Anliegen einer elektrischen Spannung zwischen elektrisch geladenen Körpern
- das Überspringen von elektrischen Funken beim Ladungsausgleich unterschiedlich geladener Körper.

Begründung für das Vorhandensein zweier elektrischer Ladungsarten:
Die Tatsache, dass es zwischen zwei geladenen Körpern entweder zu einer Abstoßung oder zu einer Anziehung kommt, lässt sich nur damit erklären, dass es zwei verschiedenen Arten elektrischer Ladung gibt. Im Unterschied dazu wird bei der Gravitationswechselwirkung lediglich eine Anziehung zwischen Körpern beobachtet.

Aufgabe 2

Ein geladenes Elektroskop besitzt auf all seinen Bestandteilen, das sind Kopf, Haltestab und Zeiger, bei negativer Aufladung einen Elektronenüberschuss, bei positiver Aufladung einen Elektronenmangel. Aufgrund der gleichnamigen Aufladung stoßen sich Haltestab und Zeiger unabhängig von der Ladungsart ab. Nimmt der Zeiger einen mittleren Ausschlag ein, kann die Aufladung auf allen Teilen grundsätzlich noch weiter erhöht werden.
Bringt man einen gleichartig geladenen Körper in die Nähe des Kopfteils des geladenen Elektroskops, werden die frei beweglichen Elektronen im Inneren so verschoben, dass die lokale Aufladung im Kopfteil wegen der gegenseitigen Abstoßung zwischen Elektroskop und Körper geringer wird. Die Aufladung im Haltestab und im Zeiger hingegen vergrößert sich durch diese Elektronenverschiebung: Der Zeiger schlägt stärker aus.
Der Zeigerausschlag verringert sich entsprechend, wenn die Ladungsart des Elektroskops und des Körpers in der Nachbarschaft unterschiedlich sind, weil dann die lokale Aufladung im Kopfteil noch stärker wird. Dies hat zur Folge, dass sich die Aufladung im Stab und im Zeiger verringert.
Die Veränderung des Zeigerausschlages lässt demnach Rückschlüsse darauf zu, ob Elektroskop und Körper gleichnamig oder ungleichnamig geladen sind. Will man darüber hinaus auch die Ladungsart des geladenen Körpers ermitteln, muss zuvor das Elektroskop mit einer Aufladung bekannter Art versehen werden.
Beispiel: Das Elektroskop wird mithilfe eines geriebenen Kunststoffstabs negativ aufgeladen. Vergrößert sich der Zeigerausschlag beim Heranführen des geladenen Körpers, ist dieser ebenfalls negativ geladen; verringert sich der Ausschlag, ist der Körper positiv geladen.

Aufgabe 3

Wenn das Gummi eines Luftballons an Haaren gerieben wird, gehen Elektronen von einem Körper zum anderen über. Es entsteht hierbei ein Ungleichgewicht der Ladungsträgerarten in Ballon und Haaren, das auch als Reibungselektrizität bezeichnet wird. Einer der Körper weist nun einen Elektronenmangel auf, ist also positiv geladen, der andere Körper weist einen Elektronenüberschuss auf, ist also negativ geladen. Da sich ungleichnamige Ladungen anziehen, „kleben" die Haare nach dem Reiben an dem Ballon. Welcher Körper negativ und welcher positiv geladen ist, kann man bei diesem Experiment noch nicht sagen, da lediglich die Anziehung, nicht aber die Ladung an sich beobachtet wird.

5.2 Elektrische Ladung als physikalische Größe

Aufgabe 1

a 3,7 V — Spannung, die zwischen Plus- und Minuspol anliegt

1,65 A · h — Ladung, die dem Akkumulator theoretisch entnommen werden kann, wenn dieser vollständig aufgeladen ist

b $Q = I \cdot t$

$$t = \frac{Q}{I}$$

$$t = \frac{1{,}65\,\text{A} \cdot \text{h}}{0{,}0027\,\text{A}} = \underline{\underline{611\,\text{h}}}$$

Aufgabe 2

Die Ladung entspricht

$$n = \frac{1{,}2 \cdot 10^{-9}\,\text{C}}{1{,}6 \cdot 10^{-19}\,\text{C}} = 7{,}5 \cdot 10^{9} \quad \text{Elektronen.}$$

Mit $m_e = 9{,}1 \cdot 10^{-31}\,\text{kg}$ ergibt sich eine Massenzunahme von

$$m = 7{,}5 \cdot 10^{9} \cdot 9{,}1 \cdot 10^{-31}\,\text{kg} = \underline{\underline{6{,}8 \cdot 10^{-21}\,\text{kg}}}.$$

Aufgabe 3

$Q = I \cdot t \qquad Q = n \cdot e \qquad n = \frac{I \cdot t}{e}$

Anzahl der Elektronen:

$$n = \frac{0{,}38\,\text{A} \cdot 30\,\text{s}}{1{,}6 \cdot 10^{-19}\,\text{A} \cdot \text{s}} = \underline{\underline{7{,}125 \cdot 10^{19}}}$$

Aufgabe 4

Beispiel 1: Gewitter
Durch Reibung zwischen fallenden Wassertropfen und in der Wolke schwebenden Eiskristallen können elektrische Ladungen getrennt werden. Hierdurch kann beispielsweise der untere Teil einer Wolke so stark aufgeladen sein, dass durch Influenz auf der Erdoberfläche direkt unter der Wolke ein starkes elektrisches Feld entsteht. Überschreitet die Feldstärke einen bestimmten Wert, kann eine Blitzentladung stattfinden.

Einflussfaktoren:
- Relativgeschwindigkeit zwischen Wassertropfen und Eiskristallen
- Luftfeuchtigkeit
- Lufttemperatur

Beispiel 2: Laufen auf isolierenden Untergründen
Durch das Laufen kann unter bestimmten Bedingungen zwischen der laufenden Person und dem Boden eine Ladungstrennung durch Reibung erfolgen. Voraussetzung dafür ist, dass es sich beim Schuhwerk (speziell den Sohlen) und dem Boden um isolierende Materialien handelt, bei denen eine Ladungstrennung möglich ist.
Berührt die elektrisch aufgeladene Person einen nicht aufgeladenen Körper, z. B. eine Türklinke, kann es zu einer unerwünschten Entladung kommen.

Einflussfaktoren:
- Materialien, aus denen das Schuhwerk und der Untergrund bestehen
- Geschwindigkeit des Läufers
- Luftfeuchtigkeit
- Lufttemperatur

5.3 Elektrisches Feld

Aufgabe 1

$$E = \frac{F}{Q}$$

$$E = \frac{0{,}06\,\text{N}}{3 \cdot 10^{-6}\,\text{C}} = \underline{\underline{20\,000\,\frac{\text{N}}{\text{C}}}}$$

Aufgabe 2

Zwischen dem Körper mit der Ladung Q_1 und der negativen Ladung Q_2 kommt es zu einer Anziehung mit der Kraft F_1. Zwischen dem Körper mit der Ladung Q_2 und der negativen Ladung Q kommt es zur Abstoßung mit der Kraft F_2. Der Betrag von F_2 ist größer als der von F_1.

Aufgabe 3

$$E = \frac{F_{\text{el}}}{Q}$$

$$F_{\text{el}} = E \cdot Q = E \cdot e$$

$$F_{\text{el}} = 20\,000\,\frac{\text{N}}{\text{C}} \cdot 1{,}6 \cdot 10^{-19}\,\text{C} = 3{,}2 \cdot 10^{-15}\,\text{N}$$

$$F_{\text{el}} = 3{,}2 \cdot 10^{-15}\,\text{N}$$

$$a = \frac{F_{\text{el}}}{m_{\text{e}}}$$

$$a = \frac{3{,}2 \cdot 10^{-15}\,\text{N}}{9{,}1 \cdot 10^{-31}\,\text{kg}}$$

$$a = \underline{\underline{3{,}52 \cdot 10^{15}\,\frac{\text{m}}{\text{s}^2}}}$$

$$F_{\text{G}} = m_{\text{e}} \cdot g$$

$$F_{\text{G}} = 9{,}1 \cdot 10^{-31}\,\text{kg} \cdot 9{,}81\,\frac{\text{m}}{\text{s}^2} = 8{,}93 \cdot 10^{-30}\,\text{N}$$

$$\frac{F_{\text{G}}}{F_{\text{el}}} = \frac{8{,}93 \cdot 10^{-30}\,\text{N}}{3{,}2 \cdot 10^{-15}\,\text{N}} = \underline{\underline{2{,}79 \cdot 10^{-15}}}$$

Der Einfluss der Gravitation ist vernachlässigbar gering.

5.4 Felder

Aufgabe 1

Beispiele für Skalarfelder:
- Luftdruckverteilung in der Atmosphäre
- Temperaturverteilung auf einer Oberfläche
- Dichteverteilung in der Erdkruste

Beispiele für Vektorfelder:
- Gravitationsfeld
- Elektrisches Feld
- Verteilung von Windgeschwindigkeiten in der Atmosphäre
- Verteilung von Strömungsgeschwindigkeiten in einem Windkanal

Die beiden erstgenannten Vektorfelder sind auch Kraftfelder.

Aufgabe 2

a Die Erde würde sich nicht mehr auf ihrer Ellipsenbahn um die Sonne bewegen, sondern – abgesehen von den Einflüssen anderer Himmelskörper – geradlinig gleichförmig.

b Nach einer Fernwirkungstheorie würde sich das Ende der Sonnenexistenz sofort auf die Erde auswirken: Sie würde sofort ihre Ellipsenbahn verlassen.
Nach einer Nahwirkungstheorie dagegen breitet sich die Wirkung mit einer endlichen Geschwindigkeit aus. Das Ende der Sonnenexistenz würde also erst verzögert am

Ort der Erde spürbar. Wenn sich die Gravitationswechselwirkung mit Lichtgeschwindigkeit ausbreitet, betrüge die Verzögerung ca. 8 Minuten.

5.5 Elektrisches Potenzial und elektrische Spannung

Aufgabe 1

$E = \frac{U}{d}$

$d = \frac{U}{E}$

$d = \frac{9\,\text{V}}{300\,\frac{\text{V}}{\text{m}}} = 0{,}03\,\text{m} = \underline{\underline{3\,\text{cm}}}$

Aufgabe 2

a

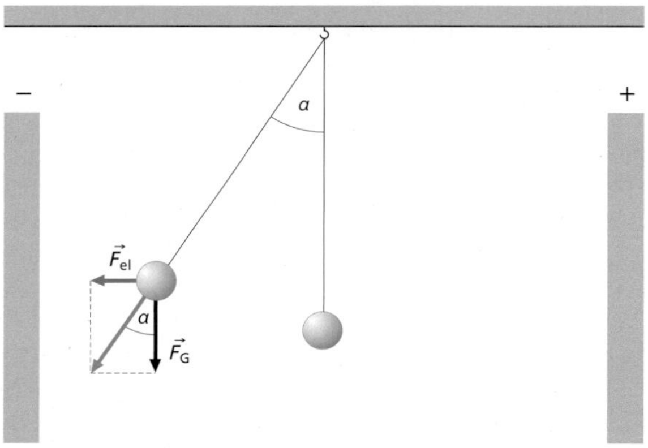

b $F_G = m \cdot g$ $\quad F_{el} = E \cdot Q$ $\quad E = \frac{U}{d}$

$\tan 3° = \frac{F_{el}}{F_G}$

$U = \frac{m \cdot g \cdot d \cdot \tan 3°}{Q}$

$U = \frac{0{,}002\,\text{kg} \cdot 9{,}81\,\text{m/s}^2 \cdot 0{,}06\,\text{m} \cdot \tan 3°}{5 \cdot 10^{-9}\,\text{A} \cdot \text{s}}$

$U = \underline{\underline{12\,340\,\text{V}}}$

5.6 Abschirmung elektrischer Felder

Aufgabe 1

Die Jugendlichen sollten sich in das Auto begeben. Das Auto stellt eine metallische Hülle dar, die im Inneren als nahezu feldfrei angesehen werden kann.
Durch das äußere elektrische Feld wird Influenzladung an der Leiteroberfläche des Autos so verschoben, dass ein weiteres elektrisches Feld entsteht. Dieses wirkt dem äußeren Feld entgegen und kompensiert es.

Aufgabe 2

Der verwendete Kunststoff stellt einen Isolator dar. In Isolatoren findet Polarisation statt, also eine Ausrichtung der elektrischen Dipole. Dadurch kommt es zu einen elektrischen Feld im Inneren des Würfels. Die Feldstärke ist jedoch begrenzt, da die Ladungsträger nicht wie in einem Metall frei beweglich sind.
Im Metallwürfel wird durch das äußere elektrische Feld eine Ladungsträgerverschiebung verursacht. Dadurch entsteht im Inneren des Würfels ein Feld, das zum äußeren entgegengesetzt gerichtet ist. Die aus äußerem und dem innerem Feld resultierende elektrische Feldstärke ist null, das Innere des Metallwürfels ist also feldfrei.

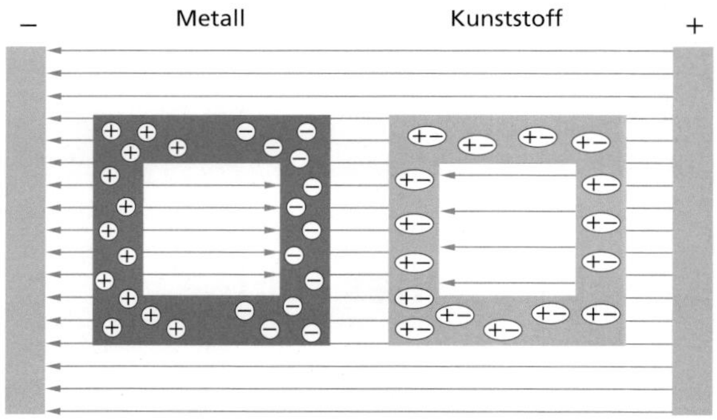

Aufgabe 3

In Hochspannungsexperimenten muss eine unbeabsichtigte Teilentladung geladener Metallkörper durch Spitzen- oder Sprühentladung verhindert werden. Zu solchen Teilentladungen kommt es, wenn die elektrische Feldstärke in der unmittelbaren Umgebung der Körper besonders groß ist. Dies ist an Kanten und Spitzen der Fall. Angestrebt wird deshalb eine abgerundete Oberfläche mit möglichst großem Krümmungsradius.
Um das Risiko einer Teilentladung allseitig zu minimieren, sind deshalb metallische Bestandteile von Hochspannungs-

anlagen in Kugelgestalt ausgeführt. Bei besonders hohen Anforderungen kann aus wirtschaftlichen Gründen an Stelle einer großen Metallkugel eine metallische Ringanordnung mit kreisförmigem Querschnitt gewählt werden.

5.7 Feldgleichung und Feldkonstante

Aufgabe 1

$\sigma = \varepsilon_0 \cdot d \cdot U$

$\sigma = 8{,}85 \cdot 10^{-12} \frac{\text{A} \cdot \text{s}}{\text{V} \cdot \text{m}} \cdot 0{,}005\,\text{m} \cdot 100\,\text{V}$

$\sigma = \underline{\underline{4{,}425 \cdot 10^{-12} \frac{\text{C}}{\text{m}^2}}}$

$Q = \sigma \cdot A$

$Q = 4{,}425 \cdot 10^{-12} \frac{\text{C}}{\text{m}^2} \cdot 0{,}04\,\text{m}^2 = \underline{\underline{1{,}77 \cdot 10^{-13}\,\text{C}}}$

Aufgabe 2

a

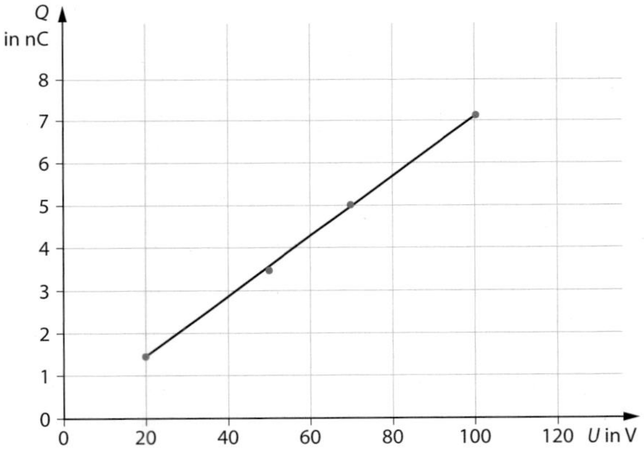

b Für Kondensatoren gilt $C = \frac{Q}{U}$. Aus der Proportionalität zwischen Q und U ergibt sich in einem U-Q-Diagramm eine Gerade, die durch den Koordinatenursprung verläuft.

c $\sigma = \frac{Q}{A} = \varepsilon_0 \cdot E$

$\varepsilon_0 = \frac{Q}{A \cdot E} = \frac{Q \cdot d}{A \cdot U}$

$\varepsilon_0 = \frac{Q}{U} \cdot \frac{d}{A}$

Steigung der Geraden:

$m = \frac{Q}{U} = \frac{7{,}1 \cdot 10^{-9}\,\text{C}}{100\,\text{V}} = 7{,}1 \cdot 10^{-11} \frac{\text{C}}{\text{V}}$

$\varepsilon_0 = 7{,}1 \cdot 10^{-11} \frac{\text{C}}{\text{V}} \cdot \frac{0{,}005\,\text{m}}{0{,}04\,\text{m}^2}$

$\varepsilon_0 = 8{,}875 \cdot 10^{-12} \frac{\text{A} \cdot \text{s}}{\text{V} \cdot \text{m}}$

Aufgabe 3

a Bei einer gegebenen Feldstärke E ist die Spannung U abhängig vom Abstand d der Kondensatorplatten (hier: Abstand zwischen Erdboden und Gewitterwolke):

$U = E \cdot d = 500\,\text{kV} \cdot 600\,\text{m} = \underline{\underline{3 \cdot 10^8\,\text{V}}}.$

b Die Ladung, die notwendig ist, um diese Spannung zu erzeugen, hängt ebenfalls von der Feldstärke, zusätzlich aber auch von der Kondensatorfläche A (hier: Ausdehnung der Wolke) ab:

$Q = \varepsilon_0 \varepsilon_r \cdot E \cdot A = 8{,}85 \cdot 10^{-12} \frac{\text{F}}{\text{m}} \cdot 5 \cdot 10^5 \frac{\text{V}}{\text{m}} \cdot 100\,000\,\text{m}^2$
$= \underline{\underline{0{,}44\,\text{C}}}.$

Hierbei wurde für Luft $\varepsilon_r = 1$ verwendet.

5.8 Coulomb´sches Gesetz und Radialfeld

Aufgabe 1

a $F_C = \frac{1}{4\pi \cdot \varepsilon_0} \cdot \left(\frac{e \cdot (-e)}{r^2}\right)$

$F_C = \frac{1 \cdot 1{,}6 \cdot 10^{-19}\,\text{A} \cdot \text{s} \cdot (-1{,}6 \cdot 10^{-19}\,\text{A} \cdot \text{s})}{4\pi \cdot 8{,}85 \cdot 10^{-12} \frac{\text{A} \cdot \text{s}}{\text{V} \cdot \text{m}} \cdot (0{,}53 \cdot 10^{-10}\,\text{m})^2}$

$F_C = -8{,}2 \cdot 10^{-8}\,\text{N}$

$\underline{\underline{|F_C| = 8{,}2 \cdot 10^{-8}\,\text{N}}}$

b $F_G = G \cdot \frac{(m_E \cdot m_P)}{r^2}$

$F_G = 6{,}673 \cdot 10^{-11} \frac{\text{m}^3}{\text{kg} \cdot \text{s}^2} \cdot \frac{1{,}67 \cdot 10^{-27}\,\text{kg} \cdot 9{,}1 \cdot 10^{-31}\,\text{kg}}{(0{,}53 \cdot 10^{-10}\,\text{m})^2}$

$F_G = 3{,}6 \cdot 10^{-47}\,\text{N}$

$\frac{F_C}{F_G} = \underline{\underline{2{,}27 \cdot 10^{39}}}$

Aufgabe 2

$E = \frac{1}{4\pi \cdot \varepsilon_0} \cdot \frac{Q}{r^2}$

Die Feldstärke ergibt sich aus der Summe der Feldstärken, die durch die Ladungen Q_1 und Q_2 hervorgerufen werden.

$E(Q_1) = \frac{1}{4\pi \cdot 8{,}85 \cdot 10^{-12} \frac{\text{A} \cdot \text{s}}{\text{V} \cdot \text{m}}} \cdot \frac{|2 \cdot 10^{-9}\,\text{A} \cdot \text{s}|}{(0{,}2\,\text{m})^2}$

$E(Q_1) = 450 \frac{\text{V}}{\text{m}}$

$E(Q_2) = \frac{1}{4\pi \cdot 8{,}85 \cdot 10^{-12} \frac{\text{A} \cdot \text{s}}{\text{V} \cdot \text{m}}} \cdot \frac{|-5 \cdot 10^{-9}\,\text{A} \cdot \text{s}|}{(0{,}1\,\text{m})^2}$

$E(Q_2) = 4500 \frac{\text{V}}{\text{m}}$

$$E_{res} = 450\frac{V}{m} + 4500\frac{V}{m}$$

$$E_{res} = \underline{\underline{4950\frac{V}{m}}}$$

Die elektrische Feldstärke im Punkt P ist entlang der Verbindungslinie zwischen Q_1 und Q_2 gerichtet und verläuft in Richtung der Ladung Q_2. Sie entspricht der Kraftrichtung auf eine positive Probeladung im Punkt P.

5.9 Kondensator

Aufgabe 1

$$C = \varepsilon_0 \cdot \varepsilon_r \cdot \frac{A}{d} \quad A = \pi \cdot r^2$$

$$C = \varepsilon_0 \cdot \varepsilon_r \cdot \frac{\pi \cdot r^2}{d}$$

$$C = 8{,}85 \cdot 10^{-12}\frac{A \cdot s}{V \cdot m} \cdot 2{,}2 \cdot \pi \cdot \frac{0{,}05\,m^2}{25 \cdot 10^{-6}\,m}$$

$$C = 6{,}12 \cdot 10^{-9}\,F = \underline{\underline{6{,}12\,nF}}$$

Aufgabe 2

Nach der Gleichung

$$C = \varepsilon_0 \varepsilon_r \frac{A}{d}$$

verdoppelt sich die Kapazität C, wenn der Plattenabstand d halbiert wird.
Der Zusammenhang lässt sich anschaulich mit Ladungsverschiebungen bzw. Influenz erklären: Wird beispielsweise eine der Platten elektrisch positiv aufgeladen, so entsteht auf der anderen Platte durch Influenz ein Elektronenüberschuss. Verringert man den Plattenabstand, nimmt die Kraft zu, welche die Platten nun auf einander ausüben. Dadurch strömen zusätzliche Ladungsträger auf die Platten: Die Kapazität des Kondensators wächst.

Aufgabe 3

$$C = \varepsilon_0 \varepsilon_r \frac{A}{d} \quad \text{mit } \varepsilon_r = 1$$

$$A = \frac{C \cdot d}{\varepsilon_0}$$

$$A = \frac{1\frac{A \cdot s}{V} \cdot 0{,}008\,m}{8{,}85 \cdot 10^{-12}\frac{A \cdot s}{V \cdot m}}$$

$$A = \underline{\underline{9{,}04 \cdot 10^8\,m^2}}$$

Der Plattenkondensator müsste eine Fläche von $9{,}04 \cdot 10^8\,m^2$ besitzen. Dies entspricht etwa der Fläche eines Quadrates mit einer Kantenlänge von 30 000 m.

Aufgabe 4

Beim Auseinanderziehen der Platten muss Arbeit gegen das elektrische Feld der Platten verrichtet werden, da sich diese aufgrund ihrer unterschiedlichen elektrischen Ladungen anziehen. Aus $W = Q \cdot U$ lässt sich bei konstanter Ladung Q schlussfolgern, dass beim Verrichten einer Arbeit am Plattensystem die Spannung größer werden muss. Gut nachweisbar ist der Effekt aber nur bei einem Spannungsmessgerät mit hohem Innenwiderstand, weil es sonst durch das Messgerät zu einem schnellen Ladungsausgleich zwischen den Platten kommt. Q kann dann nicht als konstant angenommen werden.
Man kann den Zusammenhang auch der Gleichung $U = E \cdot d$ entnehmen. Da die Feldstärke E im (idealen) Kondensator konstant bleibt, solange die Ladung auf den Platten verbleibt, muss die Spannung mit wachsender Entfernung der Kondensatorplatten zunehmen.

5.10 Speicherung elektrischer Energie

Aufgabe 1

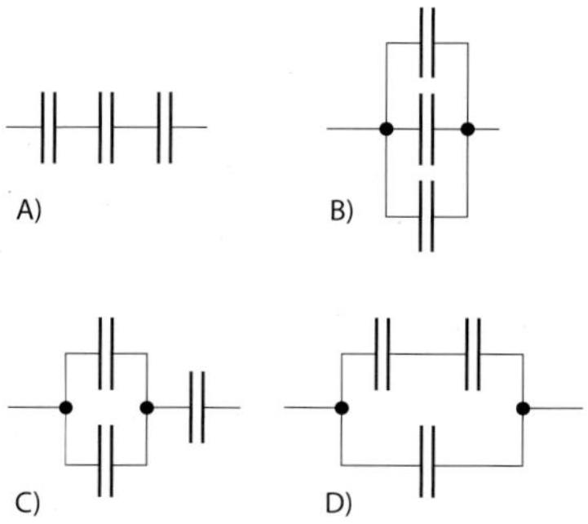

A) $\frac{1}{C_{ges}} = \frac{1}{C_1} + \frac{1}{C_2} + \frac{1}{C_3}$

$C = C_1 = C_2 = C_3 = 1\,\mu F$

$\frac{1}{C_{ges}} = \frac{3}{C} \qquad C_{ges} = \frac{C}{3} \qquad C_{ges} = \underline{\underline{\frac{1}{3}\,\mu F}}$

B) $C_{ges} = C_1 + C_2 + C_3$

$C_{ges} = \underline{\underline{3\,\mu F}}$

C) Parallelschaltung von C_1 und C_2 (linker Teil der Schaltung):

$C_a = C_1 + C_2 = 1\,\mu F + 1\,\mu F = 2\,\mu F$

C_a und C_3 in Reihenschaltung:

$C_{ges} = \frac{C_a \cdot C_3}{C_a + C_3} = \frac{2\,\mu F \cdot 1\,\mu F}{2\,\mu F + 1\,\mu F} = \underline{\underline{\frac{2}{3}\,\mu F}}$

D) Reihenschaltung von C_1 und C_2 (oberer Teil der Schaltung):

$$C_b = \frac{C_1 \cdot C_2}{C_1 + C_2} = \frac{1\,\mu F}{2\,\mu F} = 0{,}5\,\mu F$$

C_b und C_3 in Parallelschaltung:

$$C_{ges} = C_b + C_3 = 0{,}5\,\mu F + 1\,\mu F = \underline{\underline{1{,}5\,\mu F}}$$

Aufgabe 2

$$C_{ges} = C_1 + C_2 = 22\,\mu F + 47\,\mu F = \underline{\underline{69\,\mu F}}$$

$$C = \frac{Q}{U}$$

$$Q_1 = C_1 \cdot U$$

$$Q_1 = 22 \cdot 10^{-6} \frac{A \cdot s}{V} \cdot 10\,V = \underline{\underline{2{,}2 \cdot 10^{-4}\,C}}$$

$$Q_2 = C_2 \cdot U$$

$$Q_2 = 47 \cdot 10^{-6} \frac{A \cdot s}{V} \cdot 10\,V = \underline{\underline{4{,}7 \cdot 10^{-4}\,C}}$$

Aufgabe 3

a Parallelschaltung von C_2 und C_3:

$$C_a = C_2 + C_3 = 6\,\mu F + 2\,\mu F = 8\,\mu F$$

C_a und C_1 in Reihenschaltung:

$$C_{ges} = C_a \cdot C_1 / C_a + C_1 = \frac{8\,\mu F \cdot 4\,\mu F}{8\,\mu F + 4\,\mu F} = \underline{\underline{\frac{8}{3}\,\mu F}}$$

b Verwendete Bezeichnungen für die beiden Aufgabenteile b und c:

- U_0 Spannung zwischen den Anschlüssen A und B
- U_a Spannung an der Parallelschaltung der Kondensatoren C_2 und C_3
- U_1 Spannung am Kondensator C_1
- Q_0 Ladung der gesamten Kondensatorschaltung
- Q_a Ladung der beiden parallel geschalteten Kondensatoren C_2 und C_3
- Q_1 Ladung des Kondensators C_1
- Q_2 Ladung des Kondensators C_2
- Q_3 Ladung des Kondensators C_3

Für die Spannungen und Ladungen gilt:

$$Q_0 = C_{ges} \cdot U_0$$

$$Q_0 = \frac{8}{3} \cdot 10^{-6} \frac{A \cdot s}{V} \cdot 9\,V = 2{,}4 \cdot 10^{-5}\,A \cdot s$$

$$U_a = \frac{Q_a}{C_a}$$

Es gilt: $Q_0 = Q_a$, da C_1 und C_a in Reihe geschaltet sind.

$$U_a = \frac{2{,}4 \cdot 10^{-5}\,A \cdot s}{8 \cdot 10^{-6} \frac{A \cdot s}{V}} = \underline{\underline{3\,V}}$$

$$U_1 = \frac{Q_a}{C_1}$$

$$U_1 = \frac{2{,}4 \cdot 10^{-5}\,A \cdot s}{4 \cdot 10^{-6} \frac{A \cdot s}{V}} = \underline{\underline{6\,V}}$$

c $Q_1 = Q_a = Q_0 = \underline{\underline{2{,}4 \cdot 10^{-5}\,A \cdot s}}$

$$Q_2 = C_2 \cdot U_a$$

$$Q_2 = 6 \cdot 10^{-6} \frac{A \cdot s}{V} \cdot 3\,V = \underline{\underline{1{,}8 \cdot 10^{-5}\,A \cdot s}}$$

$$Q_3 = C_3 \cdot U_a$$

$$Q_3 = 2 \cdot 10^{-6} \frac{A \cdot s}{V} \cdot 3\,V = \underline{\underline{6 \cdot 10^{-6}\,A \cdot s}}$$

5.11 Auf- und Entladen eines Kondensators

Aufgabe 1

$$I_0 = \frac{U_0}{R}$$

$$I_0 = \frac{12\,V}{100\,000\,\Omega} = 1{,}2 \cdot 10^{-4}\,A = 0{,}12\,mA$$

$$I(t) = 0{,}12\,mA \cdot e^{-\frac{t}{47 \cdot 10^{-6}\,F \cdot 10^5\,\Omega}}$$

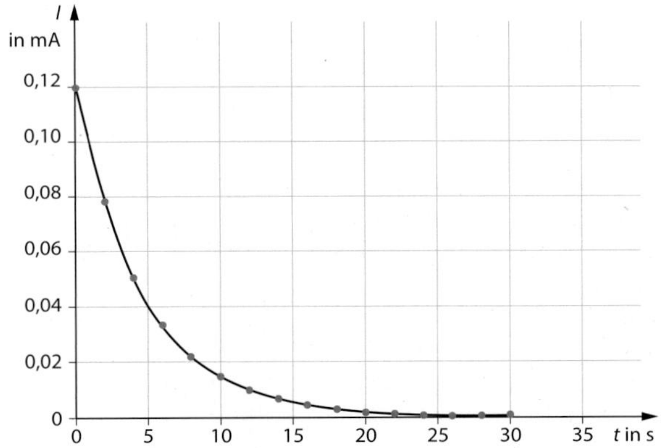

Aufgabe 2

a $U(t) = U_0 \cdot e^{-\frac{t}{RC}}$

$$C = -\frac{t}{R \cdot \ln\left(\frac{U(t)}{U_0}\right)}$$

Mit $U(3\,s) = 2\,V$ erhält man $C = -\dfrac{3\,s}{10^6\,\Omega \cdot \ln\left(\frac{2\,V}{8\,V}\right)}$

$$= 2{,}16 \cdot 10^{-6}\,F = 2{,}16\,\mu F$$

$$\tau = 10^6\,\Omega \cdot 2{,}16 \cdot 10^{-6}\,F = \underline{\underline{2{,}16\,s}}$$

b Im Kondensator nach 3 s gespeicherte Energie:

$$W = \frac{1}{2} \cdot C \cdot U^2$$

$$W = \frac{1}{2} \cdot 2{,}16 \cdot 10^{-6}\,F \cdot (3\,V)^2$$

$$W = \underline{\underline{9{,}72 \cdot 10^{-6}\,J}}$$

c $\tau = 2{,}16\,\text{s}$

Für $t = 3 \cdot \tau = 6{,}48\,\text{s}$ erhält man:

$$U(6{,}48\,\text{s}) = 8\,\text{V} \cdot e^{-\frac{6{,}48\,\text{s}}{2{,}16\,\text{s}}} = 0{,}4\,\text{V}$$

Oder: $8\,\text{V} \cdot (0{,}37)^3 = \underline{\underline{0{,}4\,\text{V}}}$

Für $t = 4 \cdot \tau = 8{,}64\,\text{s}$ erhält man:

$$U(8{,}64\,\text{s}) = 8\,\text{V} \cdot e^{-\frac{8{,}64\,\text{s}}{2{,}16\,\text{s}}} = 0{,}15\,\text{V}$$

Oder: $8\,\text{V} \cdot (0{,}37)^4 = \underline{\underline{0{,}15\,\text{V}}}$

5.12 Freie Ladungsträger im elektrischen Feld

Aufgabe 1

a Ihre kinetische Energie W erhalten die Elektronen durch die Beschleunigungsspannung U:

$$W = e \cdot U = 1{,}6 \cdot 10^{-19}\,\text{C} \cdot 1000\,\text{V} = \underline{\underline{1{,}6 \cdot 10^{-16}\,\text{J}}}.$$

Aus der kinetischen Energie lässt sich direkt auf die Geschwindigkeit der Teilchen schließen:

$$W = \frac{1}{2} m_e v^2$$

$$v = \sqrt{\frac{2W}{m_e}} = \sqrt{\frac{2 \cdot 1{,}6 \cdot 10^{-16} \frac{\text{kg} \cdot \text{m}^2}{\text{s}^2}}{9{,}1 \cdot 10^{-31}\,\text{kg}}} = \underline{\underline{1{,}87 \cdot 10^7 \frac{\text{m}}{\text{s}}}}.$$

Die Teilchen bewegen sich also mit etwas mehr als 6 % der Lichtgeschwindigkeit.

b Um die $b = 3\,\text{cm}$ breiten Ablenkplatten zu durchqueren, benötigen die Elektronen die Zeit:

$$t = \frac{b}{v} = \frac{0{,}03}{1{,}88 \cdot 10^7 \frac{\text{m}}{\text{s}}} = 1{,}6 \cdot 10^{-9}\,\text{s} = \underline{\underline{1{,}6\,\text{ns}}}.$$

c Vereinfachende Annahmen: Allein das zwischen den Ablenkplatten bestehende elektrische Feld beeinflusst die Bewegung der Teilchen. Das Feld ist homogen und beschränkt sich auf den Bereich zwischen den Platten. Durch das elektrische Feld der Platten werden die Elektronen vertikal beschleunigt. Die Beschleunigung ergibt sich aus

$F_{el} = m_e \cdot a$:

$$a = \frac{F_{el}}{m_e}.$$

Drückt man die elektrische Kraft über die angelegte Spannung U und den Abstand d der Platten aus,

$$F = e \cdot E = e \cdot \frac{U}{d},$$

erhält man für die Beschleunigung:

$$a = \frac{U \cdot e}{d \cdot m_e}.$$

Eingesetzt in die Gleichung für die gleichmäßig beschleunigten Bewegung

$$s = \frac{1}{2} a \cdot t^2$$

erhält man:

$$s_y = \frac{U \cdot e}{2 \cdot d \cdot m_e} \cdot t^2$$

$$= \frac{120\,\text{V} \cdot 1{,}6 \cdot 10^{-19}\,\text{C}}{2 \cdot 0{,}02\,\text{m} \cdot 9{,}1 \cdot 10^{-31}\,\text{kg}} \cdot (1{,}6 \cdot 10^{-9}\,\text{s})^2$$

$$= 1{,}35 \cdot 10^{-3}\,\text{m} = \underline{\underline{1{,}35\,\text{mm}}}.$$

d

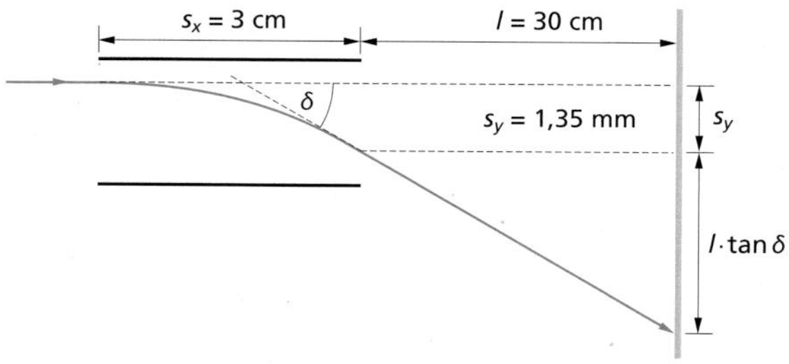

Es ist notwendig, die Steigung der Parabel am Ende der Ablenkplatten zu bestimmen.

Dazu benötigt man die Bahngleichung $s_y(s_x)$, die man erhält, indem an $s_x = vt$ in die Gleichung für $s_y(t)$ einsetzt:

$$s_y = \frac{U \cdot e}{2 \cdot d \cdot m_e} t^2 = \frac{U \cdot e}{2 \cdot d \cdot m_e} \cdot \frac{1}{v^2} s_x^2.$$

Dieser Ausdruck muss nun abgeleitet werden.

$$s_y'(s_x) = \frac{U \cdot e}{d \cdot m_e} \cdot \frac{1}{v^2} s_x.$$

Für $s_y = 0{,}03\,\text{m}$ erhält man dann den Anstieg der Parabel:

$$s_y'(0{,}03\,\text{m})$$

$$= \frac{120\,\text{V} \cdot 1{,}6 \cdot 10^{-19}\,\text{C}}{0{,}02\,\text{m} \cdot 9{,}1 \cdot 10^{-31}\,\text{kg}} \cdot \frac{1}{(1{,}88 \cdot 10^7\,\text{m/s})^2} \cdot 0{,}03\,\text{m}$$

$$= 0{,}0895.$$

Dieser Anstieg entspricht dem Tangens des gesuchten Winkels δ:

$\tan\delta = 0{,}0895$

$\delta = \underline{\underline{5{,}1°}}.$

Die Ablenkung auf dem Schirm in $l = 0{,}3\,\text{m}$ Entfernung beträgt damit:

$$y = s_y + l \cdot \tan\delta = 0{,}135\,\text{cm} + 30\,\text{cm} \cdot 0{,}0895 = \underline{\underline{2{,}8\,\text{cm}}}.$$

Der Winkel beträgt 5,1°, die Ablenkung auf dem Schirm in vertikaler Richtung 2,8 cm.

Aufgabe 2

a Die Geschwindigkeit der Elektronen v_e beim Verlassen des Längsfelds lässt sich aus deren kinetischen Energie ermitteln, die sich aus der kinetischen Energie beim Eintritt und der Energiezunahme im Längsfeld zusammensetzt:

$$E_{kin,e} = E_{kin,0} + e \cdot U = e \cdot U_a + e \cdot U$$
$$= e \cdot (U_a + U) = \frac{1}{2} \cdot m \cdot v_e^2$$

$$v_e = \sqrt{\frac{2\,E_{kin,e}}{m_e}}$$
$$= \sqrt{\frac{2 \cdot 1{,}6 \cdot 10^{-19}\,\mathrm{C} \cdot (1\,\mathrm{kV} + 4\,\mathrm{kV})}{9{,}1 \cdot 10^{-31}\,\mathrm{kg}}} = \underline{\underline{4{,}19 \cdot 10^7\,\mathrm{m/s}}}$$

b Die Eindringtiefe der Elektronen, die mit der Geschwindigkeit v_0 in das Gegenfeld eintreten, lässt sich analog zur Wurfhöhe bei einem senkrechten Wurf nach oben im Gravitationsfeld ermitteln:

Mit $v = v_0 - a \cdot t$ ergibt sich aus der Bedingung $v = 0$ für den Umkehrpunkt der Zeitpunkt für die Umkehr:

$T = \frac{v_0}{a}$ und daraus mit $s = v_0 \cdot t - \frac{1}{2} \cdot a \cdot t^2$ die Eindringtiefe D:

$$D = \frac{1}{2} \cdot \frac{v_0^2}{a} = \frac{1}{2} \cdot \frac{\frac{2\mathrm{e} \cdot U_a}{m_e}}{\frac{e \cdot E}{m_e}} = \frac{U_a}{E} = \frac{U_a}{\frac{U}{d}} = \frac{U_a}{U} \cdot d = \frac{1\,\mathrm{kV}}{4\,\mathrm{kV}} \cdot 12\,\mathrm{cm}$$
$$= \underline{3\,\mathrm{cm}}$$

Die Elektronen, die durch eine Spannung $U_a = 1\,\mathrm{kV}$ beschleunigt wurden, geben die erreichte kinetische Energie in einem Gegenfeld wieder vollständig ab, wenn sie im Gegenfeld eine Potenzialdifferenz von 1 kV durchlaufen.

In einem homogenen Gegenfeld eines Plattenkondensators mit einer Spannung zwischen den Platten von $U = 4\,\mathrm{kV}$ und der Länge 12 cm ist dies nach 3 cm der Fall.

5.13 Bestimmung der Elementarladung

Aufgabe 1

a Um das Wattestück in der Schwebe zu halten, muss die elektrische Kraft die Gewichtskraft ausgleichen:

$$|\vec{F}_{el}| = |\vec{F}_G|$$
$$E \cdot q = m \cdot g$$

Mit $E = \frac{U}{d}$ entsteht:

$$\frac{U}{d} \cdot q = m \cdot g.$$

Auflösen nach der an den Kondensator anzulegenden Spannung U ergibt bei einem Plattenabstand von $d = 7\,\mathrm{cm}$, einer Masse m des Wattebauschs von 0,02 g und einer positiven Ladung von $q = 5 \cdot 10^{-8}\,\mathrm{C}$:

$$U = \frac{m \cdot g \cdot d}{q} = \frac{2 \cdot 10^{-5}\,\mathrm{kg} \cdot 9{,}81\,\frac{\mathrm{m}}{\mathrm{s}^2} \cdot 0{,}07\,\mathrm{m}}{5 \cdot 10^{-8}\,\mathrm{C}} = \underline{\underline{275\,\mathrm{V}}}.$$

b Die Beschleunigung wird hervorgerufen durch die resultierende Kraft auf das Wattestück. Ihr Betrag entspricht der Differenz der Kraftbeträge.

Bei 300 V beträgt die nach oben gerichtete elektrische Kraft:

$$F_{el} = E \cdot q = \frac{U}{d} \cdot q = \frac{300\,\mathrm{V}}{0{,}07\,\mathrm{m}} \cdot 5 \cdot 10^{-8}\,\mathrm{C} = 2{,}14 \cdot 10^{-4}\,\mathrm{N}.$$

Die nach unten gerichtete Gewichtskraft beträgt:

$$F_G = m \cdot g = 2 \cdot 10^{-5}\,\mathrm{kg} \cdot 9{,}81\,\frac{\mathrm{m}}{\mathrm{s}^2} = 1{,}96 \cdot 10^{-4}\,\mathrm{N}.$$

Die Differenz beträgt $F = 0{,}18 \cdot 10^{-4}\,\mathrm{N}$. Diese nach oben gerichtete Kraft führt zu einer Beschleunigung von:

$$a = \frac{F}{m} = \frac{0{,}18 \cdot 10^{-4}\,\frac{\mathrm{kg} \cdot \mathrm{m}}{\mathrm{s}^2}}{2 \cdot 10^{-5}\,\mathrm{kg}} = \underline{\underline{0{,}9\,\frac{\mathrm{m}}{\mathrm{s}^2}}}.$$

Aufgabe 2

Bei Vernachlässigung des Auftriebs gilt:

$$|\vec{F}_{el}| = |\vec{F}_G|$$
$$F_{el} = E \cdot Q$$

Mit $E = \frac{U}{d}$ und $Q = n \cdot e$ ergibt sich:

$$F_{el} = \frac{U}{d} \cdot n \cdot e$$
$$F_G = m \cdot g$$
$$\frac{U}{d} \cdot n \cdot e = m \cdot g$$
$$n = \frac{m \cdot g \cdot d}{e \cdot U}$$

Die Anzahl der Elektronen beträgt demnach:

$$n = \frac{4{,}2 \cdot 10^{-15}\,\mathrm{kg} \cdot 9{,}81\,\frac{\mathrm{m}}{\mathrm{s}^2} \cdot 0{,}006\,\mathrm{m}}{1{,}6 \cdot 10^{-19}\,\mathrm{A} \cdot \mathrm{s} \cdot 221\,\mathrm{V}}$$
$$n = \underline{\underline{7}}$$

5.14 Leitungsvorgänge

Aufgabe 1

In dem geschlossenen Stromkreis mit der Glühlampe befinden sich überall in den metallischen Leiterabschnitten bewegliche Elektronen. Auch wenn einzelne Elektronen unterschiedliche Geschwindigkeitsbeträge und -richtungen besitzen, kann im Mittel von einer gleichförmigen, vom Minus- zum Pluspol gerichteten Bewegung der Elektronen ausgegangen werden. Trotz geringer Driftgeschwindigkeit der Elektronen leuchtet die Glühlampe sofort, weil das durch die Spannungsquelle verursachte elektrische Feld unmittelbar auf alle Elektronen des Stromkreises wirkt.

Aufgabe 2

Aluminium:

$$2{,}7\,\frac{\text{mm}\cdot\text{m}}{\text{V}\cdot\text{s}}\cdot\frac{0{,}5\,\text{V}}{0{,}1\,\text{m}}=\underline{\underline{13{,}5\,\frac{\text{mm}}{\text{s}}}}$$

Kupfer:

$$4{,}6\,\frac{\text{mm}\cdot\text{m}}{\text{V}\cdot\text{s}}\cdot\frac{0{,}5\,\text{V}}{0{,}1\,\text{m}}=\underline{\underline{23\,\frac{\text{mm}}{\text{s}}}}$$

5.15 Anwendungen elektrischer Felder

Aufgabe 1

Die Katoden sind stabförmig ausgeführt, um eine „Spitzenwirkung" zu erzeugen, also Elektronen in einem starken elektrischen Feld zu beschleunigen.
Die Anode dagegen muss großflächig sein, um möglichst alle Staubpartikel aufzufangen.

Aufgabe 2

Die Abkürzung SLAC bedeutet *Stanford Linear Accelerator Center*. Es war die Hauptkomponente eines 1962 geründeten Labors der Stanford Universität, die inzwischen erweitert bzw. verändert wurde. Die Anlage war etwa 3 km lang und ermöglichte die Durchführung von Experimente in der Hochenergiephysik und der Synchrotronstrahlung. Im SLAC konnten Elektronen und Positronen bis auf 50 GeV beschleunigt werden.

Wesentliche Forschungsergebnisse:
- Entdeckung der Quarks als Bauteile der Nukleonen (1968)
- Nachweis der Existenz des Charm-Quarks (1974)
- Entdeckung des τ-Leptons (1976)

Aufgabe 3

In der Medizin werden Linearbeschleuniger für therapeutische Zwecke bei der Behandlung von Krebserkrankungen eingesetzt. Hierbei werden zunächst Elektronen durch Glühemission freigesetzt und in einer Hochvakuumröhre nahezu auf Lichtgeschwindigkeit beschleunigt.
Mithilfe von Magnetfeldern können die Elektronen in die gewünschte Richtung gelenkt werden, z. B. direkt auf eine definierte Fläche eines Tumors nahe der Hautoberfläche. Das krankhafte Gewebe wird dabei durch die Energie der Elektronen zerstört. Gesundes Gewebe, das eine geringere Empfindlichkeit gegenüber der Energie der Elektronen besitzt, bleibt weitgehend verschont.
Häufiger wird jedoch eine andere Methode angewendet, bei der das kranke Gewebe mit Photonen bestrahlt wird. Diese Strahlung, die auch als ultraharte Röntgenstrahlung bezeichnet wird, entsteht, wenn die beschleunigten Elektronen des Linearbeschleunigers auf ein Target (z. B. eine Elektrode aus Wolfram) treffen. Ein Vorteil der Photonenstrahlung besteht darin, dass sie tiefer in den Körper eindringen kann.

Aufgabe 4

Bei einem Oszilloskop mit Elektronenstrahlröhre werden die Elektronen zunächst beschleunigt und treffen anschließend auf einen Schirm, auf dem sie einen Leuchtfleck erzeugen. Mithilfe von elektrischen Feldern kann der Elektronstrahl abgelenkt und der Leuchtfleck dadurch bewegt werden. Wird an die Ablenkplatten der x-Richtung eine Sägezahnspannung angelegt, so entsteht eine zeitlich periodische Bewegung des Leuchtflecks in horizontaler Richtung. Die zu untersuchende Spannung wird an die Ablenkplatten für die y-Richtung angelegt. Hierdurch wird der Leuchtfleck in Abhängigkeit von der Polarität und der Größe der Spannung nach oben oder unten abgelenkt. Das Oszilloskop kann also den zeitlichen Verlauf einer Spannung darstellen.
Bei einem Computer-Messinterface wird die Spannung zunächst in mithilfe eines Analog-Digital-Wandlers in binäre Signale umgewandelt. Aus diesen kann mithilfe einer entsprechenden Software ein U-t-Diagramm erzeugt werden. Der Vorteil von Computer-Messinterfaces besteht darin, dass die Messdaten bequem im Computer weiterverarbeitet und gespeichert werden können.

6.1 Magnetische Feldstärke

Aufgabe 1

Der stromdurchflossene Draht wird vertikal gehalten oder eingespannt. Die Magnetnadel richtet sich wie in der Abbildung dargestellt aus. Die Wirkung ist besonders gut sichtbar, wenn die Ebenen der Magnetfeldlinien parallel zur Rotationsebene der Magnetnadel liegen.

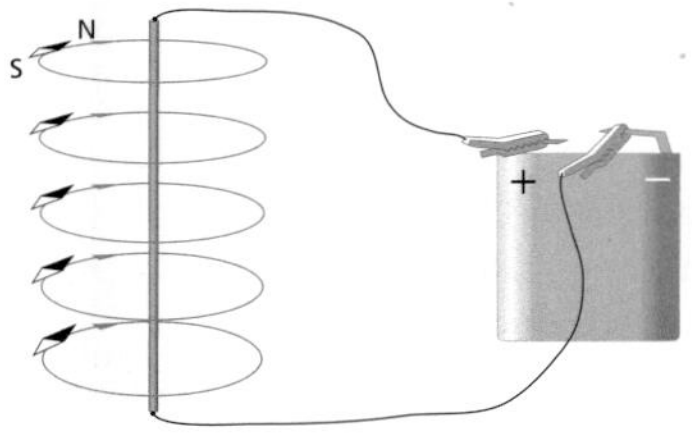

Aufgabe 2

a

$$B_{90°} = \frac{3 \cdot 10^{-3}\,\frac{\text{kg} \cdot \text{m}}{\text{s}^2}}{3{,}0\,\text{A} \cdot 0{,}1\,\text{m} \cdot \sin 90°} = \underline{\underline{0{,}010\,\text{T}}}$$

b

$$B_{45°} = \frac{3 \cdot 10^{-3}\,\frac{\text{kg} \cdot \text{m}}{\text{s}^2}}{3{,}0\,\text{A} \cdot 0{,}1\,\text{m} \cdot \sin 45°} = \underline{\underline{0{,}014\,\text{T}}}$$

6.2 Magnetfeld von Leiter und Spule

Aufgabe 1

a

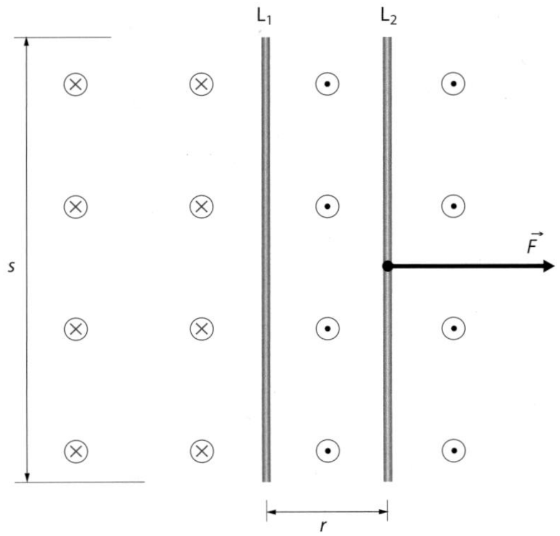

Beide Leiter stoßen einander ab.

Die Länge der beiden Leiter L_1 und L_2 ist jeweils *s*, ihr gegenseitiger Abstand *r*, siehe Abbildung. Der Strom durch L_1 erzeugt ein Magnetfeld in seiner Umgebung. Im Bereich, in dem sich der Leiter L_2 befindet, ist die Feldstärke aus der Ebene, in der sich beide Leiter befinden, heraus gerichtet. Da der Leiter L_2 diesem Teil des Magnetfelds ausgesetzt ist und er ebenfalls vom Strom der Stärke *I* durchflossen wird, wird auf ihn eine Kraft *F* ausgeübt. Nach der Linke-Hand-Regel weist diese Kraft nach rechts.

Wird der Leiter L_2 als derjenige Leiter betrachtet, der das Magnetfeld erzeugt, ergibt sich eine analoge Schlusskette.

b $F = B \cdot I \cdot s \qquad B = \mu_0 \cdot \frac{I}{(2\pi r)}$

$$F = \frac{\mu_0 \cdot I^2 \cdot s}{(2\pi \cdot r)}$$

$$I = \sqrt{\frac{F \cdot 2\pi \cdot r}{\mu_0 \cdot s}}$$

$$I = \sqrt{\frac{2 \cdot 10^{-3}\,\text{N} \cdot 2\pi \cdot 0{,}035\,\text{m}}{1{,}26 \cdot 10^{-6}\,\frac{\text{V} \cdot \text{s}}{\text{A} \cdot \text{m}} \cdot 0{,}8\,\text{m}}}$$

$$I = \underline{\underline{20{,}9\,\text{A}}}$$

Aufgabe 2

$B = \mu_0 \cdot \mu_r \cdot N \cdot \frac{I}{l} \qquad \mu_r = 1$ (Luft)

Spule A:

$$B = 1{,}26 \cdot 10^{-6}\,\frac{\text{V} \cdot \text{s}}{\text{A} \cdot \text{m}} \cdot 400 \cdot \frac{1\,\text{A}}{0{,}05\,\text{m}}$$

$$B = \underline{\underline{0{,}01\,\text{T}}}$$

Spule B:

$$B = 1{,}26 \cdot 10^{-6}\,\frac{\text{V} \cdot \text{s}}{\text{A} \cdot \text{m}} \cdot 1600 \cdot \frac{0{,}25\,\text{A}}{0{,}05\,\text{m}}$$

$$B = \underline{\underline{0{,}01\,\text{T}}}$$

Aufgabe 3

Die magnetische Feldstärke im Inneren einer Spule ist umso größer, je größer die Stromstärke *I* im Spulendraht ist, denn je mehr Ladungsträger in einer bestimmten Zeit durch den Leiterquerschnitt strömen, desto größer ist ihre Wirkung. Das gleiche gilt für die Windungsanzahl pro Länge *N/l*: Je dichter die Spule gewickelt ist, desto größer ist die Gesamtstromstärke in einem bestimmten Längenabschnitt.

Dass der Durchmesser der Spule nicht in die Gleichung für die Feldstärke eingeht, ist ähnlich zu begründen wie die Homogenität des Magnetfelds. Die magnetische Wirkung an einem Punkt im Inneren der Spule ist abhängig von der Entfernung zu den umgebenden Leiterstücken. Wird beispielsweise der Mittelpunkt einer Drahtschleife betrachtet, so ist die Entfernung zu allen Leiterabschnitten gleich dem Radius *r*. Vergrößert man den Radius der Leiterschleife, so nimmt die Wirkung eines einzelnen Leiterabschnitts der

Länge Δl zwar mit $1/r$ ab – die Anzahl der wirkenden Leiterstücke steigt aber mit dem wachsenden Kreisradius, also gerade proportional zu r: Beide Effekte kompensieren sich.

6.3 Lorentzkraft und Halleffekt

Aufgabe 1

$F = B \cdot e \cdot v$

$F = 0{,}02 \frac{\mathrm{V \cdot s}}{\mathrm{m^2}} \cdot 1{,}6 \cdot 10^{-19}\,\mathrm{A \cdot s} \cdot 80\,000 \frac{\mathrm{m}}{\mathrm{s}}$

$F = \underline{\underline{2{,}56 \cdot 10^{-16}\,\mathrm{N}}}$

Aufgabe 2

Befindet sich eine Hallsonde in einem Magnetfeld, so lenkt die Lorenzkraft Ladungsträger senkrecht zu ihrer Bewegungs- und zur Magnetfeldrichtung ab (vgl. Kap. 6.3, Abb. 4). Die dadurch entstehende Ladungsträger-Verteilung generiert eine Hallspannung, die zur magnetischen Feldstärke proportional ist. Das Messprinzip kann genutzt werden, um die magnetische Feldstärke zu messen.

Aufgabe 3

$U_H = R_H \cdot B \cdot \frac{I}{d}$

$R_H = \frac{U_H}{B} \cdot \frac{d}{I}$

$R_H = 4{,}95 \cdot 10^{-5} \frac{\mathrm{V}}{\mathrm{T}} \cdot \frac{25 \cdot 10^{-6}\,\mathrm{m}}{12{,}5\,\mathrm{A}}$

$R_H = \underline{\underline{9{,}9 \cdot 10^{-11} \frac{\mathrm{m^3}}{\mathrm{A \cdot s}}}}$

Die Metallfolie besteht vermutlich aus Aluminium (Quelle: Internetrecherche).

6.4 Elektromagnetismus

Aufgabe 1

a Zu einer Anziehung zwischen den Leitern kommt es, wenn diese von zwei gleichgerichteten Strömen durchflossen werden. Zu einer Abstoßung kommt es bei entgegengesetzt fließenden Strömen.

b Gleichgerichtete Ströme: Aus Sicht der bewegten Elektronen im Leiter A erscheinen die Abstände der positiven Ionen im Leiter B kontrahiert. Die fließenden Elektronen im Leiter B erscheinen bei gleicher Strömungsgeschwindigkeit nicht kontrahiert. Daher ist die Anziehung mit den positiven Ladungsträgern größer als die Abstoßung von den negativen Ladungsträgern. Insgesamt kommt es also zu einer Anziehung.

Entgegengesetzt gerichtete Ströme: Aus Sicht der bewegten Elektronen im Leiter A erscheinen die Abstände der positiven Ionen im Leiter B auch in diesem Fall kontrahiert. Die Abstände der bewegten Elektronen in Leiter B erscheinen jedoch stärker kontrahiert, da zu ihnen die Relativgeschwindigkeit größer ist. Daher dominiert hier die Abstoßung.

Aufgabe 2

a Das Elektron bewegt sich geradlinig auf den Stab zu. Die Beschleunigung nimmt dabei immer mehr zu.

b Durch die Bewegung des geladenen Stabs entsteht ein Ladungsfluss nach rechts. Das Elektron bewegt sich dann in einem magnetischen Feld, dessen Feldlinien konzentrisch um den Stab verlaufen. Für deren Richtung ist die Rechte-Faust-Regel anzuwenden. Das Elektron wird nach links von seiner Bahn abgelenkt.

Diese Ablenkung nach links entspricht auch der Abb. 5b in Kap. 6.4: Die bewegten positiven Ladungsträger links des Elektrons üben eine stärkere Kraft auf das Elektron aus als die bewegten Ladungsträger auf der rechten Seite.

6.5 Materie im Magnetfeld

Aufgabe 1

a $B = \mu_0 \cdot \mu_r \cdot N \cdot \frac{I}{l}$ $\qquad \mu_r = 1$ (Luft)

$B = 1{,}26 \cdot 10^{-6} \frac{\mathrm{V \cdot s}}{\mathrm{A \cdot m}} \cdot 1600 \cdot \frac{0{,}25\,\mathrm{A}}{0{,}05\,\mathrm{m}}$

$B = \underline{\underline{0{,}01\,\mathrm{T}}}$

b $B = \mu_0 \cdot \mu_r \cdot N \cdot \frac{I}{l}$

$\mu_r = \frac{B \cdot l}{N \cdot I \cdot \mu_0}$

$\mu_r = \frac{5{,}5 \frac{\mathrm{V \cdot s}}{\mathrm{m^2}} \cdot 0{,}05\,\mathrm{m}}{1600 \cdot 0{,}25\,\mathrm{A} \cdot 1{,}26 \cdot 10^{-6} \frac{\mathrm{V \cdot s}}{\mathrm{A \cdot m}}}$

$\mu_r = \underline{\underline{546}}$

Aufgabe 2

a Ein Material wird einem Magnetfeld der Stärke B ausgesetzt und dadurch magnetisiert. Nach dem Entfernen des Magnetfelds besitzt das Material einen Restmagnetismus (Remanenz B_m). Aus den Diagrammen ist ersichtlich, dass $B_{m,a}(0) > B_{m,b}(0)$ gilt. Demnach ist die Remanenz des Materials im Fall a) größer als im Fall b).

b Das Übertragen elektrischer Energie erfolgt bei einem Transformator mithilfe eines zeitlich veränderlichen Magnetfelds, bei dem sich auch die Richtung der Feldstärke ändert. Ein Restmagnetismus des Eisenkerns würde diesen Vorgang behindern.

Für eine möglichst verlustarme Übertragung von elektrischer Energie sollte daher der verwendete Eisenkern des Transformators eine möglichst geringe Remanenz besitzen. Damit ist das Material im Fall b) besser geeignet als das im Fall a).

Für Festplatten ist eine große Remanenz des Speichermediums von Bedeutung: Die gespeicherten Informationen sollen nach dem Schreibvorgang möglichst lange erhalten bleiben. Demnach ist das Material a) prinzipiell vorzuziehen.

6.6 Bewegung von Ladungsträgern im Magnetfeld

Aufgabe 1

a

B in T	r in m	$\frac{1}{B^2}$ in $\frac{1}{T^2}$	r^2 in m^2
0,00190	0,02	277 000	0,0004
0,00125	0,03	640 000	0,0009
0,00094	0,04	1 132 000	0,0016
0,00076	0,05	1 731 000	0,0025

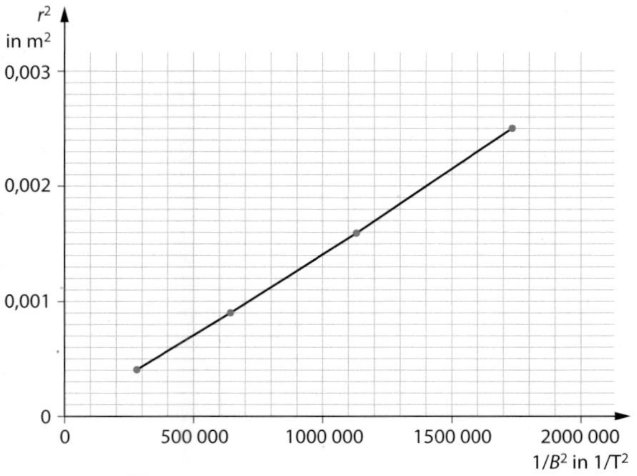

b $\frac{e}{m_e} = \frac{2 \cdot U_a}{B^2 \cdot r^2}$

$$r^2 = \underbrace{2 \cdot U_a \cdot \frac{m_e}{e}}_{k} \cdot \frac{1}{B^2}$$

k stellt den Anstieg der Geraden dar.

$$k = \frac{\Delta r^2}{\Delta\left(\frac{1}{B^2}\right)}$$

$$k = \frac{(0{,}0025\,\text{m}^2 - 0{,}0004\,\text{m}^2)}{(1\,731\,000\,\text{T}^{-2} - 277\,000\,\text{T}^{-2})}$$

$$k = 1{,}444 \cdot 10^{-9}\,\text{m}^2 \cdot \text{T}^2$$

$$k = 2 \cdot U_a \cdot \frac{m_e}{e} = 1{,}444 \cdot 10^{-9}\,\text{m}^2 \cdot \text{T}^2$$

$$\frac{e}{m_e} = \frac{2 \cdot U_a}{1{,}444 \cdot 10^{-9}\,\text{m}^2 \cdot \text{T}^2}$$

$$\frac{e}{m_e} = \frac{2 \cdot 125\,\text{V} \cdot \text{m}^4}{1{,}444 \cdot 10^{-9}\,\text{V}^2 \cdot \text{s}^2 \cdot \text{m}^2}$$

$$\underline{\underline{\frac{e}{m_e} = 1{,}73 \cdot 10^{11}\,\frac{\text{C}}{\text{kg}}}}$$

Einheitenbetrachtung:

$$1\,\frac{\text{V} \cdot \text{m}^4}{\text{V}^2 \cdot \text{s}^2 \cdot \text{m}^2} = 1\,\frac{\text{m}^2}{\text{V} \cdot \text{s}^2} = 1\,\frac{\text{m}^2 \cdot \text{A} \cdot \text{s}}{\text{V} \cdot \text{s}^2 \cdot \text{A} \cdot \text{s}} = 1\,\frac{\text{m}^2 \cdot \text{A} \cdot \text{s}}{\text{N} \cdot \text{m} \cdot \text{s}^2}$$

$$1 = \frac{\text{m}^2 \cdot \text{A} \cdot \text{s} \cdot \text{s}^2}{\text{kg} \cdot \text{m} \cdot \text{m} \cdot \text{s}^2} = 1\,\frac{\text{A} \cdot \text{s}}{\text{kg}} = 1\,\frac{\text{C}}{\text{kg}}$$

Aufgabe 2

a Aus der Ionenquelle gelangen elektrische Ladungsträger in den Raum zwischen den Elektroden. Handelt es sich beispielsweise um ein Elektron, so wird es von der positiven Elektrode angezogen und dadurch beschleunigt. Aufgrund des Magnetfelds wird es außerdem auf eine Kreisbahn gezwungen. Während es sich im Inneren der Elektroden auf einer Kreisbahn gleichförmig bewegt, ist die Bewegung in dem Spalt zwischen den Elektroden nahezu geradlinig und beschleunigt. Verlässt das Elektron eine Elektrode, so erfolgt eine Umpolung der Beschleunigungsspannung, sodass das Elektron nun in Richtung der anderen Elektrode beschleunigt wird. Das ständige Umpolen wird durch eine Wechselspannung realisiert. Es entsteht eine spiralähnliche Bahn.

b Die Geschwindigkeit ergibt sich direkt aus der kinetischen Energie $E_{kin} = 80\,\text{keV}$:

$$E_{kin} = \frac{m_p}{2} v^2$$

$$v = \sqrt{\frac{2 \cdot E_{kin}}{m_p}}$$

$$v = \sqrt{\frac{2 \cdot 80 \cdot 10^3 \cdot 1{,}6 \cdot 10^{-19}\,\text{V} \cdot \text{C}}{1{,}67 \cdot 10^{-27}\,\text{kg}}} = \underline{\underline{3{,}9 \cdot 10^6\,\frac{\text{m}}{\text{s}}}}$$

c Die Lorentzkraft tritt als Radialkraft in Erscheinung:

$$m\frac{v^2}{r} = Q \cdot v \cdot B.$$

Mit $v = \omega \cdot r$ erhält man:

$$m \cdot \omega \cdot v = Q \cdot v \cdot B$$

$$\omega = \frac{Q \cdot B}{m}$$

Isoliert man T in $\omega = \frac{2\pi}{T}$ und setzt ω ein, so ergibt sich:

$$T = \frac{2\pi m}{BQ}.$$

Hieraus folgt, dass sich bei m = konst. auch die Umlaufdauer T nicht ändert. Die feste Umlaufzeit lässt sich auch durch eine Frequenz, die *Zyklotronfrequenz* ausdrücken:

$$T = \frac{2\pi m}{BQ} = \frac{1}{f}$$

$$f = \frac{BQ}{2\pi m} = \frac{0{,}63\,\text{T} \cdot 1{,}6 \cdot 10^{-19}\,\text{C}}{2 \cdot \pi \cdot 1{,}67 \cdot 10^{-27}\,\text{kg}} = 9{,}6 \cdot 10^{6}\,\frac{1}{\text{s}} = \underline{\underline{9{,}6\,\text{MHz}}}$$

6.7 Massenspektrometer und Geschwindigkeitsfilter

Aufgabe 1

Der Einfluss der Gravitation auf ein Elektron ist im Vergleich zur Wirkung des elektrischen und magnetischen Feldes vernachlässigbar. Im Geschwindigkeitsfilter steuern also in erster Linie die elektrische Kraft F_{el} und die Lorentzkraft F_L die Bewegung der Teilchen. Im gut kalibrierten Geschwindigkeitsfilter stehen die Felder rechtwinklig aufeinander und zwar so, dass die Kräfte in entgegengesetzter Richtung angreifen.
Für ein Teilchen, das den Geschwindigkeitsfilter geradlinig durchquert, gilt dann:

$$F_{el} = F_L.$$

Mit $F_{el} = q \cdot E$ und $F_L = q \cdot v \cdot B$ folgt:

$$q \cdot E = q \cdot v \cdot B$$

und

$$v = \frac{E}{B}.$$

Die Geschwindigkeit v des geradlinig fliegenden Teilchens ist also allein von den Feldstärken E und B, aber nicht von Masse oder Ladung abhängig.

Aufgabe 2

Im hinteren Teil des Massenspektroskops existiert nur ein magnetisches Feld, welches das Teilchen auf eine Kreisbahn zwingt. Die konstante Lorentzkraft F_L ist die Zentripetalkraft F_Z:

$$F_Z = F_L.$$

Es folgt:

$$m \cdot \frac{v^2}{r} = q \cdot v \cdot B.$$

Die Ladungsträger bewegen sich damit auf einer Bahn mit dem Radius:

$$\underline{\underline{r = \frac{m \cdot v}{q \cdot B}}}.$$

Der Radius wird also mit zunehmender Ladung q kleiner, mit zunehmender Masse m größer.

Aufgabe 3

a Nach der Drei-Finger-Regel der linken Hand für negative Ladungsträger steht die Lorentzkraft senkrecht zur Bewegungsrichtung und Richtung der Feldlinien (vgl. Kap. 6.6 Abb. 2). Daraus resultiert eine Kreisbewegung. Die Lorentzkraft ist die Radialkraft:

$$F_R = F_L$$

$$m\frac{v^2}{r} = Q \cdot v \cdot B$$

Hierbei muss für m die Masse des Ladungsträgers, für v seine Geschwindigkeit und für Q seine Ladung eingesetzt werden. Nun lässt sich mit der magnetischen Feldstärke B der Radius r der Kreisbahn des Elektrons berechnen:

$$r = \frac{m \cdot v}{Q \cdot B} = \frac{m_e \cdot v}{e \cdot B} = \frac{9{,}1 \cdot 10^{-31}\,\text{kg} \cdot 1{,}75 \cdot 10^{6}\,\frac{\text{m}}{\text{s}}}{1{,}6 \cdot 10^{-19}\,\text{C} \cdot 1{,}2\,\text{T}}$$

$$= \underline{\underline{8{,}3 \cdot 10^{-6}\,\text{m}.}}$$

b

$$r_p = \frac{m_p \cdot v}{e \cdot B} = \frac{1{,}67 \cdot 10^{-27}\,\text{kg} \cdot 1{,}75 \cdot 10^{6}\,\frac{\text{m}}{\text{s}}}{1{,}6 \cdot 10^{-19}\,\text{C} \cdot 1{,}2\,\text{T}}$$

$$= \underline{\underline{1{,}5 \cdot 10^{-2}\,\text{m}.}}$$

Der Radius der Protonenbahn ist deutlich größer. Das liegt daran, dass der Bahnradius proportional zur Masse des Ladungsträgers anwächst. Die Lorentzkräfte, die auf das Elektron und das Proton ausgeübt werden, sind einander entgegengesetzt gerichtet. Die Bahn des Protons ist daher in entgegengesetzter Richtung gekrümmt.

7.1 Phänomen Induktion

Aufgabe 1

Damit ein an die Enden der Leiterschleife angeschlossenes Spannungsmessgerät eine Induktionsspannung anzeigt, muss sich die Leiterschleife relativ zum Dauermagneten bewegen, und zwar so, dass sich die Stärke des Magnetfelds, das die Leiterschleife durchdringt, ändert.

Beispiele:
- Die Leitschleife ruht, der Dauermagnet wird angenähert, entfernt oder gedreht.
- Der Dauermagnet ruht, die Leiterschleife wird angenähert, entfernt oder gedreht.

Aufgabe 2

Zwei Spulen befinden sich auf einem gemeinsamen Eisenkern und bewegen sich nicht relativ zueinander, siehe Abbildung.

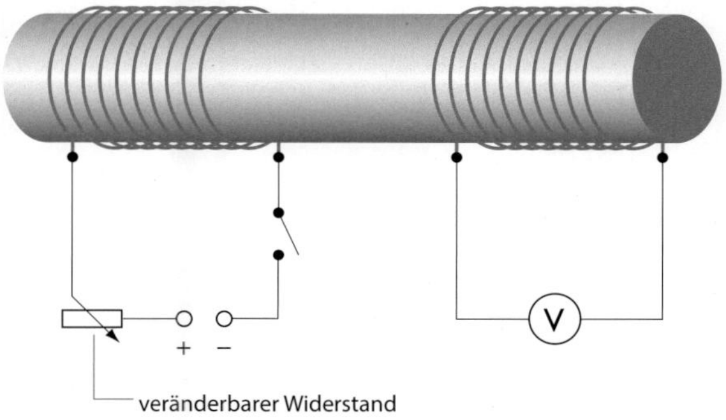

Möglichkeiten zur Erzeugung einer Induktionsspannung:
- Schließen des Schalters
- Öffnen des Schalters
- Vergrößern oder Verkleinern des Widerstands

Aufgabe 3

Die Membran und die Drahtspule sind fest miteinander verbunden. Trifft Schall auf die Membran, so wird die Drahtspule relativ zum Magneten bewegt. Dadurch ändert sich das die Drahtspule durchsetzende Magnetfeld, und an den Enden der Drahtspule entsteht eine sich im Rhythmus der Schallschwingung ändernde Induktionsspannung.

7.2 Induktionsgesetz

Aufgabe 1

Für den Betrag der Induktionsspannung gilt:

$U_{\text{ind}} = N\left(A\frac{\Delta B}{\Delta t} + B\frac{\Delta A}{\Delta t}\right)$

Der Term $B\frac{\Delta A}{\Delta t}$ ist in beiden Fällen null, da sich die Fläche, die das Magnetfeld durchsetzt, nicht ändert. Demnach gilt:

$U_{\text{ind}} = N \cdot A\frac{\Delta B}{\Delta t}$.

Eine Vergrößerung der Geschwindigkeit v im Teil a bedeutet eine stärkere Änderung der Magnetfeldstärke und führt zu einer Vergrößerung des Betrags der Induktionsspannung. Auch eine Vergrößerung der Windungszahl N der Spule hat eine Vergrößerung der Induktionsspannung zur Folge.
Wird im Teil b die Stromstärke im Elektromagneten I erhöht, ändert sich das Magnetfeld und erzeugt in Induktionsspule eine Induktionsspannung. Diese kann mit der Gleichung $U_{\text{ind}} = N \cdot A\,\frac{\mu_0\mu_r}{l} \cdot \frac{\Delta I}{\Delta t}$ ermittelt werden.

Der Zusammenhang ergibt sich, wenn man die Gleichung zu Berechnung der Feldstärke einer Spule in die Gleichung $U_{\text{ind}} = N \cdot A\frac{\Delta B}{\Delta t}$ einsetzt.

Die Induktionsspannung ist folglich umso größer, je größer der Ausdruck $\frac{\Delta I}{\Delta t}$ ist, je schneller sich also die Stromstärke im Elektromagneten ändert.

Aufgabe 2

	(a) Leiterstück wird in den Magneten hinein bewegt	(b) Leiterstück bewegt sich aus dem Magneten heraus
Punkt P	Minuspol	Pluspol
Punkt Q	Pluspol	Minuspol

Linke-Hand-Regel am Beispiel (a)
- Bewegungsrichtung der Elektronen (Daumen): Das Leiterstück wird in den Magnet hinein bewegt und damit die in ihm befindlichen Elektronen.
- Richtung der magnetischen Feldstärke (Zeigefinger): nach oben.
- Richtung der Lorentzkraft (Mittelfinger): Die Elektronen bewegen sich in Richtung des Punkts P. Folglich entsteht dort ein Elektronenüberschuss und damit ein Minuspol. Im Punkt Q entwickelt sich ein Elektronenmangel und damit ein Pluspol.

Aufgabe 3

$U_{ind} = N \cdot A \frac{\Delta B}{\Delta t} \qquad A = \pi \cdot r^2$

$U_{ind} = \pi \cdot r^2 \cdot \frac{\Delta B}{\Delta t}$

$U_{ind} = \pi \cdot (0{,}03\,\mathrm{m})^2 \cdot \frac{1{,}2\,\mathrm{V \cdot s}}{0{,}01\,\mathrm{s \cdot m^2}}$

$U_{ind} = \underline{\underline{0{,}34\,\mathrm{V}}}$

Aufgabe 4

a $U = B \cdot l \cdot v$

$U_{ind} = 40 \cdot 10^{-6} \frac{\mathrm{V \cdot s}}{\mathrm{m^2}} \cdot 79{,}8\,\mathrm{m} \cdot \frac{1020\,\mathrm{m}}{3{,}6\,\mathrm{s}}$

$U_{ind} = \underline{\underline{0{,}9\,\mathrm{V}}}$

b Für eine technische Nutzung ist die Spannung zu gering. Würde an die Enden der Tragfläche ein Energiewandler angeschlossen, so würde ein Teil der kinetischen Energie des Flugzeugs in eine andere Energieform umgewandelt. Das hätte eine kleine Verringerung der Geschwindigkeit des Flugzeugs zur Folge. Um die Geschwindigkeit konstant zu halten, müsste die Schubkraft erhöht werden, wodurch zusätzlich Energie aufgewendet werden müsste. Dieser Energiebetrag ist mindestens so hoch, wie die vom Energiewandler umgewandelte Energie.

7.3 Michael Faraday

Aufgabe 1

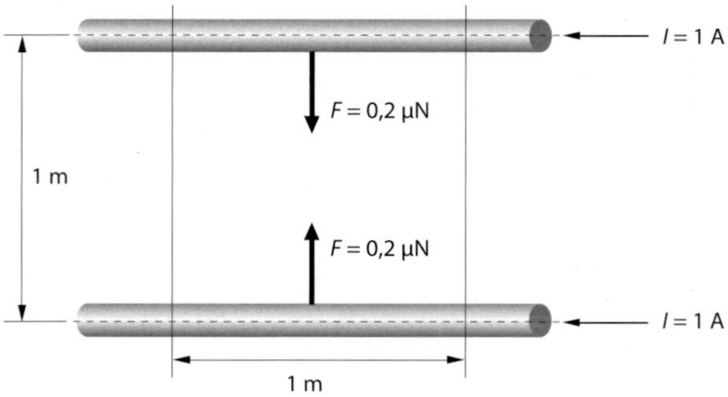

Zur Definition der Einheit Ampère sh. Kap. 6.2.

Aufgabe 2

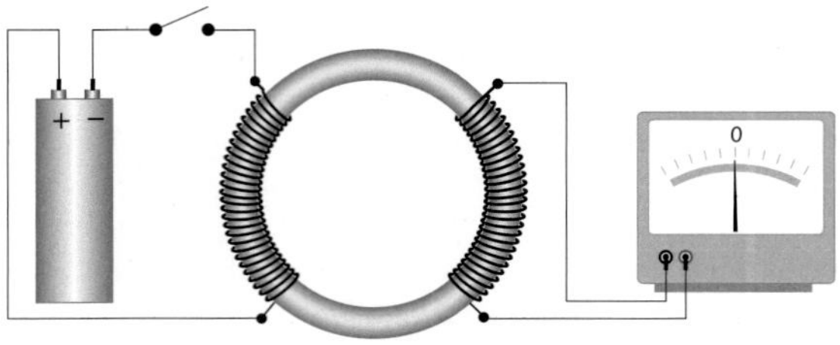

Durchführung: Zwei isolierte Drähte wurden auf einen Eisenring gewickelt. Die Enden des einen Drahts wurden an ein Stromstärkemessgerät (Galvanometer) angeschlossen. Die Enden des anderen Drahts wurden an Minus- und Pluspol einer Batterie angeschlossen.

Beobachtung: Beim Anschließen des Drahts an die Batterie zeigte das Galvanometer einen Ausschlag. Der Zeiger kehrte trotz konstantem Stromfluss aber schnell wieder in die Ruhelage zurück.

Erklärung: Wenn sich die Stromstärke in einem Leiter ändert – hier: beim Ein- und Ausschalten –, dann induziert das dabei entstehende, sich ebenfalls ändernde Magnetfeld in einem anderen Leiter einen elektrischen Strom.

Aufgabe 3

Elektrisches Feld	WW mit Ladungsträgern	Minus- und Pluspol
Magnetfeld	WW mit bewegten Ladungsträgern und Magneten	Nord- und Südpol, keine Monopole
Gravitationsfeld	WW mit schweren Körpern	nur Anziehung

Aufgabe 4

Individuelle Lösung

7.4 Wechselspannung und Generator

Aufgabe 1

a Nach dem Induktionsgesetz

$U_{ind} = N \frac{d\Phi}{dt}$

wird in einer Leiterschleife oder einer Spule eine Spannung induziert, wenn sich der magnetische Fluss, der die Spule durchsetzt, zeitlich ändert.
Der magnetische Fluss $\Phi = B \cdot A$ hängt nicht nur von der Stärke des Magnetfelds B, sondern auch von der vom Magnetfeld durchfluteten Fläche A ab. Ändert man A, z. B. durch Rotation der Spule, ist eine Bedingung für

das Induzieren einer Spannung erfüllt: Dreht man die Leiterschleife mit konstanter Winkelgeschwindigkeit, ändert sich die durchflutete Fläche und damit der magnetische Fluss kosinus- bzw. sinusförmig.

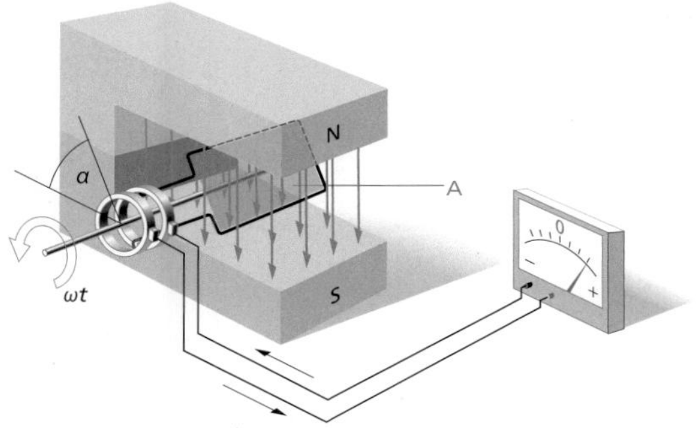

b Es gilt: $U_{\text{ind}} = \omega \cdot N \cdot B \cdot A \sin \omega t$. Rotiert eine Leiterschleife (Windungszahl $N = 1$) mit der Kreisfrequenz ω im konstanten Magnetfeld, so ändert sich der magnetische Fluss durch die Leiterschleife mit

$$\Phi(t) = N \cdot B \cdot A \cos \omega t.$$

Da sich der magnetische Fluss ändert, wird in der Leiterschleife eine Spannung induziert, die sich mithilfe der Gleichung

$$U_{\text{ind}} = \frac{\mathrm{d}}{\mathrm{d}t}(B \cdot A \cos \omega t) = -B \cdot A \frac{\mathrm{d}}{\mathrm{d}t}(\cos \omega t)$$

berechnen lässt.
Bildet man die erste Ableitung, so erhält man:

$$U_{\text{ind}} = \omega \cdot B \cdot A \cdot \sin \omega t.$$

Eine Spule mit N Windungen stellt eine Reihenschaltung von N Leiterschleifen dar. Bei N Windungen vergrößert sich also die Spannung auf:

$$U_{\text{ind}} = N \cdot \omega \cdot B \cdot A \cdot \sin \omega t.$$

Aufgabe 2

a

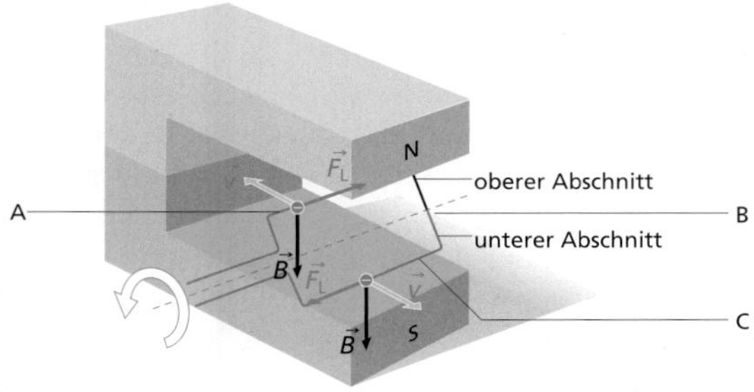

Die Lorentzkräfte in den Abschnitten A und C haben die in der Abbildung dargestellten Richtungen. Sie ergeben sich aus der Drei-Finger-Regel der linken Hand. Die Kräfte im unteren Teil des Abschnitts B weisen in dieselbe Richtung wie im Abschnitt C, die im oberen Teil des Abschnitts B in dieselbe Richtung wie im Abschnitt A. Für die auf die Elektronen ausgeübten Lorentzkräfte ist jeweils nur die horizontale Bewegungskomponente von Bedeutung.

b Der Leiterabschnitt B liefert keinen Betrag zur Induktionsspannung. Wie in **a** beschrieben, weisen im oberen und unteren Abschnitt des Leiters B die Lorentzkräfte in entgegengesetzte Richtungen. Dadurch wird insgesamt die Elektronenbewegung im Abschnitt B nicht beeinflusst. Dies gilt auch für jede andere Stellung der rotierenden Leiterschleife.

c Für die Induktionsspannung der Leiterschleife gilt die Gleichung:

$$U_{\text{ind}} = -\frac{\mathrm{d}\Phi}{\mathrm{d}t}$$

Mit $\Phi(t) = B \cdot A \ \cos \omega t$ und nach dem Bilden der ersten Ableitung erhält man:

$$U_{\text{ind}} = \omega \cdot B \cdot A \ \sin \omega t.$$

Die maximale Induktionsspannung ist also direkt proportional zur Kreisfrequenz ω.

Aufgabe 3

$$U_0 = N \cdot B \cdot A \cdot 2\pi \cdot f$$

$$N = \frac{U_0}{B \cdot A \cdot 2\pi \cdot f}$$

$$N = \frac{325\,\text{V}}{0{,}2\,\text{V} \cdot \text{s} \cdot 0{,}03\,\text{m}^2 \cdot 2\pi \cdot 50\,\frac{1}{\text{s}}}$$

Die Anzahl der Windungen beträgt damit:
$N = \underline{\underline{172}}$

7.5 Transformator

Aufgabe 1

a $\frac{U_1}{U_2} = \frac{N_1}{N_2}$

$$U_2 = \frac{N_2}{N_1} \cdot U_1$$

$$U_2 = \frac{100}{50} \cdot 115\,\text{V}$$

$$U_2 = \underline{\underline{230\,\text{V}}}$$

$$I_1 = \frac{P}{U_1}$$

$I_1 = \frac{600\,\text{W}}{115\,\text{V}} = \frac{120}{23}\,\text{A} = \underline{\underline{5{,}22\,\text{A}}}$

$\frac{I_2}{I_1} = \frac{N_1}{N_2}$

$I_2 = \frac{N_1}{N_2} \cdot I_1$

$I_2 = \frac{50}{100} \cdot \frac{120}{23}\,\text{A} = \frac{60}{23}\,\text{A} = \underline{\underline{2{,}61\,\text{A}}}$

b Die Berechnung der Spannung gilt für den idealen unbelasteten Transformator, also für den Fall, in dem kein Energiewandler im Sekundärkreis angeschlossen ist. Die Berechnung der Sekundarstromstärke I_2 gilt für den idealen belasteten Transformator, also für den Fall eines Kurzschlusses im Sekundärkreis.

Aufgabe 2

a Die Anordnung stellt einen Transformator dar, dessen Sekundärspule genau eine Windung besitzt, die als ringförmige Rinne ausgeführt ist. Diese Rinne muss leitend sein und eine höhere Schmelztemperatur besitzen als das Zinn. Sie könnte z. B. aus Edelstahl bestehen. In der Rinne wird eine Ringspannung induziert. Da die Rinne geschlossen ist, fließt in ihr ein sehr starker elektrischer Strom. Dieser erhitzt die die Rinne und das darin befindliche Zinn und bringt es schließlich zum Schmelzen.

b $\frac{I_2}{I_1} = \frac{N_1}{N_2}$

$I_2 = \frac{N_1}{N_2} \cdot I_1$

$I_2 = \frac{750}{1} \cdot 0{,}098\,\text{A}$

$I_2 = \underline{\underline{73{,}5\,\text{A}}}$

7.6 Selbstinduktion

Aufgabe 1

a $L = \mu_0 \cdot \mu_r \cdot \frac{N^2}{l} \cdot \text{A}$

$N = \sqrt{\frac{L \cdot l}{\mu_0 \cdot \mu_r \cdot \text{A}}}$

$N = \sqrt{\frac{0{,}15\,\frac{\text{V}\cdot\text{s}}{\text{A}} \cdot 0{,}08\,\text{m}}{1{,}26 \cdot 10^{-6}\,\frac{\text{V}\cdot\text{s}}{\text{A}\cdot\text{m}} \cdot 620 \cdot 4 \cdot 10^{-4}\,\text{m}^2}}$

Die Anzahl der Windungen beträgt damit:
$N = \underline{\underline{196}}$.

b $N = \sqrt{\frac{0{,}15\,\frac{\text{V}\cdot\text{s}}{\text{A}} \cdot 0{,}08\,\text{m}}{1{,}26 \cdot 10^{-6}\,\frac{\text{V}\cdot\text{s}}{\text{A}\cdot\text{m}} \cdot 1 \cdot 4 \cdot 10^{-4}\,\text{m}^2}}$

$N = \underline{\underline{4880}}$

Aufgabe 2

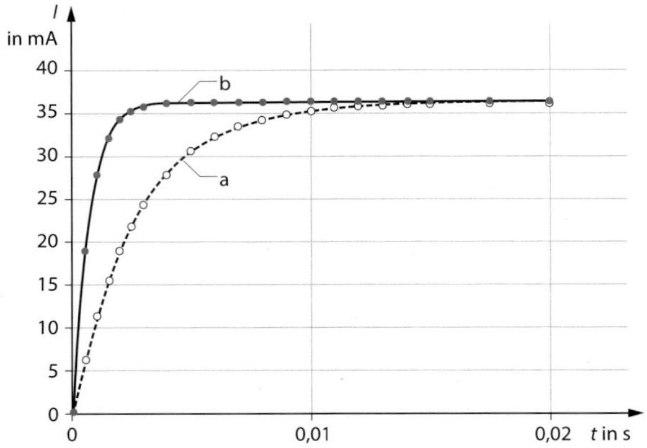

a $I(t) = \frac{U_0}{R}\left(1 - e^{-\frac{L}{R} \cdot t}\right)$

$I(t) = \frac{12\,\text{V}}{330\,\Omega}\left(1 - e^{-\frac{330\,\text{V}\cdot\text{A}}{0{,}9\,\text{V}\cdot\text{s}\cdot\text{A}} \cdot t}\right)$ $\quad t$ in s

b $L_1 = \mu_0 \cdot \mu_r \cdot \frac{N^2}{l} \cdot \text{A}$

$L_2 = \mu_0 \cdot \mu_r \cdot \frac{\left(\frac{N}{2}\right)^2}{l} \cdot \text{A}$

$\frac{L_1}{L_2} = \frac{N_2}{\left(\frac{N}{2}\right)^2} = 4$

$L_2 = \frac{L_1}{4} = \frac{0{,}9\,\text{H}}{4} = 0{,}225\,\text{H}$

7.7 Wirbelströme

Aufgabe 1

Spulenkerne von Elektromotoren und Generatoren sind veränderlichen Magnetfeldern ausgesetzt. Diese können in ihnen elektrische Spannungen induzieren. Hierdurch werden Ströme in den Spulenkernen verursacht, die zu deren Erwärmung und damit zu einer unerwünschten Energieabgabe an die Umgebung führen. Durch geblätterte Eisenkerne, die gegeneinander durch Lackschichten isoliert sind, werden diese Wirbelströme vermindert.

Aufgabe 2

In der Schalterstellung, die in der Abbildung gezeigt ist, wird der Kondensator zunächst ohne zeitliche Verzögerung aufgeladen. Beim Umschalten entlädt sich der Kondensator über die Spule, sodass durch sie ein veränderlicher Strom fließt. Der Strom erzeugt ein sich änderndes Magnetfeld um die Spule, dadurch wird im Aluminiumring ein Strom induziert. Dieser erzeugt selbst ein Magnetfeld – dies ist so gerichtet, dass sich gleichnamige Magnetpole von Aluminiumring und Spule gegenüberstehen und abstoßen. Dadurch wird der Aluminiumring nach links geschleudert. Der Vorgang lässt sich mit dem Lenz'schen Gesetz erklären, nach dem der Induktionsstrom seiner Entstehung entgegenwirkt.

Aufgabe 3

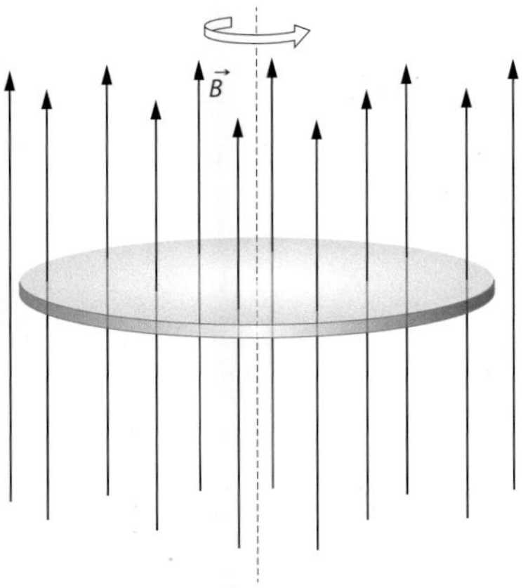

Die Richtung der magnetischen Feldstärke und die Drehrichtung in der Skizze sind willkürlich gewählt.

$U_{ind} = B \cdot \frac{\Delta A}{\Delta t}$ $\quad \Delta A = \pi \cdot r^2$ $\quad \Delta t = T = \frac{2\pi}{\omega}$

$$U_{ind} = B \cdot \frac{\pi \cdot r^2}{\frac{2\pi}{\omega}}$$

$$U_{ind} = \frac{1}{2} \cdot B \cdot r^2 \cdot \omega$$

$$U_{ind} = \frac{1}{2} \cdot 0{,}8 \frac{\mathrm{V \cdot s}}{\mathrm{m^2}} \cdot (0{,}15\,\mathrm{m})^2 \cdot 1{,}05 \frac{1}{\mathrm{s}}$$

$$U_{ind} = \underline{\underline{9{,}45\,\mathrm{mV}}}$$

7.8 Energie des Magnetfelds

Aufgabe 1

a $E_{mag} = \frac{1}{2} \cdot L \cdot I^2$

$L_1 = \mu_0 \cdot \mu_r \cdot \frac{N^2}{l} \cdot \mathrm{A}$

$$E_{mag} = \frac{1}{2} \mu_0 \cdot \mu_r \cdot \frac{N^2}{l} \cdot \mathrm{A} \cdot I^2 \qquad \text{(Gl. 1)}$$

$$= \frac{1}{2} \cdot 1{,}26 \cdot 10^{-6} \frac{\mathrm{V \cdot s}}{\mathrm{A \cdot m}} \cdot 1 \cdot \frac{1500^2}{0{,}08\,\mathrm{m}} \cdot 5 \cdot 10^{-4}\,\mathrm{m^2} \cdot (0{,}62\,\mathrm{A})^2$$

$\mu_1 = 1$ (Luft)

$$E_{mag} = \underline{\underline{3{,}41 \cdot 10^{-3}\,\mathrm{J}}}$$

b Wird ein Eisenkern verwendet, gilt laut Tafelwerk $\mu_r \approx 240 \ldots 680$. Um diesen Faktor erhöht sich gemäß Gl. (1) die in der Spule gespeicherte Energie des Magnetfelds.

Aufgabe 2

a Ist der Schalter geschlossen, so fließt durch die Spule ein Strom. Im Magnetfeld der Spule ist die magnetische Energie $E_{mag} = \frac{1}{2} \cdot L \cdot I^2$ gespeichert. Der Kondensator wird nicht aufgeladen, da die Diode einen Stromfluss in diesem Zweig des Stromkreises verhindert.
Beim Öffnen des Schalters wird aufgrund der plötzlichen Stromstärkeänderung in der Spule eine Spannung induziert (Selbstinduktion). Diese führt zu einem Strom, der in dieselbe Richtung wie der Strom fließt, der vor dem Öffnen des Schalters durch die Spule geflossen ist. Die Spule, der Kondensator und die Diode, die jetzt in Durchlassrichtung geschaltet ist, bilden einen Stromkreis. Der Kondensator wird folglich nach dem Öffnen des Schalters aufgeladen.

b Nimmt man vereinfachend an, dass die gesamte magnetische Energie, die in der Spule gespeichert war, in elektrische Energie des Kondensators umgewandelt wird, dann gilt:

$$E_{mag} = E_C = \frac{1}{2} \cdot C \cdot U_2.$$

Wird die Spannung gemessen, und ist die Kapazität bekannt, lässt sich die Energie des Magnetfelds ermitteln.

7.9 Kondensator und Spule im Wechselstromkreis

Aufgabe 1

a $X_C(f) = \frac{1}{2\pi \cdot f \cdot C} = \frac{1}{2\pi \cdot f \cdot 10^{-4}\,\text{F}}$

$X_L(f) = 2\pi \cdot f \cdot L = 2\pi \cdot f \cdot 0{,}2\,\text{H}$

f in Hz	X_L in Ω	X_C in Ω
10	12,6	159,2
15	18,8	106,1
20	25,1	79,6
30	37,7	53,1
40	50,3	39,8
50	62,8	31,8
60	75,4	26,5
75	94,2	21,2
90	113,1	17,7
100	125,7	15,9

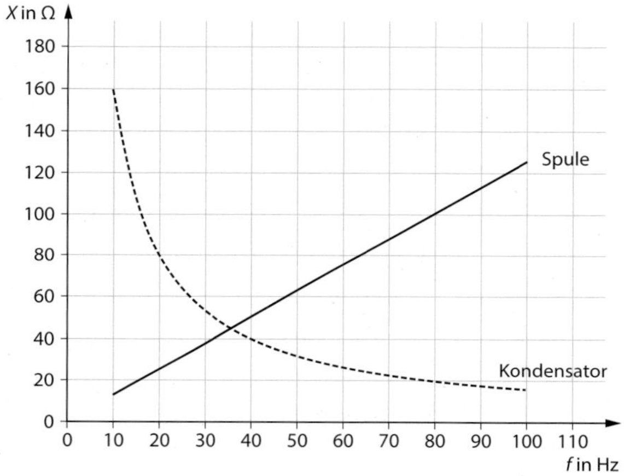

b $X_C(f_1) = X_L(f_1)$

$\frac{1}{2\pi \cdot f_1 \cdot C} = 2\pi \cdot f_1 \cdot L$

$f_1 = \frac{1}{2\pi \cdot \sqrt{L \cdot C}}$

$f_1 = \frac{1}{2\pi \cdot \sqrt{0{,}2\,\text{H} \cdot 10^{-4}\,\text{F}}} = \underline{\underline{35{,}6\,\text{Hz}}}$

Aufgabe 2

Für den Blindwiderstand X_C eines Kondensators im Wechselstromkreis gilt:

$X_C = \frac{1}{\omega \cdot C} = \frac{1}{2\pi \cdot f \cdot C}.$

Mit den gegebenen Werten für die Frequenz f des Wechselstroms und die Kapazität C des Kondensators ergeben sich die folgenden Blindwiderstände:

$X_{C,50\,\text{Hz}} = \frac{1}{2\pi \cdot 50\,\text{Hz} \cdot 20 \cdot 10^{-6}\,\text{F}} = \underline{\underline{159\,\Omega}}$

$X_{C,200\,\text{kHz}} = \frac{1}{2\pi \cdot 200 \cdot 10^3\,\text{Hz} \cdot 20 \cdot 10^{-6}\,\text{F}} = \underline{\underline{0{,}04\,\Omega}}$

Für den Blindwiderstand X_L einer Spule im Wechselstromkreis gilt:

$X_L = \omega \cdot L = 2\pi \cdot f \cdot L.$

Mit den gegebenen Werten folgt:

$X_{L,50\,\text{Hz}} = 2\pi \cdot 50\,\text{Hz} \cdot 0{,}8\,\text{H} = \underline{\underline{251\,\Omega}}$

$X_{L,200\,\text{kHz}} = 2\pi \cdot 200\,\text{kHz} \cdot 0{,}8\,\text{H} = \underline{\underline{1\,\text{M}\Omega}}$

7.10 Schaltungen mit Widerstand, Spule und Kondensator

Aufgabe 1

Die Stromstärke wird maximal, wenn die Impedanz Z minimal wird.

Aus der Gleichung

$Z = \sqrt{R^2 + (X_L - X_C)^2}$

ist ersichtlich, dass dies unter der Bedingung $X_L = X_C$ der Fall ist. Mit

$X_L = \omega_0 L$ und $X_C = \frac{1}{\omega_0 C}$ folgt:

$\omega_0 L = \frac{1}{\omega_0 C}.$

Auflösen nach der gesuchten Kapazität C ergibt:

$C = \frac{1}{\omega_0^2 \cdot L} = \frac{1}{(2\pi \cdot f)^2 \cdot L}.$

Mit einer Spuleninduktivität von $L = 2{,}4\,\text{H}$ und einer Frequenz des Wechselstroms von $f = 50\,\text{Hz}$ erhält man:

$C = \frac{1}{(2\pi \cdot 50\,\text{Hz})^2 \cdot 2{,}4\,\text{H}} = 4{,}22 \cdot 10^{-6}\,\text{F} = \underline{\underline{4{,}22\,\mu\text{F}}}.$

Aufgabe 2

a Es gelten die Beziehungen:

$X_C = \frac{1}{2\pi f \cdot C} \quad Z = \sqrt{R^2 + X_C^2} \quad I = \frac{U_E}{Z} \quad U_A = R \cdot I$

$X_C(100\,\text{Hz}) = \frac{1}{2\pi \cdot 100\frac{1}{\text{s}} \cdot 0{,}1 \cdot 10^{-6}\frac{\text{A} \cdot \text{s}}{\text{V}}} = 15\,915\,\Omega$

$Z(100\,\text{Hz}) = \sqrt{(1000\,\Omega)^2 + (15\,915\,\Omega)^2} = 15\,950\,\Omega$

$I(100\,\text{Hz}) = \frac{0{,}2\,\text{V}}{15\,950\,\Omega} = 1{,}25 \cdot 10^{-5}\,\text{A}$

$U_A(100\,\text{Hz}) = 1000\,\Omega \cdot 1{,}25 \cdot 10^{-5}\,\text{A} = 1{,}25 \cdot 10^{-2}\,\text{V} = 12{,}5\,\text{mV}$

$X_C(10\,\text{kHz}) = \frac{1}{2\pi \cdot 10000\frac{1}{\text{s}} \cdot 0{,}1 \cdot 10^{-6}\frac{\text{A} \cdot \text{s}}{\text{V}}} = 159{,}15\,\Omega$

$Z(10\,\text{kHz}) = \sqrt{(1000\,\Omega)^2 + (159{,}15\,\Omega)^2} = 1013\,\Omega$

$I(10\,\text{kHz}) = \dfrac{0{,}2\,\text{V}}{1013\,\Omega} = 1{,}97 \cdot 10^{-4}\,\text{A}$

$U_\text{A}(10\,\text{kHz}) = 1000\,\Omega \cdot 1{,}97 \cdot 10^{-4}\,\text{A} = 1{,}97 \cdot 10^{-1}\,\text{V}$
$= 197\,\text{mV}$

$\dfrac{U_\text{A}(100\,\text{Hz})}{U_\text{E}(100\,\text{Hz})} = \dfrac{12{,}5\,\text{mV}}{200\,\text{mV}} = \dfrac{1}{16} = \underline{\underline{0{,}0625}}$

$\dfrac{U_\text{A}(10\,000\,\text{Hz})}{U_\text{E}(10\,000\,\text{Hz})} = \dfrac{197\,\text{mV}}{200\,\text{mV}} = \underline{\underline{0{,}99}}$

b

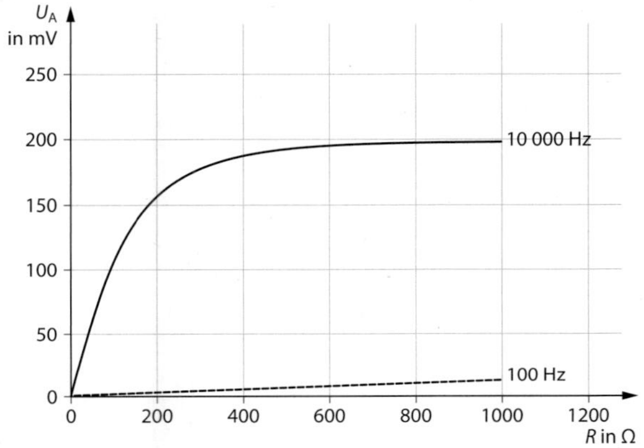

Das Diagramm zeigt die Abhängigkeit der Ausgangsspannungen vom Widerstand R für die Frequenzen 100 Hz und 10000Hz. Die Spannungen wurden mit den Gleichungen aus Aufgabenteil a berechnet.
Aus dem Diagramm ist ersichtlich, dass bei einem hochfrequenten Signal eine größere Ausgangsspannung vorliegt als bei geringen Frequenzen. Es handelt sich um einen Hochpass. Verringert man den Widerstand R, so stellt man fest, dass das 100-Hz-Signal nur leicht und das 10 000-Hz-Signal wesentlich stärker abgeschwächt wird. Das bedeutet, dass die Höhen, also die hochfrequenten Anteile in einem Audiosignals, bei sinkendem Widerstand abgeschwächt werden.
Das Verfahren allein ist jedoch noch nicht als Klangregelung nutzbar, da eine Verringerung des Widerstands gleichzeitig zu einer Verringerung der Lautstärke des Signals führt.

7.11 Leistung im Wechselstromkreis

Aufgabe 1

a $P_\text{w} = \dfrac{E_\text{el}}{\Delta t} = \dfrac{435\,000 \cdot 3600\,\text{Ws}}{1800\,\text{s}} = 870\,\text{W}$

$P = U \cdot I \cdot \cos\Delta\varphi$

$\cos\Delta\varphi = \dfrac{P_\text{W}}{U \cdot I} = \dfrac{870\,\text{W}}{230\,\text{V} \cdot 4{,}5\,\text{A}} = 0{,}84$

$\Delta\varphi = \underline{\underline{32{,}8°}}$

b $P = U \cdot I \cdot \sin\Delta\varphi$

$P_\text{B} = 230\,\text{V} \cdot 4{,}5\,\text{A} \cdot \sin 32{,}8° = \underline{\underline{560{,}6\,\text{W}}}$

Befinden sich in einem Wechselstromkreis kapazitive und induktive Widerstände, so tritt eine Phasenverschiebung zwischen Stromstärke und Spannung auf. Durch Selbstinduktion in einer Spule wird Energie des magnetischen Felds an den Stromkreis zurückgegeben, durch Entladung die im Kondensator gespeicherte elektrischen Energie. Der Anteil der Leistung, der auf diese Weise nicht an die Umgebung abgegeben wird, heißt Blindleistung.

Aufgabe 2

a Widerstand der Leuchtstoffröhre:

$R_\text{L} = \dfrac{U_\text{L}}{I} = \dfrac{52\,\text{V}}{0{,}38\,\text{A}} = 136{,}8\,\Omega$

Scheinwiderstand:

$Z = \dfrac{U}{I} = \dfrac{230\,\text{V}}{0{,}38\,\text{A}} = 605{,}3\,\Omega$

Induktivität der Spule:

$Z^2 = R_\text{L}^2 + X_\text{L}^2 \qquad X_\text{L} = \sqrt{Z^2 - R_\text{L}^2} \qquad X_\text{L} = 2\pi \cdot f \cdot L$

$L = \dfrac{\sqrt{Z^2 - R_\text{L}^2}}{2\pi \cdot f}$

$L = \dfrac{\sqrt{(605{,}3\,\Omega)^2 - (136{,}8\,\Omega)^2}}{2\pi \cdot 50\,\frac{1}{\text{s}}}$

$L = \underline{\underline{1{,}88\,\text{H}}}$

Phasenwinkel:

$\tan\Delta\varphi = \dfrac{X_\text{L}}{R}$

$X_\text{L} = 2\pi \cdot f \cdot L$
$X_\text{L} = 2\pi \cdot 50\,\text{Hz} \cdot 1{,}88\,\text{H}$
$X_\text{L} = 589{,}6\,\Omega$

$\tan\Delta\varphi = \dfrac{589{,}6\,\Omega}{136{,}8\,\Omega}$

$\tan\Delta\varphi = 4{,}31$
$\Delta\varphi = \underline{\underline{76{,}9°}}$

Wirkleistung:

$P_W = 230\,V \cdot 0{,}38\,A \cdot \cos 76{,}9°$

$P_W = \underline{\underline{19{,}8\,W}}$

Blindleistung:

$P_B = 230\,V \cdot 0{,}38\,A \cdot \sin 76{,}9°$

$P_B = \underline{\underline{85{,}1\,W}}$

b In einem Wechselstromkreis mit rein induktivem Widerstand läuft die Stromstärke der Spannung um $\frac{\pi}{2}$ (90°) hinterher (vgl. Kap. 7.9).
Der hier berechnete Phasenwinkel beträgt 76,9°. Die Abweichung von 90° kommt dadurch zustande, dass kein rein induktiver Widerstand vorliegt, sondern auch ein ohmscher Widerstand vorhanden ist.

c Vorwiderstand:

$$R_V = \frac{U - U_L}{I} = \frac{230\,V - 52\,V}{0{,}38\,A} = \underline{\underline{468{,}4\,\Omega}}$$

Beim Einsatz eines Vorwiderstandes wird in ihm die folgende Leistung in Wärme umgewandelt:

$$P_{R_V} = (U - U_L) \cdot I = (230\,V - 52\,V) \cdot 0{,}38\,A = 87{,}4\,W$$

Dieser Betrag ist ungünstig hoch im Vergleich zur Leistung der Leuchtstofflampe:

$$P_L = U_L \cdot I = 52\,V \cdot 0{,}38\,A = 19{,}8\,W.$$

Bei der Spule als Vorschaltgerät entspricht die Wirkleistung nahezu der Leistung der Leuchtstofflampe.

7.12 Anwendungen der Induktion

Aufgabe 1

Die Signalstärke hängt von folgenden Parametern ab:
- Maximalwert der an der Sendespule angelegten Spannung
- Frequenz dieser Spannung
- Windungszahl der Sendespule
- Windungszahl der Suchspule
- Permeabilität des metallischen Gegenstandes, der gesucht wird
- Lage des Suchobjekts relativ zu den Spulen

Aufgabe 2

Die Energie, die zum Zünden übertragen werden kann, hängt von der Induktivität der Primärspule ab: Je größer Windungszahl, Querschnittsfläche und Permittivität ihres Kerns sind, desto größer ist auch die Induktivität.

Aufgabe 3

Gemeinsamkeiten
- Beim 4-Takt-Otto-Motor und beim Weidezaun werden sehr hohe Spannungen benötigt, die durch Selbstinduktion einer Spule mit hoher Windungszahl erzeugt werden.
- Der Selbstinduktionsvorgang wird durch das Trennen einer Spule von einer Gleichspannungsquelle ausgelöst.

Unterschiede

4-Takt-Otto-Motor	**Weidezaun**
Mit der hohen Spannung werden Zündkerzen versorgt, die der Erzeugung von Funken dienen.	Die hohe Spannung wird zwischen dem Erdboden und dem Weidezaun angelegt. Berührt ein Tier den Weidezaun, wird es Teil eines Stromkreises und spürt die unangenehme Wirkung des Stroms.
Die zeitliche Abfolge der Selbstinduktionsvorgänge wird durch eine Steuerung geregelt, die verschiedene Parameter berücksichtigt, wie zum Beispiel die Drehzahl oder die Temperatur.	Ein Schalter (Unterbrecher), der den Stromkreis mit der Spule periodisch öffnet und schließt, löst in gleichen Zeitabständen die Selbstinduktionsvorgänge aus.

Aufgabe 4

Durch statische Magnetfelder kann das ferromagnetische Material magnetisiert werden und könnte dann der Anziehung oder Abstoßung äußerer Magnetfelder ausgesetzt sein.
Veränderliche Magnetfelder können in den elektrisch leitenden Materialien Wirbelströme erzeugen, die zu einer starken Erhitzung des Materials führen.

TRAINING Elektrizität

Aufgabe 1

a Neben dem Auto als klassischem Beispiel für einen Faraday'schen Käfig könnte auch ein geschlossener metallener Hundezwinger oder eine Wellblechhütte einen Menschen vor Blitzeinschlag schützen.
Auch die Maschendraht-Käfige, mit denen Hochspannungsanlagen in Umspannwerken umgeben werden, schützen den Menschen – der sich diesmal außerhalb des Käfigs befindet – davor, dass ein Lichtbogen überschlägt.
Besorgte Datenschützer schlagen vor, den biometrischen Reisepass in einer als Faraday'scher Käfig fungierenden Aluminiumhülle aufzubewahren, damit keine Unbefugten unbemerkt Daten vom Chip ablesen können.

b Der Abstand zwischen der geladenen Wolke und dem aufragenden leitfähigen Gegenstand ist kleiner als der Abstand zu Körpern der Umgebung dieses Gegenstands. Bei kleinem Abstand nimmt die elektrische Feldstärke einen größeren Wert an. Überschreitet sie dabei einen Mindestwert, werden die in der Luft befindlichen Ladungsträger so stark beschleunigt, dass Luftmoleküle ionisiert werden. Durch Stoßionisierung bildet sich eine leitende Strecke, aus der der eigentliche Hauptblitz entstehen kann.
Blitzableiter stellen solche aufragenden Gegenstände dar. Mit metallischen Blitzableitern können Blitze gezielt in den Boden abgeleitet werden, wenn sie als höchste Punkte z. B. über Dächern oder Hochspannungsleitungen angeordnet und mit dem Erdboden verbunden werden.

Aufgabe 2

a Zwischen zwei Kondensatorplatten im Abstand von $d = 4\,\text{cm}$ herrscht bei einer Spannung von $U = 2{,}0\,\text{kV}$ eine elektrische Feldstärke von

$$E = \frac{U}{d} = \frac{2\,\text{kV}}{0{,}04\,\text{m}} = \underline{\underline{50\,\frac{\text{kV}}{\text{m}}}}.$$

b Die Kapazität des Kondensators ist festgelegt über die Ladung Q pro Spannung U. Aber die Kapazität lässt sich auch aus den Eigenschaften des Kondensators ermitteln. Auf diese Weise kann man die Ladung auf den Kondensatorplatten aus der Fläche der Platten A_1 und ihrem Abstand d berechnen.

$$\frac{Q_1}{U} = C = \varepsilon_0\varepsilon_r\frac{A_1}{d}$$

$$Q_1 = \varepsilon_0\varepsilon_r\frac{A_1}{d}\cdot U$$

Die Permittivität ε_r in Luft ist nahe 1:

$$Q_1 = 8{,}85\cdot 10^{-12}\,\frac{\text{C}}{\text{V}\cdot\text{m}}\cdot\frac{0{,}03\,\text{m}^2}{0{,}04}\cdot 2\,000\,\text{V} = \underline{\underline{1{,}33\cdot 10^{-8}\,\text{C}}}$$

Die Flächenladungsdichte σ ist definiert als Ladung pro Fläche:

$$\sigma = \frac{Q_1}{A_1} = \frac{1{,}33\cdot 10^{-8}\,\text{C}}{0{,}03\,\text{m}^2} = \underline{\underline{4{,}43\cdot 10^{-7}\,\frac{\text{C}}{\text{m}^2}}}.$$

c Die Energie entspricht der Verschiebungsarbeit $W = F_{\text{el}}\cdot s$.

Mit $s = d$ und $F_{\text{el}} = q\cdot E$ ergibt sich:

$$W = q_{\text{Pr}}\cdot E\cdot d = 10^{-8}\,\text{C}\cdot 50\,\frac{\text{kV}}{\text{m}}\cdot 0{,}04\,\text{m} = \underline{\underline{2\cdot 10^{-5}\,\text{J}}}.$$

d Da E und Q konstant bleiben, gilt $W \sim d$. Daraus folgt, dass sich mit d auch W verdoppelt.

e Durch Influenz verschieben sich die Ladungsträger auf den kleinen Platten. Das elektrische Feld des Kondensators sorgt dafür, dass sich auf ihnen die gleiche Flächenladungsdichte σ einstellt wie auf den großen Kondensatorplatten. Werden die Plättchen voneinander getrennt, so ergibt sich ihre elektrische Ladung aus:

$$\sigma = \frac{Q_2}{A_2}$$

$$Q_2 = \sigma\cdot A_2$$

$$Q = \sigma\cdot A_2 = 4{,}43\cdot 10^{-7}\,\frac{\text{C}}{\text{m}^2}\cdot 0{,}002\,\text{m}^2 = \underline{\underline{8{,}86\cdot 10^{-10}\,\text{C}}}$$

Um die Rolle des Feldes bei der Übertragung der Flächenladungsdichte zu betonen, lässt sich die Ladung auf den kleinen Plättchen auch über den Zusammenhang $\sigma = \varepsilon_0\varepsilon_r\cdot E$ herleiten:

$$\varepsilon_0\cdot\varepsilon_r\cdot E = \sigma = \frac{Q}{A_2}$$

$$Q = \varepsilon_0\cdot\varepsilon_r\cdot E\cdot A_2$$

$$= 8{,}85\cdot 10^{-12}\,\frac{\text{C}}{\text{V}\cdot\text{m}}\cdot 50\,000\,\frac{\text{V}}{\text{m}}\cdot 0{,}002\,\text{m}^2$$

$$= \underline{\underline{8{,}85\cdot 10^{-10}\,\text{C}}}$$

Aufgabe 3

a Es gilt: $W = Fs$ mit $F = \frac{1}{4\pi\varepsilon_0}\cdot\frac{q_{\text{Pr}}\cdot Q}{r^2}$ und $s = \Delta r$.

W entspricht der Fläche unter dem Graphen der Funktion $F = f(r)$. Damit gilt:

$$W = \frac{q\cdot Q}{4\pi\varepsilon_0}\int_{r_1}^{r_2}\frac{1}{r^2}\,\text{d}r$$

$$W = \underline{\underline{\frac{q\cdot Q}{4\pi\varepsilon_0}\left(\frac{1}{r_1}-\frac{1}{r_2}\right)}}$$

b $W = \dfrac{-(1{,}6 \cdot 10^{-19}\,\text{A} \cdot \text{s})^2}{4\pi \cdot 8{,}85 \cdot 10^{-12}\,\frac{\text{A} \cdot \text{s}}{\text{V} \cdot \text{m}}} \left(\dfrac{1}{5{,}3 \cdot 10^{-11}\,\text{m}} \right)$

$r_2 \rightarrow \infty \quad \frac{1}{r_2} \rightarrow 0$

$W = -4{,}35 \cdot 10^{-18}\,\text{J} = \underline{\underline{-27\,\text{eV}}}$

<u>Alternative</u>

a Der Ausdruck für die Kraft im Feld einer Punktladung Q lautet

$F = \dfrac{1}{4\pi\varepsilon_0} \cdot \dfrac{q_{\text{Pr}} \cdot Q}{r^2}.$

Er gleicht strukturell dem Ausdruck für die Gravitationskraft

$F = G \cdot \dfrac{m \cdot M}{r^2}.$

So wie die Massen m und M den Ladungen q_{pr} und Q entsprechen, entspricht die Gravitationskonstante G dem Ausdruck $(4\pi\varepsilon_0\varepsilon_r)^{-1}$. Ersetzt man nun entsprechend die Variablen im Ausdruck für die potenzielle Energie im Gravitationsfeld, um die Energie im Feld eine Punktladung zu erhalten, ergibt sich aus der gegebenen Gleichung:

$\Delta E_{\text{pot,grav}} = G \cdot m \cdot M \left(\frac{1}{r_1} - \frac{1}{r_2} \right)$

der Ausdruck

$\Delta E_{\text{pot,el}} = \dfrac{1}{4\pi\varepsilon_0} \cdot q_{\text{pr}} \cdot Q \left(\frac{1}{r_1} - \frac{1}{r_2} \right).$

b Man ionisiert ein Wasserstoffatom, indem man das Elektron, das sich nach Aufgabenstellung zunächst im Abstand

$r_1 = 5{,}3 \cdot 10^{-11}\,\text{m}$

vom Proton aufhält, unendlich weit vom Atomkern entfernt ($r_2 \rightarrow \infty$). Die Ladungen von Elektron und Proton entspricht jeweils einer Elementarladung. Es folgt:

$W = \dfrac{(1{,}6 \cdot 10^{-19}\,\text{C})^2}{4\pi \cdot 8{,}85 \cdot 10^{-12}\,\frac{\text{F}}{\text{m}}} \left(0 - \dfrac{1}{5{,}3 \cdot 10^{-11}\,\text{m}} \right)$

$= 4{,}34 \cdot 10^{-18}\,\text{J} = \underline{\underline{-27\,\text{eV}}}.$

<u>Anmerkung</u>

Der zugrunde gelegte Wert für den Abstand zwischen Proton und Elektron ist der Bohr'sche Radius. Der daraus resultierende Wert von 27 eV ist doppelt so groß wie die tatsächliche Ionisierungsenergie des Wasserstoffatoms von 13,6 eV, aber immerhin eine erste Näherung.

Aufgabe 4

$U(t) = U_0 \cdot e^{-\frac{1}{R \cdot C}}$

$U(3\text{s}) = 5\,\text{V} \cdot e^{-\frac{3\,\text{s}}{200000\frac{\text{V}}{\text{A}} \cdot 10 \cdot 10^{-6}\frac{\text{A} \cdot \text{s}}{\text{V}}}} = \underline{\underline{1{,}12\,\text{V}}}$

$I(t) = \dfrac{U_0}{R} \cdot e^{\frac{t}{R \cdot C}}$

$I(3\text{s}) = \underline{\underline{5{,}8\,\mu\text{A}}}$

Aufgabe 5

Wenn die Spannung zur Halbwertszeit auf die Hälfte des Ausgangswertes gesunken ist, gilt:

$U(t_{1/2}) = U_0 \cdot e^{\frac{t_{1/2}}{RC}} = \frac{1}{2} U_0.$

Daraus folgt:

$\frac{1}{2} = e^{\frac{t_{1/2}}{RC}}.$

Jetzt kann logarithmiert und die Gleichung nach $t_{1/2}$ aufgelöst werden:

$\ln \frac{1}{2} = \dfrac{t_{1/2}}{RC}$

$-RC(\ln 1 - \ln 2) = t_{1/2}$

$t_{1/2} = RC \cdot \ln 2$

Die Gleichung gilt analog auch für die Stromstärke $I(t)$, sofern der Kondensator über einen ohmschen Widerstand entladen wird, denn dann ist $U(t)$ proportional zu $I(t)$.

Aufgabe 6

Die Feldstärke im Inneren eines Plattenkondensators lässt sich berechnen über

$E = \dfrac{\sigma}{\varepsilon_0 \cdot \varepsilon_r}.$

In diesem Fall ist der Kondensator mit einem Dielektrikum der Permittivität $\varepsilon_r = 2{,}55$ gefüllt. Im Punkt A gilt daher:

$E = \dfrac{4{,}51 \cdot 10^9\,\frac{\text{C}}{\text{m}^2}}{8{,}854 \cdot 10^{-12}\,\frac{\text{A} \cdot \text{s}}{\text{V} \cdot \text{m}} \cdot 2{,}55} = \underline{\underline{2 \cdot 10^{20}\,\frac{\text{N}}{\text{C}}}}.$

Für die Feldstärke einer Kugelladung gilt:

$E = \dfrac{Q}{4\pi\varepsilon_0 r^2}.$

Die Feldstärke in Punkt B beträgt daher:

$E_{\text{B}} = \dfrac{10 \cdot 10^{-6}\,\text{C}}{4\pi \cdot 8{,}85 \cdot 10^{-12}\,\frac{\text{A} \cdot \text{s}}{\text{V} \cdot \text{m}} \cdot (0{,}1\,\text{m})^2} = \underline{\underline{9 \cdot 10^6\,\frac{\text{N}}{\text{C}}}}.$

Die Feldstärke in Punkt C beträgt:

$E_{\text{C}} = \dfrac{10 \cdot 10^{-6}\,\text{C}}{4\pi \cdot 8{,}85 \cdot 10^{-12}\,\frac{\text{A} \cdot \text{s}}{\text{V} \cdot \text{m}} \cdot (0{,}15\,\text{m})^2} = \underline{\underline{4 \cdot 10^6\,\frac{\text{N}}{\text{C}}}}.$

Aufgabe 7

Die Phänomene können mit dem Modell magnetischer Elementardipole erklärt werden. Zwischen den Magnetpolen des U-förmigen Dauermagneten befindet sich ein magnetisches Feld. Die Stahlnadel ist ferromagnetisch, ihre magnetischen Dipole richten sich gemäß dem äußeren Magnetfeld aus. Durch die Anziehung zwischen den Nord- und Südpolen von Dauermagnet und Stahlnadel verbleibt die Stahlnadel nahezu in waagerechter Lage.
Beim Erhitzen mit der Gasflamme geht die Ausrichtung der magnetischen Dipole in der Stahlnadel zum Teil verloren. In der Folge verringern sich die Anziehungskräfte zwischen den Nord- und Südpolen von Dauermagnet und Stahlnadel. Dadurch senkt sich die Stahlnadel. Bei Abkühlen der Stahlnadel wird sie wieder stärker magnetisiert und nimmt die anfängliche Lage ein.

Aufgabe 8

a Skizze (von oben gesehen):

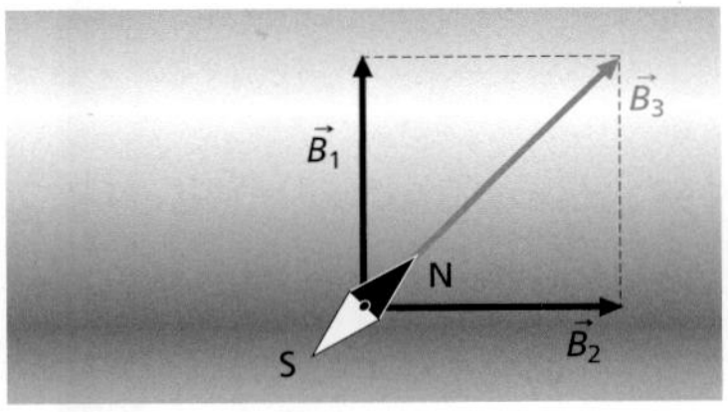

b Der Südpol der Magnetnadel wird in Richtung des Südpols der Spule gedreht. Innerhalb der Spule verlaufen die Feldlinien vom Südpol zum Nordpol.

c Bei einer Auslenkung von 45° sind die horizontale Komponente des Erdmagnetfelds und die von der Spule erzeugte magnetische Feldstärke gleich groß. Es gilt also, die Feldstärke der Spule anhand ihrer Länge l, der Windungszahl n und der sie durchfließenden Stromstärke I zu berechnen:

$$B_1 = B_2 = \mu_0 \mu_r \frac{n \cdot I}{l} = 1{,}26 \cdot 10^{-6} \frac{\text{F}}{\text{m}} \cdot 1 \cdot \frac{30 \cdot 0{,}23\,\text{A}}{0{,}5\,\text{m}}$$
$$= \underline{\underline{1{,}74 \cdot 10^{-5}\,\text{T}}}.$$

Aufgabe 9

Mit den gegebenen Werten, Windungszahl $n = 100$, Radius der Kreisspule $r = 2\,\text{cm}$ und Feldstärke-Änderung

$\Delta B = B_1 - B_2 = 50\,\text{mT} - 0 = 50\,\text{mT}$
ergibt sich für den Betrag der Induktionsspannung:

$$|U_{\text{ind}}| = n \cdot A \cdot \frac{\Delta B}{\Delta t} = 100 \cdot \pi \cdot (0{,}02\,\text{m})^2 \frac{0{,}05\,\text{T}}{0{,}5\,\text{s}} = \underline{\underline{0{,}0126\,\text{V}}}.$$

Aufgabe 10

a <u>Zeitabschnitt 1</u>

$\Delta t_1 = \frac{s_1}{v}$

$\Delta t_1 = \frac{0{,}04\,\text{m}}{0{,}02\,\frac{\text{m}}{\text{s}}}$

$\Delta t_1 = 2\,\text{s}$
$\Delta A = 0$
$\Delta \Phi_1 = 0$

$U_{\text{ind},1} = -N \cdot \frac{\Delta \Phi_1}{\Delta t_1}$

$U_{\text{ind},1} = -120 \cdot \frac{0\,\text{V} \cdot \text{s}}{2\,\text{s}}$

$U_{\text{ind},1} = 0$

<u>Zeitabschnitt 2</u>

$\Delta t_2 = \frac{s_2}{v}$

$\Delta t_2 = \frac{0{,}03\,\text{m}}{0{,}02\,\frac{\text{m}}{\text{s}}}$

$\Delta t_2 = 1{,}5\,\text{s}$
$\Delta A = 9 \cdot 10^{-4}\,\text{m}^2$
Φ nimmt gleichmäßig zu.
$\Delta \Phi_2 = 1{,}5\,\text{T} \cdot 9 \cdot 10^{-4}\,\text{m}^2$
$\Delta \Phi_2 = 0{,}00135\,\text{V} \cdot \text{s}$

$U_{\text{ind},2} = -N \cdot \frac{\Delta \Phi_2}{\Delta t_2}$

$U_{\text{ind},2} = -120 \cdot \frac{0{,}00135\,\text{V} \cdot \text{s}}{1{,}5\,\text{s}}$

$U_{\text{ind},2} = -0{,}108\,\text{V}$

<u>Zeitabschnitt 3</u>

$\Delta t_3 = \frac{s_3}{v}$

$\Delta t_3 = \frac{0{,}13\,\text{m}}{0{,}02\,\frac{\text{m}}{\text{s}}}$

$\Delta t_3 = 6{,}5\,\text{s}$
$\Delta A = 0$
$\Phi = \text{konst.}$
$\Delta \Phi_3 = 0$

$U_{\text{ind},3} = -N \cdot \frac{\Delta \Phi_3}{\Delta t_3}$

$U_{\text{ind},3} = -120 \cdot \frac{0\,\text{V} \cdot \text{s}}{6{,}5\,\text{s}}$

$U_{\text{ind},3} = 0$

<u>Zeitabschnitt 4</u>

$\Delta t_4 = \frac{s_4}{v}$

$\Delta t_4 = \frac{0{,}03\,\text{m}}{0{,}02\,\frac{\text{m}}{\text{s}}}$

$\Delta t_4 = 1{,}5\,\text{s}$
$\Delta A = 9 \cdot 10^{-4}\,\text{m}^2$
Φ nimmt gleichmäßig ab.
$\Delta \Phi_4 = 1{,}5\,\text{T} \cdot (-9 \cdot 10^{-4}\,\text{m}^2)$
$\Delta \Phi_4 = 0{,}00135\,\text{V} \cdot \text{s}$

$U_{ind,4} = -N \cdot \frac{\Delta\Phi_4}{\Delta t_4}$

$U_{ind,4} = -120 \cdot \frac{-0{,}00135\,V \cdot s}{1{,}5\,s}$

$U_{ind,4} = 0{,}108\,V$

Zeitabschnitt 5

$\Delta t_5 = \frac{s_5}{v}$

$\Delta t_5 = \frac{0{,}01\,m}{0{,}02\,\frac{m}{s}}$

$\Delta t_5 = 0{,}5\,s$

$\Delta A = 0$

$\Delta\Phi_5 = 0$

$U_{ind,5} = -N \cdot \frac{\Delta\Phi_5}{\Delta t_5}$

$U_{ind,5} = -120 \cdot \frac{0\,V \cdot s}{2\,s}$

$U_{ind,5} = 0$

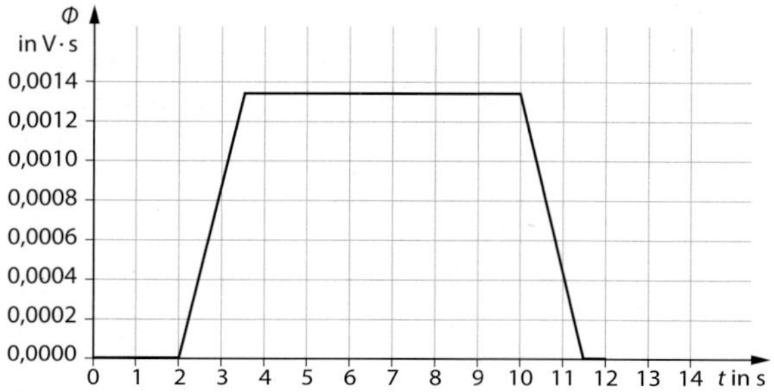

a)

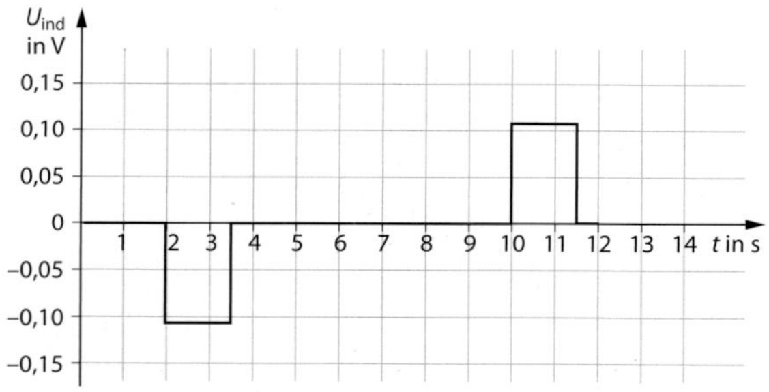

b)

b Solange sich der magnetische Fluss, der die Spule durchsetzt, ändert, wird eine Induktionsspannung erzeugt. Vergrößert/verkleinert sich der magnetische Fluss, so ist das Vorzeichen der Induktionsspannung negativ/positiv.

c Lösungen für $a = 2\,cm$ und $N = 180$:

Zeitabschnitt 1

$\Delta t_1 = \frac{s_1}{v}$

$\Delta t_1 = \frac{0{,}04\,m}{0{,}02\,\frac{m}{s}}$

$\Delta t_1 = 2\,s$

$\Delta A = 0$

$\Delta\Phi_1 = 0$

$U_{ind,1} = -N \cdot \frac{\Delta\Phi_1}{\Delta t_1}$

$U_{ind,1} = -180 \cdot \frac{0\,V \cdot s}{2\,s}$

$U_{ind,1} = 0$

Zeitabschnitt 2

$\Delta t_2 = \frac{s_2}{v}$

$\Delta t_2 = \frac{0{,}02\,m}{0{,}02\,\frac{m}{s}}$

$\Delta t_2 = 1\,s$

$\Delta A = 4 \cdot 10^{-4}\,m^2$

Φ nimmt gleichmäßig zu.

$\Delta\Phi_2 = 1{,}5\,T \cdot 4 \cdot 10^{-4}\,m^2$

$\Delta\Phi_2 = 0{,}0006\,V \cdot s$

$U_{ind,2} = -N \cdot \frac{\Delta\Phi_2}{\Delta t_2}$

$U_{ind,2} = -180 \cdot \frac{0{,}0006\,V \cdot s}{1\,s}$

$U_{ind,2} = -0{,}108\,V$

Zeitabschnitt 3

$\Delta t_3 = \frac{s_3}{v}$

$\Delta t_3 = \frac{0{,}14\,m}{0{,}02\,\frac{m}{s}}$

$\Delta t_3 = 7\,s$

$\Delta A = 0$

$\Phi = \text{konst.}$

$\Delta\Phi_3 = 0$

$U_{ind,3} = -N \cdot \frac{\Delta\Phi_3}{\Delta t_3}$

$U_{ind,3} = -180 \cdot \frac{0\,V \cdot s}{7\,s}$

$U_{ind,3} = 0$

Zeitabschnitt 4

$\Delta t_4 = \frac{s_4}{v}$

$\Delta t_4 = \frac{0{,}02\,m}{0{,}02\,\frac{m}{s}}$

$\Delta t_4 = 1\,s$

$\Delta A = 4 \cdot 10^{-4}\,m^2$

Φ nimmt gleichmäßig ab.

$\Delta\Phi_4 = 1{,}5\,T \cdot (-4 \cdot 10^{-4}\,m^2)$

$\Delta\Phi_4 = 0{,}0006\,V \cdot s$

$U_{ind,4} = -N \cdot \frac{\Delta\Phi_4}{\Delta t_4}$

$U_{ind,4} = -180 \cdot \frac{-0{,}0006\,V \cdot s}{1\,s}$

$U_{ind,4} = 0{,}108\,V$

<u>Zeitabschnitt 5</u>

$\Delta t_5 = \frac{s_5}{v}$

$\Delta t_5 = \frac{0{,}02\,\text{m}}{0{,}02\,\frac{\text{m}}{\text{s}}}$

$\Delta t_5 = 1\,\text{s}$

$\Delta A = 0$

$\Delta \Phi_5 = 0$

$U_{\text{ind},5} = -N \cdot \frac{\Delta \Phi_5}{\Delta t_5}$

$U_{\text{ind},5} = -180 \cdot \frac{0\,\text{V} \cdot \text{s}}{1\,\text{s}}$

$U_{\text{ind},5} = 0$

Die Beträge der Induktionsspannungen ändern sich im Vergleich zur Aufgabenteil a nicht.

Aufgabe 11

a $U_{\text{ind}} = -A \cdot \frac{\Delta B}{\Delta t}$

$U_{\text{ind}} = (0{,}3\,\text{m} \cdot 0{,}3\,\text{m}) \cdot \frac{0{,}8\,\frac{\text{V} \cdot \text{s}}{\text{m}^2}}{0{,}05\,\text{s}}$

$U_{\text{ind}} = 1{,}44\,\text{V}$

$I = \frac{U_{\text{ind}}}{R}$

$I = \frac{1{,}44\,\text{V}}{0{,}30\,\Omega}$

$I = \underline{\underline{4{,}8\,\text{A}}}$

b Die Kraft auf die vom Induktionsstrom durchflossene Leiterschleife ist entgegen der Bewegungsrichtung gerichtet, da nach dem Lenz'schen Gesetz der Induktionsstrom stets so gerichtet ist, dass er der Ursache seiner Entstehung entgegenwirkt, siehe Abbildung.

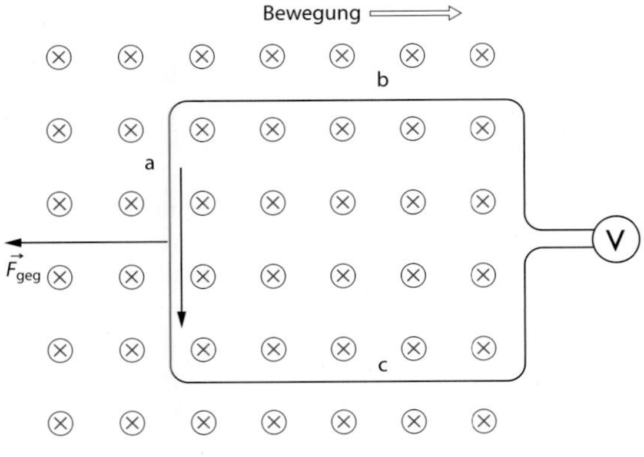

Während sich die Kräfte auf den Leiterabschnitten b und c aufheben, gilt für die Kraft auf den Leiterabschnitt a:

$F_{\text{geg}} = B \cdot l \cdot I$

$F_{\text{geg}} = 0{,}8\,\text{T} \cdot 0{,}3\,\text{m} \cdot 4{,}8\,\text{A}$

$F_{\text{geg}} = \underline{\underline{1{,}15\,\text{N}}}$

Aufgabe 12

a Da die Spule rotiert, ändert sich der magnetische Fluss, der sie durchsetzt. Dadurch wird eine Induktionsspannung erzeugt.
Bezeichnet A die vom Magnetfeld durchsetzte Fläche der Spule, dann ist zum Zeitpunkt t_1 der Ausdruck $\frac{dA}{dt}$ maximal. Wegen $U_{\text{ind}} = N \cdot B \cdot \frac{dA}{dt}$ ist damit auch der Betrag der Induktionsspannung U_{ind} maximal.
Nachdem sich die Spule um 90° weitergedreht hat, wird nun die gesamte Fläche der Spule vom Magnetfeld durchsetzt. Der Ausdruck $\frac{dA}{dt}$ ist in diesem Fall minimal und damit auch die Induktionsspannung.

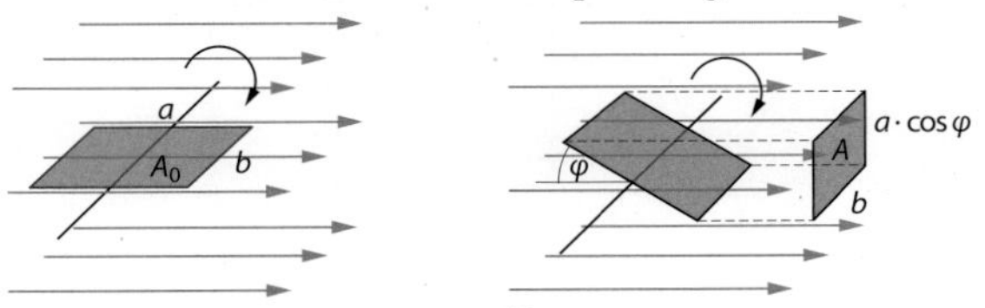

a) b)

Für die Fläche der Spule, die vom Magnetfeld durchsetzt ist, gilt $A = A_0 \cdot \cos\varphi$, wenn sich die Spule gegenüber dem Zeitpunkt t_1 um den Winkel φ weitergedreht hat, wobei $A_0 = a \cdot b$ ist.

$U_{\text{ind}} = -B \cdot N \cdot \frac{dA}{dt}$

$U_{\text{ind}} = -B \cdot N \cdot \frac{d(A_0 \cdot \cos\varphi)}{dt} \qquad \varphi = \omega \cdot t$

$U_{\text{ind}} = -B \cdot N \cdot \frac{dA_0 \cdot \cos(\omega \cdot t))}{dt}$

$U_{\text{ind}} = -B \cdot N \cdot A_0 \frac{d(\cos(\omega \cdot t))}{dt}$

$U_{\text{ind}} = B \cdot N \cdot A_0 \cdot \omega \cdot \sin\omega t$

b Die Polarität der Induktionsspannung kann mit der Lorentzkraft erklärt werden, die auf die Elektronen in der rotierenden Spule ausgeübt wird.
Beispielsweise bewegt sich der Leiterabschnitt b zwischen den Zeitpunkten t_0 und t_1 nach oben. Nach der Linke-Hand-Regel weist die Lorentzkraft auf die Elektronen in diesem Leiterabschnitt aus der Blattebene heraus, also in Richtung des Anschlusses B. Der gegenüberliegende Leiterabschnitt bewegt sich währenddessen nach unten. Die Lorentzkraft auf die dort befindlichen Elektronen weist in die Blattebene hinein: Die Elektronen in diesem Leiterabschnitt bewegen sich ebenfalls in Richtung des Anschlusses B. Folglich befindet sich dort der Minuspol in diesem Abschnitt der Bewegung.

c $U_{max} = B \cdot N \cdot A_0 \cdot \omega \quad \text{mit} \quad \omega = 2\pi \cdot t$

$U_{max} = 0{,}75\,\text{T} \cdot 100 \cdot 2 \cdot 0{,}03\,\text{m} \cdot 0{,}05) \cdot 2\pi \cdot 50\frac{1}{\text{s}} = \underline{\underline{71\,\text{V}}}$

d und e

$U(t) = 71\,\text{V} \cdot \sin(2\pi \cdot 50\frac{1}{\text{s}} \cdot (t \cdot 0{,}005\,\text{s}))$

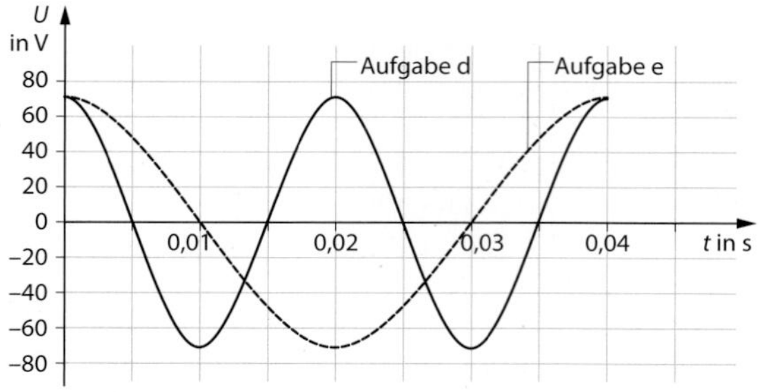

$U(t) = 71\,\text{V} \cdot \sin(2\pi \cdot 25\frac{1}{\text{s}} \cdot (t \cdot 0{,}04\,\text{s}))$

$\frac{1}{2} = 71\,\text{V} \cdot \sin(2\pi \cdot 50\frac{1}{\text{s}} \cdot t_2)$

$$t_2 = \frac{\arcsin\left(\frac{1}{2}\right)}{2\pi \cdot 50\frac{1}{\text{s}}} = \underline{\underline{0{,}00167\,\text{s}}}$$

Aufgabe 13

$U_{ind} = B \cdot l \cdot v$

$v = g \cdot t$

$U_{ind} = B \cdot l \cdot g \cdot t$

$U_{ind}\,(0{,}05\,\text{s}) = 0{,}3\,\text{T} \cdot 0{,}15\,\text{m} \cdot 9{,}81\,\frac{\text{m}}{\text{s}^2} \cdot 0{,}05\,\text{s}$

$U_{ind}\,(0{,}05\,\text{s}) = \underline{\underline{0{,}0221\,\text{V}}}$

t in s	U_{ind} in V
0,00	0,0000
0,05	0,0221
0,10	0,0441
0,15	0,0662
0,20	0,0883

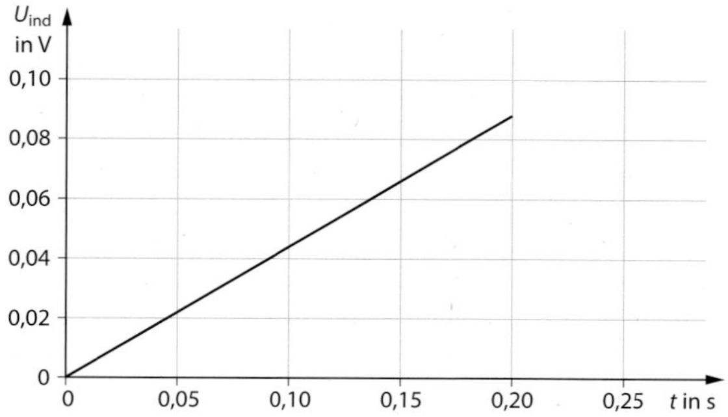

Aufgabe 14

a Die vom Erdmagnetfeld durchsetzte Fläche der rotierenden Leiterschleife ändert sich ständig. Hierdurch wird eine Induktionsspannung erzeugt, die vom Spannungsmesser angezeigt wird.

b

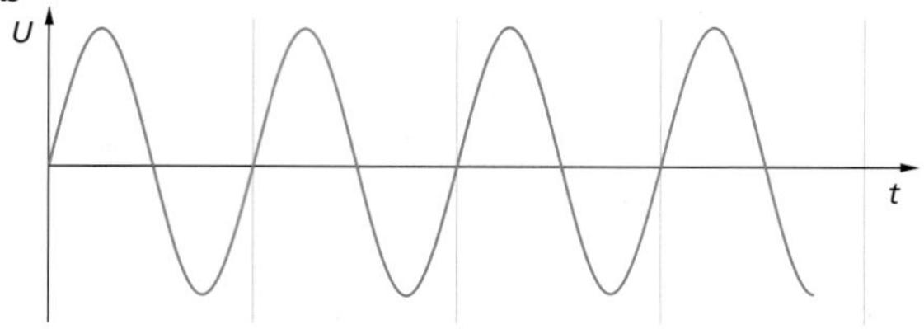

c Rotiert die durch das Kabel gebildete Leiterschleife mit der Kreisfrequenz ω im Magnetfeld der Stärke B_0, so ändert sich der magnetische Fluss mit $\Phi(t) = B_0 \cdot A \cdot \cos \omega t$, wobei A_0 die Fläche der Leiterschleife ist. Da sich der magnetische Fluss ändert, wird in der Leiterschleife eine Spannung induziert, die mithilfe der Gleichung

$U_{ind} = -B_0 A_0 \frac{\text{d}}{\text{d}t}(\cos \omega t)$

berechnet werden kann.

Durch Bilden der ersten Ableitung ergibt sich:
$U_{ind} = B_0 \cdot A_0 \cdot \sin \omega t.$

U_{max} erhält man, wenn der Ausdruck $\sin \omega t$ den Wert 1 annimmt.

Mit $\omega = \frac{2\pi}{t_0}$ ergibt sich:

$U_{max} = \frac{2\pi}{t_0} \cdot B_0 \cdot A_0$

d 100 Flächeneinheiten entsprechen $1\,\text{m}^2$.

$$U_{max} = \frac{0{,}19 \cdot 10^{-3}\,\frac{\text{V} \cdot \text{s}}{\text{m}^2} \cdot 2\pi \cdot 1\,\text{m}^2}{0{,}6\,\text{s}} = \underline{\underline{2{,}0\,\text{mV}}}$$

e Hinweise zur Lösung: Die Spannung lässt sich vorteilhaft mit einem Messinterface und einem PC erfassen, bei dem der zeitliche Verlauf der Spannung für einige Umdrehungen dargestellt wird. Hieraus sind die maximale Induktionsspannung und die Periodendauer leicht ablesbar. Die Fläche kann wie in Aufgabenteil **d** ermittelt werden. Genauere Werte ergeben sich, wenn die Lage des Kabels durch eine Funktion beschrieben wird und diese intergriert wird. Die zur Lösung der Aufgabe erforderliche Gleichung lautet:

$B_0 = \frac{U_{max} \cdot t_0}{2\pi \cdot A_0}.$

Aufgabe 15

Bei dem Bauelement, das mit der Glühlampe in Reihe geschaltet wurde, handelt es sich um einen Heißleiter. Durch die Eigenerwärmung des Heißleiters nach dem Einschalten verringerte dieser seinen elektrischen Widerstand. Dadurch erhöhte sich die Stromstärke im Stromkreis, die Lampe leuchtete heller. Die größere Stromstärke erhitzte den Heißleiter weiter, sodass der elektrische Widerstand des Heißleiters weiter abnahm. Schließlich „brannte" die Glühlampe als Folge der hohen Stromstärke durch.

Aufgabe 16

Der Dauermagnet benötigt deutlich länger als der Holzkörper. Der fallende Magnet ruft in dem Kupferrohr Wirbelströme hervor. Diese verursachen eine Magnetfeldstruktur, die nach dem Lenz'schen Gesetz der Ursache des Induktionsvorgangs, also dem Feld des fallenden Dauermagneten, entgegenwirkt. Dieses Gegenfeld bremst den fallenden Magneten ab.

Aufgabe 17

a Das Öffnen des Schalters bewirkt eine starke Änderung der Stromstärke in der Spule. Dadurch ändert sich das Magnetfeld. Die Folge davon ist ein Selbstinduktionsvorgang in der Spule.
Nach dem Lenz'schen Gesetz entsteht eine Induktionsspannung, die der Stromstärkeänderung – also der Ursache der Magnetfeldänderung – entgegenwirkt. Der Induktionsstrom fließt in die gleiche Richtung wie der Strom vor dem Öffnen. Er fließt durch R und die Leuchtdiode LED_2, die in Durchlassrichtung geschaltet ist und damit kurz aufleuchten kann. LED_1 ist in Sperrrichtung geschaltet.

b

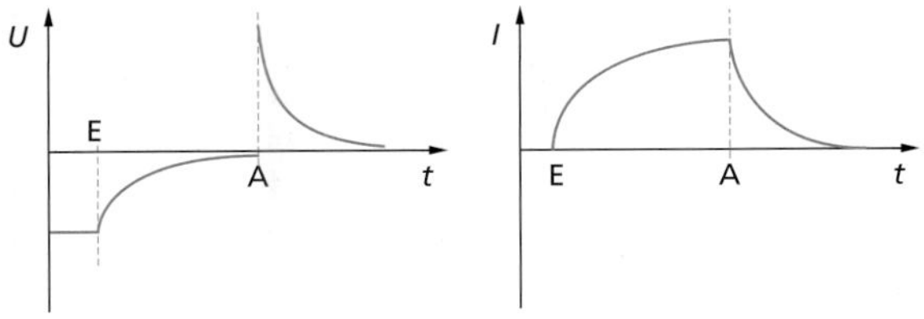

E – Einschalten
A – Ausschalten

c

t in s	*U* in V	*I* in mA	*P* in mW
0,00	31,8	87	2766,6
0,01	21,6	47	1015,2
0,02	12,5	18	225
0,03	8,3	11	91,3
0,04	5,9	6	35,4
0,05	4,3	4	17,2
0,06	2,9	3	8,7
0,07	2,7	2	5,4
0,08	2,1	2	4,2

d

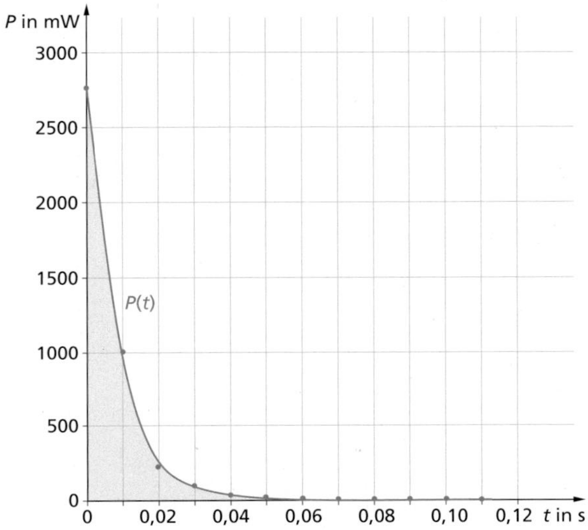

Die Fläche, die durch den Graphen $P(t)$ und die Koordinatenachsen begrenzt wird, entspricht der gesuchten Energie.

$A \approx 52$ Flächeneinheiten

$\Delta E = 52 \cdot 0{,}1\,\text{W} \cdot 0{,}005\,\text{s} = \underline{\underline{0{,}026\,\text{J}}}$

e Die Energie war im Magnetfeld der Spule gespeichert.

Aufgabe 18

a Wird die Spule von der Spannungsquelle getrennt, so entsteht an ihren Enden eine Selbstinduktionsspannung. Nimmt man an, dass ohne zeitliche Verzögerung umgeschaltet wird, bilden die Spule und der Motor einen Stromkreis. Die Selbstinduktionsspannung verursacht einen Strom, der den Motor in Rotation versetzt und den Körper der Masse m um die Strecke h nach oben hebt.
Die im Magnetfeld der Spule gespeicherte Energie wird in potenzielle Energie umgewandelt. Bei gegebener Höhe und Masse lässt sich die in der Spule gespeicherte Energie mithilfe der Gleichung $E_{mag} = E_{pot} = m \cdot g \cdot h$ berechnen.

Folgende Einflussfaktoren werden vernachlässigt:
- Wärmeabgabe an die Umgebung durch die stromdurchflossenen Leiter (Spule, Kabel, Motor)
- Reibung
- Masse des Fadens
- Rotationsenergie der sich drehenden Teile des Motors

b $E_{mag} = E_{pot}$

$m \cdot g \cdot h = \frac{1}{2} L \cdot I^2$

$L = \frac{2 \cdot m \cdot g \cdot h}{I^2}$

$L = \frac{2 \cdot 0{,}1\,\text{kg} \cdot 9{,}81\,\frac{\text{m}}{\text{s}^2} \cdot 0{,}3\,\text{m}}{(0{,}8\,\text{A})^2}$

$L = \underline{\underline{0{,}92\,\text{H}}}$

c Die im Aufgabenteil a genannten Einflussfaktoren bewirken, dass ein Teil der in der Spule gespeicherten Energie in andere Energieformen Ea umgewandelt wird. Die Energiebilanz verändert sich demnach in
$E_{mag} = E_{pot} + E_a$.

Es gilt:

$m \cdot g \cdot h + E_a = \frac{1}{2} L \cdot I^2$

$L = \frac{2(m \cdot g \cdot h + E_a)}{I^2}$

Die Induktivität L wäre also größer als in dem in Aufgabenteil b betrachteten Fall.

Aufgabe 19

a $X_C = X = \frac{1}{2\pi \cdot f \cdot C} = \frac{1}{2\pi \cdot 200\,\frac{1}{\text{s}} \cdot 50 \cdot 10^{-6}\,\frac{\text{A} \cdot \text{s}}{\text{V}}} = \underline{\underline{15{,}9\,\Omega}}$

b $Z = \frac{1}{\sqrt{\frac{1}{R^2} + \frac{1}{X}}} = \frac{1}{\sqrt{\frac{1}{(5\,\Omega)^2} + \frac{1}{(15{,}9\,\Omega)^2}}} = \underline{\underline{4{,}8\,\Omega}}$

c $I_{eff} = \frac{U}{Z} = \frac{10\,\text{V}}{4{,}8\,\Omega} = \underline{\underline{2{,}1\,\text{A}}}$

$I_{R,eff} = \frac{U}{R} = \frac{10\,\text{V}}{5\,\Omega} = \underline{\underline{2{,}0\,\text{A}}}$

$I_{C,eff} = \frac{U}{X_C} = \frac{10\,\text{V}}{15{,}9\,\Omega} = \underline{\underline{0{,}63\,\text{A}}}$

d $\tan \varphi = R \cdot \frac{1}{X} = \frac{5\,\Omega}{15{,}9\,\Omega} = 0{,}314$

$\varphi = \arctan(0{,}314) = \underline{\underline{17{,}5\,°}}$

e $P_S = U \cdot I = 10\,\text{V} \cdot 2{,}1\,\text{A} = \underline{\underline{21\,\text{W}}}$

Aufgabe 20

a Der Widerstand und der Kondensator sind in Reihe geschaltet und bilden einen Spannungsteiler, an dem die Eingangsspannung U_E anliegt. Die Teilspannung am Kondensator wird als Ausgangsspannung U_A abgegriffen. Während der Widerstand R frequenzunabhängig ist, nimmt der kapazitive Widerstand mit zunehmender Frequenz ab. Folglich hängt die Größe der Ausgangsspannung U_A von der Frequenz des Signals ab.

b $\frac{U_A}{U_E} = \frac{1}{\sqrt{1 + (2\pi \cdot f \cdot R \cdot C)^2}}$

f in Hz	U_A/U_E
40	0,993
100	0,959
250	0,805
500	0,561
750	0,412
1000	0,321
1250	0,261
1500	0,220
1750	0,190
2000	0,167

c

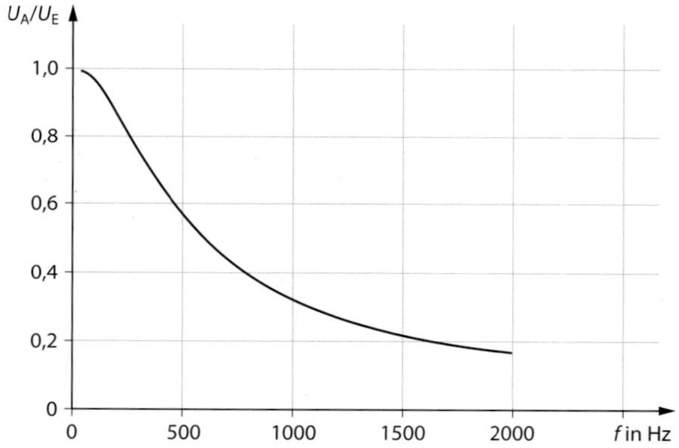

d Bei der Schaltung handelt es sich um einen Tiefpass. Signale mit niedriger Frequenz gelangen durch den Tiefpass zum Lautsprecher. Je größer die Frequenz, desto kleiner ist die Ausgangsspannung U_A.

e Für den Spannungsteiler gilt.

$\frac{U_A}{U_E} = \frac{X_C}{Z}$

$\frac{U_A}{U_E} = \frac{X_C}{\sqrt{R^2 + X_C^2}}$

$\frac{U_A}{U_E} = \frac{1}{\sqrt{\frac{R^2}{X_C^2} + 1}}$

$\frac{U_A}{U_E} = \frac{1}{\sqrt{1 + (2\pi \cdot f \cdot R \cdot C)^2}}$

Aufgabe 21

a

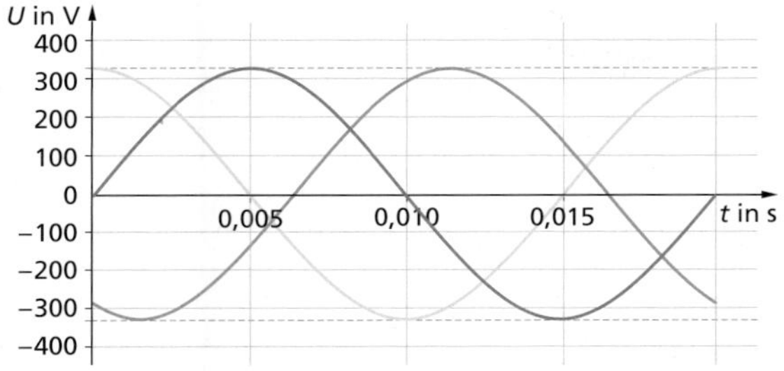

b In Haushaltsnetzen kann durch eine Drehstromschaltung die Leistung auf mehrere Leitungen verteilt werden. Es stehen außerdem unterschiedliche Spannungen zur Verfügung.

c Im Stromstärkemessgerät überlagern sich drei verschiedene, zueinander um φ phasenverstobene Ströme. Addiert man deren Stromstärken

$$I_1(t) = I_0 \cdot \sin(\omega t - 0),$$

$$I_2(t) = I_0 \cdot \sin(\omega t - \varphi) \quad \text{und}$$

$$I_3(t) = I_0 \cdot \sin(\omega t - 2\varphi),$$

so erhält man:

$$\begin{aligned} I_{ges}(t) &= I_1(t) + I_2(t) + I_3(t) \\ &= I_0 \cdot (\sin(\omega t) + \sin(\omega t - \varphi) + \sin(\omega t - 2\varphi)) \end{aligned}$$

Mithilfe eines Additiontheorems lässt sich dies umschreiben in:

$$I_{ges}(t) = I_0 \cdot (\sin\omega t + \sin\omega t \cdot \cos\varphi - \cos\omega t \cdot \sin\varphi + \sin\omega t \cdot \cos 2\varphi - \cos\omega t \cdot \sin 2\varphi).$$

Setzt man nun den konkreten Wert für die Phasenverschiebung von $\varphi = 120°$ ein, so ergibt sich:

$$I_{ges}(t) = I_0 \cdot (\sin\omega t + \sin\omega t \cdot \cos 120° - \cos\omega t \cdot \sin 120° + \sin\omega t \cdot \cos 240° - \cos\omega t \cdot \sin 240°).$$

$$I_{ges}(t) = I_0 \cdot (\sin\omega t + \sin\omega t \cdot (-0{,}5) - \cos\omega t \cdot 0{,}866 + \sin\omega t \cdot (-0{,}5) - \cos\omega t \cdot (-0{,}866) = 0.$$

Die Stromstärke ist also unabhängig vom Zeitpunkt t immer null.

Aufgabe 22

a Das Aufladen des Akkus erfolgt über eine induktive Kopplung. Hierzu wird in der Ladestation mithilfe einer Erregerspule ein magnetisches Wechselfeld erzeugt. Befindet sich das Mobilteil in der Ladestation, so wird in einer Induktionsspule, die sich im Mobilteil befindet, durch das magnetische Wechselfeld der Ladestation eine Spannung induziert.
Mithilfe von Halbleiterdioden wird die so erzeugte Wechselspannung gleichgerichtet. Mit dieser Gleichspannung kann der Akku des Mobilteils aufgeladen werden.
Die Energieübertragung ist vergleichbar mit der in einem Transformator, wobei sich bei der elektrischen Zahnbürste die Primärspule in der Ladestation und die Sekundärspule im Mobilteil befindet.

b Bei elektrischen Zahnbürsten werden verschiedene Bauarten unterschieden.
Beispiele für Recherche-Ergebnisse:
- In herkömmlichen elektrischen Zahnbürsten wird durch einen Elektromotor der Bürstenkopf in Schwingungen versetzt.
- Bei Schallzahnbürsten werden die Schwingungen mithilfe von Schallerzeugern (Piezo-Elementen) auf den Bürstenkopf übertragen. Der Bürstenkopf bewegt sich dabei mit einer Frequenz von über 500 Hz auf und ab. Das entspricht etwa dem Zehnfachen der Frequenz einer herkömmlichen elektrischen Zahnbürste.
- Bei Ultraschallzahnbürsten werden Schwingungen mit Frequenzen von 1,6 MHz erzeugt.
- Zahlreiche Elektrohersteller und IT-Unternehmen haben sich auf einen Standard geeinigt (WPC – Wireless Power Consortium), bei dem verschiedene Geräte, z. B. elektrische Zahnbürsten, Taschenlampen, Elektrowerkzeuge, Hörgeräte u. a. mit einem universellen Ladegerät aufgeladen werden können. Die Ladegeräte übertragen eine Leistung bis zu 5 W, der Wirkungsgrad beträgt bis zu 70 %.

c In unmittelbare Nähe der Ladestation wird eine Spule gelegt, deren Enden mit einem Wechselspannungsmessgerät (oder einem Oszilloskop) verbunden werden. Wenn die Ladestation funktioniert, lässt sich eine Wechselspannung nachweisen.

Aufgabe 23

$$I = \frac{P_L}{U_L} = \frac{3\,W}{14\,V} = 0{,}214\,A$$

$$Z^2 = R_L^2 + X_C^2,$$

wobei gilt: $Z = \frac{U}{I}$ $\qquad R_L = \frac{U_L}{I}.$

$$X_C = \frac{1}{2\pi \cdot f \cdot C}$$

$$\left(\frac{U}{I}\right)^2 = \left(\frac{U_L}{I}\right)^2 + \left(\frac{1}{2\pi \cdot f \cdot C}\right)^2$$

$$C = \frac{1}{2\pi \cdot f \cdot \sqrt{\left(\frac{U}{I}\right)^2 - \left(\frac{U_L}{I}\right)^2}}$$

$$C = \frac{1}{2\pi \cdot 50\,s^{-1} \cdot \sqrt{\left(\frac{230\,V}{0{,}214\,A}\right)^2 - \left(\frac{14\,V}{0{,}214\,A}\right)^2}}$$

$$C = \underline{\underline{2{,}97\,\mu F}}$$

8.1 Phänomen Schwingung

Aufgabe 1

a Die Amplitude ist hier der maximale Winkel (gemessen in Grad) oder die maximale Auslenkung (gemessen in m).

$T = \frac{12\,\text{s}}{4} = \underline{\underline{3\,\text{s}}}$

$f = 1/T = \underline{\underline{1/3\,\text{Hz}}}$

b Die Amplitude ist die maximale Auslenkung der Stimmlippen aus der Ruhelage.

$f \leq \underline{\underline{20\,\text{Hz}}}$
$T = 1/f \geq \underline{\underline{0{,}05\,\text{s}}}$

Aufgabe 2

200 Schwingungen auf einen Meter entsprechen einer Schwingung auf einem halben cm.

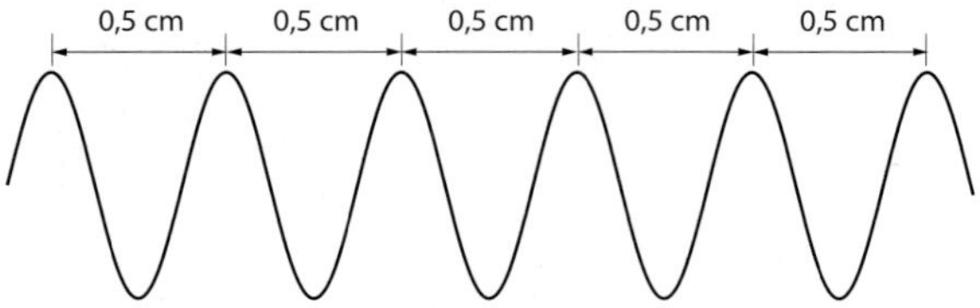

Aufgabe 3

$U(t) = 325\,\text{V} \cdot \cos(2\pi \cdot 50\,\text{Hz} \cdot t)$
Alternativ ist die Verwendung der Sinus- statt der Kosinusfunktion möglich.

Aufgabe 4

Hier sind drei Größen aufeinander abzustimmen: Die Frequenz, die Amplitude und der Phasenwinkel. Die Frequenz ist durch die Eigenschaften des Federpendels festgelegt; daher wird die Rotationsfrequenz am Motor entsprechend nachgeregelt. Die richtige Amplitude und der richtige Phasenwinkel werden durch geschicktes Loslassen des Pendels im richtigen Moment mit der richtigen Auslenkung erreicht. Der Phasenwinkel lässt sich auch über kurzzeitiges Abbremsen bzw. Beschleunigen des Motors nachregulieren.

8.2 Mechanische harmonische Schwingung

Aufgabe 1

a Die Funktionen Sinus und Kosinus haben bis auf die Phasenverschiebung von 90° identische Verläufe. Beide Funktionen beschreiben die Projektion einer gleichförmigen Kreisbewegung, beide sind Lösungen der Differenzialgleichung
$\ddot{y}(t) = -k \cdot y(t)$

b Der beiden Darstellungsformen beschreiben Schwingungen mit unterschiedlichen Startpunkten: Bei $t = 0$ befindet sich die durch die Sinusfunktion beschriebene Schwingung in der Gleichgewichtslage, die durch die Kosinusfunktion beschriebene in der Position der maximalen Auslenkung.

Aufgabe 2

a $T = 2\pi \cdot \sqrt{\frac{R}{g}}$

$T = 5058\,\text{s}$

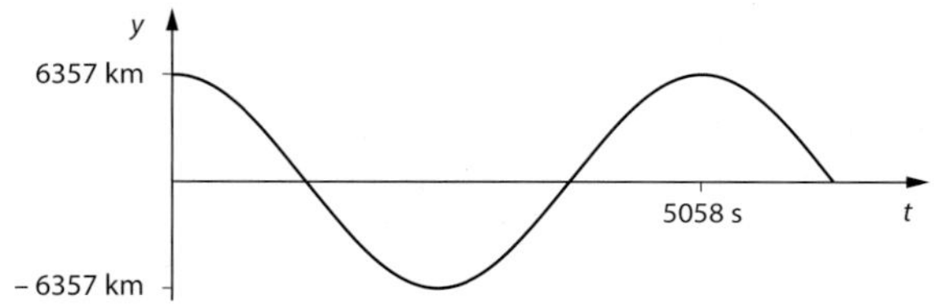

a)

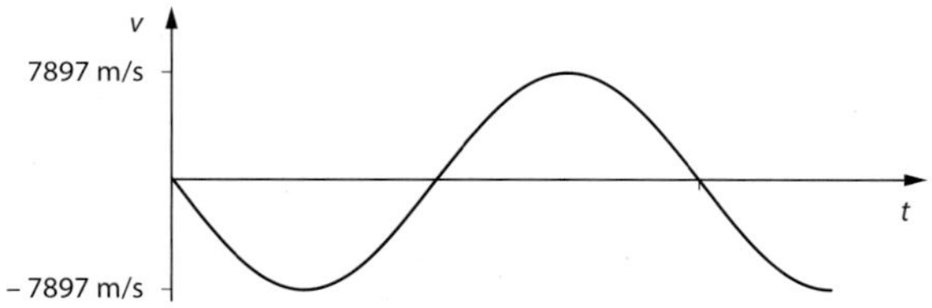

b)

b $v(t) = R \cdot \omega \cdot \sin(\omega \cdot t)$
$v(t) = -\sqrt{R \cdot g}$
$= -7897 \cdot \sin(\omega \cdot t)$
$a(t) = -R \cdot \omega^2 \cdot \cos(\omega \cdot t) = -g \cdot \cos(\omega \cdot t)$

Der Stein wird an der Erdoberfläche losgelassen und beschleunigt zunächst mit g nach unten. Die Beschleunigung nimmt jedoch bis zum Erdmittelpunkt immer weiter ab. Nachdem der Stein im Erdmittelpunkt seine höchste Geschwindigkeit erreicht hat, wird er zunehmend abgebremst, bis er auf der anderen Seite der Erdkugel seine Richtung umkehrt und wieder zurückpendelt.

c $\ddot{s}(t) = -a(t)$

$\Rightarrow R \cdot \omega^2 = a_{max} = g$

$\Rightarrow \omega = \sqrt{\frac{g}{R}}$

d

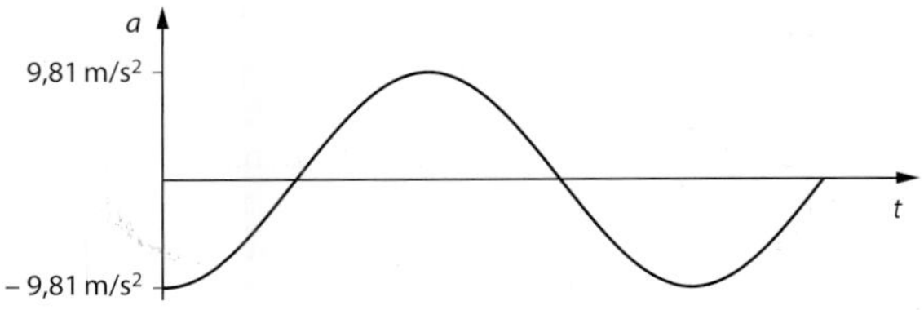

8.3 Eigenfrequenzen von Feder- und Fadenpendel

Aufgabe 1

Für die Eigenfrequenz gilt:

$f_0 = \frac{1}{T} = \frac{1}{2\pi}\sqrt{\frac{D}{m}}.$

Die Eigenfrequenz f ist direkt proportional zur Wurzel der Federkonstante. Durch eine größere Federkonstante wird auch die Frequenz größer. Je härter die Feder ist, umso größer ist bei einer bestimmten Auslenkung die Beschleunigung in Richtung der Gleichgewichtslage. Dadurch wird auch die Frequenz größer.
Die Eigenfrequenz ist umgekehrt proportional zur Wurzel der Masse. Eine Zunahme der Masse, also der Trägheit, bewirkt bei einer bestimmten Einwirkung durch die Feder eine Abnahme der Beschleunigung zur Gleichgewichtslage.

Aufgabe 2

$f_0 = \frac{1}{2\pi} \cdot \sqrt{\frac{D}{m}}$

Mit $D = 50\,\text{N/m}$ und $m = 0{,}5\,\text{kg}$ ergibt sich:
$f_0 = \underline{\underline{1{,}59\,\text{Hz}}}.$

Auf dem Mond ist die Eigenfrequenz dieselbe: Die Fallbeschleunigung geht nicht in die Gleichung ein. Lediglich die Ruhelage, um die der Körper schwingt, ist dort eine andere, da die Feder in Ruhe weniger stark ausgelenkt ist.

Aufgabe 3

Offene Aufgabenstellung bei der die Massen für Auto und Personen geschätzt werden sollen. Beispiel:
$m_{\text{Auto}} = 1500\,\text{kg}$, $m_{\text{Person}} = 75\,\text{kg}$

Die vier Federn des Autos werden als eine Feder mit der Federkonstante D betrachtet.

$$D = \frac{4 \cdot 75\,\text{kg} \cdot 9{,}81\ \text{m}}{\text{s}^2/0{,}05\,\text{m}} \approx 60000\,\text{N/m}$$

Damit ist die Frequenz des Federpendels

$$f = \frac{1}{2\pi} \cdot \sqrt{\frac{D}{m_{\text{Auto}}}} \approx 1\,\text{Hz}$$

Aufgabe 4

a Man wählt ein Fadenpendel der Länge l, das möglichst reibungslos schwingen kann. Mithilfe einer Stoppuhr kann nun die Periodendauer T gemessen werden. Es gilt:

$T = 2\pi\sqrt{\frac{l}{g}}$

$g = l\,\frac{4\pi^2}{T^2}$

b Die Länge des Pendels lässt sich in der Regel recht genau bestimmen.
Um Fehler in der Zeitmessung klein zu halten, bietet es sich an, die Zeit für mehrere Schwingungen zu messen und daraus die Schwingungsdauer zu bestimmen.
Die Reibung führt zu einer Dämpfung und damit zu Messwerten für die Fallbeschleunigung g die stets geringfügig kleiner sind als der tatsächliche Wert. Mit einem Fadenpendel, das eine kompakte Kugel besitzt lassen sich jedoch ziemlich genaue Messungen durchführen. Zu beachten ist allerdings, dass die Auslenkungswinkel möglichst klein bleiben sollten, um anharmonische Effekte auszuschließen.

Aufgabe 5

Nach Gl. (4) in 8.3 ist die rücktreibende Kraft beim Fadenpendel $F = m \cdot g \cdot \sin\alpha$. Der Term $\sin\alpha$ ist gleich dem Quotienten aus der horizontalen Auslenkung x und der Fadenlänge l. Für kleine Winkel α ist x ungefähr gleich dem Bogen y, um den der Körper ausgelenkt ist. Dann gilt also $F \sim y$. Für größere Auslenkungswinkel nimmt die Rückstellkraft jedoch nicht mehr proportional zu y zu, sondern die Zunahme der Kraft wird immer geringer. In der Umgebung von $\alpha = 90°$ ist F sogar nahezu unabhängig von y.
Ein Fadenpendel mit großer Auslenkung verhält sich also wie ein Federpendel, dessen Feder mit zunehmender Ausdehnung weicher wird: Die Eigenfrequenz nimmt ab und der Schwingungsverlauf weicht mehr und mehr von einer Sinusfunktion ab.
Es ergibt sich daher qualitativ der folgende Schwingungsverlauf:

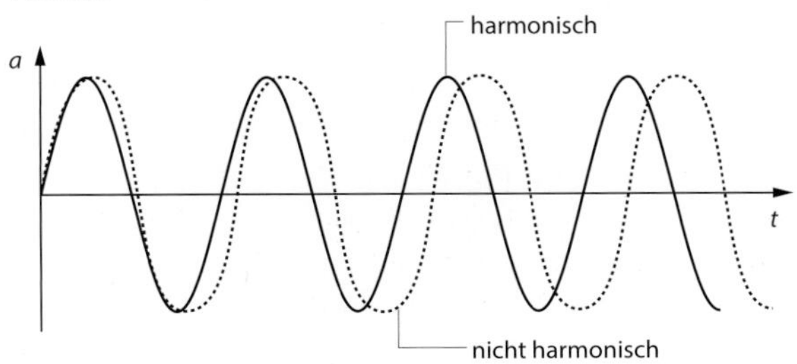

Aufgabe 6

a $T = 2\pi \cdot \sqrt{\frac{1\,\text{m}}{9{,}81\,\text{m/s}^2}} = 2{,}065\,\text{s}$

$\Rightarrow \frac{T}{2} \approx \underline{\underline{1\,\text{s}}}$

b $2\,\text{s} = 2\pi \cdot \sqrt{\frac{1\,\text{m}}{g}}$

$\Rightarrow g = \underline{\underline{\pi^2 \frac{\text{m}}{\text{s}^2}}}$

8.4 Energie schwingender Körper

Aufgabe 1

Gegeben ist:
$m = 3\,\text{kg}$
$T = 2\,\text{s}$
$y_{max} = 4\,\text{cm}$

Der Federschwinger wird zur Zeit $t = 0$ losgelassen. Daher ist zur Beschreibung der Schwingung eine Kosinusfunktion geeignet.

a $T = 2\pi\sqrt{\frac{m}{D}}$

$D = \frac{4\pi^2 m}{T^2} = 29{,}6\,\frac{\text{N}}{\text{m}}$

Für die potenzielle Energie gilt hier:

$E_{pot}(t) = \frac{1}{2} D \cdot y^2(t)$

Zum Zeitpunkt $t = 0$ befindet sich der Körper in einem der Umkehrpunkte, besitzt also nur potenzielle Energie.

$E_{ges} = E_{pot}(t = 0) = \frac{1}{2} D \cdot y_{max}^2 = \underline{\underline{0{,}0237\,\text{J}}}$

b Für die potenzielle Energie zum Zeitpunkt $t = \frac{T}{6}$ ergibt sich:

$$E_{pot}\left(t = \frac{T}{6}\right) = \frac{1}{2} D \cdot y_{max}^2 \cos^2\left(\frac{2\pi}{T} \cdot \frac{T}{6}\right)$$
$$= E_{ges} \cos^2\left(\frac{\pi}{3}\right) = \underline{\underline{5{,}29 \cdot 10^{-3}\,\text{J}}}$$

Die kinetische Energie kann man nun über den Energieerhaltungssatz berechnen:

$E_{ges} = E_{pot} + E_{kin}$

oder mit der Gleichung:

$E_{kin}(t) = \frac{1}{2} D \cdot y_{max}^2 \sin^2(\omega t) = E_{ges} \sin^2\left(\frac{\pi}{3}\right) = \underline{\underline{0{,}0178\,\text{J}}}$

Aufgabe 2

Beim reibungsfreien Fadenpendel wechselt die Energie periodisch zwischen Bewegungsenergie und potenzieller Energie. Dabei ist die Bewegungsenergie am untersten Punkt der Bahn am größten, die potenzielle Energie am obersten Punkt. Die Gesamtenergie, also die Summe aus beiden, bleibt beim reibungsfreien Pendel erhalten; beim realen Pendel nimmt sie mit der Zeit wegen der Reibung bzw. Luftreibung ab.

Aufgabe 3

a Die Frequenz der dargestellten Schwingungen nimmt mit der Amplitude ab, da die rücktreibende Kraft jeweils konstant ist. Bei größeren Auslenkungen ergeben sich dadurch längere Zeiten für die Rückkehr in die Gleichgewichtslage.

b Auf die Kugel wird eine konstante rücktreibende Kraft ausgeübt. Daher bewegt sich die Kugel mit einer konstanten Beschleunigung. Man kann also die Zeit, die Bewegung von der Maximalauslenkung s_0 in die Gleichgewichtslage mit dem Weg-Zeit-Ansatz

$s(t) = s_0 + \frac{a}{2} \cdot t^2$ beschreiben.

Statt eines sinusförmigen Schwingungsverlaufs ergeben sich also Parabeläste im t-s-Diagramm.

c Beispiele sind Federpendel, die an Federn bzw. Gummibändern mit nichtlinearem Kraftgesetz aufgehängt sind. Nimmt beispielsweise die Federkonstante mit größer werdender Auslenkung y ab, wird also die Feder bei Dehnung weicher, so erfolgt in der Nähe der Umkehrpunkte eine im Vergleich zur harmonischen Schwingung geringere Beschleunigung. Je größer dann die Amplitude y_{max} gewählt wird, umso größer wird die Schwingungsdauer. Die Eigenfrequenz nimmt also ab. Das Umgekehrte gilt für Schwingungen an einer mit zunehmender Auslenkung härter werdender Feder: Die Eigenfrequenz nimmt mit bei größer werdender Amplitude y_{max} zu.

8.5 Gedämpfte Schwingung

Aufgabe 1

a Gegeben ist:
$l = 15\,\text{m}$
$m = 660\,\text{t}$
$y_{max} = 1{,}5\,\text{m}$.

Für die Eigenfrequenz gilt:

$T = 2\pi\sqrt{\frac{l}{g}}$

$f = \frac{1}{T} = \frac{1}{2\pi}\sqrt{\frac{g}{l}} = 0{,}1287\,\text{s}^{-1}$

Die Schwingungsenergie ergibt sich aus $E_{pot} = m \cdot g \cdot h$.

Dabei ist h die Höhe, die das Pendel in seinem Umkehrpunkt gegenüber der Gleichgewichtslage besitzt.

$h = l - \Delta l$

$l^2 = \Delta l^2 + y_{max}^2$

Mit den gegebenen Größen folgt:

$\Delta l = \sqrt{l^2 - y_{max}^2} = 14{,}925\,\text{m}$

$h = l - \Delta l = 0{,}075\,\text{m}$

$E_{pot} = m \cdot g \cdot h = \underline{486{,}8\,\text{kJ}}$

b Individuelle Schülerleistung. In aktiven Dämpfungssystemen wird die Schwingung von einem Sensor registriert. Ihr wird sofort, beispielsweise durch Massenverlagerung oder angreifende Kräfte, entgegengewirkt.

Aufgabe 2

a

Nr.	1	2	3	4	5	6	7
y_A in cm	120	96	77	66	49	39	31

$y_n \approx 0{,}8 \cdot y_{n-1}$

Nr.	1	2	3	4	5	6	7
y_B in cm	121	102	83	65	45	27	9

$y_n \approx y_{n-1} - 19$

b Im ersten Fall nimmt die Amplitude y_A ungefähr exponentiell ab. Dies ist der Fall, wenn die Reibung mit wachsender Geschwindigkeit linear zunimmt, also z. B. bei Reibung in Gasen oder Flüssigkeiten.

Im zweiten Fall nimmt die Amplitude y_B etwa linear ab. Es handelt sich dann um eine konstante, geschwindigkeitsunabhängige Reibung, z. B. Gleit- oder Rollreibung.

Aufgabe 3

a Es gilt:

$$T = 2\pi\sqrt{\frac{m}{D}} = 2\pi\sqrt{\frac{2\,\text{kg}}{400\,\text{N/m}}} = \underline{0{,}44\,\text{s}}$$

$$E_{ges} = \frac{1}{2} D \cdot y_{max}^2 = \underline{0{,}18\,\text{J}}$$

b Die Energie soll während jeder Periode um 1 % abnehmen. (Es handelt sich also um eine Dämpfung durch eine zur Geschwindigkeit proportionalen Kraft.) Für die Energie zweier aufeinanderfolgender Schwingungszyklen gilt:

$$E_2 = \frac{99}{100} \cdot E_1$$

$$\frac{1}{2} D \cdot y_{max,2}^2 = \frac{99}{100} \cdot \frac{1}{2} D \cdot y_{max,1}^2$$

$$\frac{y_{max,2}}{y_{max,1}} = \frac{\sqrt{99}}{10}$$

Die exponentielle Abnahme der Amplituden wird beschrieben durch:

$$\frac{y_{max,2}}{y_{max,1}} = e^{-\frac{b}{2m}T}$$

$$b = -2\frac{\ln\left(\frac{y_{max,2}}{y_{max,1}}\right)}{T} m = \underline{\underline{0{,}046\,\frac{\text{kg}}{\text{s}}}}$$

Nach der Zeit $2\,T$, also nach zwei Perioden, beträgt die Energie $0{,}99^2$ des Ausgangswerts.

Die Differenz beträgt demnach:

$\Delta E = E_0 - 0{,}99^2\,E_0 = \underline{0{,}0036\,\text{J}}$.

8.6 Resonanz

Aufgabe 1

a Beim Gleichschritt kommt es zu einer Anregung mit einer festen Frequenz. Liegt diese in der Nähe einer Resonanzfrequenz eines Brückenteils, so kann es zu einer Resonanzkatastrophe kommen. Außerdem ist es möglich, dass die Menschen durch eine Rückkopplung unwillkürlich ihre Anpassung der Schrittfrequenz an die Resonanzfrequenz anpassen.

b Individuelle Recherche

Aufgabe 2

Der Resonanzboden einer Gitarre oder Geige soll gerade nicht die Schwingungen mit speziellen Frequenzen, sondern vielmehr Schwingungen in einem möglichst großen Frequenzbereich gleichmäßig verstärken. (Verstärken bedeutet hier: an die Luft übertragen.) Insofern kann die übliche Begriffsbildung zu Missverständnissen führen.

Aufgabe 3

Fahrzeuge geraten je nach Geschwindigkeit, Motordrehzahl und Fahrbahneigenschaften in Schwingungen unterschiedlicher Frequenzen. Einzelne Fahrzeugteile dürfen dabei nicht zu stark in Schwingungen geraten, damit sie bzw. ihre Aufhängungen nicht beschädigt bzw. zerstört werden.

In vielen Fällen lässt sich das Problem durch gute Befestigungen lösen. Die Räder des Fahrwerks dagegen müssen in einem gewissen Maß schwingen können. Hier verhindern Stoßdämpfer eine Ausbildung zu großer Amplituden.

Aufgabe 4

Auch wenn das Pendel B bereits stärker schwingt als Pendel A, eilt das Pendel A ihm noch voraus: Es beschleunigt weiterhin die Bewegung von Pendel B. Erst wenn Pendel A (fast) zur Ruhe gekommen ist, kehren sich die Verhältnisse um: Dann eilt das Pendel B dem Pendel A voraus.

8.7 Erzwungene Schwingung

Aufgabe 1

Um effektiv Schwung zu geben, sollte die Energie $\Delta E = F \Delta s$ phasenrichtig zugeführt werden. Die beschleunigende Kraft sollte also stets in Bewegungsrichtung weisen. Um über eine lange Strecke Δs beschleunigen zu können, steht man am besten seitlich neben der Schaukel. Eine größere Kraft F lässt sich jedoch in der Regel aufbringen, wenn man hinter der Schaukel steht und das Kind beim Schwingen nach vorn beschleunigt.

Aufgabe 2

Jedes Geräusch in der Nähe des Mikrofons wird verstärkt durch den Lautsprecher wiedergegeben. Ist das Mikrofon nahe am Lautsprecher, bildet sich eine Rückkopplungsschleife, denn das verstärkte Geräusch wird wieder vom Mikrofon aufgenommen und erneut verstärkt. Das geht so lange, bis Mikrofon, Verstärker oder Lautsprecher an ihre Grenzen gelangen. Man hört dann das bekannte laute Quietschen.

Aufgabe 3

Zunächst haftet die Saite am Bogen; dabei spannt sich die Saite zunehmend. Dann verliert sie plötzlich die Haftung und bewegt sich frei zurück. Sie schnellt über die Ruhelage hinaus, erreicht ihre größte Auslenkung und bewegt sich anschließend wieder in dieselbe Richtung wie der Bogen und wird von diesem wieder mitgeführt.

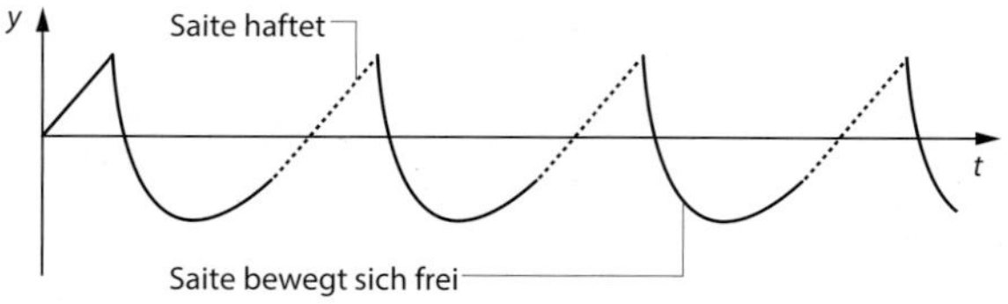

Aufgabe 4

a Bei sehr kleiner Anregungsfrequenz bewegt sich der Erreger nur sehr langsam. Der Oszillator kann ihm ohne Phasenverzögerung folgen. Zwei gekoppelte Pendel wie in Exp. 3 (Kap. 8.6) sind in diesem Fall immer auf fast gleicher Höhe.

b Resonanz bedeutet, dass die Energieübertragung vom Erreger auf den Oszillator maximal ist. Bei einer Phasenverschiebung von $\pi/2$ eilt der Erreger dem Oszillator um eine Viertel Periode voraus. Im Fall zweier Doppelpendel wie in Exp. 3 (Kap. 8.6) beschleunigt das Pendel A dann das Pendel B von seinem Nulldurchgang bis zu seinem Umkehrpunkt in dessen Bewegungsrichtung. Auch danach beschleunigt es das Pendel noch eine Achtel Periode, bis die beiden einander „begegnen". Nur die letzte Achtel Periode bremst Pendel A die Bewegung von Pendel B. Bei jeder anderen Phasenverschiebung kommt es zu längeren Perioden, in denen Pendel A die Bewegung von Pendel B bremst.

Aufgabe 5

Individuelle Recherche

8.8 Überlagerung harmonischer Schwingungen

Aufgabe 1

Individuelle Lösungen (vgl. auch Kap. 9.8)

a Die Spektren sehen ähnlich aus, unterscheiden sich jedoch in der Grundfrequenz um den Faktor 2.

b, c Bei gleicher Grundfrequenz zeigen die Obertöne unterschiedliche Intensität.

Aufgabe 2

Die Graphen entsprechen der Abb. 5d. Die Anzahl der lokalen Maxima und Minima pro Periode nimmt immer mehr zu.

Aufgabe 3

Individuelle Lösung

8.9 Elektrischer Schwingkreis

Aufgabe 1

a Eine größere Induktivität bewirkt eine stärkere Verzögerung beim Auf- bzw. Abbau der elektrischen Spannung zwischen den Kondensatorplatten: Die Stromstärke in der Spule ändert sich langsamer. Eine größere Kapazität bewirkt einen geringeren Spannungsauf- bzw. abbau bei gleicher Stromstärke: Es vergeht mehr Zeit, bis sich der Kondensator auf- oder entladen hat. Bei größerer Induktivität ändert sich die Stromstärke in der Spule langsamer. Beide Effekte führen zu größerer Periodendauer bzw. kleinerer Frequenz der Schwingung.

b $$\frac{1}{2\pi\sqrt{10\,L_0 \cdot 10\,C_0}} = \frac{1}{10 \cdot 2\pi\sqrt{L_0 \cdot C_0}}$$

Die Eigenfrequenz verringert sich im Vergleich zum ursprünglichen Wert auf $\underline{\underline{1/10}}$.

c $2{,}8 \cdot 10^6\ \text{Hz} = \dfrac{1}{2\pi\sqrt{L_0 \cdot 100 \cdot 10^{-12}\ \text{F}}}$

$\Rightarrow L_0 = \dfrac{1}{4\pi^2 \cdot 2{,}8^2 \cdot 10^{12} \cdot 10^{-10}}\ \text{H} = 32\ \mu\text{H}$

Aufgabe 2

Eine einfache Möglichkeit besteht darin, den Kondensator mit einer Gleichspannung aufzuladen und dann sich selbst zu überlassen. Alternativ lässt sich dem Schwingkreis mithilfe einer Wechselspannung durch induktive Kopplung an der Spule periodisch Energie zuführen.

Aufgabe 3

Zum Zeitpunkt $t = 0$ liegt am Kondensator die maximale Spannung an. Daher ist zu diesem Zeitpunkt die Gesamtenergie die elektrische Feldenergie.

$$E_{el} = \frac{1}{2}C \cdot U^2(t) = \frac{1}{2}C \cdot U^2_{max}\cos^2 \omega t$$

Der zeitliche Verlauf der magnetischen Feldenergie ist um $\pi/2$ phasenverschoben gegenüber der elektrischen Feldenergie.

$$E_{mag} = \frac{1}{2}L \cdot I^2(t) = \frac{1}{2}L \cdot I^2_{max}\sin^2 \omega t$$

Es ist:

$$E_{ges}(t) = E_{el}(t) + E_{mag}(t)$$

$$E_{el}(t) = E_{max}\cos^2 \omega t$$

$$E_{mag}(t) = E_{max}\sin^2 \omega t$$

Also gilt:

$$E_{ges}\cos^2 \omega t + E_{ges}\sin^2 \omega t = E_{ges}\left(\cos^2 \omega t + \sin^2 \omega t\right)$$

$$= E_{ges} \cdot 1 = \text{konst.}$$

8.10 Anregung elektrischer Schwingkreise

Aufgabe 1

Um ungedämpfte elektrische Schwingungen zu erzeugen, muss dem jeweiligen Schwingkreis ständig etwas Energie zugeführt werden. Dadurch wird dann der am ohmschen Widerstand umgewandelte Teil der Energie immer wieder ersetzt. Eine einfache Möglichkeit, Schwingungen mit gleichbleibender Amplitude zu erzeugen, besteht darin, den Schwingkreis von außen durch eine Wechselspannung anzuregen; die Frequenz der Schwingung entspricht derjenigen der Wechselspannung. Dies kann z. B. wie in Experiment 2 induktiv geschehen.

Aufgabe 2

Im Experiment ist zu erkennen, dass bei Resonanz mit einer kleinen zugeführten Energie Schwingungen mit großer Amplitude erzeugt werden können. Während die Glühlampen a und b hell leuchten, erlischt die Lampe c. In diesem Fall werden dem Schwingkreis zur Aufrechterhaltung der Schwingung nur kleine Energieportionen zugeführt. Diese ersetzen den Teil der Energie, der in Wärme umgewandelt wurde. Die Phasenverschiebung zwischen der angelegten Wechselspannung und der Stromstärke im Schwingkreis beträgt dabei $\pi/2$. In allen anderen Fällen muss zu jedem Zeitpunkt viel mehr Energie zugeführt werden, um die Schwingung aufrechtzuerhalten.

Aufgabe 3

a RFID-Systeme bestehen aus einem Transponder und einem Lesegerät. Befindet sich der Transponder in der Nähe des Lesegeräts, versorgt das Lesegerät ihn mit Energie, der Transponder sendet seine Daten an das Lesegerät. Dieser Austausch erfolgt über elektromagnetische Wellen; auf beiden Seiten befindet sich ein Schwingkreis, der in Resonanz mit dem anderen steht. Transponder werden auch RFID-Tags genannt.

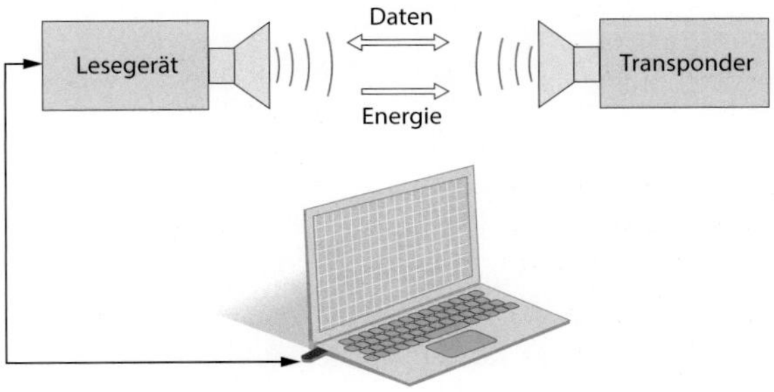

b Beispiele für den Einsatz von RFID-Chips:
- Diebstahlsicherung in Warenhäusern
- intelligente Regale
- Leihbüchereien
- Kennzeichnung von Nutz- und Haustieren
- kontaktlose Chipkarten, z. B. zur Bezahlung
- kontaktlose Identifikation (z. B. Personalausweis)
- Echtheitszertifikate
- Einige Schulen in den USA verwenden RFID-Chips um die Anwesenheit ihrer Schüler zu dokumentieren.

8.11 Rückkopplungsschaltung und Taktgeber

Aufgabe 1

a Fernseher, Radio, Mobiltelefon, Mikrowellenherd, Radioteleskop

b Individuelle Schülerleistung. Das Ausfallen aller Schwingkreise wirkt sich vor allem im Bereich der Kommunikationstechnik aus.

Aufgabe 2

Es gilt:

$$f = \frac{1}{2\pi \cdot \sqrt{L \cdot C}} = 1\,000\,\text{kHz}$$

Das Produkt $L \cdot C$ beträgt also:

$$L \cdot C = \left(\frac{1}{2\pi \cdot f}\right)^2 = 3{,}95 \cdot 10^{-11}\,\text{H} \cdot \text{F}.$$

Nach der Gleichung $L = \mu_0 \cdot \mu_r \cdot \frac{N^2}{l} \cdot A$ lässt sich eine luftgefüllte Spule ($\mu_r = 1$) dimensionieren:

$$L = \mu_0 \frac{N^2}{l} A = 2{,}5\,\text{H}.$$

<u>Beispiel</u>
Querschnittsfläche $A = 0{,}5\,\text{m}^2$
Windungszahl $N = 5$
Länge $l = 0{,}3\,\text{m}$
Dann ist
$L = 1{,}05 \cdot 10^{-5}\,\text{H}.$

Mit einem einzigen Keramikkondensator von $C = 10\,\text{nF}$ ergäbe sich damit:

$$L \cdot C = 1{,}05 \cdot 10^{-5} \cdot 10^{-8}\,\text{H} \cdot \text{F} = 1{,}05 \cdot 10^{-13}\,\text{H} \cdot \text{F}.$$

Durch Parallelschalten von

$$\frac{3{,}95 \cdot 10^{-11}}{1{,}05 \cdot 10^{-13}} = 377 \text{ Kondensatoren}$$

ergibt sich dann der geforderte Wert für das Produkt von $L \cdot C$ und damit die geforderte Eigenfrequenz.

Die Spule hat 5 Windungen auf einer Länge von 30 cm. Zwischen den Kupferrohren von 1,5 cm Durchmesser ist also jeweils noch eine Lücke.

Aufgabe 3

a Siehe auch Abb. 1 in Kap. 8.11. Dem Schwingkreis wird frequenz- und phasenrichtig Energie aus einer Gleichspannungsquelle zugeführt. Der Schwingkreis selbst steuert dabei den Rhythmus der Energiezufuhr.

b Eine solche Schwingung ist als ungedämpfte Schwingung zu betrachten, wenn hierunter lediglich eine Schwingung mit konstanter Amplitude verstanden wird. Andererseits ist in jedem Schwingkreis eine Dämpfung vorhanden, da die Drähte, auch der Spule, stets einen ohmschen Widerstand aufweisen (supraleitende Drähte sind hiervon ausgenommen). Diese Dämpfung wird durch die periodische Energiezufuhr ausgeglichen, aber nicht aufgehoben.

8.12 Chaotische Schwingungen

Aufgabe 1

Individuelle Lösung

Aufgabe 2

Bei jeder Reflexion vergrößert sich die Abweichung von der Mittellinie, und diese Abweichung wächst von Stoß zu Stoß überproportional. Die Mittellinie kann aber nie ganz genau getroffen werden.

Aufgabe 3

Beispiel: Stoß zweier Billardkugeln
Einzelne Luftmoleküle stoßen immer wieder gegen die Kugeln und ändern so ihre Bahn. Erst bei null Kelvin würde die Teilchenbewegung der Luft nicht mehr stören. Dieser Zustand ist allerdings nicht erreichbar. Auch die Teilchen im System sind ständig in thermischer Bewegung. Sie verlieren zudem Energie durch Strahlung.

8.13 Ordnung im Chaos

Aufgabe 1

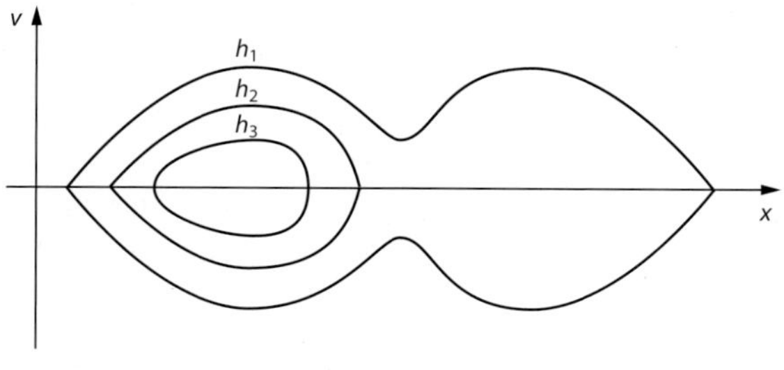

Aufgabe 2

Individuelle Lösung

9.1 Wellenphänomene

Aufgabe 1

Bei Transversalwellen schwingen die Oszillatoren senkrecht zur Ausbreitungsrichtung, bei Longitudinalwellen, auch Längswellen genannt, parallel zur Ausbreitungsrichtung.
Beispiele für Transversalwellen: Seilwellen, Wasserwellen, Schallwellen in Festkörpern, auch „La-Ola-Wellen" in Stadien (die nicht alle Eigenschaften einer physikalischen Welle besitzen). Hinweis: Bei realen Transversalwellen schwingen die einzelnen Bestandteile des Wellenträgers in der Regel nicht absolut senkrecht zur Ausbreitungsrichtung. So führen beispielsweise Volumenelemente an einer Wasseroberfläche ungefähr kreisförmige Bewegungen aus.
Beispiele für Longitudinalwellen: Druckwellen, Schallwellen in Gasen, Flüssigkeiten und Festkörpern.

Aufgabe 2

a Trifft der Hammer den Stab an der Stirnfläche, entstehen Longitudinalwellen; trifft er ihn quer zur Stabachse, entstehen Transversalwellen.

b Ausbreitungsgeschwindigkeiten in Stahl:
ca. 5900 m/s bei Longitudinalwellen
ca. 3200 m/s bei Transversalwellen
Die Ausbreitungsgeschwindigkeit einer Welle in Festkörpern hängt von der Dichte und dem Elastizitätsmodul des Materials ab. Ein weiterer Parameter ist die materialspezifische Poissonzahl μ, die das Verhältnis aus relativer Dickenänderung und relativer Längenänderung darstellt:

$$\mu = \frac{\frac{\Delta d}{d}}{\frac{\Delta \ell}{\ell}}.$$

Aufgabe 3

Die Schwingung eines Oszillators wird durch Darstellung der Auslenkung (Elongation) y in Abhängigkeit von der Zeit t veranschaulicht. Im Fall einer mechanischen Welle breitet sich eine mechanische Schwingung im Raum aus. Die Veranschaulichung mechanischer Wellen erfolgt mithilfe folgender Diagramme:
- Auslenkung-Ort-Diagramm für bestimmte Zeitpunkte; $y(x)$ für t = konst.
- Auslenkung-Zeit-Diagramm für bestimmte Orte (bzw. Oszillatoren); $y(t)$ für x = konst.

9.2 Harmonische Wellen

Aufgabe 1

a Amplitude: $y_{max} = \underline{5\,\text{cm}}$

Periodendauer der Welle: $T = 2\,\text{s}$

Frequenz: $f = \frac{1}{T} = \frac{1}{2\,\text{s}} = \underline{0{,}5\,\text{Hz}}$

Wellenlänge: $\lambda = \frac{c}{f} = \frac{2\,\frac{\text{m}}{\text{s}}}{0{,}5\,\frac{1}{\text{s}}} = \underline{4\,\text{m}}$

b Gleichung der Welle:

$$y(x,t) = 5\,\text{cm} \cdot \sin\left(2\pi\left(\frac{t}{2\,\text{s}} - \frac{x}{4\,\text{m}}\right)\right)$$

c $y(t)$ z. B. für 5 = 0:

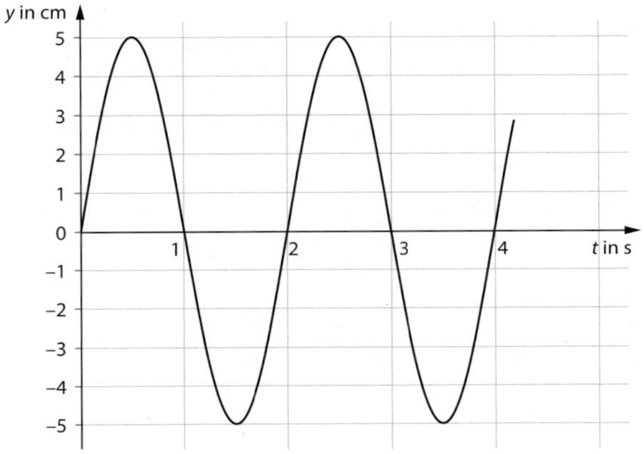

$y(x)$ z. B. für $t = 0$:

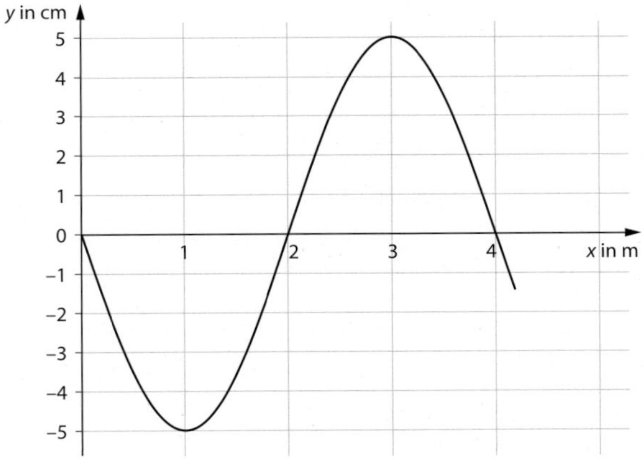

Aufgabe 2

a Periodendauer: $T = 0{,}8\,\text{s}$
Frequenz: $f = 1/0{,}8\,\text{s} = \underline{1{,}25\,\text{Hz}}$
Wellenlänge: $\lambda = 0{,}75\,\text{m}$
Ausbreitungsgeschwindigkeit:
$c = \lambda \cdot f = 0{,}75\,\text{m} \cdot 1{,}25\,\frac{1}{\text{s}} = \underline{0{,}94\,\frac{\text{m}}{\text{s}}}$

b Amplitude: $y_{max} = 4\,\text{cm}$
Gleichung der Welle:

$$y(x,t) = 4\,\text{cm} \cdot \sin\left(2\pi\left(\frac{t}{0{,}8\,\text{s}} - \frac{x}{0{,}75\,\text{m}}\right)\right)$$

Aufgabe 3

Eine Wasserwelle wird erzeugt, z. B. in einer Regentonne. In der Zeit t breitet sich die Störung um die Strecke x aus.
Messbeispiel:
$x = 0{,}32\,\text{m}$
$t = 1{,}2\,\text{s}$

$$c = \frac{x}{t} = \frac{0{,}32\,\text{m}}{1{,}2\,\text{s}} = 0{,}27\,\frac{\text{m}}{\text{s}}$$

9.3 Überlagerung von Wellen

Aufgabe 1

a Die Überlagerung beider Wellen beginnt zum Zeitpunkt $t = 5\,\text{s}$.
Da sich die Störungen mit 1 m/s bzw. −1 m/s ausbreiten, legen sie jeweils 5 m in 5 s zurück und treffen sich im Punkt $x = 0\,\text{m}$.

b

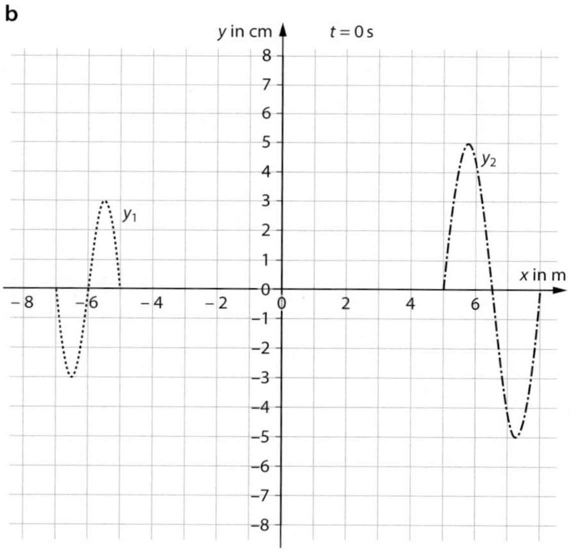

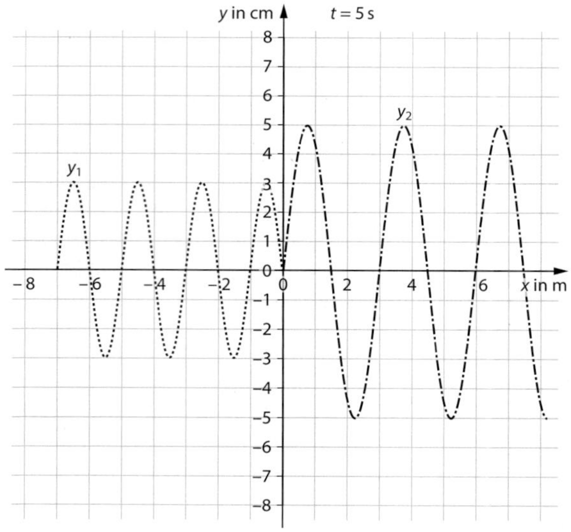

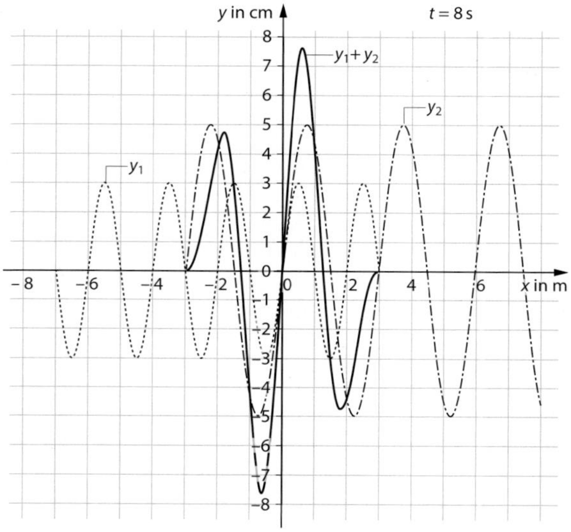

9.4 Reflexion

Aufgabe 1

Nach dem Huygens'schen Prinzip kann jeder Punkt einer Wellenfront als Ausgangspunkt einer Elementarwelle angesehen werden. Durch die Überlagerung vieler Elementarwellen entsteht eine neue Wellenfront, die Einhüllende genannt wird.
Läuft eine Wellenfront von links schräg auf ein Hindernis, so trifft zunächst eine einzelne Komponente dieser Wellenfront in einem Punkt P_1 auf die Grenzfläche. Nach und nach treffen weitere Komponenten der einfallenden Wellenfront auf die Punkte P_2, P_3 … des Hindernisses, die rechts von P_1 liegen. Alle diese Punkte können als Aus-

gangspunkte von Elementarwellen angesehen werden, deren Einhüllende die Wellenfront der reflektierten Welle darstellt (siehe auch Abb. 3 in Kap. 9.4).

Aufgabe 2

Läuft ein Teil der vom Schiff ausgelösten Welle in die Öffnung des Hafenbeckens, so kann sie an den Innenwänden des Hafenbeckens reflektiert werden. Ankommende und reflektierte Wellen können sich dabei derart überlagern, dass es zu größeren Amplituden kommt.

Aufgabe 3

Der Schalleindruck für eine Person in einem bestimmten Punkt des Raums ergibt sich einerseits durch Schallwellen, die direkt von der Schallquelle zur Person gelangen, und andererseits durch die zuvor an den Wänden reflektierten Schallwellen.
Durch die Reflexion kommt also Schall einer größeren Intensität beim Zuhörer an. Dies wurde beispielsweise auch in antiken Amphitheatern genutzt. Außerdem kann in einem Konzertsaal durch die Reflexion ein „voller" Klang entstehen.
Da die reflektierten Schallwellen eine etwas größere Laufzeit besitzen als die direkten Schallwellen, kommt es zu einem Nachhall. Je nach Schallereignis ist dieser nur bis zu einem bestimmten Maß erwünscht.

Aufgabe 4

Die Welle wird in beiden Fällen an den Enden reflektiert. Ist das Ende des Wellenträgers fest, kommt es bei der Reflexion zu einem Phasensprung um den Betrag π. Ist dagegen das Ende frei beweglich, wird die Welle ohne Phasensprung reflektiert.

9.5 Brechung und Beugung

Aufgabe 1

a $\frac{\sin\alpha}{\sin\beta} = \frac{c_1}{c_2}$

$$c_2 = c_1 \frac{\sin\beta}{\sin\alpha}$$

$$c_2 = 6{,}4\,\frac{\text{km}}{\text{s}} \cdot c_1 \frac{\sin 24°}{\sin 20°}$$

$$c_2 = \underline{\underline{7{,}6\,\frac{\text{km}}{\text{s}}}}$$

b

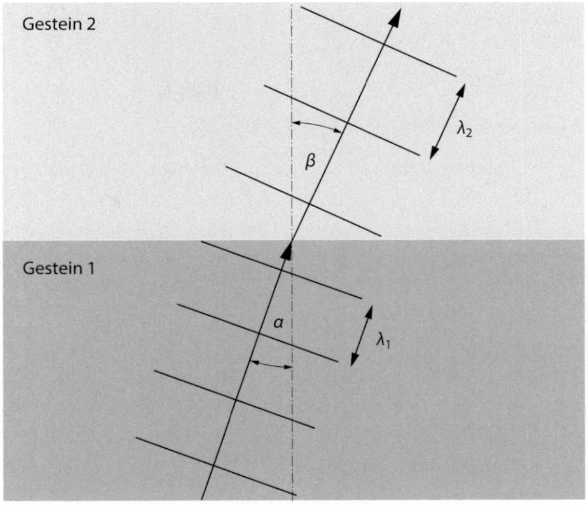

Aufgabe 2

Die Brechung einer Welle, die beim Übergang von einem Medium in ein anderes auftritt, ist mithilfe des Huygens'schen Prinzips zu erklären. Da jeder Punkt einer Wellenfront als Ausgangspunkt einer Elementarwelle angesehen werden kann, schwingen die Oszillatoren der einfallenden und der gebrochenen Welle mit derselben Frequenz. Folglich ändert sich bei der Brechung die Frequenz nicht, während sich die Wellenlänge und die Ausbreitungsgeschwindigkeit ändern können.

Aufgabe 3

Bei einem Tsunami läuft eine Welle mit hoher Geschwindigkeit, aber geringer Amplitude auf eine Küste zu. Ihre Wellenlänge ist sehr groß. Bei Annäherung an die Küste nimmt die Wassertiefe und damit die Ausbreitungsgeschwindigkeit ab. Auch die Wellenlänge nimmt ab: Die Wellenberge werden gestaucht und quasi aufgetürmt. Je nach Gestalt des Meeresbodens und der Küstenformation kann es dabei zu extrem gefährlichen Situationen kommen.

Aufgabe 4

$\frac{\sin\alpha}{\sin\beta} = \frac{c_1}{c_2}$

$\beta = \arcsin\left(\frac{c_2}{c_1} \cdot \sin\alpha\right)$

Mit $c_1 = 334\,\frac{\text{m}}{\text{s}}$ und $c_2 = 331\,\frac{\text{m}}{\text{s}}$ erhält man:

Einfallswinkel α	Brechungswinkel β
5,0°	4,8°
10,0°	9,6°
15,0°	14,5°
20,0°	19,3°
25,0°	24,1°
30,0°	28,8°
35,0°	33,6°
40,0°	38,3°

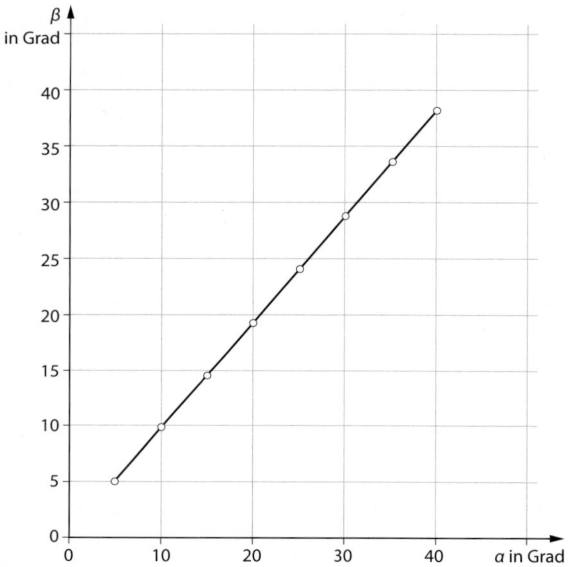

b Wird der Einfallswinkel immer weiter bis zum maximalen Winkel von 90°erhöht, nähert sicher der Brechungswinkel dem Wert von etwa 74,8° an. Dieser Winkel heißt Grenzwinkel, da unter den gegebenen Bedingungen keine größeren Brechungswinkel auftreten können. Betrachtet man die umgekehrte Ausbreitungsrichtung der Schallwelle von der kalten zur wärmeren Luft, würde bei Einfallswinkeln, die größer als der Grenzwinkel sind, keine Brechung mehr auftreten, sondern nur noch Reflexion. Man nennt den Grenzwinkel daher auch Grenzwinkel der Totalreflexion.

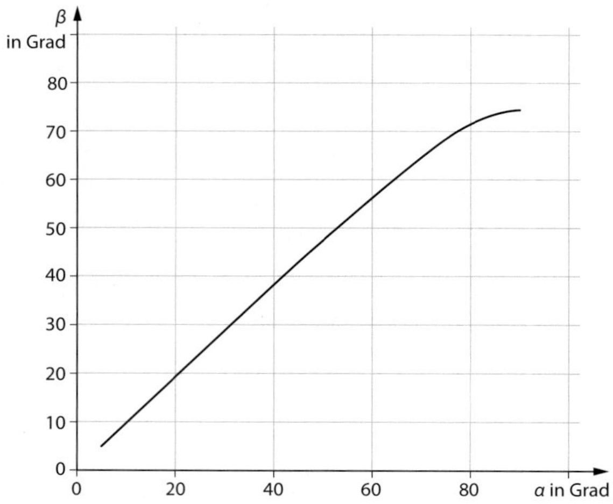

9.6 Interferenz

Aufgabe 1

a $f_s = |f_1 - f_2|$

$f_s = |200\,\text{Hz} - 180\,\text{Hz}|$

$f_s = \underline{20\,\text{Hz}}$

Der Ton wird als Brummton mit schnell oszillierender Lautstärke wahrgenommen. Dies lässt sich leicht mithilfe einer entsprechenden Smartphone-App prüfen.

b Ort: $x = 0$

Schallwelle 1:

$y_1(0,t) = 0{,}02\,\text{mm} \cdot \sin\left(2\pi\,\frac{200}{\text{s}} \cdot t\right)$

Schallwelle 2:

$y_2(0,t) = 0{,}1\,\text{mm} \cdot \sin\left(2\pi\,\frac{180}{\text{s}} \cdot t\right)$

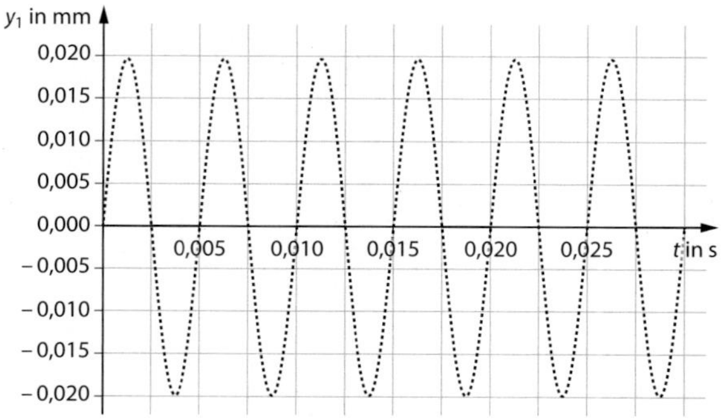

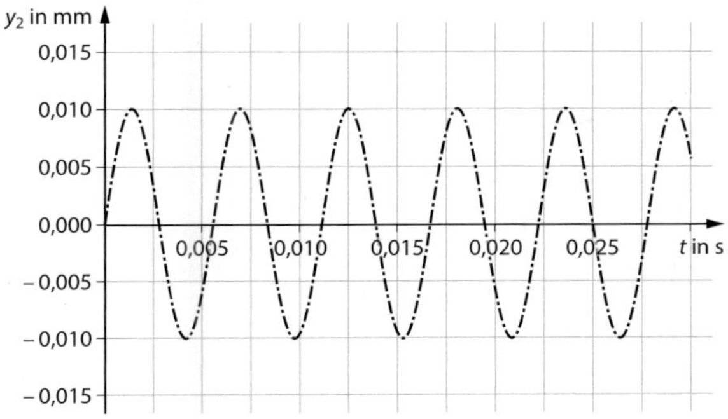

c

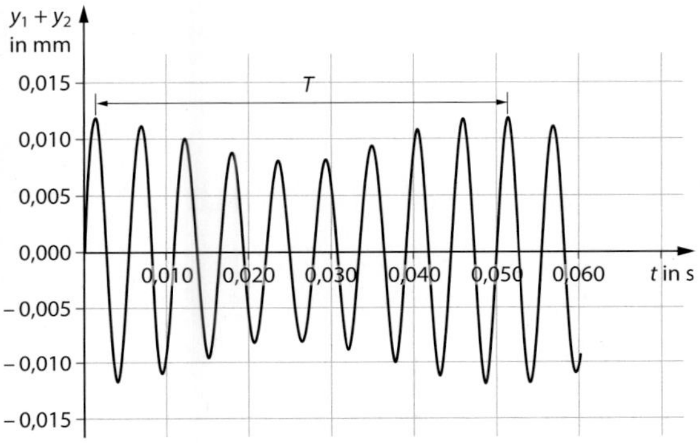

$T \approx 0{,}05\,\text{s}$

$f = \frac{1}{0{,}05\,\text{s}} = 20\,\text{Hz}$

Das Ergebnis stimmt mit dem aus Aufgabenteil a überein.

d Die Schwebungsfrequenz ist unabhängig von den Amplituden. Beispielsweise erhält man für $y_{\text{max},1} = 0{,}05\,\text{mm}$ und $y_{\text{max},2} = 0{,}04\,\text{mm}$ ebenfalls $T \approx 0{,}05\,\text{s}$.

Aufgabe 2

Im Folgenden alle Längenangaben in m.
Für den Wegunterschied (Gangunterschied) beider Wellen gilt:

$\Delta x = \overline{\text{BP}} - 2$

Für Lautstärkemaxima gilt:

$\Delta x = n \cdot \lambda = 0{,}05 \cdot n$ und $\overline{\text{BP}} - 2 = 0{,}05 \cdot n$

$\overline{\text{BP}} = 0{,}05 \cdot n + 2$

$\overline{\text{BP}}^2 = x^2 + 2^2$

$x = \sqrt{\overline{\text{BP}}^2 - 4}$

n	$\overline{\text{BP}}$	*x* (für Maxima)
0	2,0000	0,0000
1	2,0500	0,4500
2	2,1000	0,6403
3	2,1500	0,7890
4	2,2000	0,9165
5	2,2500	1,0308
6	2,3000	1,1358

Für Lautstärkeminima gilt:

$\Delta x = \left(n + \frac{1}{2}\right) \cdot \lambda = 0{,}05 \cdot \left(n + \frac{1}{2}\right)$ und $\overline{\text{BP}} - 2 = 0{,}05 \cdot \left(n + \frac{1}{2}\right)$

$\overline{\text{BP}} = 0{,}05 \cdot \left(n + \frac{1}{2}\right) + 2$

$\overline{\text{BP}}^2 = x^2 + 2^2$

$x = \sqrt{\overline{\text{BP}}^2 - 4}$

n	$\overline{\text{BP}}$	*x* (für Minima)
0	2,0013	0,3172
1	2,0038	0,5528
2	2,0063	0,7181
3	2,0088	0,8548
4	2,0113	0,9750
5	2,0138	1,0843
6	2,0163	1,1856

9.7 Darstellung von Wellen mit Zeigern

Aufgabe 1

$\alpha = -2\pi \cdot \frac{s}{\lambda}$

$y(x) = y_{\text{max}} \cdot \sin(\alpha)$

$\alpha_1 = -2\pi \cdot \frac{2{,}25\,\text{m}}{0{,}075\,\text{m}} = -60\pi$

$y_1(2{,}25\,\text{m}) = 2\,\text{mm} \cdot \sin(-60\pi) = 0\,\text{mm}$

$a_2 = -2\pi \cdot \frac{s_2}{\lambda}\ \alpha_2 = -2\pi \cdot \frac{3{,}00\,\text{m}}{0{,}075\,\text{m}} = -80\pi$

$y_2(3{,}00\,\text{m}) = 2\,\text{mm} \cdot \sin(-80\pi) = 0\,\text{mm}$

Zeiger von Welle 1
im Punkt E

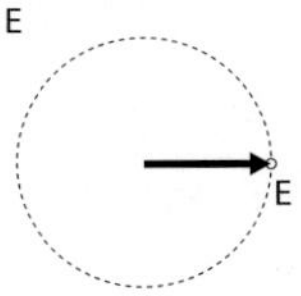

Zeiger von Welle 2
im Punkt E

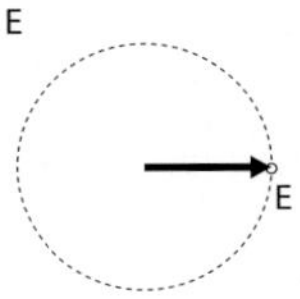

Resultierender Zeiger
von Welle 1 und Welle 2 im Punkt E

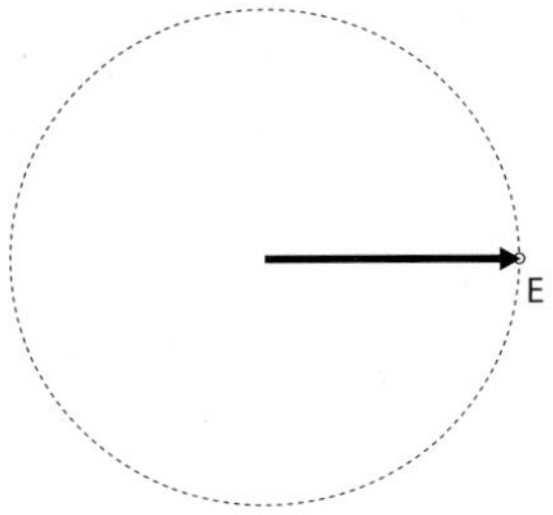

9.8 Schall und Schallwellen

Aufgabe 1

Belege dafür, dass durch Schallwellen Energie übertragen wird: Eine Schallwelle kann andere Körper zum Schwingen anregen, z. B. das Trommelfell. Druckwellen bei Explosionen können Energie auf Körper übertragen und sie zerstören.

Aufgabe 2

$c = \frac{s}{t}$

$c = \frac{1\,\text{m}}{0{,}00295\,\text{s}} \approx 339\,\frac{\text{m}}{\text{s}}$

$c(\vartheta) = m \cdot \vartheta + n$

Hierbei ist die Temperatur in °C; c, n in $\frac{\text{m}}{\text{s}}$; m in $\frac{\text{m}}{\text{s} \cdot °\text{C}}$

(I) $331 = m \cdot 0 + n$

(II) $343 = m \cdot 20 + n$

Daraus folgt:

$c(\vartheta) = 0{,}65\,\frac{\text{m}}{\text{s} \cdot °\text{C}} \cdot \vartheta + 331\,\frac{\text{m}}{\text{s}}$

$$\vartheta = \frac{c(\vartheta) - 331\,\frac{\text{m}}{\text{s}}}{0{,}65\,\frac{\text{m}}{\text{s} \cdot °\text{C}}}$$

$$\vartheta = \frac{339\,\frac{\text{m}}{\text{s}} - 331\,\frac{\text{m}}{\text{s}}}{0{,}65\,\frac{\text{m}}{\text{s} \cdot °\text{C}}} = \underline{\underline{12\,°\text{C}}}$$

Aufgabe 3

$c = \lambda \cdot f$

$\lambda = \frac{c}{f}$

$$\lambda_1 = \frac{334\,\frac{\text{m}}{\text{s}}}{20\,\frac{1}{\text{s}}} = 17{,}2\,\text{m}$$

$$\lambda_2 = \frac{344\,\frac{\text{m}}{\text{s}}}{20\,000\,\frac{1}{\text{s}}} = 0{,}0172\,\text{m} = 1{,}72\,\text{cm}$$

$1{,}72\,\text{cm} \leq \lambda \leq 17{,}2\,\text{m}$

Aufgabe 4

a Die Person nimmt unter Wasser die Musik in gleicher Weise wahr: Die Ausbreitung der Schallwellen erfolgt unter Wasser zwar mit größerer Geschwindigkeit als in Luft – die Frequenz der Schallsignale ändert sich aber nicht.

b Durch die unterschiedlichen Ausbreitungsgeschwindigkeiten der Schallwellen in Luft und in Wasser erreicht das Musiksignal zu unterschiedlichen Zeiten das rechte und das linke Ohr. Dadurch entsteht ein Nachhall.

In Luft gilt:

$s_1 = 10\,\text{m}$

$c_1 = 343\,\frac{\text{m}}{\text{s}}$

$c = \frac{s}{t}$

$t = \frac{s}{c}$

$$t_1 = \frac{10\,\text{m}}{343\,\frac{\text{m}}{\text{s}}} = 0{,}029\,\text{s}$$

In Wasser gilt:

$s_2 = 6\,\text{m}$

$c_2 = 1484\,\frac{\text{m}}{\text{s}}$

$$t_2 = \frac{6\,\text{m}}{1484\,\frac{\text{m}}{\text{s}}} = 0{,}00404\,\text{s}$$

$\Delta t = 0{,}025\,\text{s}$

Das Musiksignal trifft am Ohr unter Wasser etwa 0,025 s eher ein als am Ohr über Wasser.

9.9 Schallwahrnehmung

Aufgabe 1

Die Schallintensitätspegel, die für den Menschen von Bedeutung sind, umfassen den sehr großen Bereich von $10^{-12}\,\text{W/m}^2$ (Hörschwelle) bis $10\,\text{W/m}^2$ (Schmerzgrenze). Dieser Bereich lässt mithilfe der logarithmischen Dezibelskala einfacher ausdrücken: 0 dB bis 130 dB.
Diese Skala spiegelt außerdem das subjektive Empfinden der Lautstärke von Schallereignissen gemäß dem Gesetz von Weber und Fechner wider.

Aufgabe 2

$L_1 = 105\,\text{dB} = 10 \cdot \lg\left(\frac{I_1}{I_0}\right)\text{dB}$

$\frac{I_1}{I_0} = 10^{10,5}$

$I_1 = 10^{10,5} \cdot I_0$

$I_1 = 10^{10,5} \cdot 10^{-12}\,\frac{\text{W}}{\text{m}^2} = 0{,}03162\,\frac{\text{W}}{\text{m}^2}$

$L_2 = 10 \cdot \lg\left(\frac{2 \cdot I_1}{I_0}\right)\text{dB}$

$$L_2 = 10 \cdot \lg\left(\frac{2 \cdot 0{,}03162\,\frac{\text{W}}{\text{m}^2}}{10^{-12}\,\frac{\text{W}}{\text{m}^2}}\right)\text{dB}$$

$L_2 = 108\,\text{dB}$

Der Schallintensitätspegel nimmt um $\underline{\underline{3\,\text{dB}}}$ zu.

Aufgabe 3

$I_1 = 10^{1,25} \cdot 10^{-12}\,\frac{\text{W}}{\text{m}^2} = \underline{\underline{1{,}778 \cdot 10^{-11}\,\frac{\text{W}}{\text{m}^2}}}$

Aufgabe 4

a Gesucht sind die Faktoren a, um die sich die Intensitäten von der Hörschwellen-Intensität I_0 unterscheiden.

$L_\text{I} = 10 \cdot \lg\frac{a \cdot I_0}{I_0}\,\text{dB} = 10 \cdot \lg a \cdot \text{dB}$

$\lg a = \frac{L_\text{I}}{10\,\text{dB}}$

$a = 10^{\frac{L_\text{I}}{10\,\text{dB}}}$

Mit den jeweiligen Werten für L_I ergibt sich:

$a_{20\text{dB}} = 10^2 = 100$

$a_{40\text{dB}} = 10^4 = 10\,000$

$a_{80\text{dB}} = 10^8 = 100\,000\,000$

b Die Einheiten Phon und Dezibel beschreiben die Lautstärke. Der Unterschied besteht darin, dass die Dezibel-Angaben auf physikalischen Messungen und die Phon-Angaben auf subjektiven Höreindrucken basieren.

Aufgabe 5

a Gesundheitliche Schäden der Ohren treten ab 85 dB auf, wobei die Schädigungen außerdem von der Dauer der Einwirkung abhängen. Ab 120 dB treten Schäden auch nach kurzer Einwirkung auf.

b
- Generelles Vermeiden von Lärm, insbesondere oberhalb von 85 dB
- Zeitliche Begrenzung der Einwirkung hoher Schallintensitätspegel
- Gehörschutzmaßnahmen (Schallschutzkopfhörer, Ohrstöpsel) bei nicht vermeidbarem Lärm

c Eine Abnahme des Hörvermögens um 10 dB würde z. B. dazu führen, dass die betreffenden Personen leises Flüstern oder Laubrascheln nicht mehr wahrnehmen könnten. Geringe Schwerhörigkeit beginnt bei einer Abweichung von 20 dB oberhalb der Hörschwelle.

9.10 Stehende Wellen

Aufgabe 1

Eine Flasche stellt eine einseitig offene Röhre dar. Die Größe L bezeichnet die Strecke zwischen der Öffnung der Flasche und dem Wasserspiegel.
Durch Anblasen der Flaschenöffnung bilden sich in der Flasche stehende Longitudinalwellen der Luftsäule. Für die Grundschwingung gilt, dass an der geschlossenen Seite der Röhre (in Höhe des Wasserspiegels) ein Knoten entsteht, da sich die Luft hier nicht longitudinal bewegen kann. Am offenen Ende (an der Flaschenöffnung) entsteht ein Bauch. Demnach gilt für die Grundschwingung:

$L = \frac{\lambda}{4}$ bzw. $L = \frac{c}{4 \cdot f}$.

Je größer L ist, je weniger Wasser sich also in der Flasche befindet, desto kleiner ist die Frequenz.

Aufgabe 2

$L = 2{,}40\,\text{m}$

a An beiden Seiten offen:

Grundschwingung:	$f_0 = \frac{c}{2 \cdot L}$ $f_0 = \frac{343\,\frac{\text{m}}{\text{s}}}{2 \cdot 2{,}40\,\text{m}} = 72\,\text{Hz}$
1. Oberschwingung	$f_1 = 2 \cdot f_0 = 144\,\text{Hz}$
2. Oberschwingung	$f_2 = 3 \cdot f_0 = 216\,\text{Hz}$

b An einem Ende geschlossen:

Grundschwingung:	$f_0 = \frac{c}{4 \cdot L}$ $f_0 = \frac{343\,\frac{\text{m}}{\text{s}}}{4 \cdot 2{,}40\,\text{m}} = 36\,\text{Hz}$
1. Oberschwingung	$f_1 = 3 \cdot f_0 = 108\,\text{Hz}$
2. Oberschwingung	$f_2 = 5 \cdot f_0 = 180\,\text{Hz}$

Aufgabe 3

$\lambda = 2 \cdot d = 2 \cdot 0{,}45\,\text{m} = 0{,}9\,\text{m}$

$f = \frac{343\,\frac{\text{m}}{\text{s}}}{0{,}9\,\text{m}} = \underline{\underline{381\,\text{Hz}}}$

Aufgabe 4

a $L = 0{,}024\,\text{m}$
Der Gehörgang ist an einem Ende geschlossen.

Grundschwingung:	$f_0 = \frac{c}{4 \cdot L}$ $f_0 = \frac{343\,\frac{\text{m}}{\text{s}}}{4 \cdot 0{,}024\,\text{m}} = 3573\,\text{Hz}$
1. Oberschwingung	$f_1 = 3 \cdot f_0 = 10719\,\text{Hz}$
2. Oberschwingung	$f_2 = 5 \cdot f_0 = 17865\,\text{Hz}$

b Die Frequenz der Grundschwingung mit $f_0 = 3573\,\text{Hz}$ befindet sich bezogen auf ein gesundes Gehör gemäß Abb. 3 (Kap. 9.9) im Bereich der maximalen Empfindlichkeit.

Aufgabe 5

Der betreffende Raum kann vereinfacht als Hohlraum der Länge d betrachtet werden. In ihm können sich stehende Wellen ausbilden, wobei die Wände als feste (geschlossene) Enden angesehen werden können.
Die Resonanzfrequenz der Grundschwingung beträgt beispielsweise für einen 5 m langen Raum:

$$\lambda = 2 \cdot d = 2 \cdot 5\,\text{m} = 10\,\text{m}$$

$$f = \frac{343\,\frac{\text{m}}{\text{s}}}{10\,\text{m}} = 34{,}4\,\text{Hz}$$

Das bedeutet, dass Schall dieser Frequenz besonders gut wahrnehmbar ist.
Ein weiterer Effekt besteht darin, dass die wahrgenommene Lautstärke ortsabhängig ist. Befindet sich der Beobachter in einem Knoten, ist die Lautstärke minimal, in einem Bauch dagegen maximal.
Eine detailliertere Betrachtung berücksichtigt z. B. die anderen Raumrichtungen, die Form des Raums und den Einfluss der Oberschwingungen.

9.11 Dopplereffekt

Aufgabe 1

	Q ruht		B ruht
B kommt näher	$f_0 < f_B$	Q kommt näher	$f_0 < f_B$
B entfernt sich	$f_0 > f_B$	Q entfernt sich	$f_0 > f_B$

Aufgabe 2

Beim Annähern:

$$f_B = \frac{f_0}{1 - \frac{v_Q}{c}}$$

$$f_B = \frac{950\,\text{Hz}}{1 - \frac{85 \cdot \frac{1}{3{,}6}\,\frac{\text{m}}{\text{s}}}{340\,\frac{\text{m}}{\text{s}}}} = \underline{\underline{1021\,\text{Hz}}}$$

Beim Entfernen:

$$f_B = \frac{f_0}{1 + \frac{v_Q}{c}}$$

$$f_B = \frac{950\,\text{Hz}}{1 + \frac{85 \cdot \frac{1}{3{,}6}\,\frac{\text{m}}{\text{s}}}{340\,\frac{\text{m}}{\text{s}}}} = \underline{\underline{888\,\text{Hz}}}$$

Aufgabe 3

Die Geschwindigkeit des Passagierflugzeugs ist kleiner als die Schallgeschwindigkeit.
Beim Annähern (Entfernen) verkürzt (vergrößert) sich der Abstand der Wellenfronten, die beobachtete Frequenz ist größer (kleiner) als f_0.
Die Geschwindigkeit des Militärflugzeugs ist größer als die Schallgeschwindigkeit: Beim Annähern hört man zunächst nichts, da sich die Wellenfronten der Schallwelle langsamer bewegen als die Schallquelle.
Die vom Flugzeug erzeugten Geräusche bilden kugelförmige Wellen, die sich zu einer kegelförmigen Wellenfront überlagern, (Mach'scher Kegel). Diese Wellenfront besitzt eine sehr große Amplitude.
Außerhalb des Kegels ist kein Schallsignal vom Flugzeug wahrnehmbar. Erreicht der Kegelmantel den Beobachter, das ist kurz nach Passieren des Punkts senkrecht über dem Beobachter der Fall, hört dieser den Überschallknall und anschließend das Geräusch des Flugzeugs.

Aufgabe 4

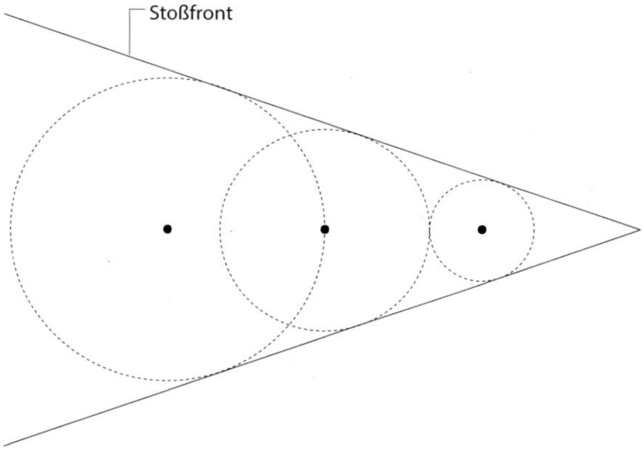

9.12 Entstehung elektromagnetischer Wellen

Aufgabe 1

Zum einen gibt der Schwingkreis Energie ab: Die Schwingung kommt schnell zum Erliegen, falls nicht von außen Energie zugeführt wird. Zum anderen lässt sich in der Nähe des Dipols an einer Empfängerantenne eine Glühlampe betreiben, die die zum Leuchten notwendige Energie der elektromagnetischen Welle entnimmt, die vom Dipol ausgesandt wird.

Aufgabe 2

a Von a nach b: L nimmt ab, C bleibt konstant, f_0 nimmt zu.
Von b nach c: C nimmt ab, L bleibt konstant, f_0 nimmt zu.
Von c nach d: C nimmt ab, L nimmt ab, f_0 nimmt zu.

b Das Magnetfeld des Erregerschwingkreises wirkt bis in die elementarisierte Spule der Antenne hinein. Durch diese induktive Kopplung wird wie bei einem Transformator die Energie übertragen.

Aufgabe 3

Die Glühlampe entzieht die zum Leuchten notwendige Energie der elektromagnetischen Welle, diese wird dadurch geschwächt. Der Sendebetrieb erfährt also einen Verlust. Dies ist mit folgender Situation vergleichbar: Eine von einem Erreger ausgehende Wasserkreiswelle bringt einen an einer bestimmten Stelle schwimmenden Körper zum Mitschwingen. Wenn dessen Schwingung von außen gedämpft wird, erleidet die Wasserwelle einen Energieverlust.

9.13 Ausbreitung elektromagnetischer Wellen

Aufgabe 1

Die Gleichung zur Beschreibung der elektrischen Feldstärke einer ebenen fortschreitenden elektromagnetischen Welle lautet:

$$E(x,t) = E_{max} \cdot \sin\left(\omega \cdot t - \frac{2\pi}{\lambda} x\right)$$

mit $\omega = 2\pi/T$.

Entsprechend der Aufgabenstellung gilt:

$$E(0,0) = 0 \quad \text{und} \quad E(10\,\text{cm},\ T/5) = \frac{1}{2} E_{max}$$

Daraus folgt:

$$\frac{1}{2} E_{max} = E_{max} \cdot \sin\left(\frac{2\pi}{T} \cdot \frac{T}{5} - \frac{2\pi}{\lambda} 10\,\text{cm}\right)$$

$$\frac{1}{2} = \sin\left(\frac{2\pi}{5} - \frac{20\,\text{cm} \cdot \pi}{\lambda}\right)$$

Daraus erhält man:

$$\arcsin 0{,}5 = \left(\frac{2\pi}{5} - \frac{20\,\text{cm} \cdot \pi}{\lambda}\right)$$

Umstellen nach λ ergibt:

$$\lambda = \frac{20\,\text{cm} \cdot \pi}{\frac{2\pi}{5} - \arcsin 0{,}5}.$$

Mit $\arcsin 0{,}5 = 30° = \pi/6$ ergibt sich:

$$\lambda = \frac{20\,\text{cm} \cdot \pi}{\frac{2\pi}{5} - \frac{\pi}{6}} = 85{,}7\,\text{cm}.$$

Die gesuchte Wellenlänge der elektromagnetischen Welle beträgt 85,7 cm.

Aufgabe 2

Die Ausbreitung der elektromagnetischen Wellen im Nahfeld eines schwingenden Dipols ist in Abb. 2 (Kap. 9.13) dargestellt. Die Vektoren der elektrischen und der magnetischen Feldstärke stehen senkrecht aufeinander und auch senkrecht zur Ausbreitungsrichtung der Welle. Die zeitlichen Verläufe der elektrischen Feldstärke $E(t)$ und der magnetischen Feldstärke $B(t)$ haben eine Phasenverschiebung von $\pi/2$.
Bei der weiteren Ausbreitung in den Raum werden die elektromagnetischen Wellen als Fernfeld bezeichnet. An den Lagebeziehungen der Feldvektoren untereinander und zur Ausbreitungsrichtung ändert sich dabei nichts. Die Phasenverschiebung zwischen elektrischer Feldstärke $E(t)$ und magnetischer Feldstärke $B(t)$ geht allerdings gegen null (sh. Abb. 3 in Kap. 9.13). Das lässt aus der Maxwell'schen Theorie herleiten.

Aufgabe 3

a Die abgebildete Strahlungscharakteristik eines Hertz'schen Dipols hat die Form einer Doppelkeule. Man erkennt, dass die Felder rotationssymmetrisch um den Dipol angeordnet sind. Die Energie wird jedoch nicht gleichmäßig in alle Richtungen abgestrahlt. Die Strahlungsintensität ist in der Mittelebene senkrecht zum Dipol am größten.

Hinweis
Es gilt

$$S \sim \frac{\sin^2 \varphi}{r^2},$$

wobei S die Strahlungsintensität und r die Entfernung der senkrecht durchstrahlten Fläche von der Dipolmitte bedeutet.

b Längs der Dipolachse wird keine Energie abgestrahlt. Dies ist am Verlauf der elektrischen und der magnetischen Feldlinien erkennbar (Abb. 3 in Kap. 9.12). Besonders anhand der magnetischen Feldlinien ist ersichtlich, dass entlang der Dipolachse keine Feldbereiche abgestrahlt werden.

9.14 Heinrich Hertz

Aufgabe 1

a Durch die Verwendung einer geeigneten Spule mit einer hohen Spannung und den Einsatz von Konduktorkugeln konnte Hertz hinreichend schnelle und energiereiche Schwingungen erzeugen.

b Grundsätzliche Zweifel an der Richtigkeit von Maxwells Vorhersage bestanden darin, dass die Endlichkeit der Ausbreitungsgeschwindigkeit elektromagnetischer Wechselwirkung nicht mit einer Fernwirkungstheorie verträglich. Durch Newtons Einfluss wurde aber im 19. Jahrhundert die Wechselwirkung entfernter Körper von den meisten Wissenschaftlern als Fernwirkung verstanden.

c Individuelle Lösung

9.15 Eigenschaften elektromagnetischer Wellen

Aufgabe 1

Aus der Symmetrie Prismas ergibt sich ein Winkel innerhalb des Winkels von $\beta = 30°$.

$\frac{\sin\alpha}{\sin\beta} = \frac{3{,}00}{1{,}875}$.

Daraus ergibt sich auf beiden Seiten ein Winkel von $\alpha = 53°$ gegenüber dem Lot auf die Prismenflächen.

Die Richtungsänderung beträgt an beiden Grenzflächen 23°, also insgesamt $\underline{\underline{46°}}$.

Aufgabe 2

Ist der φ Winkel zwischen dem elektrischen Feldvektor und den Metallgitterstäben gleich null, verlaufen der Feldvektor und die Metallgitterstäbe parallel zueinander. Die Metallstäbe wirken in diesem Fall als Empfangsdipole, in denen elektromagnetische Schwingungen angeregt werden. Das bedeutet, dass die Metallstäbe selbst als Sendeantennen wirken und elektromagnetische Wellen abstrahlen. Vor dem Gitter kann man diese Welle nachweisen, hinter dem Gitter ist jedoch ihre Intensität null. Das liegt daran, dass hinter dem Gitter die von den Metallstäben abgestrahlte Welle und die durch die Zwischenräume des Gitters hindurch laufende Originalwelle interferieren. Da die Phasenverschiebung dieser beiden Wellen genau π beträgt, ist die Interferenz destruktiv.

Gilt für den Winkel zwischen dem elektrischen Feldvektor und den Metallgitterstäben $\varphi = 90°$, werden in den Metallstäben keine elektromagnetischen Schwingungen angeregt. Dadurch kann die Originalwelle das Metallgitter ungehindert durchdringen.

9.16 Modulation

Aufgabe 1

Sowohl Amplituden- als auch Frequenzmodulation werden zur Informationsübertragung eingesetzt, dienen also dazu, einen Abschnitt eines Signals gegenüber dem nachfolgenden unterscheidbar zur machen. Der Einsatz der Amplitudenmodulation ist am auffälligsten bei der Trennung zweier gesprochener Worte – während das Wort gesprochen wird, ist eine bestimmte Amplitude vorhanden, zwischen zwei Worten ist sie null. Eine Amplitudenmodulation wirkt auch bei der Artikulation von Explosivlauten: Für einen kurzen Zeitraum ist die Amplitude erhöht.

Das Erkennen von Vokalen wird bei gleicher Höhe des Grundtons durch das unterschiedliche Frequenzspektrums ermöglicht, während der Grundton selbst in unserer Sprache nicht zur Informationsübertragung verändert wird. (Das ermöglicht es, beim Gesang dieselbe sprachliche Information mit einer Melodie zu verbinden.)

Aufgabe 2

Die Membran eines Lautsprechers soll der Modulationsschwingung folgen, also dem Verlauf der grünen Hüllkurve in Abb. 2c (Kap. 9.16). Die elektrische Spannung schwingt jedoch hochfrequent (blaue Kurve) innerhalb einer Periode dieser Hüllkurve. Für einen kleinen Zeitraum innerhalb dieser Periode ist sie positiv, im nächsten negativ. Für die Lautsprechermembran, die dieser hochfrequenten Schwingung nicht folgen kann, ist daher die Spannung im zeitlichen Mittel null. Durch eine Diode wird beispielsweise die untere Hälfte des gesamten Signals abgeschnitten, die Spannung ist dann zu jedem Zeitpunkt positiv, und die Auslenkung der Membran folgt der oberen Hüllkurve.

Aufgabe 3

Bei Frequenzmodulation wird das Signal dadurch übertragen, dass die Frequenz der Sendewelle verändert wird. Dadurch besitzt diese nicht nur genau einen Wert, sondern muss in einem bestimmten Bereich variiert werden. Dieser Bereich wird als Bandbreite für die Übertragung reserviert.

Aufgabe 4

a In der Antenne werden die amplitudenmodulierten elektromagnetischen Wellen in elektromagnetische Schwingungen umgewandelt. Diese Schwingungen werden über den 56-pF-Kondensator in den Empfangsschwingkreis eingekoppelt. Der Kondensator dient dabei zur Impedanzanpassung der niederohmigen Antenne an den hochohmigen Parallelschwingkreis.
Die Spule mit 150 Windungen und der veränderliche Kondensator bilden den Empfangsschwingkreis. Mit dem Drehkondensator wird die Resonanzfrequenz des Schwingkreises auf die Frequenz des gewünschten Senders abgestimmt (Tuning).
Die HF-Diode dient in Verbindung mit dem nachfolgenden R-C-Glied als Hüllkurvendemodulator zur Demodulation der hochfrequenten amplitudenmodulierten Schwingungen.
Die sich an den Demodulator anschließende Verstärkerschaltung stellt einen Wechselspannungsverstärker in Emitterschaltung dar.

b Der Lautsprecher befindet sich im Kollektorkreis des Transistors und erhält seine Energie durch die Gleichspannungsquelle zum Betrieb der Verstärkerschaltung.

Hinweis:
Detektorempfänger empfangen Radiosignale im Mittelwellenbereich. Diese Radiosender werden nur noch in geringer Zahl in Deutschland betrieben, sodass Detektorempfänger nur noch an wenigen Orten eingesetzt werden können. Die vollständige Abschaltung ist bereits geplant.

9.17 Anwendung elektromagnetischer Wellen

Aufgabe 1

a Gegeben ist die Frequenz eines UKW-Senders mit $f = 102{,}4\,\text{MHz}$.

$$\lambda = \frac{c}{f} = \frac{3 \cdot 10^8\,\frac{\text{m}}{\text{s}}}{102{,}4\,\text{MHz}} = 2{,}94\,\text{m}$$

Die Wellenlänge dieser UKW-Wellen beträgt 2,94 m.

b Die günstigste Antennenlänge beträgt $l = \lambda/2$, da in diesem Fall Resonanz zwischen der Anregungsschwingung und der Eigenschwingung des Dipols besteht (vgl. Kap. 9.12 im Lehrbuch). Für den Empfang des UKW-Radiosenders wäre also eine Antenne mit einer Länge von 1,47 m optimal. Aus technischen Gründen kann man jedoch nicht für jeden UKW-Sender eine optimale Antenne bauen (allerdings sind die Unterschiede relativ gering, sie liegen im Bereich weniger Zentimeter). Deshalb werden UKW-Antennen mit einer Länge von etwa 1,50 m gebaut.
Aber auch Antennen mit Längen von $\lambda/4$ und $\lambda/8$ ergeben noch einen ausreichenden Empfang.

c Bei nicht angepassten Antennen stimmen die Frequenz der Anregungsschwingung und die Resonanzfrequenz des Antennendipols auch nicht näherungsweise überein. Dieses Problem kann man dadurch lösen, dass die Resonanzfrequenz des Antennenschwingkreises durch zusätzliche Spulen und Kondensatoren angepasst wird.

Aufgabe 2

a Der Vorteil besteht im Wesentlichen in der größeren Störsicherheit und in der Möglichkeit, fehlerhafte Daten zu korrigieren.

b Ein großer Vorzug der digitalen Signalübertragung besteht in der Möglichkeit, fehlerhafte Daten zu erkennen und zu korrigieren. Ein einfaches Beispiel zeigt Abb. 3 in Kap. 9.17. Dabei werden im Sender aus jeweils vier aufeinander folgenden Datenworten, die mit 4 Bit kodiert sind, Datenblöcke mit 4 Zeilen und 4 Spalten gebildet. Anschließend wird für jede Zeile ein Paritätsbit erstellt, indem untersucht wird, ob die Anzahl der Nullen und Einsen in der Zeile gleich oder unterschiedlich ist. Ist sie gleich, wird an die Zeile das Paritätsbit (Prüfbit) 0 angehängt, anderenfalls die 1. So entstehen vier zusätzliche Zeilenprüfbits.
Das gleiche Verfahren wird für die 4 Spalten durchgeführt, es entstehen 4 Spaltenprüfbits. Insgesamt werden also an den Datenblock 8 Prüfbits angehängt. Da diese Prüfbits keine Nutzinformationen tragen, werden sie als redundante Bits bezeichnet. Insgesamt erhöht sich die zu übertragende Datenmenge von 16 auf 24 Bits.

Wenn beim Empfänger der Datenblock fehlerhaft ankommt, kann dieser Fehler in gewissen Grenzen erkannt und korrigiert werden. Im angegebenen Beispiel ist das dritte Bit im Wort 3 auf dem Übertragungsweg verfälscht worden, aus der 0 wurde eine 1. Anhand der Zeilenprüfbits stellt der Empfänger fest, dass im dritten Wort ein Fehler aufgetreten ist. Mit den Spaltenprüfbits lokalisiert er diesen Fehler in der dritten Spalte. Die Fehlerkorrektur ist dann einfach: Da die 1 dort falsch ist, kann nur eine 0 richtig sein.

Aufgabe 3

a Ein Mikrowellenherd dient zur Erwärmung von Speisen und Getränken. Dabei wird elektromagnetische Strahlungsenergie in thermische Energie umgewandelt.
Voraussetzung für diese Energieumwandlung ist die Tatsache, dass das Wassermolekül ein elektrisches Dipolmoment besitzt: Die Ladungsschwerpunkte der beiden Wasserstoffionen und des Sauerstoffions fallen nicht zusammen. Befinden sich die Wassermoleküle in einem elektrischen Wechselfeld, werden sie in diesem Feld periodisch ausgerichtet: Sie führen Drehschwingungen aus. Durch Stöße mit anderen Molekülen erwärmt sich die Speise. Durch Wärmeleitung wird die Wärme auch auf benachbarte Bereiche übertragen, die sich durch Mikrowellen nicht direkt anregen lassen.
Mikrowellenherde für den Haushalt arbeiten mit elektromagnetischer Strahlung der Frequenz von 2,455 GHz. Diese Frequenz liegt weit unterhalb des Resonanzabsorptionsmaximums von Wasser (etwa 18 GHz). Man hat sie jedoch gewählt, weil bei dieser Frequenz die Eindringtiefe der Mikrowellen in die Speise einige Zentimeter beträgt. Bei einer höheren Frequenz wäre die Absorption zwar besser, aber die Eindringtiefe geringer, sodass nur die Oberfläche der Speise erwärmt würde.

b Die Frequenz ist gegeben mit $f = 2{,}5\,\text{GHz}$.

$$\lambda = \frac{c}{\lambda} = \frac{3 \cdot 10^8\,\frac{\text{m}}{\text{s}}}{2{,}5 \cdot 10^8\,\text{s}^{-1}} = 0{,}12\,\text{m}$$

Die Wellenlänge beträgt 12 cm.

Da der Garraum eines handelsüblichen Mikrowellenherdes in Breite, Tiefe und Höhe meist wesentlich größer als die Mikrowellenlänge ist, kommt es durch Reflexionen an den Metallwänden zur Ausbildung stehender Wellen. Das bedeutet, dass die Feldverteilung im Garraum durch die Schwingungsknoten und -bäuche sehr unterschiedlich ist, die Speisen also nicht gleichmäßig erhitzt werden. Dem entgegen wirkt ein Drehteller, der jeden Abschnitt der Speise durch die Bereiche unterschiedlicher Feldstärke bewegt. Einige Geräte besitzen auch noch einen rotierenden Reflektor, einen „Wellenrührer“, der über Reflexionen die Feldverteilung gleichmäßiger machen soll.

9.18 Maxwell´sche Theorie

Aufgabe 1

Zwei ungleichnamige elektrische Ladungen bilden (unabhängig von ihrem Abstand) einen elektrischen Dipol. Umfasst das untersuchte Volumen diesen Dipol, so ist das Feld ebenfalls quellenfrei. Im Feldlinienbild treten genauso viele Feldlinien in die Hülle ein, wie aus ihr heraustreten.

Aufgabe 2

Bei einem Zangen-Amperemeter umfasst ein Eisenring die stromführende Leitung. Im Falle der Wechselstrommessung entsteht um den Strom im Ring – ähnlich wie im Transformatorkern – ein magnetisches Wechselfeld; dieses lässt sich mit einer Sekundärspule nachweisen. Für die Gleichstrommessung geeignete Geräte erfassen die Magnetisierung dagegen mit einer Hallsonde. Beides entspricht dem Grundgedanken der vierten Maxwell'schen Gleichung, nach der ein elektrischer Strom – und auch ein sich änderndes elektrisches Feld – von einem Magnetfeld umgeben ist. Dieses wird mit dem Messgerät erfasst.

Aufgabe 3

Der elektrischen Energie im Kondensator eines Schwingkreises entspricht die Spannenergie einer Federschwingung; der magnetischen Energie der Spule entspricht die kinetische Energie des an der Feder schwingenden Körpers. Dieser Zusammenhang findet sich in analog im Vergleich der elektromagnetischen Welle mit der in einer Stahlfeder. Die schwingenden Körper sind dabei die Teilstücke der Feder selbst.

10.1 Messung der Lichtgeschwindigkeit

Aufgabe 1

a Für die Ablenkung d des Oszilloskopstrahls gilt:

$$d = \frac{0{,}04\,\mu s}{0{,}1\,\frac{\mu s}{cm}} = \underline{\underline{0{,}4\,cm}}$$

b $t = 0{,}6\ \text{cm} \cdot 0{,}1\ \mu\text{s/cm} = 0{,}06\ \mu\text{s}$.

Da das Licht die Strecke s zweimal durchläuft, gilt:

$$s = \frac{1}{2}\,c \cdot t = \frac{1}{2} \cdot 3 \cdot 10^8\,\text{m/s} \cdot 6 \cdot 10^8\,\text{s} = \underline{\underline{9\,\text{m}}}$$

Aufgabe 2

a Da das Licht die Entfernung s zweimal durchläuft, gilt für die Zeit:

$$t = \frac{2s}{c} = \frac{760\,000}{300\,000}\,\text{s} = \underline{\underline{2{,}5\,\text{s}}}.$$

b $\tan\left(\frac{\varphi}{2}\right) = \frac{\frac{d}{2}}{s}$

$$d = 2\,s \cdot \tan\left(\frac{\varphi}{2}\right) = \underline{\underline{132\,\text{km}}}$$

10.2 Geometrische Optik

Aufgabe 1

Der kürzeste Weg zwischen zwei Punkten ist eine Gerade. Betrachtet man die Gerade, die den Sender A und das virtuelle Spiegelbild B′ des Empfängers verbindet, so bedeutet demnach jede Abweichung von der Gerade eine Verlängerung des Lichtwegs zwischen diesen beiden Punkten. Die Gerade auf beiden Seiten des Spiegels schließt denselben Winkel mit dem Lot ein ($\alpha = \beta'$).

Der bei Reflexion auftretende Lichtweg zwischen Sender und echtem Empfänger ist bis auf die Spiegelung der zweiten Hälfte identisch mit der oben beschriebenen Geraden. Daher würde auch hier jede Abweichung den Lichtweg verlängern. Da außerdem beim Spiegeln der Winkel zum Lot unverändert bleibt ($\beta = \beta'$), ist dies genau derjenige Lichtweg, für den Einfallswinkel und Ausfallswinkel gleich sind ($\alpha = \beta$). Der kürzeste Lichtweg ist also derjenige, für den das Reflexionsgesetz gilt.

Aufgabe 2

$\alpha_1 = 45°$
$n_{rot} = 1{,}51$
$n_{blau} = 1{,}52$
$n_{Luft} \approx 1$
$d = 2\,\text{m}$

Die Ablenkung der verschiedenen Anteile des Lichts lässt sich berechnen über die zweifache Anwendung des Brechungsgesetzes.

$$\frac{\sin\alpha}{\sin\beta} = \frac{n_\beta}{n_\alpha}$$

Der Term vereinfacht sich, wenn man den Brechungsindex der Luft als 1 annähert.

Den Winkel, unter dem der jeweilige Lichtstrahl auf die zweite Grenzfläche des Prismas fällt, ergibt sich aus der Geometrie des Prismas. Jeder Innenwinkel eines gleichseitigen Dreiecks beträgt 60°.

	Grenzfläche Luft/Prisma	
	Einfallswinkel	Ausfallswinkel
rot ($n_{rot} = 1{,}51$)	$\alpha_{1,rot} = 45°$	$\beta_{1,rot} = 27{,}92°$
blau ($n_{blau} = 1{,}52$)	$\alpha_{1,blau} = 45°$	$\beta_{1,blau} = 27{,}72°$

	Grenzfläche Prisma/Luft	
	Einfallswinkel	Ausfallswinkel
rot ($n_{rot} = 1{,}51$)	$\alpha_{2,rot} = 32{,}08°$	$\beta_{2,rot} = 53{,}31°$
blau ($n_{blau} = 1{,}52$)	$\alpha_{2,blau} = 32{,}28°$	$\beta_{2,blau} = 54{,}26°$

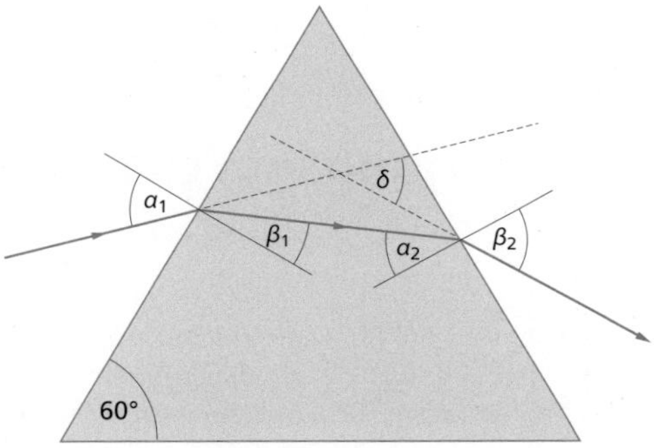

Daraus lässt sich die jeweilige Gesamtablenkung bestimmen:

$\delta_{rot} = 38{,}31°$

$\delta_{blau} = 39{,}26°$

Das schmale Dreieck, das die beiden verschiedenfarbigen Lichtbündel zwischen Prisma und Schirm aufspannen, läuft also am Prisma zu einem schmalen Winkel von $\delta_{blau} - \delta_{rot} = 0{,}95°$ zusammen. Nun lässt sich der Abstand s von Rot und Blau auf dem Schirm berechnen. Dazu teilt man das schmale Dreieck entlang der Winkelhalbierenden:

$$\frac{s}{2} = d \cdot \sin\left(\frac{\delta_{blau} - \delta_{rot}}{2}\right).$$

Das Spektrum von Rot bis Blau erstreckt sich also über etwa $\underline{\underline{3{,}3\,\text{cm}}}$ des Schirms.

Anmerkung: Genau genommen beginnen die Lichtwege des roten und blauen Lichtanteils nicht an derselben Stelle der zweiten Grenzfläche des Prismas, da der blaue Anteil ja schon innerhalb des Prismas stärker abgelenkt wird. Ohne die Länge der Lichtwege im Prisma zu kennen, ist es aber nicht möglich, die Differenz zu ermitteln. Das ist aber in der Regel auch nicht nötig, denn bei einem gewöhnlichen, kleinen Prisma ist diese Abweichung gegenüber der Trennung von rot und blau zwischen Prisma und Schirm vernachlässigbar gering.

Aufgabe 3

a Der schnellste Weg ergibt sich zum einen aus dem Verhältnis der beiden Geschwindigkeiten des Schwimmers an Land und im Wasser. Zum anderen ergibt er sich aus den geometrischen Verhältnissen: Abstand von Start- und Zielpunkt zur Grenzlinie und zu einem festgelegten Lot auf die Grenzlinie.

b Tatsächlich breitet sich das Licht von einer Lichtquelle A wie in Abb. 3 in alle Richtungen aus. Es erreicht nach und nach die Punkte auf der Grenzfläche. Von dort sind alle Lichtwege zum Punkt B möglich. Der Weg, auf dem das Licht am schnellsten bei B ankommt, ist hier rot gezeichnet. Nach dem Wellen- bzw. Zeigermodell tragen auch die übrigen Lichtwege zur Helligkeit in B bei – der schnellste Weg jedoch mit Abstand am meisten.

10.3 Beugung von Licht

Aufgabe 1

Fällt Licht einer punktförmigen Lichtquelle durch einen schmalen Spalt, so dürfte nach der geometrischen Optik nur ein einzelnes, scharf begrenztes Schattenbild entstehen. Weitere benachbarte helle Streifen und eine Aufweitung des zentralen Maximums lassen sich nur erklären, wenn man dem Licht Wellencharakter zuschreibt.

Aufgabe 2

$\sin \alpha_n = n \cdot \frac{\lambda}{b}$

$n = 3$

$\sin \alpha_3 = \frac{3 \cdot 630 \cdot 10^{-9}\,\text{m}}{0{,}3 \cdot 10^{-3}\,\text{m}} = 0{,}07$

$\alpha_3 = \underline{\underline{4°}}$

Aufgabe 3

$\sin \alpha_n = (n + 1/2)\,\frac{\lambda}{b}$

Entfernung Spaltblende–Schirm: y

Abstand Maximum–optische Achse: x

$\tan \alpha = \frac{x}{y}$

Rotes Licht:

$\sin \alpha = \frac{1{,}5 \cdot 650 \cdot 10^{-9}\,\text{m}}{0{,}5 \cdot 10^{-3}\,\text{m}} = 1{,}95 \cdot 10^{-3}$

$x_{\text{rot}} = y \tan \alpha = 2\,\text{m} \cdot \tan(\arcsin(1{,}95 \cdot 10^{-3})) = \underline{\underline{3{,}9 \cdot 10^{-3}\,\text{m}}}$

Blaues Licht:

$\sin \alpha = \frac{1{,}5 \cdot 450 \cdot 10^{-9}\,\text{m}}{0{,}5 \cdot 10^{-3}\,\text{m}} = 1{,}35 \cdot 10^{-3}$

$x_{\text{blau}} = y \tan \alpha = 2\,\text{m} \cdot \tan(\arcsin(1{,}35 \cdot 10^{-3})) = \underline{\underline{2{,}7 \cdot 10^{-3}\,\text{m}}}$

Aufgabe 4

$\sin \alpha_n = n \cdot \frac{\lambda}{d}$

Die Dicke eines Haars beträgt etwa $d = 0{,}05\,\text{mm}$.

Der Beugungswinkel für das erste Maximum liegt demnach bei etwa 0,7°.
Bei einer Entfernung des Schirms von 2 m entspricht dies einem Abstand von ca. 25 mm von der optischen Achse. Ähnlich groß sind – wegen der kleinen Winkel – auch die Abstände zwischen den folgenden Maxima.

10.4 Interferenz am Doppelspalt

Aufgabe 1

a Die Vergrößerung des Spaltmittenabstands d bewirkt, dass die Interferenzsteifen auf dem Schirm schmaler werden, die Maxima also zusammenrücken.

b Die Vergrößerung der Breite der Einzelspalte bewirkt eine Steigerung der Lichtintensität auf dem Schirm: Die Maxima erscheinen heller. Allerdings nimmt der Einfluss der Einzelspalt-Beugung zu: Das Muster wird unscharf.

Aufgabe 2

Gegeben sind folgende Größen:
$d = 0{,}5\,\text{mm}$
$l = 3\,\text{m}$
$s = 4\,\text{mm}$

Gleichung für die Berechnung des Abstandes des n-ten Maximums von der optischen Achse (dem 0. Maximum) beim Doppelspalt:

$\sin \alpha_n = n \cdot \frac{\lambda}{d}$

Einsetzen in die umgestellte Gleichung ergibt:
$\lambda = d \cdot \sin \alpha_1 = 0{,}5\,\text{mm} \cdot \sin(0{,}0764°) = \underline{\underline{667\,\text{nm}}}$.

Aufgabe 3

a $\sin\alpha = \frac{5}{2}\frac{\lambda}{d} = \frac{x_1}{y}$

$d = \frac{5}{2}\frac{\lambda \cdot y}{x_1} = \frac{5}{2} \cdot \frac{6{,}3 \cdot 10^{-7}\,\text{m} \cdot 3\,\text{m}}{2 \cdot 10^{-3}\,\text{m}} = \underline{\underline{2{,}4\,\text{mm}}}$

b $\sin\alpha = \frac{\lambda}{b} = \frac{x_2}{y}$

$b = \frac{\lambda \cdot y}{x_2} = 6{,}3 \cdot 10^{-7}\,\text{m} \cdot 3\,\text{m}/2 \cdot 10^{-3}\,\text{m} = 1\,\text{mm}$

c $2n_d - 1\,\frac{\lambda}{2d} = n_b\,\frac{\lambda}{b}$

$b = n_b\,\frac{\lambda \cdot 2d}{(2n_d - 1)\,\lambda} = \frac{2\,n_b \cdot d}{2\,n_d - 1}$

Aufgabe 4

Die Scheinwerfer müssten so konstruiert sein, dass sie kohärentes Licht aussenden. Ihr Licht müsste also in einer festen Phasenbeziehung stehen. Dies ließe sich beispielsweise durch Aufspaltung eines Laser-Lichtbündels realisieren. Andererseits liegt der Abstand der Scheinwerfer in der Größenordnung 1 m. In dieser Größenordnung müsste auch die Wellenlänge des Lichts liegen – also weit außerhalb des sichtbaren Bereichs.

10.5 Optisches Gitter

Aufgabe 1

a Doppelspalt: $\sin\alpha_n = n \cdot \frac{\lambda}{d}$

Gitter: $\sin\alpha_n = n \cdot \frac{\lambda}{g}$

b
- Mit zunehmender Ordnung n des Maximums wird der Abstand von der optischen Achse – ausgedrückt durch den Winkel α_n – größer.
- Mit zunehmender Wellenlänge λ wird der Abstand von der optischen Achse ebenfalls größer. Rotes Licht wird also stärker abgelenkt als blaues.
- Auch mit abnehmenden Spaltabstand d, bzw. kleiner werdender Gitterkonstante g nimmt der Abstand der Maxima zur optischen Achse zu.

c Beide Gleichungen haben strukturell die gleiche Form, weil ein Doppelspalt strukturell nichts anderes ist als ein sehr einfaches Gitter.

d Hat die Spaltblende nicht nur zwei, sondern viele Öffnungen im selben Abstand, handelt es sich also um ein Gitter, so erscheinen die Interferenzmaxima nach wie vor an denselben Stellen. Das Licht, das durch einen dritten Spalt auf den Schirm trifft, hat nämlich genau den gleichen Wegunterschied zum Licht des zweiten Spalts wie die beiden Spalte des Doppelspalts zueinander haben (Abb. 2 in Kap. 10.5). Weitere Spalte verändern also nicht den Ort, an dem die Maxima auftreten. Da aber durch jede weiter Öffnung auch zusätzliches Licht in jedes Maximum fällt, werden die Maximal heller.

Aufgabe 2

$d = 1{,}6\,\mu\text{m}$

Aufgabe 3

Im Interferenzmaximum werden Wellen bzw. Zeiger phasenrichtig überlagert. Hierzu werden die Amplituden bzw. Zeigerlängen addiert. Da die Intensität proportional zum Quadrat der resultierenden Amplitude bzw. Zeigerlänge ist, ändert sie sich mit der Anzahl der Öffnungen wie im Aufgabentext beschrieben.

10.6 Interferometer

Aufgabe 1

Das Licht zu Spiegel 1 durchläuft die Glasplatte des Spiegels dreimal, das Licht zu Spiegel 2 nur einmal. Dadurch sind die optischen Wege ungleich, wenn die geometrischen dieselben sind. Eine vor Spiegel 2 eingefügte Platte wird zweimal vom Licht durchlaufen, sodass sich dann dieselbe optische Weglänge wie für Lichtweg 1 ergibt.

Aufgabe 2

Die Brechzahl der Luft ergibt sich aus der folgenden Relation:

$$\frac{\lambda_{\text{Luft}}}{\lambda_{\text{Vakuum}}} = \frac{f c_{\text{Luft}}}{f c_{\text{Vakuum}}} = \frac{n_{\text{Vakuum}}}{n_{\text{Luft}}} = \frac{1}{n_{\text{Luft}}}.$$

Aufgabe 3

Durch die Reflexion an Vorder- und Rückseite des ersten Spiegels entstehen zwei Lichtwege, die sich etwa um die doppelte Dicke des Spiegelglases unterscheiden. Bei der Reflexion am zweiten Spiegel erhält der zuvor kürzere Lichtweg dieselbe Verlängerung, sodass es bei vollkommen symmetrischem Aufbau zu einem Maximum in Bündelmitte kommt.

10.7 Intensitätsberechnung mit Zeigern

Aufgabe 1

$\sin\alpha = \frac{2\lambda}{b} = \frac{x}{y}$

$x = \frac{2y \cdot \lambda}{b} = \frac{2 \cdot 3\,\text{m} \cdot 5{,}5 \cdot 10^{-7}\,\text{m}}{3 \cdot 10^{-4}\,\text{m}} = \underline{\underline{11\,\text{mm}}}$

Aufgabe 2

Wird der Spalt verkleinert, so fallen an beiden Enden der Zeigerspirale Zeiger weg. Der resultierende Zeiger wird dadurch länger.

10.8 Farben und Spektren

Aufgabe 1

Das elektromagnetische Spektrum erstreckt sich über einen theoretisch unendlichen Frequenzbereich. Nur ein kleiner Ausschnitt dieses Spektrums ist für den Menschen sichtbar. Dabei handelt es sich um den Bereich der Wellenlängen von etwa 400 bis 750 nm, bzw. der Frequenzen von 4 bis $7{,}5 \cdot 10^{14}$ Hz.
Je nach Frequenz sind unterschiedliche Rezeptoren im menschlichen Auge besonders empfänglich für die Strahlung. Aus dem entstehenden Signal der Sinneszellen erstellt das Hirn dann einen Farbeindruck, wobei niedrige Frequenzen den Eindruck hervorrufen, den wir Rot nennen, während hohe Frequenzen Blau erzeugen.

Aufgabe 2

Das Spektrum des Lichts einer Glühlampe ist kontinuierlich: Alle spektralen Anteile gehen bruchlos ineinander über. Bei der Zerlegung mithilfe eines Prismas wird der blaue Anteil stärker abgelenkt als der rote. Bei Verwendung eines Gitters erscheinen erscheint das Spektrum mehrfach beiderseits der optischen Achse. Dabei liegt jeweils der rote Bereich weiter außen als der blaue.

Aufgabe 3

Individuelle Lösung

10.9 Interferenz an dünnen Schichten

Aufgabe 1

Da das Licht an der Vorder- und an der Rückseite an einer Schicht mit jeweils größerer Brechzahl reflektiert wird, muss in der Summe kein Phasensprung berücksichtigt werden. Der gesamte in der Schicht zurückgelegte Weg ist $2\,d$, destruktive Interferenz tritt auf für $2\,d = \lambda/2$.
Die Wellenlänge des Lichts ist in der Vergütungsschicht um den Faktor $n_V = 1{,}35$ kleiner als in Luft. Damit ergibt sich:

$d = \frac{550\,\text{nm}}{1{,}35 \cdot 4} = \underline{\underline{102\,\text{nm}}}$

Aufgabe 2

Im Glimmer wird das Licht an vielen, im gleichen Abstand hintereinander liegenden Schichten reflektiert. Für das Licht der Quelle Q gibt es daher mehrere Wege zu einem bestimmten Punkt E auf dem Schirm. Für jeden einzelnen Weg gilt das Reflexionsgesetz. Zwischen den Wegen, auf denen das Licht jeweils den Punkt E erreicht, besteht ein Längenunterschied von jeweils $\Delta s = \Delta s_1 + \Delta s_2$. Konstruktive Interferenz entsteht, wenn Δs ein Vielfaches von λ beträgt. Δs selbst hängt dabei vom Winkel α ab, unter dem eingestrahlt und beobachtet wird. Ein ringförmiges Muster entsteht, weil für alle Punkte, die denselben Abstand zum zentralen Punkt Z besitzen, der Winkel α und damit der Wegunterschied Δs gleich ist.

Aufgabe 3

Eine vertikal aufgespannte Seifenhaut ist oben dunkel, da eine Schicht, deren Dicke gegen null geht, wegen des Phasensprungs von $\lambda/2$ destruktive Interferenz bei der Reflexion für Licht aller Wellenlängen zeigt. Mit zunehmender Schichtdicke wird zunächst Licht aller Wellenlängen in wachsendem Maß reflektiert, bis das sichtbare Licht mit der kürzesten Wellenlänge (blau) als erstes erneut destruktive Interferenz erfährt. Der erste farbige Streifen erscheint in der Komplementärfarbe, also gelb.

10.10 Auflösungsvermögen optischer Instrumente

Aufgabe 1

Normalerweise wird das scharfe Bild durch die Augenlinse bewirkt; diese stellt auf ein Objekt scharf. Objekte, die sich in größerem oder kleinerem Abstand befinden, erscheinen gleichzeitig unscharf (dies fällt kaum auf, da das Auge ständig nachfokussiert). Bei stärkerer Beleuchtung verengt sich die Pupille und wirkt als Lochkamerablende. Dies bewirkt, dass ein größerer Bereich scharf abgebildet wird.

Aufgabe 2

Für den Winkel, unter dem ein Mondkrater der Breite 100 km von der Erde aus gesehen wird, gilt:

$$\sin\alpha = \frac{100\,\text{km}}{370\,000\,\text{km}}$$

Der Krater erscheint unter einem Winkel von nur 0,015° und kann daher nicht mit dem bloßen Auge erkannt werden.

Aufgabe 3

Das Auflösungsvermögen entspricht etwa dem Quotienten λ/d. Bei großer Wellenlänge λ muss also auch der Teleskopdurchmesser d groß sein, damit die Objekte voneinander getrennt erscheinen.

10.11 Holografie

Aufgabe 1

a Die Krümmung der Kugelwelle in einem bestimmten Flächenabschnitt nimmt mit dem Abstand ab. Das Ringmuster erhält also größere Radien; Interferenzmaxima und -minima wechseln langsamer.

b Es entstehen zwei Ringmuster, die sich überlagern. Die beiden Muster liegen nebeneinander, da auch die Objektpunkte nebeneinander liegen; sie haben unterschiedliche Ringradien, da die Objektpunkte unterschiedliche Abstände zur Schnittebene haben.

Aufgabe 2

Durch das Aufspalten des Lichts gelangt nicht nur das „gewöhnliche" Bild des Gegenstands auf die Fotoplatte. Durch die Interferenz von Objekt- und Referenzlicht wird zusätzlich auch die Weglänge des Objektlichts und damit die Tiefe des Objekts, also seine dritte Dimension, auf der Fotoplatte kodiert.

Aufgabe 3

Das Licht muss kohärenzfähig sein. Das heißt, es muss möglichst monochromatisch sein und eine möglichst große Kohärenzlänge besitzen wie beispielsweise Laserlicht.

10.12 Polarisation des Lichts

Aufgabe 1

a Das Licht eine Glühlampe ist unpolarisiert. Passiert das Licht nun einen Polarisationsfilter, werden alle Schwingungsanteile des Lichts senkrecht zur Transmissionsrichtung des Filters ausgelöscht. Konkret bedeutet das:
- Wellenzüge, deren Polarisationsebene parallel zur Transmissionsrichtung des Filters ausgerichtet ist, passieren den Filter ungehindert.
- Wellenzüge, deren Polarisationsebene senkrecht zur Transmissionsrichtung des Filters liegt, absorbiert der Filter.
- Steht der Polarisationsvektor eines Wellenzuges schräg zur Transmissionsrichtung, wird das durchdringende Licht auf den Anteil parallel zur Transmissionsrichtung reduziert.

Insgesamt nimmt dadurch die Lichtstärke um die Hälfte ab.

b Das Lichtbündel wird nur bei gekreuzter Filterstellung komplett ausgelöscht. Die Transmissionsebenen von P_1 und P_2 müssen also senkrecht zueinander orientiert sein.

Aufgabe 2

Die Luftmoleküle werden von dem einfallenden Sonnenlicht wie Hertz'sche Oszillatoren zu Schwingungen angeregt und strahlen Sekundärwellen ab. (Die Strahlungsleistung dieser Rayleigh-Streuung ist proportional der vierten Potenz der Frequenz.) Blaues Licht wird stärker gestreut als rotes. (Dies gilt für ein Medium mit unregelmäßiger Dichte; bei konstanter Dichte verschwinden die Streubeiträge der einzelnen Moleküle durch Interferenz). Daher erscheint der Taghimmel blau. Die elektrische Feldstärke der Sekundärwelle oszilliert dabei in alle Richtungen außer der Ausbreitungsrichtung (sonst würde eine Longitudinalwelle vorliegen). Schaut man nun seitlich (bezogen auf die Beleuchtungsrichtung) auf ein Atmosphärenvolumen, so liegt nur noch die Schwingungsrichtung senkrecht zur Beobachtungsrichtung und zur ursprünglichen Ausbreitungsrichtung vor, das Licht ist also polarisiert.

Aufgabe 3

Von der gesamten eingestrahlten Lichtintensität wird bevorzugt Licht einer bestimmten Polarisationsrichtung reflektiert. Die hierzu senkrechte Polarisationsrichtung ist daher besonders stark im transmittierten Anteil vertreten.

10.13 Elektromagnetisches Spektrum

Aufgabe 1

Siehe Grafik in Kap. 10.13

10.14 Modelle in der Physik – Vorstellungen vom Licht

Aufgabe 1

Mit einem Lichtstrahl wird die Ausbreitung des Lichts bei der geradlinigen Ausbreitung, bei Reflexion und Brechung beschrieben. Dieses Verhalten wird aber nicht erklärt, d. h. auf bereits Bekanntes zurückgeführt. Hierzu wird ein Modell auf einer höheren Ebene, wie z. B. das Wellenmodell benötigt.

Aufgabe 2

Das Huygens'sche Prinzip besagt, dass die Einhüllende aller Elementarwellen die neue Wellenfront ergibt. Dies ist im Einklang mit dem Wellenmodell, da hier phasengleiche Auslenkungen zu einer neuen Auslenkung addiert werden. Das Wellenmodell des Lichts macht darüber hinaus auch Aussagen über den Fall, dass die zu addierenden Auslenkungen nicht phasengleich sind.

TRAINING
Schwingungen und Wellen

Aufgabe 1

a

	Geschwindigkeit		Beschleunigung	
	Betrag	Richtung	Betrag	Richtung
a) rechter Umkehrpunkt	0	–	maximal $a = \frac{D}{m} \cdot y_{max}$	nach links
b)	$\frac{\sqrt{3}}{2} \cdot v_{max}$	nach links	$\frac{1}{2} a_{max}$	nach links
c) Gleichgewichtslage	maximal $v_{max} = y_{max} \cdot \sqrt{\frac{D}{m}}$	nach links	0	–
d)	$\frac{\sqrt{3}}{2} \cdot v_{max}$	nach links	$\frac{1}{2} a_{max}$	nach rechts
e) linker Umkehrpunkt	0	–	maximal $a = \frac{D}{m} \cdot y_{max}$	nach rechts

Die genauen Angaben für die Geschwindigkeit resultieren aus der Betrachtung der Energien am harmonischen Schwinger. In den Stellungen b und d befindet sich der Wagen jeweils in der Mitte zwischen Maximalauslenkung und Gleichgewichtslage.

$$E_{pot} = \frac{1}{2} D \cdot y^2$$

Hat sich also die Auslenkung halbiert, ist die potenzielle Energie auf 1/4 abgesunken. 3/4 der Energie ist in kinetische Energie umgewandelt worden.

$$E_{kin}(b) = \frac{1}{2} m \cdot v^2(b) = \frac{3}{4} E_{kin}(c)$$

$$\frac{1}{2} m \cdot v^2(b) = \frac{3}{4} \cdot \frac{1}{2} m \cdot v^2(c)$$

$$v^2(b) = \frac{3}{4} v^2(c)$$

$$v^2(b) = \frac{\sqrt{3}}{2} \cdot v(c)$$

Die Beschleunigung dagegen ist proportional zur Auslenkung.

b Auf den Körper wird durch die Gravitation zu jedem Zeitpunkt die konstante Kraft $F = m \cdot g$ ausgeübt. Bei einem vertikalen Federpendel führt dies dazu, dass in der Gleichgewichtslage die Feder um einen bestimmten Betrag ausgelenkt ist. Die resultierende Kraft auf den Körper ist in diesem Punkt null. Eine Änderung der resultierenden Kraft auf den Körper wird lediglich durch die Längenänderung der Feder bewirkt. Sie ist unabhängig von der Fallbeschleunigung g.

c Die rücktreibende Kraft auf den Pendelkörper wird durch die Gravitation verursacht. Sie ist proportional zu m. Andererseits ist die Beschleunigung des Körpers bei gegebener Kraft nach dem zweiten Newton'schen Axiom umgekehrt proportional zu m. Bei größerer Masse wirkt also eine größere Kraft, zugleich ist aber die Trägheit auch größer. Letztlich ist also die Äquivalenz von schwerer und träger Masse die Ursache für die Unabhängigkeit der Pendelschwingung von m.

Aufgabe 2

a Es gilt

$$T = 2\pi \sqrt{\frac{l}{g}}$$

$$l = g \cdot \frac{T^2}{4\pi^2}$$

Bei einer Periodendauer von 2 s ergibt dies am Nordpol ($g = 9{,}83\,\text{m/s}^2$) die Pendellänge

$l_N = \underline{0{,}996\,\text{m}}$

und am Äquator ($g = 9{,}78\,\text{m/s}^2$)

$l_Ä = \underline{0{,}991\,\text{m}}$.

b Die Uhr hat in Europa die Schwingungsdauer T_E. Für die Schwingungsdauer der Uhr am Äquator gilt:

$$T_Ä = T_E \cdot \sqrt{\frac{g_E}{g_Ä}} = T_E \cdot \sqrt{\frac{9{,}81}{9{,}78}} = 1{,}00153\, T_E.$$

Nach 2 Stunden = 7200 Sekunden zeigt die Pendeluhr am Äquator also eine Zeit von

$\frac{1}{1{,}00153} \cdot 7\,200\,\text{s} = 7\,189\,\text{s}$ an.

Sie geht damit um 11 Sekunden nach.

c Individuelle Schülerleistung

Aufgabe 3

a Eine Schwingung heißt harmonisch, wenn ihre Zeit-Auslenkung-Funktion einen sinusförmigen Verlauf hat. Dies ist genau dann der erfüllt, wenn sie durch ein lineares Kraftgesetz beschrieben werden kann. Bei einem Fadenpendel gilt jedoch das Kraftgesetz

$$F = -\frac{g}{l} \cdot \sin\alpha.$$

Nur für kleine Auslenkwinkel gilt die Gleichung

$\sin\alpha \approx \tan\alpha \approx \alpha$.

Deswegen ist das Fadenpendel nur für kleine Auslenkungen ein harmonischer Schwinger.

b

α	$\sin\alpha \cdot 10^2$	$\alpha \cdot 10^2$	$\frac{\alpha - \sin\alpha}{\alpha}$ in %
1°	1,745	1,745	0,01
2°	3,490	3,491	0,02
3°	5,234	5,236	0,05
4°	6,976	6,981	0,08
5°	8,716	8,727	0,13
6°	10,453	10,472	0,18
7°	12,187	12,217	0,25
8°	13,917	13,963	0,32
9°	15,643	15,708	0,41
10°	17,365	17,453	0,51
11°	19,081	19,199	0,61
12°	20,79	20,94	0,73
13°	22,50	22,69	0,86
14°	24,19	24,43	0,99
15°	25,88	26,18	1,14
16°	27,56	27,93	1,29
17°	29,24	29,67	1,46
18°	30,90	31,42	1,64
19°	32,56	33,16	1,82
20°	34,20	34.91	2,02
30°	50,00	52,36	4,51
60°	86,60	104,7	17,30

Man erkennt, dass bei einem Auslenkwinkel von 5° die Abweichung mit 0,1 % sehr gering ist und bis 14° unter 1 % bleibt. Danach wird der Fehler zunehmend schnell größer.

Aufgabe 4

a

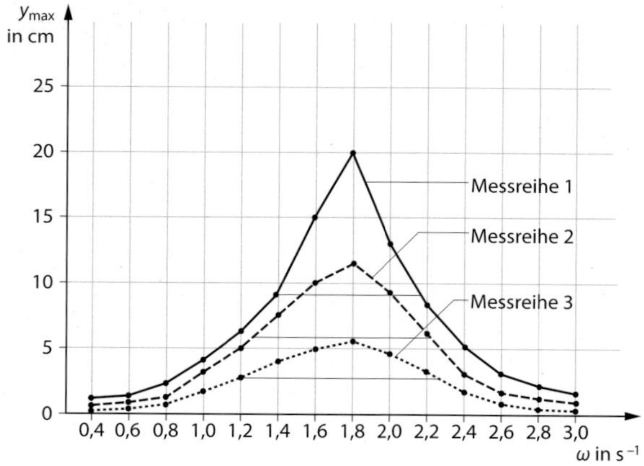

b Für die Resonanzkreisfrequenz gilt: $\omega_0 = 1{,}8\,\text{Hz}$.
$f_0 = \frac{\omega}{2\pi} = 0{,}29\,\text{Hz}$

c Die Eigenschwingungsdauer ist:

$$T_0 = \frac{1}{f_0} = 3{,}49\,\text{s}.$$

d Die Halbwertsbreiten betragen für:
Messreihe 1: $\Delta\omega_1 = 0{,}78\,\text{Hz}$
Messreihe 2: $\Delta\omega_2 = 0{,}97\,\text{Hz}$
Messreihe 3: $\Delta\omega_3 = 1{,}12\,\text{Hz}$

e Bei allen drei Messreihen tritt die gleiche Resonanzfrequenz auf. Da bei allen Messreihen die gleiche Feder benutzt wurde, kann man schließen, dass auch stets die Masse die gleiche geblieben ist. Der Grund dafür, dass in den Messreihen so unterschiedliche Amplituden erzielt wurden, liegt also in einer unterschiedlich starken Dämpfung. Sie ist bei der Messreihe 1 am geringsten und bei Messreihe 3 am größten.

f Beispiele für erwünschte Resonanz: Radioempfänger, Kinderschaukel, Zungenfrequenzmesser.
Beispiele für unerwünschte Resonanz: Bauwerke, Fahrzeuge

Aufgabe 5

a Eine Gleichung für die Beschreibung einer harmonischen Schwingung hat die allgemeine Form:

$$y(t) = y_{\text{max}} \sin\left(\frac{2\pi}{T} t + \varphi_0\right).$$

Die maximale Auslenkung ist also in der Gleichung direkt gegeben mit 0,3 cm. Die Schwingungsdauer ist zu berechnen durch

$$\frac{2\pi}{T} = \frac{2}{\text{s}},$$

also:

$$T = \frac{2\pi}{2}\,\text{s} = 3{,}142\,\text{s}.$$

Die Frequenz ergibt sich direkt aus der Periodendauer:

$$f = T^{-1} = 0{,}318\,\text{Hz}$$

b $v(t) = \dot{y}(t) = 0{,}3\,\text{m} \cdot \frac{2}{\text{s}} \cos\left(\frac{2}{\text{s}} t + \frac{\pi}{6}\right)$

$a(t) = \ddot{y}(t) = 0{,}3\,\text{m} \cdot \frac{2}{\text{s}} \sin\left(\frac{2}{\text{s}} t + \frac{\pi}{6}\right)$

Zum Zeitpunkt $t = 10\,\text{s}$ ergibt sich:

$v(t) = -0{,}06\,\frac{\text{m}}{\text{s}}$

$a(t) = -1{,}19\,\frac{\text{m}}{\text{s}^2}$

Aufgabe 6

a In beiden Fällen gilt für die rückstellende Kraft:
$F_r = -k \cdot y$.
Im Fall der Federschwingung ist k die Federkonstante D. Für die Feder muss im Fall der harmonischen Schwingung das Hooke'sche Gesetz gelten.
Im Fall des Fadenpendels ist $k = m \cdot g/l$. Die Proportionalität von F_r und y gilt allerdings nur für kleine Auslenkungswinkel.

b Die rückstellende Kraft bei einem Federpendel beträgt:
$F_r = -D \cdot y$,
wobei y die Auslenkung und D die Federkonstante ist. Außerdem gilt:
$F = m \cdot a(t) = m \cdot \ddot{y}(t)$.
Durch ein Gleichsetzen der Terme erhält man:
$m \cdot \ddot{y}(t) = -D \cdot y(t)$

$\ddot{y}(t) = -\frac{D}{m} y(t)$

c Es gilt das lineare Kraftgesetz
$F = -Dy$.
Für die potenzielle Energie einer gespannten Feder gilt dann:

$E_{pot} = \frac{1}{2} D \cdot y^2$.

Mit $y = y_{max} \cdot \cos(\omega \cdot t)$ gilt also:

$E_{pot} = \frac{1}{2} D \cdot y_{max}^2 \cdot \cos^2(\omega \cdot t)$.

Aufgabe 7

a Liegt die Blickrichtung in der Schwingungsebene des Pendels, so sind die Geschwindigkeitsänderungen und damit die Frequenzänderungen maximal. Bei allen anderen Blickrichtungen trägt nur ein Teil der Pendelbewegung zur Frequenzänderung bei.

b

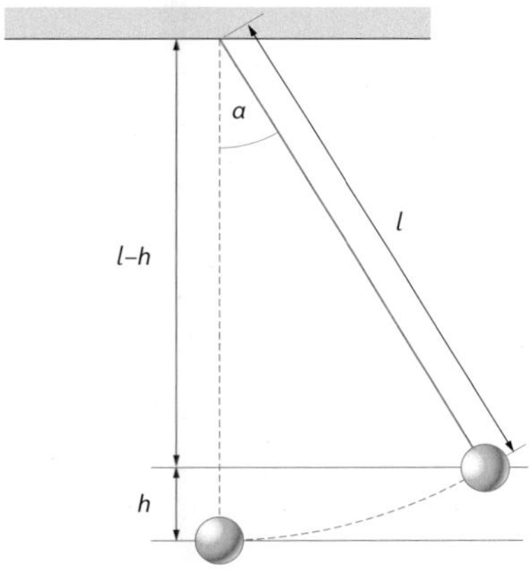

$\cos\alpha \frac{l-h}{l}$

$h = l \cdot (1 - \cos\alpha)$

$h = 2\,\text{m} \cdot (1 - \cos 20°)$

$h = 0{,}12\,\text{m}$

$E_{pot,1} = E_{kin,2}$

$m \cdot g \cdot h = \frac{m}{2} v^2$

$v = \sqrt{2 \cdot g \cdot h}$

$v = \sqrt{2 \cdot 9{,}81 \frac{\text{m}}{\text{s}^2} \cdot 0{,}12\,\text{m}}$

$v = \underline{\underline{1{,}54 \frac{\text{m}}{\text{s}}}}$

c Frequenz beim Annähern:

$$f_B = \frac{f_0}{1 - \frac{v}{c}}$$

$$f_B = \frac{440\,\text{Hz}}{1 - \frac{1{,}54 \frac{\text{m}}{\text{s}}}{343 \frac{\text{m}}{\text{s}}}} = \underline{\underline{442\,\text{Hz}}}$$

Wellenlängenänderung beim Annähern:

$$\lambda_B = \frac{c - v}{f_0} = \frac{343 \frac{\text{m}}{\text{s}} - 1{,}54 \frac{\text{m}}{\text{s}}}{440 \frac{1}{\text{s}}} = 0{,}776\,\text{m}$$

$$\lambda = \frac{c}{f_0} = \frac{343 \frac{\text{m}}{\text{s}}}{440 \frac{1}{\text{s}}} = 0{,}780\,\text{m}$$

$\Delta\lambda = 0{,}780\,\text{m} - 0{,}776\,\text{m} = 0{,}004\,\text{m} = \underline{\underline{4\,\text{mm}}}$

Aufgabe 8

a $f_A = 100\,\text{Hz}$ und $f_B = 110\,\text{Hz}$

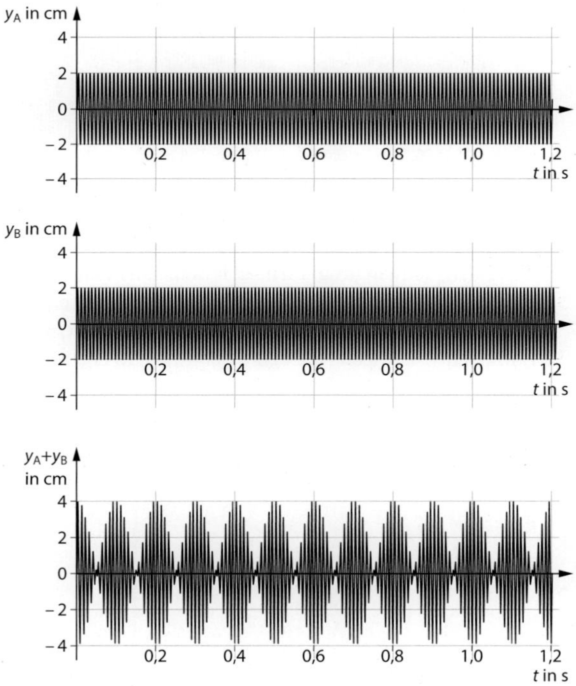

b $f_A = 100\,\text{Hz}$ und $f_B = 101\,\text{Hz}$

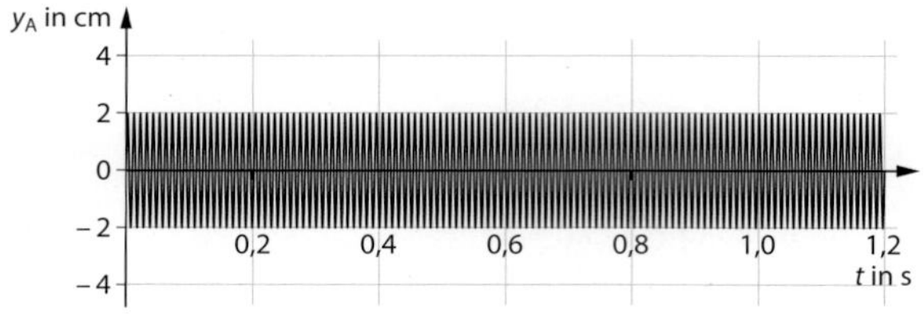

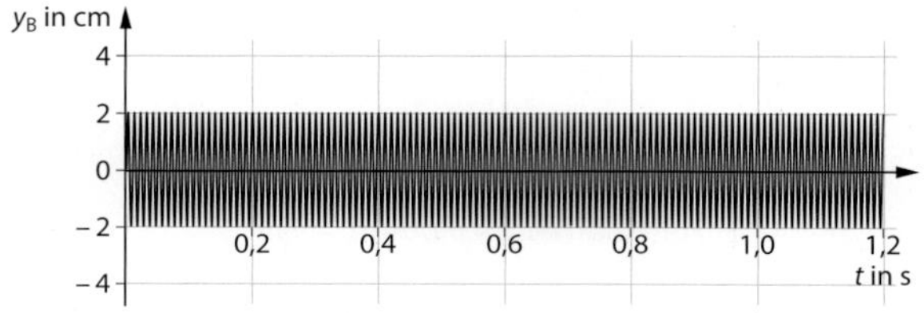

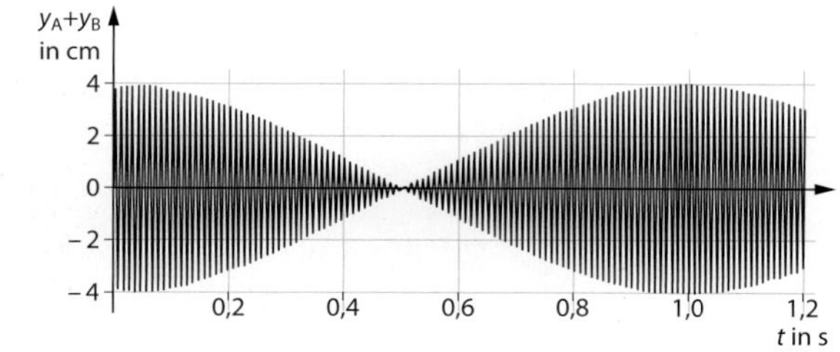

c In beiden Fällen überlagern sich die Schwingungen, sodass eine Schwebung entsteht. Die Amplitude der resultierenden Schwingung variiert jeweils um den Mittelwert der Einzelschwingungen ($y = 0$). Die Frequenz dieser Schwingung entspricht jeweils der Differenz der Einzelschwingungen. Im Fall a) gilt: $f_s = 10\,\text{Hz}$; im Fall b) gilt: $f_s = 1\,\text{Hz}$.

Aufgabe 9

a

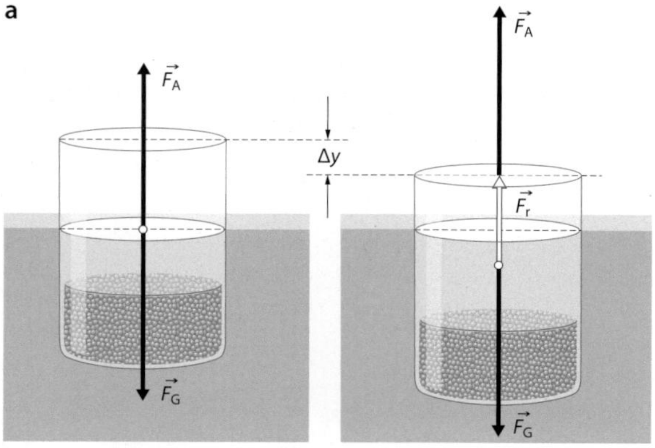

$\vec{F}_A$ Auftriebskraft
Sie entspricht der Gewichtskraft des verdrängten Wassers.

$\vec{F}_G$ Gewichtskraft des schwimmenden Körpers

$\vec{F}_r$ Rückstellende Kraft
Sie entspricht der Differenz aus der Auftriebskraft und der Gewichtskraft des schwimmenden Körpers.

b Kreiszylinder (Körper A)

$F_{G,A} = F_{A,A}$

$m_A \cdot g = m_{W,A} \cdot g$

Für das verdrängte Wasser gilt:

$$\rho_W = \frac{m_{W,A}}{V_{W,A}}$$

$$m_{W,A} = \rho_W \cdot V_{W,A}$$

$$m_{W,A} = \rho_W \cdot \pi \cdot r_A^2 \cdot h_{E,A}$$

Damit ergibt sich

$$m_A = \rho_W \cdot \pi \cdot r_A^2 \cdot h_{E,A}$$

$$h_{E,A} = \frac{m_A}{\rho_W \cdot \pi \cdot r_A^2}$$

$$h_{E,A} = \frac{0{,}05\,\text{kg}}{1000\,\text{kg} \cdot \pi \cdot (0{,}0125\,\text{m})^2}$$

$$h_{E,A} = 0{,}102\,\text{m} = \underline{\underline{10{,}2\,\text{cm}}}$$

Kreiskegel (Körper B)

$F_{G,B} = F_{A,B}$

$m_B \cdot g = m_{W,B} \cdot g$

Für das verdrängte Wasser gilt:

$$\rho_W = \frac{m_{W,B}}{V_{W,B}}$$

$$m_{W,B} = \rho_W \cdot V_{W,B}$$

$$m_{W,B} = \rho_W \cdot \frac{1}{3}\pi \cdot r_E^2 \cdot h_{E,B}$$

$$\frac{r_E}{r_B} = \frac{h_{E,B}}{h_B}$$

$$r_E = 4\,\text{cm} \cdot \frac{h_{E,B}}{8\,\text{cm}} = \frac{1}{2} \cdot h_{E,B}$$

$$m_{W,B} = \rho_W \cdot \frac{1}{3} \cdot \pi \cdot \left(\frac{1}{2} \cdot h_{E,B}\right)^2 \cdot h_{E,B}$$

$$m_{W,B} = \frac{1}{12} \cdot \rho_W \cdot \pi \cdot h_{E,B}^3$$

Damit ergibt sich:

$$m_B = \frac{1}{12} \cdot \rho_W \cdot \pi \cdot h_{E,B}^3$$

$$h_{E,B} = \sqrt[3]{\frac{12 \cdot m_B}{\rho_W \cdot \pi}}$$

$$h_{E,B} = \sqrt[3]{\frac{12 \cdot 0{,}08\,\text{kg}}{1000\,\frac{\text{kg}}{\text{m}^3} \cdot \pi}}$$

$$h_{E,B} = 0{,}067\,\text{m} = \underline{\underline{6{,}7\,\text{cm}}}$$

c Durch das Herunterdrücken des Körpers A um die Strecke Δy wird eine zusätzlich Wassermenge verdrängt. Dadurch entsteht eine zusätzliche Auftriebskraft, die als rückstellende Kraft wirkt. Ihr Betrag entspricht der Gewichtskraft des zusätzlich verdrängten Wassers. Das Volumen dieser zusätzlichen Wassermenge kann mithilfe der folgenden Gleichung bestimmt werden:

$V_{\Delta y} = \pi \cdot r_A^2 \cdot \Delta y.$

Der Betrag der rückstellenden Kraft berechnet sich folgendermaßen:

$F_r = -m_{\Delta y} \cdot g$

$F_r = -\rho_W \cdot V_{\Delta y} \cdot g$

$F_r = -\rho_W \cdot g \cdot \pi \cdot r_A^2 \cdot \Delta y$

Es gilt demnach das lineare Kraftgesetz für harmonische Schwingungen $F_r = -k \cdot \Delta y$ mit $k = \rho_W \cdot g \cdot \pi \cdot r_A^2 =$ konst..

d Durch das Herunterdrücken des Körpers B wird eine zusätzliche Wassermenge verdrängt. Dadurch entsteht eine zusätzliche Auftriebskraft, die als rückstellende Kraft wirkt. Ihr Betrag entspricht der Gewichtskraft des zusätzlich verdrängten Wassers. Das Volumen des zusätzlich verdrängten Wassers kann mithilfe eines geraden Kegelstumpfes beschrieben werden. Die Größe Δy, um die der Körper in das Wasser gedrückt wird, ist daher nicht proportional zur zusätzlich verdrängten Wassermenge und damit nicht proportional zur rückstellenden Kraft. Damit ist die Bedingung für eine harmonische Schwingung nicht erfüllt.

e Für harmonische Oszillatoren gilt:

$\omega = \sqrt{\frac{k}{m}}$ bzw. $T = 2\pi \cdot \sqrt{\frac{m}{k}}$

Weiterhin gilt:

$k = \rho_W \cdot g \cdot \pi \cdot r_A^2$

$h_E = \frac{l}{2}$

$h_E = \frac{m}{\rho_W \cdot \pi \cdot r_A^2}$

Durch Zusammenfassen erhält man:

$\frac{l}{2} = \frac{m}{\rho_W \cdot \pi \cdot r_A^2}$

$m = \frac{\rho_W \cdot \pi \cdot r_A^2 \cdot l}{2}$

$T = 2\pi \cdot \sqrt{\frac{\rho_W \cdot \pi \cdot r_A^2 \cdot l}{2 \cdot \rho_W \cdot g \cdot \pi \cdot r_A^2}}$

$T = 2\pi \cdot \sqrt{\frac{l}{2 \cdot g}}$

Aufgabe 10

a $y(x,t) = y_{max} \cdot \sin\left(\omega \cdot t - 2\pi \cdot \frac{x}{\lambda}\right)$

b

	$x = 0$	$x = \lambda/4$	$x = \lambda/2$	$x = 3\lambda/4$	$x = \lambda$	$x = 5\lambda/4$
$t = 0$	$y = 0$	$y = -2$ cm	$y = 0$	$y = 2$ cm	$y = 0$	$y = -2$ cm
$t = T/4$	$y = 2$ cm	$y = 0$	$y = -2$ cm	$y = 0$	$y = 2$ cm	$y = 0$

c

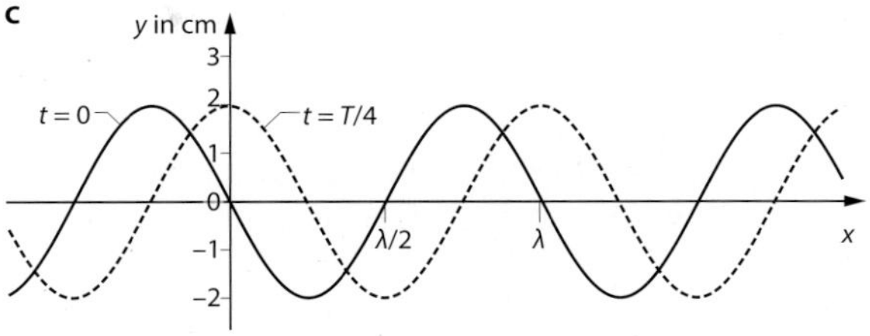

Aufgabe 11

Unmittelbar hinter der Lärmschutzwand befindet man sich in einer so genannten Schall-Schatten-Zone. Die Geräusche durchdringen die Wand nicht und werden nach oben und zur Seite hin abgelenkt. An der Kante der Lärmschutzwand kommt es jedoch zu Beugungseffekten: Ein kleiner Teil der Schallstrahlung gelangt in den geometrischen Schattenraum. Außerdem wird der nach oben gelenkte Schall bei bestimmten Wetterbedingungen nach unten gebrochen und ist dann in einiger Entfernung besonders laut zu vernehmen.

Aufgabe 12

Die beiden Lautsprecher sind Quellen von Schallwellen, die sich als Kugelwellen ausbreiten. In der Ebene, in der die Besucher sitzen, kommt es zu konstruktiver und destruktiver Interferenz der Schallwellen.

Aufgabe 13

a Dieses akustische Phänomen beruht auf der Interferenz der von der Fräse kommenden Schallwellen an den beiden schmalen Fenstern, die als Doppelspalt wirken.

b Die dargestellte Abbildung dient als Grundlage für die maßstabsgerechte Zeichnung. Die Ablenkwinkel (Beugungswinkel) zur ersten und zweiten Ordnung der Maxima und Minima sind folgendermaßen zu berechnen:
Für die Minima gilt:

$\sin \alpha_n = \left(n - \frac{1}{2}\right) \cdot \frac{\lambda}{d},$

für die Maxima:

$\sin \alpha_n = n \cdot \frac{\lambda}{d}.$

Beugungswinkel für das 1. Minimum:

$$\sin\alpha_1 = \left(1 - \frac{1}{2}\right) \cdot \frac{\lambda}{d} \cdot \frac{\frac{v}{f}}{d} = 0{,}5 \cdot \frac{\frac{343\,\text{m}\cdot\text{s}^{-1}}{500\,\text{s}^{-1}}}{4\,\text{m}}$$

$\alpha_1 = 4{,}9°$

Entsprechend ergeben sich die übrigen Werte:
1. Maximum bei 9,8°
2. Minimum bei 14,8°
2. Maximum bei 19,9°

Für die jeweiligen Abstände zum Maximum nullter Ordnung erhält man folgende Werte:

$s_{1.\text{Min}} = 1{,}7\,\text{m}$
$s_{1.\text{Max}} = 3{,}4\,\text{m}$
$s_{2.\text{Min}} = 5{,}1\,\text{m}$
$s_{2.\text{Max}} = 6{,}8\,\text{m}$

c Der Abstand der einzelnen Interferenzmaxima vom nullten Maximum hängt ab von deren Entfernung zum Doppelfenster, vom Abstand der beiden Fenster untereinander und von der Wellenlänge der Schallwellen. Liegen die Fenster näher beieinander (kleineres d), wird der Abstand zwischen den Maxima größer (größeres α).

Aufgabe 14

a Der Beobachter befindet sich in Ruhe und die Quelle bewegt sich. Es gilt also Gl. (1) in Kap. 9.11. Das Pluszeichen in der Gleichung ist zu verwenden, wenn sich die Quelle entfernt, das Minuszeichen wenn sich die Quelle annähert. Die Geschwindigkeit des Krankenwagens beträgt 54 km/h = 15 m/s. Es gilt also für den heranfahrenden Krankenwagen:

$$f_{\text{Beob}} = \frac{f_Q}{1 - \frac{v_Q}{c}} = \frac{400\,\text{Hz}}{1 - \frac{15\,\text{m}\cdot\text{s}^{-1}}{343\,\text{m}\cdot\text{s}^{-1}}} = \underline{\underline{418{,}3\,\text{Hz}}}.$$

Für den davonfahrenden Krankenwagen ergibt sich dann bei dem Beobachter die wahrgenommene Frequenz:

$$f_{\text{Beob}} = \frac{f_Q}{1 + \frac{v_Q}{c}} = \frac{400\,\text{Hz}}{1 + \frac{15\,\text{m}\cdot\text{s}^{-1}}{343\,\text{m}\cdot\text{s}^{-1}}} = \underline{\underline{383{,}2\,\text{Hz}}}.$$

b Aus der erhöhten Frequenz ist zu schließen, dass sich der Krankenwagen auf den Beobachter zu bewegt. Es gilt also:

$$f_{\text{Beob}} = \frac{f_Q}{1 - \frac{v_Q}{c}}$$

$$1 - \frac{v_Q}{c} = \frac{f_Q}{f_{\text{Beob}}}$$

$$v_Q = \left(1 - \frac{f_Q}{f_{\text{Beob}}}\right) \cdot c = \left(1 - \frac{400\,\text{Hz}}{440\,\text{Hz}}\right) \cdot 343\,\frac{\text{m}}{\text{s}} = 31{,}18\,\frac{\text{m}}{\text{s}}$$

Der Krankenwagen bewegt sich also mit einer Geschwindigkeit von etwa $\underline{\underline{112\,\text{km/h}}}$ auf den Beobachter zu.

Aufgabe 15

a Situation: Bewegte Quelle, nämlich das bewegte Blutkörperchen, ruhender Beobachter:

Damit gilt:

$$f_B = \frac{f_0}{1 - \frac{v_b}{c}}$$

Umformen ergibt:

$$\frac{v_b}{c} = 1 - \frac{f_0}{f_B}$$

Behauptung:

$$\Delta\lambda = \lambda_0 - \lambda_B = \lambda_Q \cdot \frac{v_b}{c}$$

Umformen ergibt:

$$\frac{v_b}{c} = 1 - \frac{\lambda_B}{\lambda_0}$$

Demnach wäre

$$1 - \frac{f_0}{f_B} = 1 - \frac{\lambda_B}{\lambda_0}$$

also:

$$\frac{f_0}{f_B} = \frac{\lambda_B}{\lambda_0}.$$

Dies ist offenbar korrekt, da $f_0 \cdot \lambda_0 = f_B \cdot \lambda_B = c$ gilt.

b

$$\Delta\lambda = \lambda_Q \cdot \frac{v_b}{c} = c/f_Q \cdot \frac{v_b}{c} = \frac{0{,}1\,\frac{\text{m}}{\text{s}}}{5 \cdot 10^6\,\text{s}^{-1}} = \underline{\underline{2 \cdot 10^{-8}\,\text{m}}}$$

Aufgabe 16

a Das Kraftgesetz der harmonischen Schwingung lautet:

$F_r = -D \cdot y.$

Die rückstellende Kraft F_r ist proportional zur Auslenkung y. Die Proportionalitätskonstante ist im Falle einer Federschwingung die Federkonstante D.

b Übertragen auf den elektrischen Schwingkreis lautet das Gesetz:

$U = -\frac{1}{C} \cdot Q.$

Die Spannung, die am Kondensator anliegt, ist proportional zur Ladung auf den Platten. Die Proportionalitätskonstante ist der Kehrwert der Kapazität. Denn je kleiner die Kapazität ist, umso größer ist bei einer bestimmten Ladung die „rücktreibende“ Spannung. Der Kehrwert der Kapazität entspricht also der Federkonstante D im Falle der mechanischen Schwingung.

Aufgabe 17

a Bei Dämpfung durch Gleitreibung ist die Reibungskraft etwa proportional zur Geschwindigkeit. Dabei gilt für den Betrag der Reibungskraft:

$|F_R| = b \cdot v.$

Bei Dämpfung schneller Bewegungen beispielsweise durch Luftreibung ist die Reibungskraft dagegen etwa proportional zum Quadrat der Geschwindigkeit:

$|F_R| \sim v^2.$

b Die Dämpfung im Schwingkreis folgt dem Ohm'schen Gesetz: $U = R \cdot I$. Dies entspricht formal dem Fall der geschwindigkeitsproportionalen Reibungskraft. Die Spannung ist proportional zu $I = \dot{Q}$.
Es entsprechen also einander die Größen
F_R und U,
b und R,
v und I.

Aufgabe 18

Für den Kondensator gilt: $C = \varepsilon_0 \varepsilon_r \frac{A}{d}$.

Mit den gegebenen Werten erhält man: $C = 6{,}2 \cdot 10^{-10}\,\text{F}$.

Für die Induktivität der Spule gilt: $L = \mu_0 \mu_r \frac{N^2}{l} A$.

Mit den gegebenen Werten erhält man: $L = 104{,}7\,\text{H}$.

a Für die maximale elektrische Feldstärke im Kondensator gilt:

$$E = \frac{U}{d} = \frac{24\,\text{V}}{1\,\text{mm}} = \underline{\underline{24\,000\,\frac{\text{V}}{\text{m}}}}.$$

Die Ladung des Kondensators ist dann:

$$Q = CU = 24\,\text{V} \cdot 6{,}2 \cdot 10^{-10}\,\frac{\text{C}}{\text{V}} = \underline{\underline{1{,}49 \cdot 10^{-8}\,\text{C}}}.$$

Für die Energie des elektrischen Felds ergibt sich:

$$W = \frac{1}{2} C \cdot U^2 = \frac{1}{2} 6{,}2 \cdot 10^{-10}\,\frac{\text{C}}{\text{V}} \cdot (24\,\text{V})^2 = \underline{\underline{1{,}79 \cdot 10^{-7}\,\text{J}}}.$$

b Die Energie des magnetischen Felds ist genauso groß wie die Energie des elektrischen Felds.

$E_{mag} = E_{el}$

Mit

$E_{mag} = \frac{1}{2} L \cdot I^2$

kann man dann die Stromstärke berechnen:

$$I = \sqrt{2 \frac{E_{mag}}{L}} = \sqrt{\frac{2 \cdot 1{,}79 \cdot 10^{-7}\,\text{A} \cdot \text{V} \cdot \text{s}}{104{,}7\,\text{H}}} = \underline{\underline{5{,}84 \cdot 10^{-5}\,\text{A}}}.$$

Für die magnetische Feldstärke gilt:

$$B = \mu_0 \mu_r \frac{N}{l} I = \underline{\underline{1{,}89 \cdot 10^{-3}\,\text{T}}}.$$

c Die Eigenfrequenz des Schwingkreises ist:

$$f_0 = \frac{1}{2\pi} \frac{1}{\sqrt{L \cdot C}} = \frac{1}{2\pi \sqrt{104{,}7\,\text{H} \cdot 6{,}2 \cdot 10^{-10}\,\text{F}}} = \underline{\underline{624{,}67\,\text{Hz}}}.$$

Aufgabe 19

a Für die Eigenfrequenzen ergeben nach der Thomson'schen Schwingungsgleichung die Werte:

$$T_{rot} = 2\pi \sqrt{L \cdot C} = 2\pi \sqrt{0{,}009\,\text{H} \cdot 10^{-6}\,\text{F}} = 5{,}96 \cdot 10^{-4}\,\text{s}$$

$$T_{blau} = 2\pi \sqrt{L \cdot C} = 2\pi \sqrt{0{,}0035\,\text{H} \cdot 10^{-7}\,\text{F}} = 3{,}72 \cdot 10^{-4}\,\text{s}$$

Diese berechneten Werte stimmen mit denen in der Grafik überein:
Rot: 7 Schwingungen in 4,2 ms.
Blau: 10 Schwingungen in 3,7 ms.

b Die Dämpfung lässt sich aus der Abnahme der Amplituden abschätzen. Näherungsweise gilt:

$$U(t) = U_{max} \cos \omega t \cdot e^{-\frac{R}{2L} t}.$$

Nach einer Periode hat die Amplitude um den Faktor $k = e^{-\frac{R}{2L} T}$ abgenommen.

Aus der Grafik lässt sich abschätzen: $k = 0{,}9$.
Daraus ergibt sich der ohmsche Widerstand:

$$R = \frac{\ln 0{,}9 \cdot 2L}{T} = \frac{\ln 0{,}9 \cdot 2 \cdot 0{,}035\,\text{H}}{3{,}72 \cdot 10^{-4}\,\text{s}} = 40\,\Omega.$$

Die Spannung folgt also der Gleichung:

$$U(t) = U_{max} \cdot \cos\left(\frac{2\pi}{3{,}72 \cdot 10^{-4}\,\text{s}} \cdot t\right) \cdot e^{-\frac{40\,\Omega}{0{,}07\,\text{H}} t}.$$

Durch die Phasenverschiebung um eine viertel Periode gilt entsprechend für die Stromstärke:

$$I(t) = -I_{max} \cdot \sin\left(\frac{2\pi}{3{,}72 \cdot 10^{-4}\,\text{s}} \cdot t\right) \cdot e^{-\frac{40\,\Omega}{0{,}07\,\text{H}} t}.$$

Aufgabe 20

a Es ist $L_2 >> L_1$. Die Induktivität der parallelgeschalteten Spulen wird im Wesentlichen von der Spule mit der hohen Induktivität geliefert. Dies zeigt auch die folgende Rechnung:

$$\frac{1}{L_{ges}} = \frac{1}{L_1} + \frac{1}{L_2} \Rightarrow L_{ges} = \frac{L_1 \cdot L_2}{L_1 + L_2} \Rightarrow L_{ges} = L_1 \cdot \frac{L_2}{L_1 + L_2}$$

$$\frac{L_2}{L_1 + L_2} \approx 1$$

Damit gilt:

$L_{ges} \approx L_1$.

Die Eigenfrequenz des Schwingkreises hängt praktisch nur von L_1 ab.

b Für die Induktivität der Spule im ersten Schwingkreis gilt:

$$L_1 = \mu_0 \cdot \frac{N_1^2 \cdot A_1}{l} = 4\pi \cdot 10^{-7} \cdot \frac{10^2 \cdot 0{,}06^2 \cdot \pi}{0{,}15}\,\mathrm{H} = 9{,}5 \cdot 10^{-6}\,\mathrm{H}$$

Die Kapazität der Leidener Flasche beträgt:

$$C = \varepsilon_0 \varepsilon_r \cdot \frac{A}{d} = \varepsilon_0 \varepsilon_r \cdot \frac{2\pi r \cdot h}{d}$$

$$= 8{,}85 \cdot 10^{-12} \cdot 1 \cdot \frac{2\pi \cdot 0{,}06 \cdot 0{,}25}{0{,}003}\,\mathrm{F} = 2{,}8 \cdot 10^{-10}\,\mathrm{F}$$

Hierbei wurde $\varepsilon_r = 1$ angenommen.
Daraus ergibt sich für die Eigenfrequenz:

$$f = \frac{1}{2\pi \cdot \sqrt{L_1 \cdot C_1}} = \frac{1}{2\pi \cdot \sqrt{9{,}5 \cdot 10^{-6} \cdot 2{,}8 \cdot 10^{-10}}}\,\mathrm{Hz}$$

$$= \underline{\underline{3{,}1\,\mathrm{MHz}}}$$

c Für die Induktivität der Spule im zweiten Schwingkreis gilt:

$$L_2 = \mu_0 \cdot \frac{N_2^2 \cdot A_2}{l} = 4\pi \cdot 10^{-7} \cdot \frac{3000^2 \cdot 0{,}03^2 \cdot \pi}{8 \cdot 0{,}15}\,\mathrm{H} = 2{,}7 \cdot 10^{-2}\,\mathrm{H}$$

Aus $f = \frac{1}{2\pi \cdot \sqrt{L_2 \cdot C_2}} = 3{,}1\,\mathrm{MHz}$ folgt:

$$C_2 = \frac{1}{4\pi^2 \cdot 2{,}7 \cdot 10^{-2}\,\mathrm{H} \cdot (3{,}1\,\mathrm{MHz})^2} = \underline{\underline{1{,}0 \cdot 10^{-13}\,\mathrm{F}}}$$

Aufgabe 21

a

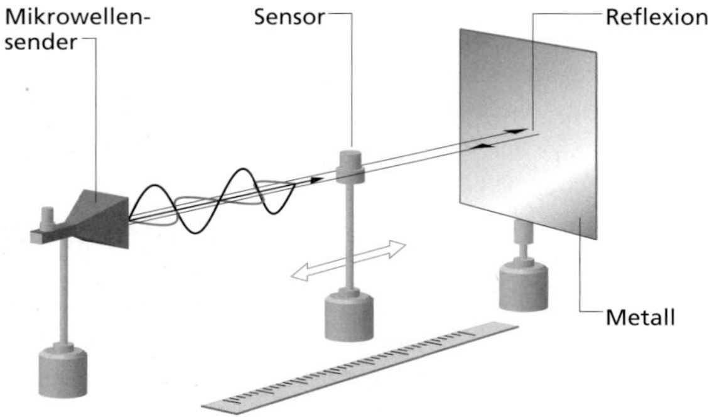

Das abgebildete Experiment kann mit den mit den Geräten durchgeführt werden, die in Exp. 1 (Kap. 9.15) dargestellt sind. Als Empfänger (Sensor) ist allerdings die HF-Diode ohne Hornantenne zu nutzen.
Die vom Mikrowellensender abgestrahlte elektromagnetische Welle wird am Blech reflektiert, sodass sich hinlaufende und reflektierte Welle überlagern. Es entsteht eine stehende Welle mit einem Phasensprung von π. Durch Verschieben des Empfängers ist zu erkennen, dass es Orte gibt, an denen die Felder verschwinden (Schwingungsknoten), und Orte, an denen die Felder maximale Amplitude erreichen (Schwingungsbäuche).

b Mit dem Empfänger wird das Feld an verschiedenen Orten in der Nähe der Metallfläche ausgemessen. Der Abstand des ersten Knotens von der Fläche wird bestimmt. Da sich an der Metallfläche selbst auch ein Knoten befindet („Reflexion am festen Ende"), beträgt dieser Abstand $\lambda/2$.
Zur Erhöhung der Genauigkeit kann man auch den Abstand zwischen mehreren Knoten messen und entsprechend umrechnen.

c Gegeben ist der Wert: $\lambda = 3{,}2\,\mathrm{cm}$.

$$c = \lambda \cdot f$$

$$f = \frac{c}{\lambda} = \frac{3 \cdot 10^8\,\frac{\mathrm{m}}{\mathrm{s}}}{0{,}032\,\mathrm{m}} = 9{,}38\,\mathrm{GHz}$$

Die Mikrowellenfrequenz beträgt $\underline{\underline{9{,}38\,\mathrm{GHz}}}$.

Aufgabe 22

Für das Doppelspalt-Experiment sind die folgenden Werte gegeben:
$d = 9\,\mathrm{cm}$ (Spaltabstand),
$\alpha_1 = 20°$ (Beugungswinkel für das Maximum 1. Ordnung).

Für die konstruktive Interferenz am Doppelspalt gilt:

$$\sin \alpha_n = n \cdot \frac{\lambda}{d}.$$

Für die erste Ordnung erhält man:

$$\sin \alpha_1 = \frac{\lambda}{d}$$

$$\lambda = d \cdot \sin \alpha_1 = 9\,\mathrm{cm} \cdot \sin 20° = \underline{\underline{3{,}08\,\mathrm{cm}}}$$

Aufgabe 23

Die Gefährdung des Menschen durch die Mikrowellenstrahlung wird durch den gleichen Effekt wie bei der Erwärmung von Speisen im Mikrowellenherd hervorgerufen. Da der menschliche Körper zu einem großen Anteil aus Wasser besteht, ist die Erwärmung des Gewebes durch die Drehschwingungen der Wassermoleküle besonders hoch.
Die Gefährdung hängt von der Frequenz der Strahlung und der emittierten Strahlungsleistung ab. Beim Mobilfunk werden Frequenzen von 450 MHz bis 1,9 GHz verwendet, die Sendeleistung eines Mobiltelefons beträgt 1 bis 2 Watt. Bei diesen Werten kann es durch lokales Aufwärmen zu Schädigungen des Gewebes kommen. Insbesondere schwach durchblutetes Gewebe, das die Wärme über den Blutkreislauf nicht schnell genug abführen kann, ist in erhöhtem Maß gefährdet – beispielsweise die Augen. Für Vieltelefonierer empfiehlt sich daher, ein Mobiltelefon mit Freisprecheinrichtung zu benutzen.
Oft wird das Entstehen von Schadstoffen durch das Verfahren der Mikrowellenerwärmung diskutiert. Mikrowellen zählen jedoch im Gegensatz z. B. zur Röntgenstrahlung zur nichtionisierenden Strahlung und erzeugen nachweislich weder molekulare noch chemische Strukturveränderungen.

Aufgabe 24

a Hinweise zum Experiment: Sollten die dargestellten Bauelemente nicht vorhanden sein, kann man auch welche mit ähnlichen Werten nehmen. Wenn in der Nähe kein Mittelwellensender existiert, ist für einen guten Empfang eine genügend lange Antenne zu verwenden (unter Umständen 5 Meter und mehr).

b In der Antenne werden die amplitudenmodulierten elektromagnetischen Wellen in elektromagnetische Schwingungen umgewandelt. Diese Schwingungen werden über den 56-pF-Kondensator in den Empfangsschwingkreis eingekoppelt. Der Kondensator dient dabei zur Impedanzanpassung der niederohmigen Antenne an den hochohmigen Parallelschwingkreis.
Die Spule mit 150 Windungen und der veränderliche Kondensator bilden den Empfangsschwingkreis. Mit dem Drehkondensator wird die Resonanzfrequenz des Schwingkreises auf die Frequenz des gewünschten Senders abgestimmt (Tuning).
Die HF-Diode dient in Verbindung mit dem nachfolgenden R-C-Glied als Hüllkurvendemodulator zur Demodulation der hochfrequenten amplitudenmodulierten Schwingungen.
Die sich an den Demodulator anschließende Verstärkerschaltung stellt einen Wechselspannungsverstärker in Emitterschaltung dar.

c Der Lautsprecher befindet sich im Kollektorkreis des Transistors und erhält seine Energie durch die Gleichspannungsquelle von 12 V zum Betrieb der Verstärkerschaltung.

Aufgabe 25

Gegeben sind folgende Größen:

$g = \frac{1}{250}\,\text{cm} = 4 \cdot 10^{-5}\,\text{m}$

$l = 3\,\text{m}$

$s = 0{,}087\,\text{m} \;/\; 0{,}178\,\text{m} \;/\; 0{,}264\,\text{m}$

Gleichung für die Berechnung des Abstandes des n-ten Maximums von der optischen Achse (dem 0. Maximum) beim Gitter:

$$\sin \alpha_n = n \cdot \frac{\lambda}{g}$$

α_n ergibt sich aus dem Abstand l zwischen Doppelspalt und Schirm und dem Abstand s zwischen nulltem und *n-tem* Maximum auf dem Schirm und kann dann direkt in die umgestellte Gleichung

$$\lambda = \frac{g}{n} \sin \alpha_n$$

eingesetzt werden. Für die verschiedenen Messwerte ergibt sich:

$$\lambda = \frac{4 \cdot 10^{-5}\,\text{m}}{1} \sin(1{,}6611°) = 1160\,\text{nm}$$

$$\lambda = \frac{4 \cdot 10^{-5}\,\text{m}}{2} \sin(3{,}3955°) = 1185\,\text{nm}$$

$$\lambda = \frac{4 \cdot 10^{-5}\,\text{m}}{3} \sin(5{,}0291°) = 1168\,\text{nm}$$

Die eingestrahlte Wellenlänge liegt im Bereich um 1 170 nm. Es handelt sich also um infrarotes Licht.

Hinweis

Mit der Näherung $\sin \alpha \approx \tan \alpha$ kann auch die Gleichung

$$\lambda = \frac{g}{n} \cdot \frac{s}{l}$$

verwendet werden.

Aufgabe 26

a

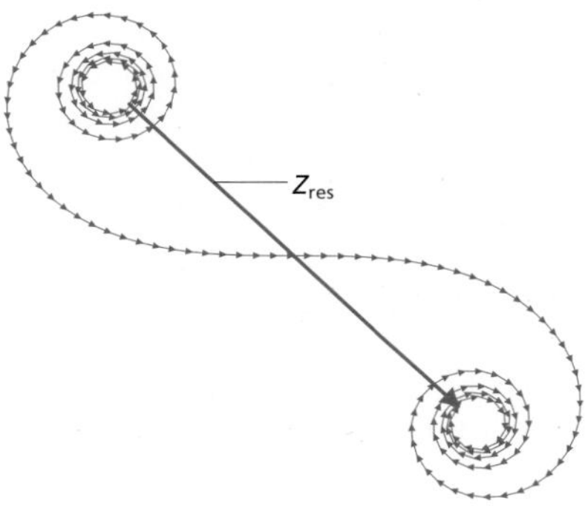

Die maximale Zeigerlänge ergibt sich, wenn die Geometrie so gewählt wird, dass die eingerollten Teile der Spirale entfallen.

b Um die Intensität am Bildschirm zu maximieren, muss der Spalt auf eine Breite reduziert werden, die destruktive Interferenz verhindert. Von der optischen Achse bis zum Rand des Spalts dürfen also die Lichtwege zwischen Blende und Schirm um genau ein Viertel der verwendeten Wellenlänge zunehmen:

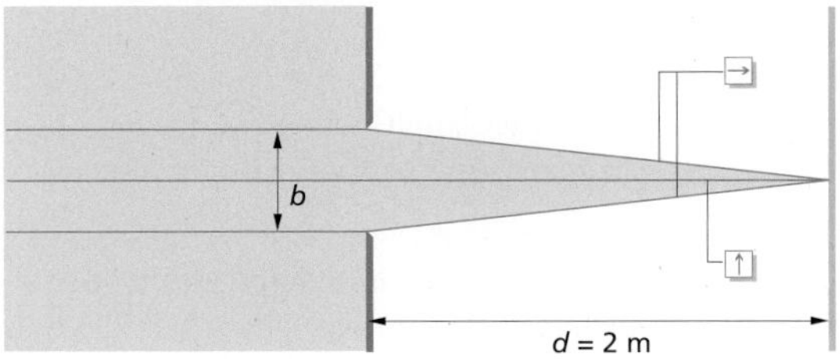

Dadurch ergibt sich ein rechwinkliges Dreieck aus dem Abstand d der Blende zum Schirm, dem Lichtweg s vom Rand des Spaltes zum Punkt des Schirms auf der optischen Achse und der halben Spaltbreite b, die sich mithilfe des Satzes von Pythagoras errechnen lässt.

$$\left(\frac{b}{2}\right)^2 + d^2 = s^2$$

$b = 2 \cdot \sqrt{s^2 - d^2}$

Aus dieser Rechnung ergibt sich mit $\lambda = 630\,\text{nm}$ und $d = 2\,\text{m}$ sowie

$s = d + \frac{\lambda}{4}$

eine Spaltbreite von $\underline{\underline{3{,}2\,\text{mm}}}$.

Aufgabe 27

Die entstehenden Bilder lassen sich mithilfe einer Simulation zur Zeigeroptik erstellen. Dabei werden die entstehenden Cornu-Spiralen betrachtet.

(a) In der Mittelstellung ergibt sich eine Cornu-Spirale, die noch nicht begonnen hat sich aufzurollen. Bewegt sich der Empfängerpunkt von der optischen Achse weg, verkürzt sich das eine Ende der Spirale sehr schnell, während das andere Ende beginnt, sich aufzurollen. Beides trägt dazu bei, dass sich der resultierende Zeiger verkürzt. So ergibt sich ein klares Maximum auf der optischen Achse.

(b) Durch den breiteren Spalt sind an beiden Enden der Cornu-Spirale zusätzliche Lichtwege hinzugekommen. Dadurch hat die Spirale an beiden Seiten begonnen, wieder nach innen zu weisen. Bewegt sich der Empfängerpunkt von der optischen Achse weg, so kommen am einen Ende der Spirale Lichtwege hinzu, während am anderen Ende welche wegfallen. Das eine Ende des Zeigers rückt durch das weitere Einrollen der Spirale näher an den ursprünglichen Mittelpunkt der Spirale heran, während sich das andere Ende durch das Ausrollen vom Mittelpunkt entfernt. Da sich die Enden der Spirale wie ein Schneckenhaus einrollen – die äußeren Lichtwege tragen immer weniger zum Ergebnis bei –, wird der resultierende Zeiger insgesamt länger: Auf beiden Seiten des Mittelpunkts entstehen Maxima, bevor die Intensität wie in (a) stark abfällt.

(c) Weitere Lichtwege führen zu weiterem Einrollen. Allerdings haben bei dieser Geometrie die Enden des resultierenden Zeigers die am weitesten außen liegenden Punkte der ersten Innenrolle erreicht, wodurch sich ein Maximum auf der optischen Achse ergibt. Denn ein Abweichen nach links oder rechts verkürzt den Zeiger zunächst. Jenseits der folgenden Minima wiederholt sich allerdings der unter (b) beschriebene Vorgang, und es kommt zu weiteren Maxima links und rechts.

(d) Ausgangspunkt sind die zum Spiralenmittelpunkt hin gelegenen Punkte einer Innenrolle. Daher befindet sich auf der optischen Achse ein Minimum. Die aus zusätzlichen Lichtwegen entstandenen Windungen der Innenrolle sorgen dann ähnlich wie bei (b) und (c) für weitere Maxima auf dem Weg nach außen. Jede Umdrehung entspricht einem Maximum.

Aufgabe 28

Zunächst sollte die Kugel mit einer punktförmigen, monochromatischen Lichtquelle beleuchtet werden, beispielsweise mit einem aufgeweiteten Laserbündel. Die Intensität des Poisson'schen Flecks ist groß, wenn nur wenige innere Zonen des Bündels durch die Kugel abgedeckt werden (vgl. Abb. 4 in Kap. 10.14). Dazu müssen die Kugel klein und die Abstände zwischen Lichtquelle, Kugel und Schirm groß sein.

Aufgabe 29

a Für die Berechnung der Intensität hinter einem Spalt müssten eigentlich unendlich viele, d. h. unendlich dicht nebeneinander liegende Lichtwege betrachtet werden. Die Erhöhung der Dichte hat jedoch keinen Einfluss mehr, wenn die nebeneinander liegenden Lichtwege sich nicht mehr stark in Bezug auf die Zeigerdrehung unterscheiden. In diesem Fall wird die relative Intensitätsverteilung korrekt abgebildet. Ein absolut richtiges Bild ist viel schwieriger zu berechnen. Hierzu müsste die Stärke der Lichtquelle berücksichtig werden und auch der Abstand zwischen dem Schirm und ihr noch in die Berechnung eingehen.

b Die Anzahl der Lichtwege ist hinreichend groß, wenn ein weiteres Hinzufügen von Lichtwegen keine wesentlichen Veränderungen des Ergebnisses mehr mit sich bringt.

Aufgabe 30

Die Schicht erscheint in der Komplementärfarbe zu der Farbe, die durch destruktive Interferenz vermindert wird. Dies ist hier Gelb mit einer Wellenlänge von ca. 570 nm. Da das Öl auf einem Medium mit geringerer Brechzahl schwimmt, muss ein Phasensprung einbezogen werden, und es kann die in Kap. 10.9 hergeleitete Beziehung angewendet werden:

$d = \frac{\lambda_M}{2} = \frac{\lambda}{2n}$ und damit $d \approx \underline{\underline{190\,\text{nm}}}$.

11.1 Innere Energie

Aufgabe 1

Ab einer Raumtemperatur von 25 °C führt die von außen zugeführte Energie nicht mehr zu einer Temperaturänderung, sondern zum Schmelzen des entsprechenden Materials. Erst wenn das Material vollständig geschmolzen ist, setzt sich der Temperaturanstieg fort.
Im umgekehrten Fall, wenn die Außentemperatur unter der der Raumtemperatur liegt, stoppt die Abnahme der Raumtemperatur ebenfalls bei 25 °C: Das Material erstarrt und gibt dabei Energie an seine Umgebung ab. Ist das Material vollständig erstarrt, setzt sich die Abnahme der Raumtemperatur fort.
Insgesamt ist der „Thermostat" umso effektiver, je größer die Schmelzwärme ist.

Aufgabe 2

a $P = 1{,}700\,\mathrm{kJ/s}$
spezifische Verdampfungswärme: 2260 kJ/kg
Pro Sekunde verdampft also eine Menge von
$\frac{1{,}7}{2260}\,\mathrm{kg} = \underline{0{,}75\,\mathrm{g}}.$
Pro Minute sind das 45 g.

b Für das Abdampfen ist eine Energiezufuhr durch den Herd notwendig. Wenn diese konstant ist, ist auch die Abdampfrate konstant. Die Größe der Oberfläche spielt – anders als beim Verdunsten – keine Rolle.

Aufgabe 3

Der Ton saugt sich wie ein Schwamm mit Wasser voll. Auf diese Weise gelangt ein Teil des Wassers an die Außenseite des Gefäßes und verdunstet. Die hierfür benötigte Energie wird dem Gefäß entzogen, das Wasser kühlt dadurch ab.

Aufgabe 4

Für den Garprozess von Lebensmitteln ist nicht das Sieden, sondern ausschließlich die Temperatur entscheidend. Um Energie und Zeit zu sparen, wird daher mitunter bei Überdruck in Schnellkochtöpfen gegart: Unter erhöhtem Druck lässt sich Wasser auf Temperaturen von über 100 °C erhitzen. Der Garprozess ist dann erheblich kürzer.

Aufgabe 5

Beispiel Haus
Offenes System: altes Haus mit vielen Undichtigkeiten und Wärmebrücken
Geschlossenes System: modernes, luftdicht abgeschlossenes Haus
Abgeschlossenes System: streng genommen nicht zu realisieren – das Haus müsste mit einer idealen Wärmedämmung versehen sein.

11.2 Julius Robert Mayer

Aufgabe 1

Mayers Idee einer Erhaltungsgröße war für die Physiker um 1840 nicht offenkundig: Energie scheint überall zu „verschwinden". Zudem beruhte die Argumentation Mayers nicht auf Messungen, wie sie später von Joule durchgeführt wurden; der Ansatz, aus physiologischen Beobachtungen auf ein allgemeines physikalisches Prinzip zu schließen, löste Befremden aus.

Aufgabe 2

In der Regel lassen sich physikalische Größen zur Beschreibung von Körpereigenschaften in dieser Weise definieren: Die Masse gibt an, wie träge und wie schwer ein Körper ist; die Geschwindigkeit gibt an, wie schnell sich ein Körper bewegt; die Kraft gibt an, wie stark die Wechselwirkung eines Körpers mit einem anderen ist. Für die Energie fällt es schwer, solche anschaulichen Begriffe aus der Alltagswelt zu finden. Es lassen sich aber für Energieumwandlungen Aussagen formulieren. Die Energie eines Systems gibt an, wie sehr dieses System in der Lage ist, ein anderes zu beschleunigen oder zu erwärmen. Die Energieumwandlungen werden oft mithilfe der Begriffe Arbeit und Wärme beschrieben.

Aufgabe 3

Joule musste einerseits die Wärmeverluste im Behälter A und andererseits die Reibung der Antriebsmechanik minimieren. Zudem musste er eine Abschätzung der Energie vornehmen, die für die Erwärmung des Behälters und des Rührers erforderlich war.

11.3 Ideales Gas und Zustandsgleichung

Aufgabe 1

$p \cdot V = n \cdot R \cdot T$

Das Volumen ist konstant. Daher gilt:

$\frac{p}{T} = n \cdot \frac{R}{T} = \text{konst.}$

$\frac{p_1}{T_1} = \frac{p_2}{T_2}$

$p_2 = \frac{p_1 \cdot T_2}{T_1}$

$= \frac{2{,}5 \cdot 10^5\,\text{Pa} \cdot 343{,}15\,\text{K}}{283{,}15\,\text{K}}$

$= 3{,}03 \cdot 10^5\,\text{Pa} = 3{,}03\,\text{bar}$

Aufgabe 2

$p \cdot V = n \cdot R \cdot T$

Auf dem Erdboden:

$\frac{p \cdot V}{T} = \frac{10^5\,\text{Pa} \cdot 5000\,\text{m}^3}{291\,\text{K}} = 1{,}72 \cdot 10^6 \frac{\text{J}}{\text{K}}$

Damit gilt für die unterschiedlichen Höhen:

$V_h = 1{,}72 \cdot 10^6 \frac{\text{J}}{\text{K}} \cdot \frac{T_h}{p_h}$

$V_{10\,\text{km}} = 13\,562\,\text{m}^3$

$V_{20\,\text{km}} = 42\,760\,\text{m}^3$

$V_{30\,\text{km}} = 188\,185\,\text{m}^3$

$V_{40\,\text{km}} = 876\,289\,\text{m}^3$

Aufgabe 3

a $n = \frac{p \cdot V}{n \cdot R}$

$n_{\text{vorher}} = \frac{983\,\text{mbar} \cdot 100\,\text{m}^3}{8{,}314 \frac{\text{J}}{\text{mol} \cdot \text{K}} \cdot 297{,}15\,\text{K}} = 3979\,\text{mol}$

$n_{\text{nachher}} = \frac{994\,\text{mbar} \cdot 100\,\text{m}^3}{8{,}314 \frac{\text{J}}{\text{mol} \cdot \text{K}} \cdot 290{,}15\,\text{K}} = 4121\,\text{mol}$

$V_{\text{Luft}} = (n_{\text{nachher}} - n_{\text{vorher}}) \cdot 22{,}4 \cdot 10^{-3}\,\text{m}^3 = 3{,}18\,\text{m}^3$

Bei Verwendung der Dichte unter Normbedingungen ergibt sich:

$m_{\text{Luft}} = \rho_{\text{Luft}} \cdot V_{\text{Luft}} = 1{,}29\,\text{kg/m}^3 \cdot 3{,}18\,\text{m}^3 = \underline{\underline{4{,}10\,\text{kg}}}$

Für $T = 20\,°\text{C}$ wird häufig der Wert $\rho_{\text{Luft}} = 1{,}20\,\text{kg/m}^3$ verwendet. Damit erhält man:

$m_{\text{Luft}} = 1{,}20\,\text{kg/m}^3 \cdot 3{,}18\,\text{m}^3 = \underline{\underline{3{,}82\,\text{kg}}}$

b Bei luftdicht verschlossenem Zimmer ist:

$p_2 = \frac{p_1 \cdot T_2}{T_1}$

$p_2 = \frac{983\,\text{mbar} \cdot 290{,}15\,\text{K}}{297{,}15\,\text{K}} = 960\,\text{mbar}$

$F = p \cdot A = (p_{\text{außen}} - p_2) \cdot A = 34\,\text{hPa} \cdot 0{,}8 \cdot 2{,}1\,\text{m}^2 = \underline{\underline{5{,}7\,\text{kN}}}$

11.4 Zustandsgrößen und Teilchenbewegung

Aufgabe 1

$\overline{E_{\text{kin}}} = \frac{3}{2} k \cdot T$

Die mittlere kinetische Energie der Teilchen hängt ausschließlich von der Temperatur des Gases und nicht von der Masse der Teilchen ab. Daher hat der Quotient den Wert 1. Für die mittleren Geschwindigkeitsquadrate gilt dagegen:

$\frac{\overline{v_1^2}}{\overline{v_2^2}} = \frac{m_2}{m_1}.$

Aufgabe 2

$\overline{E_{\text{kin}}} = \frac{1}{2} m \cdot \overline{v^2} = \frac{3}{2} k \cdot T$

$\overline{v^2} = \frac{3\,k}{m} \cdot T$

$\overline{v^2}$ verdoppelt sich, wenn T verdoppelt wird.

Aufgabe 3

a Wird das Gas bei konstantem Volumen erwärmt, nimmt die mittlere kinetische Energie der Teilchen zu: Ihre mittlere Geschwindigkeit wird größer. Die Teilchen stoßen häufiger und mit größerer Geschwindigkeit auf die Gefäßwände: Der Impulsübertrag, also der Druck, wird größer.

b Wird das Gas bei konstanter Temperatur komprimiert, bleibt die mittlere kinetische Energie, also das mittlere Geschwindigkeitsquadrat der Teilchen unverändert. Aufgrund der Volumenverminderung stoßen sie jedoch häufiger auf die Gefäßwände, sodass der Druck zunimmt.

Aufgabe 4

Für $N = 1$ gilt:

$V = k \cdot T/p = \underline{\underline{3{,}72 \cdot 10^{-26}\,\text{m}^3}}$

Alternative:

$22{,}4\,\text{L} \mathrel{\hat{=}} 6{,}023 \cdot 10^{23}$ Teilchen

$3{,}72 \cdot 10^{-26}\,\text{m}^3 \mathrel{\hat{=}} 1$ Teilchen

b Das einem Teilchen zur Verfügung stehende Volumen ist damit um den Faktor

$$\frac{3{,}72 \cdot 10^{-26}\,\text{m}^3}{\frac{4}{3}\pi\,(2{,}5 \cdot 10^{-10})^3} = 568$$

größer als sein Eigenvolumen. Das Eigenvolumen ist im Modell des idealen Gases zu vernachlässigen. Diese Bedingung ist hier erfüllt.

Aufgabe 5

$U = \frac{3}{2} n \cdot R \cdot T$

Unter Normbedingungen gilt:

$$n = \frac{5000\,\text{m}^3}{0{,}0224\,\text{m}^3}\,\text{mol} \approx 22{,}3 \cdot 10^5\,\text{mol}$$

$$U = \frac{3}{2} \cdot 2{,}23 \cdot 10^5\,\text{mol} \cdot 8{,}314\,\frac{\text{J}}{\text{mol K}} \cdot 273{,}15\,\text{K}$$

$$= 7{,}60 \cdot 10^8\,\text{J}$$

Für abweichende Ausgangsbedingungen wäre die allgemeine Gasgleichung zu verwenden.
Die Energie lässt sich nicht ohne weiteres nutzen, da hierfür ein Temperatur- oder Druckgefälle vorhanden sein müsste.

11.5 Maxwell-Boltzmann-Verteilung

Aufgabe 1

a Einige Teilchen besitzen eine Geschwindigkeit, die weit oberhalb der mittleren Geschwindigkeit in der Flüssigkeit liegt. Diese besitzen dann, sofern sie sich an der Oberfläche bewegen, die Möglichkeit, die Flüssigkeit zu verlassen.

b Mit steigender Temperatur nimmt der Anteil derjenigen Teilchen zu, die ausreichend Energie, also eine hinreichend große Geschwindigkeit besitzen, um die Flüssigkeit zu verlassen.

c Beim Verdunsten verlassen Teilchen mit vergleichsweise großer Geschwindigkeit die Flüssigkeit. Die mittlere Geschwindigkeit der zurückbleibenden Teilchen wird dadurch geringer, die Temperatur der Flüssigkeit nimmt ab.

Aufgabe 2

Die Gravitationsfeldstärke g beträgt auf dem Merkur ca. $3{,}7\,\text{m/s}^2$, auf dem Pluto nur etwa $0{,}7\,\text{m/s}^2$. Dass sich dort trotzdem eine Atmosphäre bilden kann, liegt an seinem wesentlich größeren Abstand zur Sonne, der eine viel niedrigere Oberflächentemperatur zur Folge hat.

Aufgabe 3

a Die Temperatur ist ein Maß für die mittlere kinetische Energie der Teilchen. Bei größerer Teilchenmasse ist daher das mittlere Geschwindigkeitsquadrat der Teilchen kleiner:

$$E_{\text{kin}} = \frac{3}{2} k \cdot T = \frac{1}{2} m \cdot \overline{v^2}$$

b Zwar stoßen nach dem Mischen der Gase nun Teilchen großer Masse und Teilchen kleiner Masse mit entsprechenden Geschwindigkeiten zusammen. Da die Temperatur aber konstant bleibt, bleiben die mittleren Energien und damit die mittleren Geschwindigkeiten der Teilchen beider Gase gleich. Die Geschwindigkeitsverteilungen der Gase bleiben jeweils erhalten.

11.6 Thermodynamisches Gleichgewicht und Wärme

Aufgabe 1

$|Q_{\text{auf}}| = |Q_{\text{ab}}|$

$|Q_{\text{auf}}| = n_{\text{Eis}} \cdot m_{\text{Eis}} \cdot (c_{\text{Eis}} \cdot 18\,\text{K} + c_{\text{Schmelz}} + c_{\text{W}} \cdot 10\,\text{K})$

$|Q_{\text{ab}}| = m_{\text{Ap}} \cdot c_{\text{W}} \cdot 15\,\text{K}$

Damit ergibt sich:

$$n_{\text{Eis}} = \frac{m_{\text{Ap}} \cdot c_{\text{W}} \cdot 15\,\text{K}}{(c_{\text{Eis}} \cdot 18\,\text{K} + c_{\text{Schmelz}} + c_{\text{W}} \cdot 10\,\text{K}) \cdot m_{\text{Eis}}}$$

$$= \underline{\underline{7{,}6}}$$

Aufgabe 2

a $Q = m_{\text{W}} \cdot c_{\text{W}} \cdot \Delta T$

$$= 1000\,\text{kg} \cdot 4{,}19\,\frac{\text{kJ}}{\text{kg} \cdot \text{K}} \cdot 70\,\text{K} = \underline{\underline{293\,300\,\text{kJ}}}$$

b $Q = \rho_{\text{Luft}} \cdot V_{\text{Luft}} \cdot c_{\text{Luft}} \cdot \Delta T_{\text{Luft}}$

$$c_{\text{Luft}} = c_{V,\,\text{Luft}} = 0{,}718\,\frac{\text{kJ}}{\text{kg} \cdot \text{K}}$$

$$V_{\text{Luft}} = \frac{Q}{\rho_{\text{Luft}} \cdot c_{\text{Luft}} \cdot \Delta T_{\text{Luft}}}$$

$$= \frac{293\,300\,\text{kJ}}{1{,}2\,\frac{\text{kg}}{\text{m}^3} \cdot 0{,}718\,\frac{\text{kJ}}{\text{kg} \cdot \text{K}} \cdot 4\,\text{K}}$$

$$= \underline{\underline{85\,103\,\text{m}^3}}$$

Aufgabe 3

$Q_{Schmelz} = m_{Eis} \cdot c_{Schmelz} = 1\,kg \cdot 334\frac{kJ}{kg} = \underline{\underline{334\,kJ}}$

$Q_{0°C-100°C} = m_W \cdot c_W \cdot \Delta T = 1\,kg \cdot 4{,}19\frac{kJ}{kg \cdot K} \cdot 100\,K = \underline{\underline{419\,kJ}}$

$Q_{verd} = m_W \cdot c_{verd} = 1\,kg \cdot 2260\frac{kJ}{kg} = \underline{\underline{2260\,kJ}}$

Aufgabe 4

Luft ist ein schlechterer Wärmeleiter als Wasser. Beim Kontakt mit heißer Luft strömt pro Zeit nur vergleichsweise wenig Wärme in den Körper; die Wärmzufuhr kann zu einem gewissen Grad auch durch Transpiration ausgeglichen werden.

11.7 Erster Hauptsatz der Thermodynamik

Aufgabe 1

a $W_{12} = p \cdot \Delta V$

p = konst. , also gilt:

$V_2 = \frac{V_1}{T_1 \cdot T_2}$

$V_2 = \frac{1\,m^3}{293{,}15\,K} \cdot 373{,}15\,K \approx 1{,}27\,m^3$

$W_{12} = 10^5\,Pa \cdot 0{,}27\,m^3 = \underline{\underline{2{,}7 \cdot 10^4\,J}}$

b V = konst.

$T_2 = p_2 \cdot \frac{T_1}{p_1}$

$T_2 = 2 \cdot 10^5\,Pa \cdot \frac{293{,}15\,K}{1 \cdot 10^5\,Pa} = 586{,}3\,K$

$Q = \rho_{Luft} \cdot V_{Luft} \cdot c_{Luft} \cdot \Delta T$

$= 1{,}29 \cdot 10\frac{kg}{m^3} \cdot 1\,m^3 \cdot 718\frac{J}{kg \cdot K} \cdot 293{,}15\,K = 272\,kJ$

Bei Verwendung von $\rho_{Luft} = 1{,}2\,kg/m^3$ ergibt sich entsprechend: $Q = 253\,kJ$

Aufgabe 2

a $p_{innen} = p_{Luft} + p_{Kolben}$

$= p_{Luft} + F_G/A$

$= 1{,}013 \cdot 10^5\,Pa + \frac{0{,}5\,kg \cdot 9{,}81\frac{N}{kg}}{4 \cdot 10^{-3}\,m^2}$

$= \underline{\underline{1025\,hPa}}$

b $n = \frac{p \cdot V}{R \cdot T}$

$= \frac{1{,}025\,hPa \cdot 0{,}004\,m^2 \cdot 0{,}496\,m}{8{,}314\frac{J}{mol \cdot K} \cdot 283{,}15\,K}$

$= 0{,}864\,mol$

Zusammensetzung der Luft:
78 % N_2 (28 u)
21 % O_2 (32 u)
1 % Ar (40 u)
Durchschnittliche Teilchenmasse:

$m = \frac{1}{100} \cdot (78 \cdot 28 + 21 \cdot 32 + 40)\,u = 28{,}96\,u$

mit $n = 0{,}0864\,mol$ ergibt sich daraus die Masse $m = \underline{\underline{2{,}50\,g}}$

Alternative Lösung:
$Q = m \cdot c_p \cdot \Delta T$

Problem: c_p unbekannt
$C_{m,p} - C_{m,V} = R$

$n \cdot C_{m,V} = m \cdot c_V$
$n \cdot C_{m,p} = m \cdot c_p$

Also:
$c_p - c_V = \frac{n \cdot R}{m}$

$c_p = \frac{n \cdot R}{m} + c_V$

Damit ergibt sich:

$Q = m\left(\frac{n \cdot R}{m} + c_V\right)\Delta T = (n \cdot R + c_V)\,\Delta T$

$m = \frac{\frac{Q}{\Delta T} - nR}{c_V}$

Mit $n = 0{,}0864$ mol (s.o.) ergibt sich:

$m = \frac{\frac{126\,J}{50\,K} - 0{,}0864 \cdot 8{,}314\frac{J}{K}}{718\frac{J}{kg \cdot K}} = \underline{\underline{2{,}51\,g}}$

c Isobarer Prozess:

$\frac{V_1}{T_1} = \frac{V_2}{T_2}$

$V_2 = \frac{V_1}{T_1} \cdot T_2$

$A \cdot h_2 = \frac{A \cdot h_1}{T_1} \cdot T_2$

$h_2 = \frac{h_1}{T_1} \cdot T_2$

$= \frac{0{,}496\,m}{283{,}15\,K} \cdot 333{,}15\,K$

$= \underline{\underline{58{,}4\,cm}}$

11.8 Carnot-Prozess

Aufgabe 1

a $\eta_C = 1 - \frac{T_n}{T_h} = 1 - \frac{313{,}15\,\text{K}}{393{,}15\,\text{K}} = 0{,}203$

b $2 \cdot \left(1 - \frac{T_n}{T_h}\right) = 1 - \frac{T_n}{T_{h'}}$

$$\frac{T_n}{T_{h'}} = 1 - 2 \cdot \left(1 - \frac{T_n}{T_h}\right)$$

$$T_{h'} = \frac{T_n}{1 - 2\left(1 - \frac{T_n}{T_h}\right)}$$

$$= \underline{\underline{526\,\text{K}}} = \underline{\underline{253\,°\text{C}}}$$

Aufgabe 2

a Die Zustandsänderung von 3 nach 1 verläuft isobar:

$$\frac{V_1}{T_1} = \frac{V_2}{T_2}$$

$$T_1 = \frac{V_1 \cdot T_2}{V_2} = \underline{\underline{300\,\text{K}}}$$

b $W = \int_{V_1}^{V_2} p(V)\,\text{d}V$

$$= \int_{V_1}^{V_2} \frac{n \cdot R \cdot T_2}{V}\,\text{d}V$$

$$= n \cdot R \cdot T_2 \cdot \ln\left(\frac{V_2}{V_1}\right)$$

$$= n \cdot R \cdot T_2 \cdot \ln 4$$

$$= \underline{\underline{1383\,\text{J}}}$$

Aufgabe 3

Für den isothermen Prozess gilt (s. Aufg. 2b):

$$W = n \cdot R \cdot T_2 \cdot \ln\frac{V_2}{V_1}$$

Berechnung von n:

$22{,}4\,\text{dm}^3 \mathrel{\widehat{=}} 1\,\text{mol}$

$500\,\text{m}^3 \mathrel{\widehat{=}} 2{,}23 \cdot 10^4\,\text{mol}$

$$\frac{W}{n \cdot R \cdot T} = \ln\frac{V_2}{V_1}$$

$$e^{\frac{W}{n \cdot R \cdot T}} = \frac{V_2}{V_1}$$

$$V_2 = e^{\frac{W}{n \cdot R \cdot T}} \cdot V_1$$

Mit $p \cdot V = \text{konst.}$ folgt:

$$p_2 = \frac{p_1 V_1}{V_2} = \frac{p_1 V_1}{e^{\frac{W}{n \cdot R \cdot T}} \cdot V_1} = \frac{p_1}{e^{\frac{W}{n \cdot R \cdot T}}}$$

Einsetzen von $W = 20\,\text{kW} \cdot \text{h} = 20 \cdot 3{,}6 \cdot 10^6\,\text{J}$

$n = 2{,}23 \cdot 10^4\,\text{mol}$

und $T = 298\,\text{K}$ liefert:

$p_2 = 3{,}0 \cdot 10^4\,\text{Pa}$

Aufgabe 4

$$\eta_C = \frac{W_{ab}}{Q_{zu}}$$

$$W_{ab} = \eta_C \cdot Q_{zu} = 0{,}6 \cdot 2000\,\text{J} = 1200\,\text{J}$$

$$Q_{ab} = Q_{zu} - W_{ab} = \underline{\underline{800\,\text{J}}}$$

$$\eta_C = 1 - \frac{T_n}{T_h}$$

$$T_n = (1 - \eta_C) \cdot T_h = \underline{\underline{360\,\text{K}}}$$

Aufgabe 5

$$\eta = 1 - \frac{T_n}{T_h}$$

$$T_h = \frac{T_n}{1 - \eta_c}$$

Mit einer Lufttemperatur von 293 K ergibt sich:

$T_h = 391\,\text{K} = 118\,°\text{C}$

Der Mensch arbeitet also offensichtlich nicht wie eine Carnot-Maschine.

11.9 Stirlingmotor

Aufgabe 1

a Der Generator entzieht dem Gas bei der isochoren Abkühlung Wärme und speichert sie. Während der isochoren Erwärmung wird diese Wärme wieder zurückgeführt.

b Das Material eines fest im Kanal verbauten Regenerators sollte porös oder löchrig sein, um dem strömenden Gas keinen allzu großen Widerstand entgegenzusetzen. Zudem sind eine gute Wärmeleitfähigkeit und eine hohe spezifische Wärmekapazität erstrebenswert.

Aufgabe 2

Das Verhältnis von produzierter elektrischer Energie E_{el} zur abgegebenen Wärme Q_{ab} ist je nach Typ unterschiedlich, es hängt auch von der Last ab, mit der das Blockheizkraftwerk betrieben wird. Häufig liegt der Quotient aus Q_{ab} und E_{el} im Bereich zwischen 4 und 5.

Aufgabe 3

a Wenn für den Stirlingmotor der Carnot'sche Wirkungsgrad gilt, ist die hohe Temperatur die des Erdgasbrenners T_E und die niedrige die des Pufferspeichers T_P. Es gilt dann $\eta = 1 - T_P/T_E$.

b Der Wirkungsgrad ist umso höher, je geringer die Temperatur des Pufferspeichers ist. Da im Winter die Pufferspeichertemperatur niedriger ist als im Sommer, ist der Wirkungsgrad dann entsprechend höher; es wird also ein größerer Anteil an elektrischer Energie erzeugt.

c Erster Fall

$E_{el} = 1\,\text{kW} \cdot \text{h}\,;\, E_{th} = 3\,\text{kW} \cdot \text{h}$

Also ist

$\eta = \frac{1}{4} = 1 - \frac{293{,}15\,\text{K}}{T_h}$

$\frac{293{,}15\,\text{K}}{T_h} = \frac{3}{4}$

$T_h = \frac{4}{3} \cdot 293{,}15\,\text{K}$

$= \underline{\underline{391\,\text{K}}}$

Zweiter Fall

$E_{el} = 1\,\text{kW} \cdot \text{h};\, E_{th} = 5{,}8\,\text{kW} \cdot \text{h}$

$\eta = \frac{1}{6{,}8} = 1 - \frac{363{,}15\,\text{K}}{T_h}$

$T_h = \underline{\underline{426\,\text{K}}}$

11.10 Wärmepumpe und Kühlschrank

Aufgabe 1

Steht der Kühlschrank über längere Zeit offen, stellt sich nahezu ein thermisches Gleichgewicht ein: Innen- und Außentemperatur stimmen fast überein. Der Kühlschrank entnimmt dem Netz permanent elektrische Energie – diese wird letztlich dem Raum zugeführt, die Temperatur steigt an.

Aufgabe 2

a $\varepsilon_{WP} = \frac{T_n}{T_h - T_n} = \frac{290{,}15\,\text{K}}{27\,\text{K}} \approx \underline{\underline{10{,}7}}$

b $\varepsilon_{WP} = \left|\frac{Q_{ab}}{W}\right|$

$|Q_{ab}| = \varepsilon_{WP} \cdot |W| = 398\,\text{kJ}$

$Q_{auf} + W = Q_{ab}$

$Q_{auf} = Q_{ab} - W$

$= \underline{\underline{361\,\text{kJ}}}$

Aufgabe 3

Die teilweise großen Preisunterschiede lassen sich nicht immer durch geringeren Energieverbrauch rechtfertigen. Variieret beispielsweise der jährliche Verbrauch an elektrischer Energie im Bereich von 100 bis 200 kW · h, so macht dies – je nach aktuellem Energiepreis größenordnungsmäßig 30 bis 40 Euro pro Jahr aus. In jedem Fall ist unter rein wirtschaftlichen Gesichtspunkten zu überlegen, ob das Weiternutzen eines alten Gerätes günstiger ist als die Beschaffung eines neuen. – Auch die Klimabilanz bei der Produktion neuer Geräte kann in diese Überlegung einfließen.

Aufgabe 4

$Q_{Bier} = m_{Bier} \cdot c_W \cdot \Delta T$

$= 200\,\text{kg} \cdot 4{,}19 \frac{\text{kJ}}{\text{kg} \cdot \text{K}} \cdot 20\,\text{K}$

$= 16\,760\,\text{kJ}$

$\varepsilon_{KS} = \frac{T_n}{T_h - T_n} = \frac{278{,}15\,\text{K}}{303{,}15\,\text{K} - 278{,}15\,\text{K}} \approx 11{,}1$

$|W| = \frac{|Q_{Bier}|}{\varepsilon_{KS}}$

$p_{KS} \cdot t = \frac{|Q_{Bier}|}{\varepsilon_{KS}}$

$t = \frac{|Q_{Bier}|}{\varepsilon_{KS} \cdot p_{KS}}$

$= \underline{\underline{1258\,\text{s}}}$

Nach 21 Minuten ist das Bier kalt.

11.11 Zweiter Hauptsatz und Entropie

Aufgabe 1

Alle in der Natur vorkommenden Prozesse sind mehr oder weniger irreversibel. Ein nahezu reversibler Prozess, bei dem Reibung bzw. Umwandlung in Wärme nur eine geringe Rolle spielt, ist der Stoß zweier Billardkugeln.

Aufgabe 2

a $Q_{schmelz} = m_E \cdot c_{EU} = 1\,\text{kg} \cdot 334 \frac{\text{kJ}}{\text{kg}} = 334\,\text{kJ}$

$t = \frac{Q_{schmelz}}{P_{Brenn}}$

$= \frac{334\,\text{kJ}}{1{,}5\,\text{kW}} = \underline{\underline{223\,\text{s}}}$

b $\Delta S = \frac{\Delta Q}{\Delta t} = \frac{334\,\text{kJ}}{273\,\text{K}} = \underline{\underline{1{,}22 \frac{\text{kJ}}{\text{K}}}}$

c Für die Entropiezunahme gilt:

$\Delta S = S_2 - S_1 = \int_1^2 \frac{\text{d}Q_{rev}}{T}.$

Während des Schmelzvorgangs beträgt die Temperatur des Eiswassers konstant 0 °C, sämtliche zugeführte Wärme Q dient als Schmelzwärme.

Der Term $1/T$ hängt also nicht von der zugeführten Wärme Q ab und kann daher vor das Integral gezogen werden, sodass sich letztlich $\Delta S = \Delta Q/T$, wie im Aufgabenteil b ergibt. Näherungswert und exakter Wert stimmen hier überein.

Wird das Eiswasser dagegen über 273,15 K hinaus erwärmt, ist die Temperatur gemäß $\Delta Q = m \cdot c \cdot \Delta T$ eine Funktion der zugeführten Wärme, sodass sich als Stammfunktion des Integrals $m \cdot c \cdot \ln(T)$ ergibt. Einsetzen von Anfangstemperatur $T = 273{,}15\,\text{K}$ und gegebener Endtemperatur T ergibt dann die Zunahme der Entropie im Anschluss an den Schmelzvorgang.

Als Abschätzung der Entropiezunahme während einer anschließenden Temperaturerhöhung kann mit der zugeführten Wärme und der mittleren Wassertemperatur gerechnet werden.

Aufgabe 3

a Je nachdem, ob die Raumtemperatur oder die Außentemperatur für den Prozess zugrunde gelegt wird – welcher Zustand also als „entwertet" angesehen wird –, ergeben sich unterschiedliche Werte für die Entropieänderung:

$$\Delta S = \frac{\Delta Q}{T}$$

$T = 298{,}15\,\text{K}$: $\Delta S = \underline{\underline{2{,}90 \cdot 10^6\,\text{kJ}}}$

$T = 263{,}15\,\text{K}$: $\Delta S = \underline{\underline{3{,}28 \cdot 10^6\,\text{kJ}}}$

b Zwischen dem Innen- und dem Außenbereich könnte ein Stirlingmotor arbeiten, sodass die übertragene Wärme genutzt würde. Der Anteil der „entwerteten" Energie hinge vom Wirkungsgrad des Motors ab.

Andererseits würde der Stirlingmotor sicher nicht so gut isolieren wie die Wand. Daher müsste zur Aufrechterhaltung des Temperaturunterschieds durch den Ofen auch mehr Energie nachgeliefert werden.

c Die Energieentwertung wäre die gleiche wie in Teil a: Sowohl die Außentemperatur als auch die zugeführte Wärme ΔQ sind gleich.

11.12 Wahrscheinlichkeit von Zuständen

Aufgabe 1

a

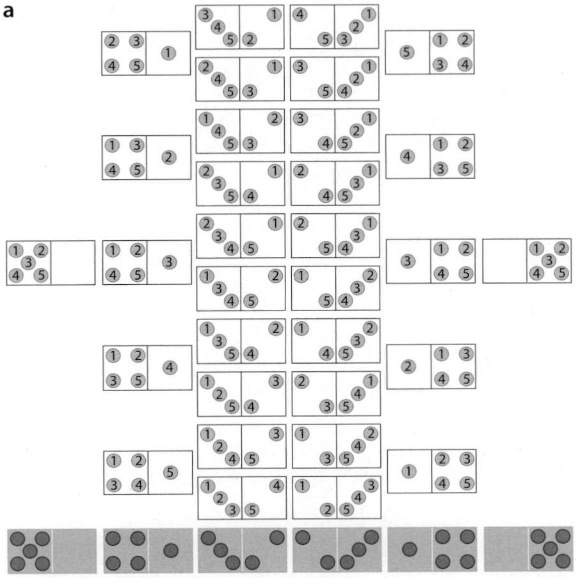

b Alle Teilchen sind rechts: Es wird einer von 2^5 möglichen Zuständen angenommen.

$\Omega = 2^{-5} = \underline{0{,}0313}$,

Ein Teilchen ist rechts: 5 von 2^5 möglichen Zuständen kommen infrage:

$\Omega = 5 \cdot 2^{-5} = \underline{0{,}156}$.

Nur Teilchen „4" ist rechts: Es wird einer von 2^5 möglichen Zuständen angenommen.

$\Omega = 2^{-5} = \underline{0{,}0313}$.

Aufgabe 2

$$E_{\text{pot}} = m \cdot g \cdot h$$
$$= 2\,\text{kg} \cdot 9{,}81\,\frac{\text{N}}{\text{kg}} \cdot \frac{1}{20}\,\text{m} = 0{,}981\,\text{J}$$

$$\Delta Q = m \cdot c \cdot \Delta T$$

$$\Delta T = \frac{\Delta Q}{m \cdot c} = \frac{0{,}981\,\text{J}}{2\,\text{kg} \cdot 0{,}8\,\text{kJ/(kg} \cdot \text{K)}}$$
$$= 6{,}13 \cdot 10^{-4}\,\text{K}$$

Die Temperaturänderung wäre also marginal. Man kann von einem isothermen Prozess ausgehen.

$$\Delta S = \frac{\Delta Q}{T} = \frac{mgh}{T} = -\frac{0{,}988\,\text{J}}{323{,}15\,\text{K}} = 3{,}04 \cdot 10^{-3}\,\frac{\text{J}}{\text{K}}$$

Für die Wahrscheinlichkeit des Vorgangs gilt:

$$\frac{\Omega_E}{\Omega_A} = e^{\Delta S/k}$$
$$= e^{\frac{3 \cdot 10^{-3}}{1{,}38 \cdot 10^{-23}}} = e^{-2{,}2 \cdot 10^{20}}$$

12.1 Wärmestrahlung

Aufgabe 1

a Wien'sches Verschiebungsgesetz:

$\lambda_{max} = \frac{b}{T}$

$b = 2{,}898 \cdot 10^{-3}\,\text{K} \cdot \text{m}$

(A) $T = 273{,}15\,\text{K}$: $\lambda_{max} = \underline{\underline{1{,}06 \cdot 10^{-5}\,\text{m}}}$

(B) $T = 373{,}15\,\text{K}$: $\lambda_{max} = \underline{\underline{7{,}77 \cdot 10^{-6}\,\text{m}}}$

(C) $T = 1273{,}15\,\text{K}$: $\lambda_{max} = \underline{\underline{2{,}28 \cdot 10^{-6}\,\text{m}}}$

b Stefan-Boltzmann-Gesetz:

$P = A \cdot \sigma \cdot T^4$

$\frac{P_B}{P_A} = \left(\frac{373{,}15}{273{,}15}\right)^4 = \underline{\underline{3{,}48}}$

$\frac{P_C}{P_A} = \left(\frac{1273{,}15}{273{,}15}\right)^4 = \underline{\underline{472}}$

c Die Wellenlänge der maximalen Strahlungsintensität liegt zwar im nicht sichtbaren Infrarotbereich, das Spektrum erstreckt sich aber bis ins Sichtbare hinein. Dort wiederum dominiert der rote Anteil gegenüber den übrigen Farben, sodass uns der Körper rot glühend erscheint.

Aufgabe 2

a $P = A \cdot \sigma \cdot T^4$

$P_{90\,°C} = 0{,}06\,\text{m}^2 \cdot 5{,}67 \cdot 10^{-8} \frac{\text{W}}{\text{m}^2 \cdot \text{K}^4} \cdot (363{,}15\,\text{K})^4$

$= \underline{\underline{59{,}2\,\text{W}}}$

b $P_{30\,°C} = 0{,}06\,\text{m}^2 \cdot 5{,}67 \cdot 10^{-8} \frac{\text{W}}{\text{m}^2 \cdot \text{K}^4} \cdot (303{,}15\,\text{K})^4$

$= \underline{\underline{28{,}7\,\text{W}}}$

c Für eine einfache Abschätzung kann eine mittlere Strahlungsleistung $P_m = \frac{1}{2}(P_{90\,°C} + P_{30\,°C}) = 44\,\text{W}$ verwendet werden.

$\Delta t = \frac{\Delta Q}{P_m} = c \cdot m \cdot \Delta T$

$\Delta t = \frac{4{,}2 \frac{\text{kJ}}{\text{kg} \cdot \text{K}} \cdot 1\,\text{kg} \cdot 60\,\text{K}}{44 \frac{\text{J}}{\text{s}}}$

$= \underline{\underline{5735\,\text{s}}}$

d Erfahrungsgemäß kühlt Tee in einer gewöhnlichen Kanne schneller ab als in den berechneten anderthalb Stunden. Offenbar kommt es auch zur Wärmeabgabe durch Wärmeleitung an die Luft und an die Unterlage.
Insgesamt beeinflussen neben der Isolierung der Teekanne die äußere Temperatur sowie Luftbewegungen den Abkühlungsprozess. Bei offenen Kannen ist auch der Verdunstungsprozess von Bedeutung.

12.2 Energieabstrahlung der Sonne

Aufgabe 1

a $\lambda_{max} = \frac{b}{T}$

$b = 2{,}898 \cdot 10^{-3}\,\text{K} \cdot \text{m}$

$T = 5763\,\text{K}$

$\lambda_{max} = 503 \cdot 10^{-7}\,\text{m} = \underline{\underline{503\,\text{nm}}}$

$f = \frac{c}{\lambda} = \underline{\underline{5{,}96 \cdot 10^{14}\,\text{Hz}}}$

b Eine Wellenlänge von 503 nm bzw. eine Frequenz von 596 THz entspricht grünem Licht.

c Die Leistung beträgt etwa 63 000 kW. Ein Wasserkocher hat eine Leistung von ca. 1,5 kW. Ein Quadratmeter der Sonnenoberfläche strahlt also ungefähr das 40 000-Fache davon ab.

Aufgabe 2

Das menschliche Sehvermögen ist gut an das Spektrum der Sonne angepasst: Der wahrnehmbare Bereich überdeckt das Maximum der Strahlungsdichte.

Aufgabe 3

Die Solarkonstante S_E außerhalb der Erdatmosphäre, also im Abstand 1 AE von der Sonne beträgt $1{,}37\,\text{kW/m}^2$.
Nach dem quadratischen Abstandsgesetz ergeben sich für die anderen Himmelskörper folgende Werte:

Merkur: $S_M = \left(\frac{1}{0{,}39}\right)^2$ $S_E = \underline{\underline{9{,}01\,\text{kW/m}^2}}$

Venus: $S_V = \left(\frac{1}{0{,}72}\right)^2$ $S_E = \underline{\underline{2{,}64\,\text{kW/m}^2}}$

Jupiter: $S_J = \left(\frac{1}{5{,}2}\right)^2$ $S_E = \underline{\underline{50{,}7\,\text{W/m}^2}}$

Pluto: $S_P = \left(\frac{1}{39{,}5}\right)^2$ $S_E = \underline{\underline{0{,}88\,\text{W/m}^2}}$

Aufgabe 4

$A = \frac{3500\,\text{kW} \cdot \text{h}}{100\,\text{W/m}^2 \cdot 0{,}16 \cdot 365 \cdot 24\,\text{h}}$

$= \underline{\underline{25\,\text{m}^2}}$

Aufgabe 5

a Die Energiestromstärke, also die Leistung ergibt sich als Produkt aus der Solarkonstante S_E und der Querschnittsfläche der Erde $\pi \cdot r_E^2$:

$P_E = S_E \cdot \pi \cdot r_E^2 = \underline{\underline{1{,}747 \cdot 10^{14}\,\text{kW}}}.$

Pro Jahr ergibt sich damit ein Energiebetrag von

$E = P_E \cdot 365 \cdot 24\,\text{h} = 1{,}53 \cdot 10^{18}\,\text{kW} \cdot \text{h}.$

b Bei einer Bevölkerung von $7 \cdot 10^9$ Menschen könnte damit jeder Mensch $\underline{\underline{2{,}2 \cdot 10^8\,\text{kW} \cdot \text{h}}}$ pro Jahr verbrauchen. Dies liegt um mehrere Größenordnungen über dem tatsächlichen Bedarf.

12.3 Energiehaushalt der Erde

Aufgabe 1

a Das Sonnenlicht wird beim Durchgang durch die Atmosphäre gestreut; blaues Licht stärker als rotes. Morgens und abends ist der Weg durch die Atmosphäre lang: Der blaue Anteil des Lichts wird fast vollständig zur Seite gestreut und gelangt nicht mehr in unser Auge, das Restspektrum erscheint rot.
Blickt man dagegen tagsüber an den Himmel, beispielsweise im rechten Winkel zur Sonne, so empfängt man von dort relativ viel Licht, das von den Teilchen in der Atmosphäre gestreut wurde: Der Himmel erscheint blau.

b An Staubteilchen wird das Sonnenlicht in ähnlicher Weise gestreut wie an den Gasteilchen der Atmosphäre. Die Streuung wird bei Smog also verstärkt, das Sonnenlicht erscheint nicht nur morgens und abends rötlich.

Aufgabe 2

Trifft Sonnenlicht auf Glas, kommt es nicht nur zu partieller Reflexion, sondern auch zu Streueffekten. Bei Isoliergläsern, z. B. Dreifachverglasung, ist der Effekt stärker ausgeprägt als bei einfachen Scheiben.

Aufgabe 3

a Gründe für Änderungen der Albedo sind u.a. Wechsel der Jahreszeiten (Eis- und Schneeschmelze), Wechsel der landwirtschaftlichen Nutzung, Rodung von Wäldern oder großflächige Bebauung.

b Individuelle Recherche

12.4 Einfache Klimamodelle

Aufgabe 1

Lerngruppenspezifische Recherche und Diskussion

Aufgabe 2

Individuelle Recherche

Aufgabe 3

Teerstraßen haben eine geringe Albedo: Ein großer Teil der einfallenden Sonnenstrahlung wird absorbiert, die Temperaturen steigen. Hinzu kommt aber auch der vergleichsweise hohe Energieumsatz durch Straßenverkehr und geheizte Wohnungen.
Verunreinigte Luft führt in Ballungsräumen zu einer Verstärkung des Treibhauseffekts: Die Energieabstrahlung wird erschwert.
Städtebauliche Maßnahmen können in der Anlage von Grünflächen und einer geringeren Bebauungsdichte bestehen.

TRAINING Thermodynamik

Aufgabe 1

a Für eine abgeschlossene Gasmenge gilt:

$$\frac{p \cdot V}{T} = \text{konst.}$$

$$\frac{p \cdot m}{\rho \cdot T} = \text{konst.}$$

$$\frac{p}{\rho \cdot T} = \text{konst.}$$

$$F_{G,\text{verdr Luft}} = F_{G,\text{ Luft, Ballon}} + F_{G,\text{ Ballon}}$$

$$F_{G,\text{verdr Luft}} = \rho_{G,\text{verdr Luft}} \cdot V_{\text{Ballon}} \cdot g = \frac{p_{\text{verdr Luft}} \cdot T_0 \cdot \rho_0}{T_{\text{verdr Luft}} \cdot p_0} \cdot V_{\text{Ballon}} \cdot g$$

$$F_{G,\text{ Luft, Ballon}} = \rho_{\text{Luft Ballon}} \cdot V_{\text{Ballon}} \cdot g = \frac{p_{\text{Ballon}} \cdot T_0 \cdot \rho_0}{T_{\text{Ballon}} \cdot p_0} \cdot V_{\text{Ballon}} \cdot g$$

Innen- und Außendruck sind gleich:

$p_{\text{Luft}} = p_{\text{Ballon}}$

Damit gilt:

$$\frac{p_{\text{verdr Luft}} \cdot T_0 \cdot \rho_0}{T_{\text{verdr Luft}} \cdot p_0} \cdot V_{\text{Ballon}} \cdot g = \frac{p_{\text{Ballon}} \cdot T_0 \cdot \rho_0}{T_{\text{Ballon}} \cdot p_0} \cdot V_{\text{Ballon}} \cdot g + 400\,\text{kg} \cdot g$$

$$\frac{p_{\text{verdr Luft}} \cdot T_0 \cdot \rho_0 \cdot V_{\text{Ballon}}}{p_0} \cdot \left(\frac{1}{T_{\text{verdr Luft}}} - \frac{1}{T_{\text{Ballon}}}\right) = 400\,\text{kg}$$

$$p_{\text{verdr Luft}} = \frac{400\,\text{kg} \cdot p_0}{T_0 \cdot \rho_0 \cdot V_{\text{Ballon}} \cdot \left(\frac{1}{T_{\text{verdr Luft}}} - \frac{1}{T_{\text{Ballon}}}\right)} = \underline{\underline{8{,}10 \cdot 10^4\,\text{Pa}}}$$

b $\frac{p_0 - p_{\text{verdr Luft}}}{100\,\text{Pa}} \cdot 10\,\text{m} = \underline{\underline{2026\,\text{m}}}$

Aufgabe 2

$$W_{\text{el}} = P_{\text{el}} \cdot t = 800\,\text{W} \cdot 21 \cdot 60\,\text{s} = 1{,}01 \cdot 10^6\,\text{J}$$

$$\Delta T = 74\,\text{K}$$

$$W_{\text{el}} = Q_{\text{zu}} + W_{\text{ab}} = (C_K + m_{\text{Öl}} \cdot c_{\text{Öl}}) \cdot \Delta T + W_{\text{ab}}$$

$$c_{\text{Öl}} = \frac{\frac{W_{\text{el}} - W_{\text{ab}}}{\Delta T} - C_K}{m_{\text{Öl}}} = \underline{\underline{2{,}26\,\frac{\text{kJ}}{\text{kg} \cdot \text{K}}}}$$

Aufgabe 3

a $$Q = m_{\text{Stahl}} \cdot c_{\text{Stahl}} \cdot \Delta T = 15\,\text{kg} \cdot 0{,}47\,\text{kj/kg K} \cdot 1079\,\text{K} = \underline{\underline{7{,}61 \cdot 10^6\,\text{J}}}$$

b $|Q_{\text{zu}}| = |Q_{\text{ab}}|$

$$(T_{\text{Gleichgew.}} - T_{\text{Wasser/Beh.}}) \cdot (C_{\text{Beh.}} + m_W \cdot c_W) = m_{\text{Stahl}} \cdot c_{\text{Stahl}}\,(T_{\text{Stahl}} - T_{\text{Gleichgew.}})$$

$$T_{\text{Gleichgew.}} = T_{\text{Stahl}}\,(m_{\text{Stahl}} \cdot c_{\text{Stahl}}) + T_{\text{Wasser, Beh.}}\,(C_{\text{Beh.}} + m_W \cdot c_W) = 305\,\text{K} = \underline{\underline{32\,°\text{C}}}$$

Aufgabe 4

$$n = \frac{p \cdot V}{R \cdot T} = \frac{10^5\,\text{Pa} \cdot 0{,}003\,\text{m}^3}{8{,}314\,\frac{\text{J}}{\text{mol K}} \cdot 303{,}15\,\text{K}} = \underline{\underline{0{,}119\,\text{mol}}}$$

b $T = \frac{p \cdot V}{n \cdot R}$

$$T_2 = \frac{2 \cdot 10^5\,\text{Pa} \cdot 0{,}004\,\text{m}^3}{0{,}119\,\text{mol} \cdot 8{,}314\,\frac{\text{J}}{\text{mol} \cdot \text{K}}} \approx \underline{\underline{809\,\text{K}}}$$

c

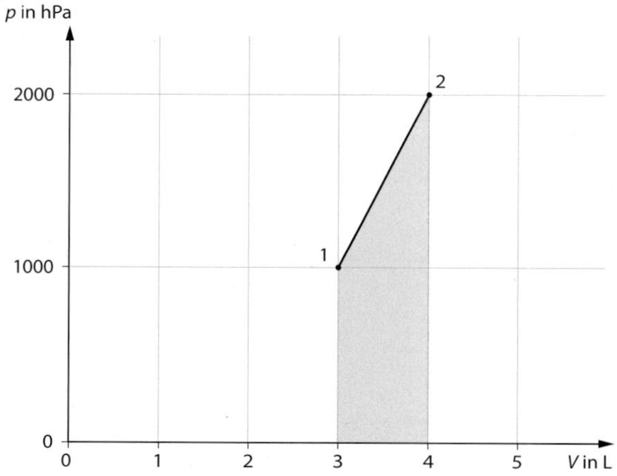

Die Arbeit entspricht der Fläche unter dem Graphen.

$W = \underline{\underline{150\,\text{J}}}$

d Für die innere Energie eines idealen zweiatomigen Gases gilt:

$$U = \frac{5}{2} \cdot n \cdot R \cdot T.$$

Damit ist:

$$\Delta U = \frac{5}{2} \cdot n \cdot R \cdot \Delta T = 2{,}5 \cdot 0{,}119\,\text{mol} \cdot 8{,}314\,\frac{\text{J}}{\text{kg} \cdot \text{K}} \cdot (809\,\text{K} - 303\,\text{K}) = \underline{\underline{1251\,\text{J}}}$$

e Erster Hauptsatz der Thermodynamik:
$\Delta U = Q + W$
Die Arbeit wurde vom System verrichtet. Daher trägt sie ein negatives Vorzeichen.
$Q = 1251\,\text{J} + 150\,\text{J} = \underline{\underline{1401\,\text{J}}}$

Aufgabe 5

a $\varepsilon_{\text{WP}} = \left|\frac{Q}{W}\right|$
$= \frac{T_2}{T_2 - T_1}$
$T_2 = 308{,}15\,\text{K}$
$T_1 = 258{,}15\,\text{K}$: $\varepsilon_{\text{WP}} = 6{,}16$
$T_1 = 268{,}15\,\text{K}$: $\varepsilon_{\text{WP}} = 7{,}70$
$T_1 = 278{,}15\,\text{K}$: $\varepsilon_{\text{WP}} = 10{,}3$

b $|W| = \frac{1}{\varepsilon_{\text{WP}}} \cdot |Q|$
Für den Anteil der Heizenergie gilt jeweils:
$T_1 = 258{,}15\,\text{K}$: 16 %
$T_1 = 268{,}15\,\text{K}$: 13 %
$T_1 = 278{,}15\,\text{K}$: 9,7 %

c Wärmepumpen arbeiten umso effizienter, je höher die Temperatur ist, bei der die Wärme entnommen wird. Wärmepumpen mit Erdsonden sind effektiver als solche mit Erdkollektoren. Am ungünstigsten sind Luftwärmepumpen, die der Außenluft Wärme entnehmen.

Aufgabe 6

a $Q = m_{\text{W}} \cdot c_{\text{W}} \cdot \Delta T$
$= 1{,}4 \cdot 10^{21}\,\text{kg} \cdot 4{,}19\,\frac{\text{kJ}}{\text{kg} \cdot \text{K}} \cdot 1\,\text{K}$
$= \underline{\underline{5{,}87 \cdot 10^{24}\,\text{J}}}$

b $t = \frac{W}{P}$
$= \frac{5{,}87 \cdot 10^{24}\,\text{J}}{16 \cdot 10^{12}\,\text{W}}$
$= 3{,}67 \cdot 10^{11}\,\text{s} = \underline{\underline{11\,633\,\text{a}}}$

Aufgabe 7

a Die Messkurve entspricht nicht dem idealisierten Verlauf, da sich zum einen der Arbeitskolben ständig bewegt und zum anderen die Wärme nicht instantan zu- bzw. abgeführt werden kann.

b Eine Rechteckfläche im Diagramm entspricht der Energie
$0{,}5\,\text{dm}^3 \cdot 250\,\text{hPa} = 12{,}5\,\text{J}$
Bei 59 Rechteckflächen ergibt ein Zyklus eine Arbeit von ca. 740 J.

c $P = \frac{W}{t} = \frac{250 \cdot 740\,\text{J}}{60\,\text{s}} = 3{,}08\,\text{kW}$

d $P \cdot t = W = m \cdot g \cdot h$
$m = \frac{P \cdot t}{g \cdot h} = \frac{3{,}08\,\text{kW} \cdot 60\,\text{s}}{9{,}81\,\text{m/s}^2 \cdot 20\,\text{m}}$
$= \underline{\underline{942\,\text{kg}}}$

Aufgabe 8

a Beim Verdampfen lösen sich die Teilchen aus der Flüssigkeit. Das Volumen, und damit die Anzahl der Möglichkeiten unterschiedliche Volumenelemente zu besetzen, nimmt zu.

b $\Delta s = \frac{\Delta Q}{\Delta T} = \frac{1\,\text{kg} \cdot 2260\,\text{kJ/kg}}{373\,\text{K}} \approx 6{,}06\,\frac{\text{kJ}}{\text{K}}$

Aufgabe 9

$Q = S_{\text{E}} \cdot A \cdot 0{,}8 \cdot t = c \cdot m \cdot \Delta T$
$\Delta T = \frac{S_{\text{E}} \cdot A \cdot 0{,}8 \cdot t}{m \cdot c}$
$= \frac{0{,}9\,\frac{\text{kJ}}{\text{s}} \cdot 0{,}1 \cdot 0{,}8 \cdot 7200\,\text{s}}{4{,}19\,\frac{\text{kJ}}{\text{kg} \cdot \text{K}} \cdot 2\,\text{kg}} = 62\,\text{K}$

Bei einer Ausgangstemperatur von 20 °C beträgt unter diesen Bedingungen die Endtemperatur $\underline{\underline{82\,°\text{C}}}$.

13.1 Max Planck

Aufgabe 1

a Planck stellte sich vor, dass die Wärmestrahlung von elektrisch geladenen Teilchen ausgesendet wird, die sich in hochfrequenter Schwingung befinden.

b Das Strahlungsgesetz verträgt sich insofern nicht mit dieser Vorstellung, als es nur eine quantisierte Übertragung von Energie erlaubt. Klassische Oszillatoren dagegen können Energie in beliebig kleinen Portionen aufnehmen oder abgeben.

Aufgabe 2

Die Strahlungsintensität bei kleinen Wellenlängen wird durch das Wien'sche Strahlungsgesetz (nicht das Wien'sche Verschiebungsgesetz) gut beschrieben, die Intensität bei großen Wellenlängen durch das Rayleigh-Jeans-Gesetz. Beide Gesetze lassen sich als Näherungen für extrem kleine bzw. große Wellenlängen aus dem Planck'schen Gesetz ableiten.

13.2 Fotoeffekt

Aufgabe 1

Geht man von einer mittleren Wellenlänge von 600 nm aus, so beträgt die Leistung:

$$P = \frac{\Delta E}{\Delta t} = \frac{n \cdot E_{\text{Ph}}}{\Delta t} = \frac{n \cdot h \cdot c}{\Delta t \cdot \lambda}$$

$$= \frac{1 \cdot 10^{12} \cdot 6{,}63 \cdot 10^{-34}\,\text{J} \cdot \text{s} \cdot 3 \cdot 10^{8}\,\frac{\text{m}}{\text{s}}}{1 \cdot 10^{-6} \cdot \text{s} \cdot 6 \cdot 10^{-7}\,\text{m}} = 0{,}332\,\text{W}$$

Die Lichtleistung der Quelle liegt im Bereich von 0,3 W.

Aufgabe 2

a Die kinetische Energie der schnellsten ausgelösten Elektronen direkt nach Verlassen des Katodenmaterials beträgt:

$$E_{\text{kin,max}} = E_{\text{Ph}} - E_{\text{A}} = h \cdot \frac{c}{\lambda} - E_{\text{A}}$$

$$= 6{,}63 \cdot 10^{-34}\,\text{J} \cdot \text{s} \cdot \frac{3 \cdot 10^{8}\,\frac{\text{m}}{\text{s}}}{4{,}6 \cdot 10^{-7}\,\text{m}} - 3{,}24 \cdot 10^{-19}\,\text{J}$$

$$= \underline{\underline{1{,}08 \cdot 10^{-19}\,\text{J}}}$$

Daraus erhält man die Geschwindigkeit:

$$v_{\text{max}} = \sqrt{\frac{2 \cdot E_{\text{kin,max}}}{m_{\text{e}}}} = \sqrt{\frac{2 \cdot 1{,}08 \cdot 10^{-19}\,\text{J}}{9{,}11 \cdot 10^{-31}\,\text{kg}}} = \underline{\underline{487\,000\,\frac{\text{m}}{\text{s}}}}.$$

b Nach kurzer Zeit ergibt sich die Fotospannung:

$$U_{\text{Ph}} = \frac{E_{\text{kin,max}}}{e}$$

$$= \frac{1{,}08 \cdot 10^{-19}\,\text{J}}{1{,}60 \cdot 10^{-19}\,\text{C}} = \underline{\underline{0{,}675\,\text{V}}}$$

c Auch nach Halbierung der Lichtintensität erreichen die schnellsten ausgelösten Elektronen noch dieselbe, zuvor berechnete, Energie und Geschwindigkeit, was auch wieder zu der ursprünglichen Fotospannung führt. Durch die Verringerung der Intensität verringert sich lediglich die Rate der einfallenden Photonen, während die maßgebliche Energie der einzelnen Photonen unverändert bleibt.

13.3

Aufgabe 1

a Innerhalb der Maxwell'schen Elektrodynamik wird das Licht als elektromagnetische Wellen beschrieben. Bei einer elektromagnetischen Welle handelt es sich um oszillierende, gekoppelte elektrische und magnetische Felder, die sich im Raum ausbreiten. Die beobachtbaren Charakteristika von Licht lassen sich auf die Eigenschaften der elektromagnetischen Wellen, aus denen es sich zusammensetzt, zurückführen, wie zum Beispiel die Wellenlängen, Amplituden, die Polarisation und die Phasenbeziehungen der Komponenten.

b Typische Hinweise auf den Wellencharakter von Licht liefern Experimente, bei denen Interferenzphänomene auftreten, wie zum Beispiel die Beugung an Spalt, Doppelspalt und Gitter. Dazu kommen Experimente, die eine Polarisation von Licht erkennen lassen: Die Polarisationsrichtung von Licht beim Durchgang durch eine Zuckerlösung kann gedreht werden, bei Kalkspat lässt sich das Phänomen der Doppelbrechung beobachten.

Aufgabe 2

a Die Maxwell'sche Elektrodynamik war in der zweiten Hälfte des 19. Jahrhunderts vielfach als perfekte Theorie zur Beschreibung der elektromagnetischen Wechselwirkung angesehen worden. Ihr mathematischer Apparat war (u. a. von Heinrich Hertz) in eine elegante Form gebracht worden, und mit seiner Hilfe konnten sämtliche bekannten Phänomene bis ins Detail beschrieben bzw. prognostiziert werden. Dies galt auch für das Licht als Teil des elektromagnetischen Spektrums.
Dass die quantenhafte Übertragung von Energie, die Planck und viele anderen nur als „Rechentrick" angesehen hatten, nach Einstein auf atomarer Ebene Realität

ist, war schwer zu akzeptieren. Über die Gestalt von Atomen wusste man im Jahr 1905 noch wenig (vgl. Kap, 13.9), selbst deren Existenz wurde zu dieser Zeit noch von manchen Physikern angezweifelt. Von einer konsistenten quantenmechanischen Beschreibung der Energieübertragung war man noch weit entfernt.

b Beispiele:
- Das heliozentrische Weltbild, das auf Kopernikus zurückgeht, wurde von den Vertretern der Kirche lange Zeit abgelehnt – von Wissenschaftlern jedoch recht bald übernommen.
- Das Trägheitsgesetz von Galilei – als Überwindung der lange Zeit dominierenden aristotelischen Vorstellung
- Energie als Erhaltungsgröße
- Die Nahwirkungstheorie mit der endlichen Ausbreitungsgeschwindigkeit – im Gegensatz zu der auf Newton zurückgehenden Fernwirkungstheorie

13.4 Röntgenstrahlung

Aufgabe 1

a Röntgenstrahlung und sichtbares Licht sind Bestandteile des elektromagnetischen Spektrums, ihre Ausbreitung ist als elektromagnetische Transversalwelle zu beschreiben; im Vakuum besitzen sie die gleiche Ausbreitungsgeschwindigkeit c. Die Frequenz der Röntgenstrahlung ist um zwei bis sechs Zehnerpotenzen größer als die des Lichts, die Wellenlänge entsprechend kleiner.
Unterschiede zeigen sich in der Wechselwirkung mit Materie: Röntgenstrahlung durchdringt fast alle Materialien besser als Licht. Außerdem gehört sie zur ionisierenden Strahlung, ist also in der Lage, Elektronen aus den Atomhüllen zu entfernen.

b Die Ionisierung ist eine elementare Wechselwirkung, bei der Energie quantenhaft auf ein Elektron der Atomhülle übertragen wird. Die Intensität der Strahlung hat dabei keinen Einfluss auf den Energieübertrag (von nichtlinearen Effekten abgesehen), stattdessen hängt der Energieübertrag nur von der Frequenz der Strahlung ab. Die Elektronen nehmen auch einen Impuls auf, der sich nach Stoßgesetzen berechnen lässt. Dies macht eine Beschreibung im Photonenmodell sinnvoll.

Aufgabe 2

a Die kurzwellige Grenze der emittierten Strahlung ist durch die maximal erreichbare kinetische Energie der Elektronen beim Durchlaufen der Röntgenröhre gegeben. Eine Anodenspannung von $U = 80\,\text{kV}$ ermöglicht Elektronenenergien von
$E_e = e \cdot U = 1{,}60 \cdot 10^{-19}\,\text{C} \cdot 80 \cdot 10^3\,\text{V} = 1{,}28 \cdot 10^{-14}\,\text{J}$.
Dieser Energie entspricht eine Wellenlänge von

$$\lambda = \frac{h \cdot c}{E} = 1{,}55 \cdot 10^{-11}\,\text{m} = \underline{\underline{0{,}2\,\text{nm}}}.$$

b Bei einer Röntgenröhre mit einer Anodenspannung U kann keine Strahlung mit Wellenlängen kleiner als

$$\lambda = \frac{h \cdot c}{e \cdot U}$$

entstehen. Ein Photon wird durch einen einzelnen elektronischen Prozess ausgesandt. Die Elektronenenergie limitiert daher die Photonenenergie.

Aufgabe 3

a Um den Netzebenenabstand eines Kristalls mithilfe von Röntgenstrahlung zu bestimmen, platziert man einen Strahlungsdetektor auf einer Kreisbahn mit festem Radius r um den Kristall. Im nächsten Schritt muss die Detektorposition gefunden werden, unter der sich die ersten Hauptmaxima erkennen lassen. Aus der Bragg'schen Gleichung erhält man so den Netzebenenabstand:

$$d = \frac{\lambda}{2 \cdot \sin\alpha}.$$

b Zur Bestimmung des Wertebereichs für mögliche Netzebenenabstände d bei der Durchstrahlung mit Röntgenlicht der Wellenlänge $\lambda = 154\,\text{pm}$ wird die Bragg'sche Gleichung benutzt:

$$\sin\alpha_n = \frac{n \cdot \lambda}{2d}.$$

Darin ist der Wertebereich der Netzebenenabstände durch den Wertebereich der Sinusfunktion bestimmt. Da keine negativen Wellenlängen und Netzebenenabstände auftreten können, ist die linke Seite der Gleichung physikalisch auf $0 \leq \sin\alpha \leq 1$ eingeschränkt. Damit existiert für den Wertebereich der Netzebenenabstände keine obere Grenze. Einsetzen der oberen Wertebereichsgrenze der Sinusfunktion für $\alpha = 90°$ liefert:

$$d = \frac{\lambda}{2 \cdot \sin(90°)} = \frac{154\,\text{pm}}{2 \cdot 1} = 77\,\text{pm}.$$

Damit liegt der Wertebereich möglicher Netzebenenabstände bei $\underline{\underline{77\,\text{pm} \leq \lambda \leq \infty}}$.

13.5 Impuls von Photonen

Aufgabe 1

Für die Masse eines Photons, dessen Masse genau der eines Elektrons entspricht, gilt:

$m_{Ph} = m_e = \frac{h \cdot f}{c^2} = \frac{h}{c \cdot \lambda}$.

Damit erhält man für die Wellenlänge dieses Photons gerade die Compton-Wellenlänge:

$\lambda = \frac{h}{c \cdot m_e}$

$\lambda = \frac{6{,}63 \cdot 10^{-34}\,\mathrm{J \cdot s} \cdot 3 \cdot 10^8\,\frac{\mathrm{m}}{\mathrm{s}}}{9{,}11 \cdot 10^{-31}\,\mathrm{kg}} = \underline{\underline{2{,}43 \cdot 10^{-12}\,\mathrm{m}}}$

Aufgabe 2

a Auf der silbrigen Seite werden Photonen reflektiert, auf der mattschwarzen werden sie absorbiert. Die Impulsänderung, die die Photonen erfahren, ist also beim Auftreffen auf die silbrige Seite größer als auf der schwarzen und gemäß dem Impulserhaltungssatz muss hier auch der Flügel den vom Betrage her größeren Impuls aufnehmen. Wäre die Drehung alleine durch den Impulsübertrag der Photonen verursacht, müsste sich die Lichtmühle gerade im umgekehrten Drehsinn, also mit den silbrigen Seiten von der Lichtquelle weg, bewegen.

b Im Glaskolben befindet sich Luft. Die Lichtquelle erwärmt die mattschwarze Seite der Flügel stärker als die silbrige Seite. Dadurch erwärmt sich die Luft nahe der schwarzen Seite ebenfalls stärker als auf der Gegenseite. Die Geschwindigkeit der Gasteilchen ist bei höherer Temperatur größer und der Gasdruck auf der schwarzen Seite ist daher höher als der Druck auf der silbrigen Seite.

13.6 Materiewellen

Aufgabe 1

a $p = \frac{h}{\lambda} = \frac{h}{16 \cdot 10^{-12}\,\mathrm{m}} = \underline{\underline{4{,}1 \cdot 10^{-23}\,\mathrm{kg} \cdot \frac{\mathrm{m}}{\mathrm{s}}}}$

$v = \frac{p}{m} = \frac{h}{\lambda \cdot m_e} = \underline{\underline{4{,}5 \cdot 10^7\,\frac{\mathrm{m}}{\mathrm{s}}}}$

$E_{kin} = \frac{p^2}{2m} = \frac{h^2}{\lambda^2 \cdot m_e} = 9{,}4 \cdot 10^{-18}\,\mathrm{J} = \underline{\underline{5{,}9\,\mathrm{keV}}}$

b $U_a = \frac{E_{kin}}{e} = \frac{p^2}{2m \cdot e} = \frac{h^2}{\lambda^2 \cdot 2m_p \cdot e}$

$\lambda = 16 \cdot 10^{-12}\,\mathrm{m}$: $U_a = \underline{\underline{3{,}2\,\mathrm{V}}}$

$\lambda = 1{,}6 \cdot 10^{-12}\,\mathrm{m}$: $U_a = \underline{\underline{0{,}32\,\mathrm{kV}}}$

$\lambda = 0{,}16 \cdot 10^{-12}\,\mathrm{m}$: $U_a = \underline{\underline{32\,\mathrm{kV}}}$

Aufgabe 2

a $\lambda = \frac{h}{\sqrt{2e \cdot 54\,\mathrm{V} \cdot m_e}} = 1{,}67 \cdot 10^{-10}\,\mathrm{m}$

b $\Delta s = b \cdot \sin\alpha = \lambda$

mit $b = \frac{1}{4650}\,\mathrm{\mu m} = 2{,}15 \cdot 10^{-6}\,\mathrm{m}$

$b = \frac{1}{4650}\,\mathrm{\mu m} = 2{,}15 \cdot 10^{-10}\,\mathrm{m}$

$\alpha = \sin^{-1}\left(\frac{1{,}67 \cdot 10^{-10}\,\mathrm{m}}{2{,}15 \cdot 10^{-10}\,\mathrm{m}}\right) = \underline{\underline{51°}}$

Aufgabe 3

a $\lambda = \frac{h}{\sqrt{2e \cdot 50000\,\mathrm{V} \cdot m_e}} = \underline{\underline{5{,}485 \cdot 10^{-12}\,\mathrm{m}}}$

Dieser Wert ist um $\underline{\underline{2{,}3\,\%}}$ größer als $5{,}36 \cdot 10^{-12}\,\mathrm{m}$

b $\sin(\alpha_n) = \frac{n \cdot \lambda}{b}$ und $\tan(\alpha_n) = \frac{y_n}{a}$

Näherung $\sin(\alpha_n) \approx \tan(\alpha_n)$

also $\frac{n \cdot \lambda}{b} = \frac{y_n}{a}$

α_n: Winkel des n-ten Maximums
b: Spaltmittenabstand 2 µm
a: Entfernung Spalte–Schirm
y_n: Abstand des n-ten Maximums zur optischen Achse

$y_{n+1} - y_n = \frac{a}{b} \cdot \lambda = \frac{0{,}35\,\mathrm{m}}{2 \cdot 10^{-6}\,\mathrm{m}} \cdot 5{,}36 \cdot 10^{-12}\,\mathrm{m} = 9{,}4 \cdot 10^{-7}\,\mathrm{m}$

Das bloße Auge kann noch Objekte in der Größenordnung 0,1 mm = 10^{-4} m auflösen. Der benötigte Vergrößerungsfaktor liegt daher im Bereich:

$V = \frac{10^{-4}\,\mathrm{m}}{9{,}4 \cdot 10^{-7}\,\mathrm{m}} = 106 \approx \underline{\underline{100}}$

13.7 Frühe Atommodelle

Aufgabe 1

Es sei n die Anzahl der Halbierungsschritte bis zum Erhalten einer Scheibe mit nur einer Atomlage. Dann ist:

$0{,}01\,\mathrm{m} \cdot 0{,}5^n \cdot 10^{-10}\,\mathrm{m}$.

Daraus erhält man:

$n = -8 \cdot \frac{\ln 10}{\ln 0{,}5} = \underline{\underline{26{,}6}}$

Nach 26 Halbierungen ist man also ungefähr bei der Dicke einer Atomlage angelangt.

Aufgabe 2

Individuelle Lösung

Aufgabe 3

Individuelle Lösung

13.8 Linienspektren

Aufgabe 1

Die beiden größten Wellenlängen der Lyman-Serie ergeben sich für $n_2 = 2$ und $n_2 = 3$.

$n_2 = 2$: $\frac{1}{\lambda} = R \cdot \left(\frac{1}{1} - \frac{1}{2^2}\right)$, $\lambda = \underline{\underline{1{,}21 \cdot 10^{-7}\,\text{m}}}$

$n_2 = 3$: $\frac{1}{\lambda} = R \cdot \left(\frac{1}{1} - \frac{1}{3^2}\right)$, $\lambda = \underline{\underline{1{,}03 \cdot 10^{-7}\,\text{m}}}$

Aufgabe 2

Für $n_2 \to \infty$ gilt:

$\frac{1}{n_2^{\,2}} \to 0.$

Damit ergibt sich als höchste Frequenz der Balmer-Serie:

$f = f_\text{R} \cdot \left(\frac{1}{2^2} - 0\right) = \underline{\underline{8{,}23 \cdot 10^{14}\,\text{Hz}}}$

und als höchste Frequenz der Lyman-Serie:

$f = f_\text{R} \cdot \left(\frac{1}{1^2} - 0\right) = \underline{\underline{3{,}29 \cdot 10^{15}\,\text{Hz}}}.$

Aufgabe 3

Individuelle Lösung.
Als Beispiel ließe sich u. a. das Planck'sche Strahlungsgesetz nennen, dessen physikalischer Hintergrund bei seiner Veröffentlichung im Jahr 1900 vollkommen im Dunkeln lag. Auch die Erklärung des Periodensystems der Elemente mit seinen *magischen Zahlen* konnte erst nach der Entwicklung der Quantenmechanik gegeben werden.

13.9 Ernest Rutherford

Aufgabe 1

a Rutherford erwartete eine gleichmäßige Verteilung der elektrisch positiv geladenen Atommaterie auf das gesamte Atomvolumen. Beim Durchgang der Alphateilchen durch die dünne Goldfolie hätte, wenn überhaupt, nur ein geringer Anteil absorbiert werden dürfen. Aufgrund der Annahmen über Massen- und elektrische Ladungsdichte des Atoms im Thomson'schen Modell hätte die Atommaterie – in einem makrokopischen Bild – eher einem viskosen Medium ähneln sollen. Dies hätte den Alphateilchen nur eine geringfügige Änderung ihrer ursprünglichen Bewegungsrichtung gestattet.

b Entgegen seiner Erwartung fand Rutherford, dass einzelne Alphateilchen sogar in Rückwärtsrichtung gestreut wurden. Dies legte die Existenz eines „harten", positiv geladenen Streuzentrums im einzelnen Atom nahe. Da die Elektronenmasse als sehr gering bekannt war, musste die massive Atommaterie auf einen sehr kleinen Raumbereich konzentriert angenommen werden, um in physikalischer Rechnung die Möglichkeit der Rückstreuung zuzulassen. Aus der Intensität der zurückgestreuten Alphateilchen konnte die Ausdehnung jenes Streuzentrums zu weniger als einem Zehntausendstel des Atomdurchmesser abgeschätzt werden.

13.10 Bohr'sches Atommodell

Aufgabe 1

Für den Abstand zweier benachbarter Energieniveaus E_{n+1} und E_n gilt:

$\Delta E = h \cdot f_\text{R} \cdot \left(\frac{1}{n^2} - \frac{1}{(n+1)^2}\right).$

Mit größer werdendem n wird der Abstand ΔE der Energieniveaus immer kleiner. Die erste Ableitung der Funktion $\Delta E(n)$ ist proportional zu:

$\left(-\frac{1}{n^3} + \frac{1}{(n+1)^3}\right).$

Dieser Ausdruck ist für alle $n \geq 1$ wegen $(n+1)^3 > n^3$ negativ. ΔE fällt daher mit wachsendem n streng monoton.

Aufgabe 2

a Der Radius der Bahn mit der Nummer $n = 10$ beträgt im Bohr'schen Modell:

$r = a_0 \cdot 10^2 = \underline{\underline{5{,}29 \cdot 10^{-9}\,\text{m}}}.$

b Die Bahngeschwindigkeit eines Elektrons auf der Bahn mit $n = 10$ beträgt:

$$v = \frac{n \cdot h}{2 \cdot \pi \cdot m_\text{e} \cdot r}$$

$$v = \frac{10 \cdot 6{,}63 \cdot 10^{-34}\,\text{J} \cdot \text{s}}{2 \cdot \pi \cdot 9{,}11 \cdot 10^{-31}\,\text{kg} \cdot 5{,}29 \cdot 10^{-9}\,\text{m}} = \underline{\underline{2{,}19 \cdot 10^5\,\frac{\text{m}}{\text{s}}}}$$

Dies ist ein Zehntel der Geschwindigkeit eines Elektrons auf der Bahn mit $n = 1$.

Aufgabe 3

Unabhängig vom Abstand des Elektrons vom Kern beträgt das Verhältnis von Gravitationskraft zur Coulomb-Kraft im Wasserstoffatom:

$$\frac{F_\text{G}}{F_\text{C}} = \frac{G \cdot 4 \cdot \pi \cdot \varepsilon_0 \cdot m_\text{e} \cdot m_\text{p}}{e^2}$$

Einsetzen der Konstanten liefert:

$$\frac{F_\text{G}}{F_\text{C}} = \underline{\underline{4{,}4 \cdot 10^{-40}}}$$

Da die Gravitationskraft im Wasserstoffatom verschwindend gering gegenüber der Coulomb-Kraft ist, muss sie nicht berücksichtigt werden.

Aufgabe 4

a Bohr war bewusst, dass sein Modell der Energieabstrahlung kreisender, also beschleunigter Elektronen nicht löst. Dennoch lieferte es korrekte Werte für die Strahlungsübergänge im Wasserstoffatom.

b Ähnlich wie in einem Planetensystem handelt es sich im Bohr'schen Modell um einen Zentralkörper, der von Satelliten umrundet wird. Eine solche Bewegung, bei der nur die Wechselwirkung zwischen den beiden Körpern für die Zentripetalbeschleunigung verantwortlich ist, kann nur stattfinden, wenn der Beschleunigungsvektor in der Bewegungsebene liegt.

13.11 Franck-Hertz-Experiment

Aufgabe 1

a Siehe Lehrbuchtext in Kap. 13.11: „Aufbau und Durchführung"

b Siehe Lehrbuchtext in Kap. 13.11: „Interpretation"

c Für die Energie, die zur Anregung der Heliumatome benötigt wird, ergibt sich aus dem Diagramm näherungsweise:
$D_E = 23\,\text{eV} = 23 \cdot 1{,}60 \cdot 10^{-19}\,\text{C} \cdot \text{V} = \underline{\underline{3{,}38 \cdot 10^{-19}\,\text{J}}}.$

Aufgabe 2

Als großer Erfolg des Bohr'schen Atommodells kann die Erklärung des Emissionsspektrums von Wasserstoff inklusive der Herleitung der Rydberg-Gleichung aufgefasst werden. Der entscheidende physikalische Prozess beim Franck-Hertz-Experiment ist hingegen die Absorption von Energie in unelastischen atomaren Stoßprozessen. Die Ergebnisse des Franck-Hertz-Experiments belegen, dass Atome keine beliebigen Energien, sondern nur bestimmte, vom Atomtyp abhängige Energiebeträge aufnehmen können. Zwar erlaubt das Bohr'sche Atommodell keine quantitativen Vorhersagen für die Größe dieser Energiebeträge im Fall anderer Atome als Wasserstoff. Doch liefert es eine Deutungsmöglichkeit für die gänzlich unerwarteten und klassisch nicht zu verstehenden Ergebnisse des Franck-Hertz-Experiments.
Insbesondere zeigen diese Ergebnisse, dass die Bohr'schen Annahme diskreter Energieniveaus im Atom nicht nur für die Wechselwirkung von Atomen mit Licht, sondern auch für die mit Elektronen gerechtfertigt ist.

13.12 Resonanzabsorption und Lumineszenz

Aufgabe 1

Nach Anregung eines absorbierenden Moleküls vollzieht sich zum Beispiel zunächst ein strahlungsloser Übergang in ein Zwischenniveau. Hierbei wird ein Teil der ursprünglichen Anregungsenergie in innere Energie umgewandelt. Beim anschließenden Übergang in den Ausgangszustand oder in ein weiteres Zwischenniveau steht dann nur ein Teil der Energie des anregenden Photons zur Verfügung, und es kommt zur Aussendung eines Photons geringerer Energie und Frequenz.

Aufgabe 2

Nach Absorption wird zwar ein Photon gleicher Frequenz abgestrahlt, aber die Richtung, in die es abgestrahlt wird, unterliegt einer Zufallsverteilung. In die ursprüngliche Richtung wird daher nach Durchgang durch das absorbierende Gas sehr viel weniger Licht abgestrahlt. Dies führt zu einer dunklen Linie im Spektrum.

Aufgabe 3

Sowohl durch Absorption von Photonen als auch durch Stöße mit Elektronen können Atome in einen höheren Energiezustand überführt werden.
Die Energie eines Photons muss genau der Energiedifferenz der beteiligten Energieniveaus des Atoms entsprechen, während für ein Elektron die Bedingung ausreicht, dass seine kinetische Energie *mindestens* so groß ist wie die Energiedifferenz der atomaren Niveaus. Die Existenz des Photons ist mit der Absorption beendet, seine Energie ist vollständig auf den Anregungszustand des Atoms übertragen. Dagegen ist ein Elektron nach dem Stoß mit einem Atom weiterhin vorhanden, und es hat nur einen Teil seiner kinetischen Energie abgegeben.

13.13 Laser

Aufgabe 1

Laserlicht ist typischerweise monochromatisch und kohärent. Bei vielen Lasertypen tritt das Licht als paralleles Bündel aus und verfügt über eine hohe Leistungsdichte.

Die typischen Lichteigenschaften ergeben sich aus der Lichterzeugung durch stimulierte Emission innerhalb eines Resonators: Durch die Selektion nach Richtung und Wellenlänge im Resonator und die Dominanz der stimulierten Emission wird erreicht, dass die erzeugten Photonen in ihren Eigenschaften wie Frequenz, Bewegungsrichtung und Phase übereinstimmen.

Aufgabe 2

a Großkraftwerke erreichen Leistungen im Bereich einiger Gigawatt. Die Leistungen der genannten Laser sind also etwa um den Faktor 1000 höher.

Die Energie eines einzelnen Laserblitzes beträgt:
$E_{\text{Blitz}} = P \cdot t = 10^{13}\,\text{W} \cdot 10^{-13}\,\text{s} = \underline{\underline{1\,\text{J}}}$.

b Wenn n die Anzahl der Photonen in einem Lichtblitz ist, gilt für dessen Gesamtimpuls:

$$p_{\text{Blitz}} = n \cdot \frac{h}{\lambda} = \frac{E_{\text{Blitz}}}{E_{\text{Ph}}} \cdot \frac{h}{\lambda} = \frac{E_{\text{Blitz}}}{h \cdot f} \cdot \frac{h}{\lambda} = \frac{E_{\text{Blitz}}}{c}$$

Die Geschwindigkeit eines Teilchens der Masse 1g mit demselben Impuls ist dann

$$v = \frac{p}{m} = \frac{3{,}33 \cdot 10^{-9}\,\text{N} \cdot \text{s}}{1 \cdot 10^{-3}\,\text{kg}} = \underline{\underline{3{,}33 \cdot 10^{-6}\,\frac{\text{m}}{\text{s}}}}$$

13.14 Heisenberg und Schrödinger

Aufgabe 1

a

Operation	Symbolik	Term
–	f	$\sin(k \cdot x)$
M	Mf	$x \sin(k \cdot x)$
A	AMf	$\sin(k \cdot x) + x \cos(k \cdot x)\,k$

Operation	Symbolik	Term
–	f	$\sin(k \cdot x)$
A	Af	$\cos(k \cdot x)\,k$
M	MAf	$x \cos(k \cdot x)\,k$

Unterschied:
$\sin(k \cdot x) + x \cos(k \cdot x)\,k - x \cos(k \cdot x)\,k = \sin(k \cdot x) = f(x)$

Symbolisch: AMf – MAf = f

b

Operation	Symbolik	Term
–	g	$2 \cos(k \cdot x)$
M	Mg	$2\,x \cos(k \cdot x)\,k$
A	AMg	$2 \cos(k \cdot x) - 2\,x \sin(k \cdot x)\,k$

Operation	Symbolik	Term
–	g	$2 \cos(k \cdot x)$
A	Ag	$-2 \sin(k \cdot x)\,k$
M	MAg	$-2\,x \sin(k \cdot x)\,k$

Unterschied:
$$2 \cos(k \cdot x) - 2\,x \sin(k \cdot x)\,k - (-2\,x \sin(k \cdot x)\,k) = 2 \cos(k \cdot x) = g(x)$$
Symbolisch: **AM**g – **MA**g = g

13.15 Interferenz und Weginformation

Aufgabe 1

a vorher: $p_{\text{Ph}} = \frac{h}{\lambda}$ und $p_{\text{El}} = 0$

nachher: $p_{\text{Ph}} = -\frac{h}{\lambda_{\text{ref}}}$ und $p_{\text{El}} = \Delta p$

Nach dem Impulserhaltungssatz ist

$$\frac{h}{\lambda} = -\frac{h}{\lambda_{\text{ref}}} + \Delta p.$$

Streng genommen ist die Wellenlänge λ_{ref} des reflektierten Photons größer als die Wellenlänge λ des eintreffenden Photons, denn bei der Reflexion wird ein Teil der Photonenenergie auf das Elektron übertragen. Die Wellenlängenänderung fällt jedoch nur bei sehr kurzwelliger Strahlung ins Gewicht (siehe Kap. 13.5). Geht man von $\lambda_{\text{ref}} \approx \lambda$ aus, so folgt:

$$\Delta p = \frac{h}{\lambda} + \frac{h}{\lambda_{\text{ref}}} \approx 2\,\frac{h}{\lambda} = \underline{\underline{2{,}65 \cdot 10^{-27}\,\text{kg} \cdot \frac{\text{m}}{\text{s}}}} \quad \text{für} \quad \lambda = 500\,\text{nm}.$$

b Je kleiner die Wellenlänge des Photons, desto genauer kann damit der Ort des Elektrons gemessen werden. Bei kleinerer Wellenlänge wird aber auch mehr Impuls auf das Elektron übertragen: $\Delta p \approx 2\,\frac{h}{\lambda}$.

c

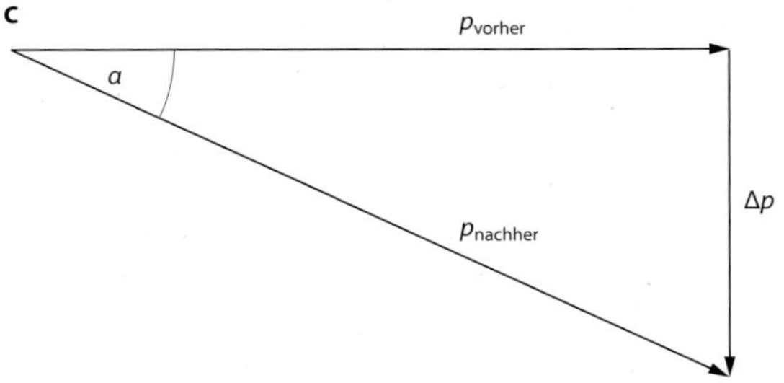

$$p_{\text{vorher}} = \sqrt{2 m_e e \cdot 1500\,\text{V}} = 2{,}1 \cdot 10^{-23}\,\text{kg} \cdot \frac{\text{m}}{\text{s}}$$

$$\Delta p = 2\,\frac{h}{500\,\text{nm}} = 2{,}65 \cdot 10^{-27}\,\text{kg} \cdot \frac{\text{m}}{\text{s}}$$

$$\alpha = \tan^{-1}\left(\frac{\Delta p}{p_{\text{vorher}}}\right) = \underline{\underline{0{,}0072°}}$$

d $\lambda_{El} = \frac{h}{\sqrt{2e \cdot 1500\,V \cdot m_e}} = 3{,}17 \cdot 10^{-11}\,m$

$\beta = \sin^{-1}\left(\frac{\lambda_{El}}{500 \cdot 10^{-9}\,m}\right) = 0{,}0036°$

Damit ist $\beta \approx \frac{1}{2}\alpha$.

Mit dem Photon wird quasi eine Ortsmessung vollzogen, um festzustellen, durch welchen Spalt das Elektron gegangen ist. Die bei der Messung unvermeidliche Wechselwirkung des Photons (Beobachter) mit dem Elektron (Objekt) beeinflusst jedoch das Elektron. Die Folge des Messprozesses (repräsentiert durch den Winkel α) ist dabei ausgeprägter als der ursprüngliche Effekt der Interferenz am Doppelspalt (repräsentiert durch den Winkel β). Dies deckt sich mit der grundlegenden quantenphysikalischen Aussage, dass Interferenz nur dann statt finden kann, wenn einem Objekt mehrere gleichwertige, also nicht unterscheidbare Wege zur Verfügung stehen.

13.16 Zustandsfunktion und Aufenthaltswahrscheinlichkeit

Aufgabe 1

a

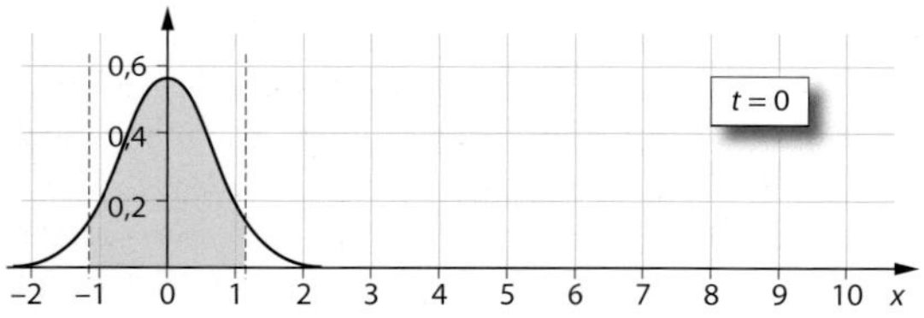

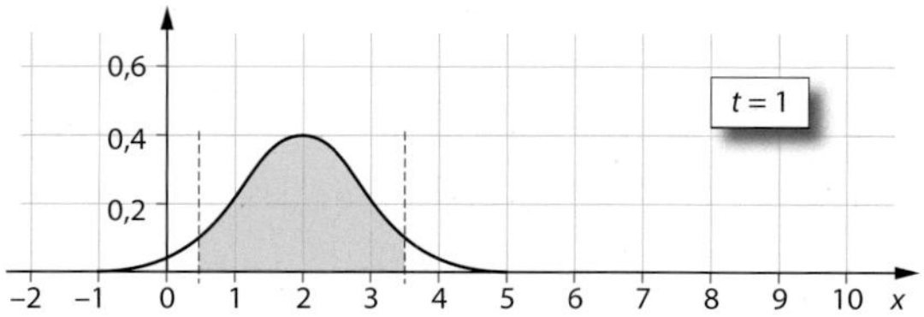

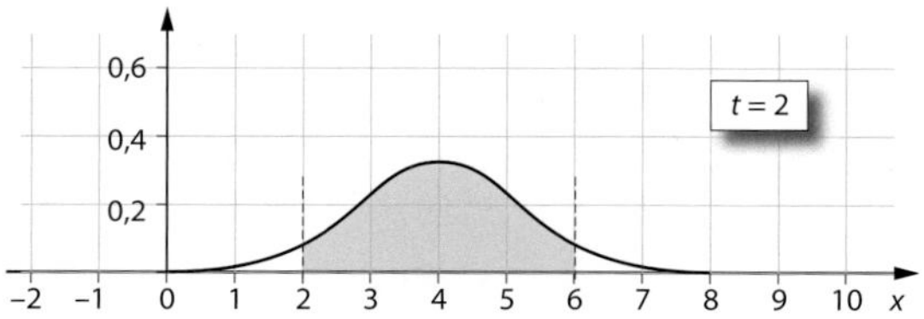

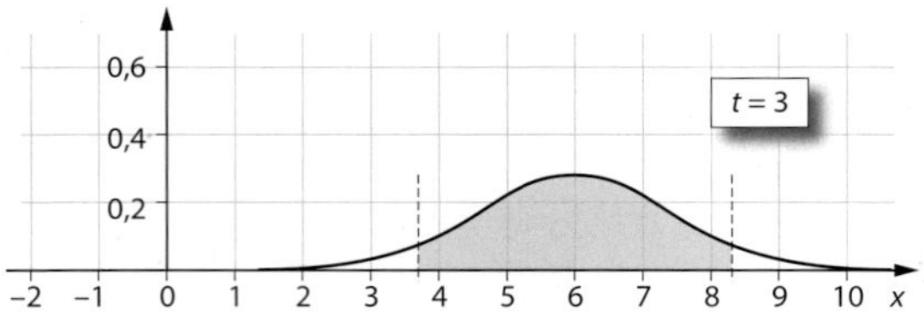

Ungefähre Breite der 90 %-Intervalle:

$t = 0$ [−1,2; 1,2]
$t = 1$ [0,3; 3,7]
$t = 2$ [2,0; 6,0]
$t = 3$ [3,7; 8,3]

b $P(x) = |\Psi(x, t)|^2 = \frac{0{,}5642}{\sqrt{1+t}} \cdot e^{\frac{-(x-2t)^2}{1+t}}$

Die Funktion wird nach x abgeleitet gleich null gesetzt. t ist dabei als Konstante zu behandeln.

$P'(x) = \frac{0{,}5642}{\sqrt{1+t}} \cdot e^{\frac{-(x-2t)^2}{1+t}} \cdot \frac{-2(x-2t)^1 \cdot 1}{1+t} = 0$

wenn $x = 2t$.

Der Funktionswert für $x = 2t$ ist

$P(2t) = \frac{0{,}5642}{\sqrt{1+t}}$.

Hochpunkt:

$\left(2t \,\middle|\, \frac{0{,}5642}{\sqrt{1+t}}\right)$

Mit fortschreitender Zeit wandert der Hochpunkt gleichförmig nach rechts, sein Wert nimmt dabei ab.

13.17

Aufgabe 1

- Die aus Energiezustandsfunktionen berechneten (Wahrscheinlichkeits-) Aussagen über die physikalischen Variablen des Systems sind unabhängig von der Zeit.
- Die Gesamtenergie eines Quantensystems in einem Energiezustand ist eindeutig: Die Wahrscheinlichkeitsverteilung der Energie hat keinen statistischen Charakter, sondern sie reduziert sich auf einen einzigen Wert.
- Die Pfeile, die die Funktionswerte von Energiezustandsfunktionen darstellen, rotieren alle mit der gleichen Frequenz $f = E/h$.

Aufgabe 2

Jede denkbare Zustandsfunktion Ψ lässt sich als Summe von Energiezustandsfunktionen aufbauen. Die Wahrscheinlichkeitsverteilung auf die Energiewerte E_0, E_1, … gibt dabei an, mit welchem Gewicht die einzelnen Energiezustandsfunktionen Ψ_0, Ψ_1, … in die Summe eingehen.

13.18 Barrieren für Quantenobjekte

Aufgabe 1

a $E = 0{,}5\,\text{eV}$

$\ln(p) = -15{,}8$

$p = e^{\ln(p)} = \underline{\underline{1{,}4 \cdot 10^{-7}}}$

$E = 2{,}0\,\text{eV}$

$\ln(p) = -14{,}5$

$p = e^{\ln(p)} = \underline{\underline{5{,}1 \cdot 10^{-7}}}$

b $E_{\text{max}} - E = \frac{1}{2m}\left[\frac{\ln(p)h}{-4\pi b}\right]^2 = 8{,}4\,\text{eV}$

also $E = \underline{\underline{1{,}6\,\text{eV}}}$

Es sei N die Anzahl der in einer Sekunde eintreffenden Elektronen. Dann ist $p \cdot N$ die zu erwartende Anzahl der in dieser Zeit durchdringenden Elektronen.

Bei einem Tunnelstrom der Stärke 2nA fließen je Sekunde

$\frac{2 \cdot 10^{-9}}{1{,}6 \cdot 10^{-19}} = 1{,}25 \cdot 10^{10}$

Elektronen, also:

$p \cdot N = 1{,}25 \cdot 10^{10}$

$N = \frac{1{,}25 \cdot 10^{10}}{3{,}5 \cdot 10^{-7}} = \underline{\underline{3{,}6 \cdot 10^{16}}}$

13.19 Heisenberg'sche Unbestimmtheitsrelation

Aufgabe 1

$\Delta p \geq \frac{h}{4\pi \cdot 10^{-10}\,\text{m}} = 5{,}3 \cdot 10^{-25}\,\text{kg} \cdot \frac{\text{m}}{\text{s}}$

$\Delta v = \frac{\Delta p}{m_e} \geq \underline{\underline{5{,}8 \cdot 10^5 \frac{\text{m}}{\text{s}}}}$

Aufgabe 2

a Ein eindeutiger Impuls liegt nur für $\Delta p = 0$ vor. Nach der Unbestimmtheitsrelation muss $\Delta p \geq \frac{h}{4\pi \cdot \Delta x}$ sein. Die Impulsunbestimmtheit Δp verschwindet also erst im Grenzfall $\Delta x \to \infty$, im Falle eines unendlich tiefen Potenzialtopfs also für $L \to \infty$.

b $\Delta p_x \geq \frac{h}{4\pi \cdot 0{,}3 \cdot 2{,}6 \cdot 10^{-9}\,\text{m}} = \underline{\underline{6{,}8 \cdot 10^{-26}\,\text{kg} \cdot \frac{\text{m}}{\text{s}}}}$

13.20 Verschränkung und Nichtlokalität

Aufgabe 1

Ist das ruhende Teilchen im Raum lokalisiert, so ist genau genommen sein Impuls um den Mittelwert null verteilt. Im Vergleich zu den Impulsmittelwerten p_1 und p_2 der entstandenen Quantenobjekte ist die Impulsunschärfe der ruhenden Teilchen vor dem Zerfall jedoch so klein, dass sie vernachlässigt werden kann.
Für das ruhende Teilchen wird also von $p = 0$ ausgegangen, nach dem Zerfall muss dann der Gesamtimpuls ebenfalls gleich null sein:

$p_1 + p_2 = 0, \quad \text{also} \quad p_1 = -p_2.$

Vor einer Messung steht nicht fest, welcher Wert sich z. B. für p_1 ergeben wird. Ebenso wenig steht der Wert für p_2 fest. Wird eine Messung z.B. am ersten Objekt durchgeführt, so wird in diesem Moment ein konkreter Wert für p_1 ausgewählt. Durch die Messung, also die Festlegung von p_1 ist dann simultan auch der Wert für p_2 nicht mehr unbestimmt, sondern er hat dann den gleichen Wert wie p_1, lediglich mit umgekehrtem Vorzeichen. Die Messung am einen Objekt hat Auswirkungen auf das zweite Objekt – das ist ein zentrales Merkmal von Verschränkung.

14.1 Unendlich tiefer eindimensionaler Potenzialtopf

Aufgabe 1

a $E_1 = \frac{h_2}{8\,m_e(1{,}3 \cdot 10^{-9}\,\text{m})^2} = 3{,}6 \cdot 10^{-20}\,\text{J} = \underline{\underline{0{,}22\,\text{eV}}}$

Dies ist die Grundzustandsenergie. Es gibt keinen Energiezustand mit einem kleineren Energiewert.

b $f_n = \frac{E_n}{h} = \frac{h}{8\,m_e(1{,}3 \cdot 10^{-9}\,\text{m})^2} \cdot n^2$

$f_1 = \underline{\underline{5{,}4 \cdot 10^{13}\,\text{Hz}}}$

$f_2 = \underline{\underline{2{,}2 \cdot 10^{14}\,\text{Hz}}}$

$f_3 = \underline{\underline{4{,}8 \cdot 10^{14}\,\text{Hz}}}$

c $\Delta E = E_5 - E_4 = \frac{h^2}{8\,m_e(1{,}3 \cdot 10^{-9}\,\text{m})^2} \cdot (5^2 - 4^2)$

$= 3{,}2 \cdot 10^{-19}\,\text{J} = \underline{\underline{2{,}0\,\text{eV}}}$

d $\lambda = \frac{hc}{\Delta E} = \frac{h \cdot c}{E_m - E_{m-1}}$

von	auf	ΔE in eV	λ in nm
2	1	0,67	1857
3	2	1,11	1114
4	3	1,56	796
5	4	2,00	619
6	5	2,45	507
7	6	2,89	429
8	7	3,34	371
9	8	3,78	328
10	9	4,23	293
11	10	4,67	265

Sichtbares Licht liegt im Bereich von 380 bis 750 nm. Bei den Übergängen $5 \rightarrow 4$, $6 \rightarrow 5$ und $7 \rightarrow 6$ werden für das menschliche Auge wahrnehmbare Photonen ausgesendet.

b Energieniveaus in eV

	$n = 1$	$n = 2$	$n = 3$	$n = 4$	$n = 5$	$n = 6$
unendlich tiefer Topf	0,62	2,47	5,56	9,89	15,45	22,25
Kastenmodell	0,55	2,21	4,96	8,77	19,12	–
Zackenmodell	6,84	11,95	16,14	19,62	–	–

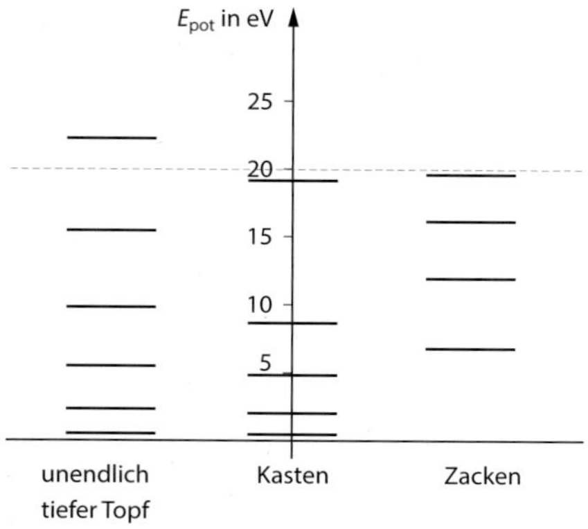

Aufgabe 2

In Bereichen größerer potenzieller Energie liegen benachbarte Nullstellen weiter auseinander. Dies zeigt sich auch in Abb. 3a (Kap. 14.2).

14.2 Numerische Berechnungen

Aufgabe 1

a $4 \cdot x_0 = 4 \cdot 1{,}95 \cdot 10^{-10}\,\text{m} = \underline{\underline{7{,}8 \cdot 10^{-10}\,\text{m}}}$

14.3 Energiewerte des Wasserstoffatoms

Aufgabe 1

a Energieniveaus in eV

n	1	2	3	4	5	6	7	8
E_n in eV	–13,6	–3,4	–1,51	–0,85	–0,54	–0,38	–0,28	–0,21

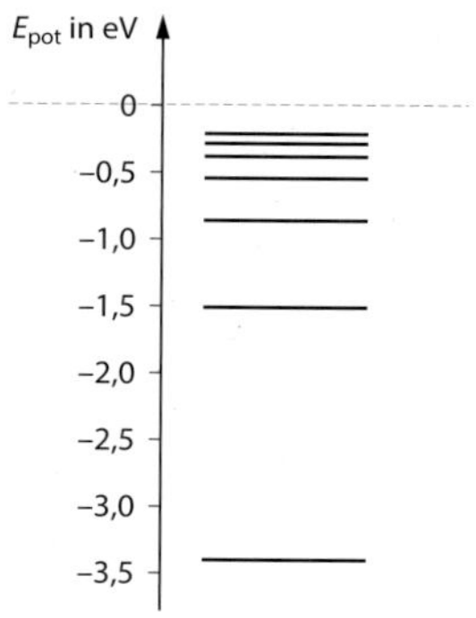

b Die Niveaus zu liegen bei größeren n immer näher beisammen, was zunehmend schwieriger darzustellen ist.

c $E_1 = -13{,}6\,\text{eV}$ liegt $10{,}2\,\text{eV}$ unterhalb von $E_2 = -3{,}4\,\text{eV}$. Dies entspricht $10{,}2 \cdot 5\,\text{cm} = \underline{\underline{51\,\text{cm}}}$.

d

von	auf	ΔE in eV	λ in µm
2	1	10,20	0,12
3	2	1,89	0,66
4	3	0,66	1,9
5	4	0,31	4,0
6	5	0,17	7,5
7	6	0,10	12
8	7	0,065	19

Sichtbares Licht liegt im Bereich von 0,38 µm bis 0,75 µm. Nur beim Übergang 3 → 2 werden für das menschliche Auge wahrnehmbare Photonen ausgesendet.

Aufgabe 2

a Da die potenzielle Energie des Elektrons im Kernfeld nur vom Abstand zum Zentrum abhängt, ist es sinnvoll Kugelkoordinaten zu verwenden.

b Aus Radialfunktionen lässt sich die Wahrscheinlichkeit berechnen, das Elektron innerhalb einer Kugelschale mit Radius r und Dicke Δr anzutreffen.

Aufgabe 3

a $f''(s) = -4e^{-s} + 2e^{-s}$

$-\left(\frac{2}{s} + w\right) f(s) = -\left(\frac{2}{s} + w\right) 2s \cdot e^{-s} = -4e^{-s} - w \cdot 2 \cdot s \cdot e^{-s}$

Dies ist gleich $f''(s) = -4e^{-s} + 2e^{-s}$,

wenn $w = -1$ ist. $f(s)$ ist daher die Radialfunktion zum Grundzustand mit $w = -1$, also mit $E = -13{,}6\,\text{eV}$.

b $p(s) = 4s^2 \cdot e^{-2s}$, $p'(s) = 8s \cdot e^{-2s} + 4s \cdot 2e^{-2s} \cdot (-2)$

$= 8s \cdot e^{-2s} \cdot (1 - s) = 0$, für $s = 1$

$p(1) = 4 \cdot e^{-2} \approx 0{,}54$

Hochpunkt (1|0,54)

In einer Kugelschale um die Kugel mit Radius $s = 1$ also $r = 1 \cdot r_0 = 0{,}53 \cdot 10^{-10}\,\text{m}$ ist es am wahrscheinlichsten, das Elektron im Grundzustand anzutreffen.

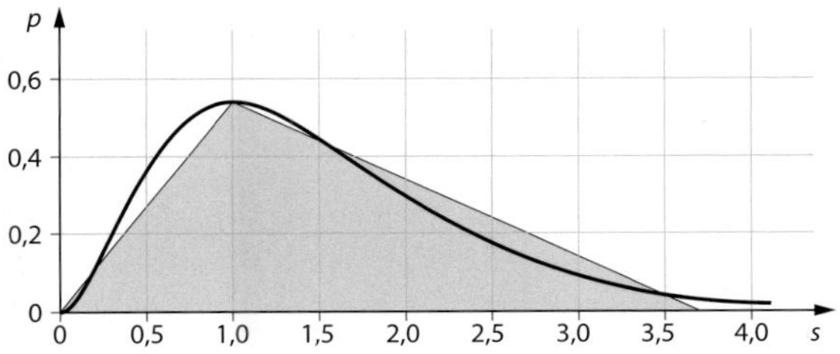

c Flächeninhalt des Dreiecks aus (0|0), $(1|4e^{-2})$ und (a|0):

$A = \frac{1}{2} \cdot a \cdot 4e^{-2} = 1$ für $a = \frac{e^2}{2} \approx \underline{\underline{3{,}7}}$

14.4 Orbitale des Wasserstoffatoms

Aufgabe 1

a $E_5 = -0{,}54\,\text{eV} < -0{,}5\,\text{eV}$
$E_6 = -0{,}38\,\text{eV} > -0{,}5\,\text{eV}$

n	1	2	3	4	5	Summe
E_n in eV	−13,6	−3,4	−1,51	−0,85	−0,54	
Anzahl Orbitale	1	4	9	16	25	55
davon mit $l = 2$	0	0	5	5	5	15

b

n	1	2	3	4	5	6	7	8	9	10
Anzahl Orbitale	1	4	9	16	25	36	49	64	81	100
Summe	1	5	14	30	55	91	140	204	285	385

Für $E_8 < E_{max} < E_9$, also $-0{,}21\,\text{eV} < E_{max} < -0{,}17\,\text{eV}$ existieren 204 Orbitale mit $E < E_{max}$

Für $E_9 < E_{max} < E_{10}$, also $-0{,}17\,\text{eV} < E_{max} < -0{,}14\,\text{eV}$ existieren 285 Orbitale mit $E < E_{max}$

Aufgabe 2

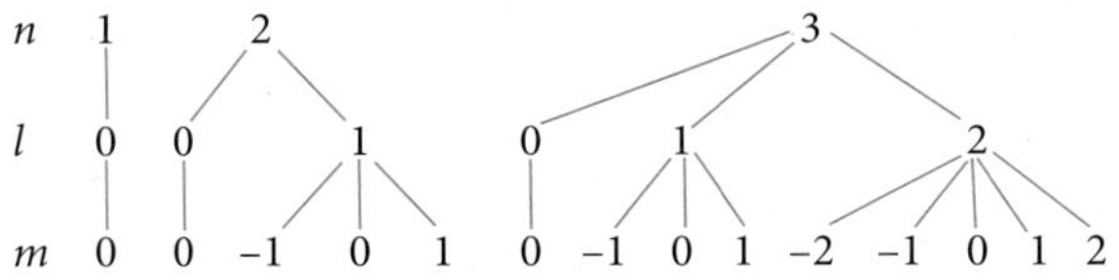

14.5 Mehrelektronenatome

Aufgabe 1

	s	p	d	f
$n = 1$	2	–	–	–
$n = 2$	2	6	–	–
$n = 3$	2	6	10	–
$n = 4$	2	6	10	14

14.6 Periodensystem der Elemente

Aufgabe 1

a Es gibt 8 Hauptgruppen, die Zahlen 2,6,10,14 zeigen sich im vollständigen PSE (vgl. hinterer Buchdeckel).
2 Hauptgruppenspalten links
6 Hauptgruppenspalten rechts
10 Nebengruppenspalten
14 zusätzliche Spalten für Lanthanide und Actinide

b Quantenphysikalisches Atommodell:
Maximal 2 Elektronen können eine s-Unterschale besetzen.
Maximal 6 Elektronen können eine p-Unterschale besetzen.
Maximal 10 Elektronen können eine d-Unterschale besetzen.
Maximal 14 Elektronen können eine f-Unterschale besetzen.

Die Besonderheit der Zahl 8 ist nicht so unmittelbar wie die anderen aus dem Atommodell ersichtlich.

Aufgabe 2

Es handelt sich um Germanium ($Z = 32$).

14.7 Charakteristische Röntgenstrahlung

Aufgabe 1

a Für das von der L- auf die K-Schale wechselnde Elektron wird die Kernladung nahezu ausschließlich von dem einen s-Elektron der K-Schale abgeschirmt. Denn alle anderen Elektronen halten sich aufgrund ihrer größeren Energie bevorzugt in ähnlichem oder größerem Abstand zum Kern auf als das Übergangselektron.

b Je größer die Ordnungszahl ist, desto stärker ist das Kernfeld. Die für die K_α-Übergänge wesentliche Abschirmung durch das einzelne 1s-Elektron ist dagegen für alle Ordnungszahlen gleich. K_α-Übergänge bei größerem Z finden also im stärkeren Feld statt. Dabei wird mehr Energie abgestrahlt als bei einem entsprechenden Übergang in einem schwächeren Feld (kleines Z). Mehr Energie je Photon entspricht einer kürzerwelligen Strahlung.

Aufgabe 2

a Kupfer: $Z = 29$

$$\lambda(K_\alpha) = \frac{h \cdot c}{\Delta E(K_\alpha)} = \frac{h \cdot c}{\left(1 - \frac{1}{2^2}\right) \cdot 13{,}6\,\text{eV} \cdot (29 - 1)^2} = \underline{\underline{1{,}55 \cdot 10^{-10}\,\text{m}}}$$

$$\lambda(K_\beta) = \frac{h \cdot c}{\Delta E(K_\beta)} = \frac{h \cdot c}{\left(1 - \frac{1}{3^2}\right) \cdot 13{,}6\,\text{eV} \cdot (29 - 1)^2} = \underline{\underline{1{,}31 \cdot 10^{-10}\,\text{m}}}$$

b Annahme: Es handelt sich um K_α-Linien dreier Elemente

$$Z = \sqrt{\frac{hc}{\lambda} \cdot \frac{4}{3} \cdot \frac{1}{13{,}6\,\text{eV}}} + 1$$

$\lambda = 0{,}19\,\text{nm}$ $\quad Z = 26{,}3 \approx 26$, also Eisen

$\lambda = 0{,}057\,\text{nm}$ $\quad Z = 47{,}2 \approx 47$, also Silber

$\lambda = 0{,}050\,\text{nm}$ $\quad Z = 50{,}3 \approx 50$, also Zinn

15.1 Strukturbestimmung von Festkörpern

Aufgabe 1

$\sin\alpha = \frac{n \cdot \lambda}{2d}$

$\alpha = \underline{\underline{6{,}47°}}$

Aufgabe 2

$\lambda = 10^{-10}\,\text{m}$

Photonen:
$E = h \cdot f = h \cdot \frac{c}{\lambda} = 1{,}986 \cdot 10^{-15}\,\text{J} = 12{,}4\,\text{keV}$

Elektronen:

$E = \frac{p^2}{2m}, \qquad p = \frac{h}{\lambda}$

$E = \frac{h^2}{\lambda^2 \cdot 2m} \qquad m_e = 9{,}109 \cdot 10^{-31}\,\text{kg}$

$E = 2{,}410 \cdot 10^{-17}\,\text{J} = 150\,\text{eV}$

Neutronen:

$E = \frac{h^2}{\lambda^2 \cdot 2m} \qquad m_n = 1{,}675\ 10^{-27}\,\text{kg}$

$E = 1{,}313 \cdot 10^{-20}\,\text{J} = 0{,}082\,\text{eV}$

Aufgabe 3

In biologischen Strukturen dominieren Kohlenstoff- und Wasserstoffatome. Sofern die Anordnung der Wasserstoffatome zu untersuchen ist, bietet sich die Neutronenstreuung an, da die Neutronen besonders stark mit ihnen wechselwirken. Die Wechselwirkung der Röntgenstrahlung ist dagegen abhängig von der Elektronendichte. Diese ist an den Wasserstoffatomen ($Z = 1$) verhältnismäßig klein; Wasserstoffatome sind daher in Röntgenuntersuchungen nur schwer zu lokalisieren.

Aufgabe 4

a Die Strahlung muss monochromatisch sein, da nur so die Interferenzmaxima eindeutig einzelnen Netzebenenscharen zugeordnet werden können.

b Eine Möglichkeit der Erzeugung monochromatischer Strahlung besteht darin, die polychromatische Strahlung auf einen Einkristall fallen zu lassen. Durch geeignete Wahl des Bragg-Winkels erhält man dann – wiederum unter dem gleichen Winkel – monochromatische Strahlung.

15.2 Halbleiter

Aufgabe 1

In einem Kaltleiter nimmt mit steigender Temperatur der elektrische Widerstand zu. Dies ist bei Metallen der Fall. Ursache ist die Zunahme von Störungen durch Gitterschwingungen bei steigender Temperatur.

Aufgabe 2

In dem Zeitraum, in dem sich die gesamten 7 Elektronen um einen Platz nach rechts bewegen, bewegt sich das eine Loch um 7 Plätze nach links. Beide Stromstärken sind gleich groß und tragen zum Ladungstransport $\Delta Q/\Delta t$ bei.

15.3 p-n-Übergang

Aufgabe 1

a In einem n-Leiter sind die Elektronen die beweglichen Ladungsträger. Die positiv geladenen Atomrümpfe der Donatoren sind die unbeweglichen Ladungsträger.
Analog sind im p-Leiter die Löcher die beweglichen und die negativ geladenen Atomrümpfe der Akzeptoren die unbeweglichen Ladungsträger.

b Die Sperrschicht stellt eine Zone dar, in der so gut wie keine beweglichen Ladungsträger existieren. Der Grund hierfür ist, dass Elektronen und Löcher in diesem Bereich rekombinieren. Das n-Gebiet in der Sperrschicht ist positiv geladen, das p-Gebiet in der Sperrschicht ist negativ geladen.

c Bei Polung in Sperrrichtung wird die Sperrschicht verbreitert, bei Polung in Durchlassrichtung wird sie schmaler. Bei ausreichender Spannung in Durchlassrichtung gibt es keine Sperrschicht mehr, es fließt ein Rekombinationsstrom aus Majoritätsladungsträgern.

15.4 Solarzelle und bipolarer Transistor

Aufgabe 1

An R_1 und R_2 teilt sich die Spannung der Spannungsquelle auf. Ist die Spannung an R_2 groß genug, dann kann ein kleiner Basisstrom im Steuerkreis einen wesentlichen größeren Kollektorstrom im Arbeitsstromkreis bewirken. Ist der Basisstrom zu klein, so kann kein Kollektorstrom fließen. Diese beiden Zustände realisieren die Funktion eines Schalters.

Wählt man geeignete Widerstände und setzt Sensoren ein, die ihre elektrischen Widerstände in Abhängigkeit von einer physikalischen Größe ändern, ergeben sich zahlreiche technische Anwendungen.

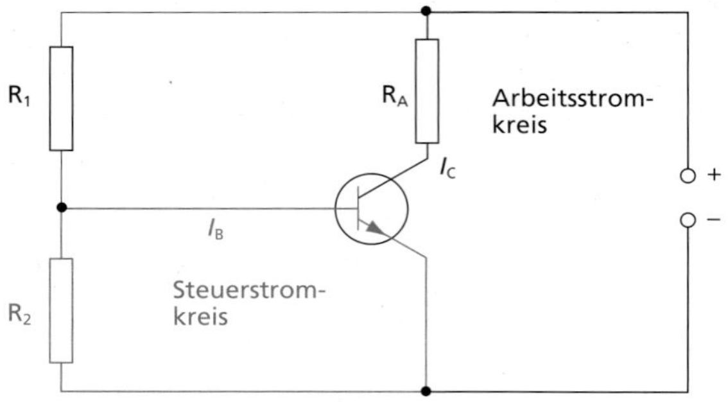

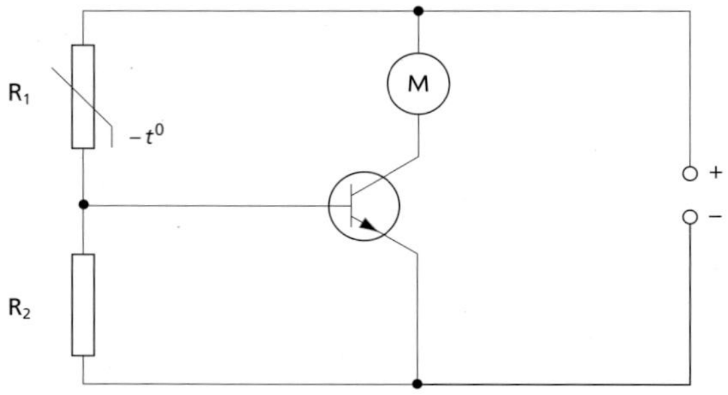

Aufgabe 2

Fotowiderstand
Verringert sich die Helligkeit, mit der ein Fotowiderstand beleuchtet wird, so erhöht sich dessen elektrischer Widerstand. Der Basistrom wird so klein, dass der Kollektorstrom nicht mehr ausreicht, um das Relais zu schalten. Dadurch schließt sich der Kontakt im Arbeitskreis und die Glühlampe leuchtet. Diese Dämmerungsschaltung kann beispielsweise eine Glühlampe bei Einbruch der Dunkelheit automatisch einschalten.

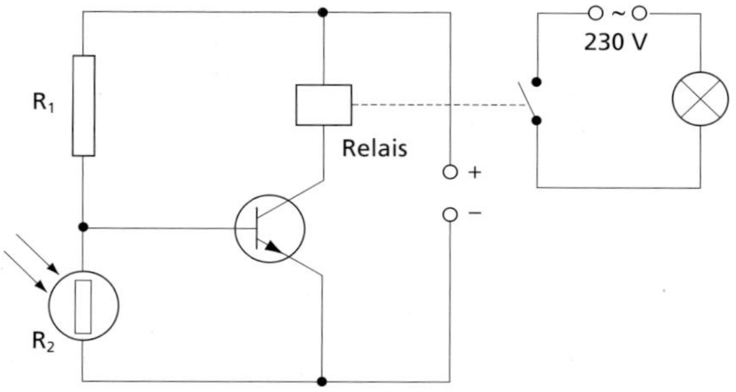

Heißleiter
R_1 ist ein Heißleiter. Wird er erwärmt, so sinkt sein elektrischer Widerstand. Dadurch fällt mehr Spannung an R_2 ab und der Basistrom steigt an. Ist er groß genug, so kann ein wesentlich größerer Kollektorstrom einen Motor antreiben. Wird R_1 am Prozessor eines PC platziert und stellt der Motor den Antrieb für einen Lüfter dar, dann realisiert diese Schaltung eine Lüfterreglung, die bei zu hoher Temperatur einen Lüfter automatisch einschaltet.

Aufgabe 3

Größere Spannungen sind durch Reihenschaltungen, größere Stromstärken durch Parallelschaltungen zu erzielen. Zur Einspeisung der Energie ins Stromnetz ist außerdem noch eine Wechselrichtung erforderlich.

Aufgabe 4

Amorphes Silicium (a-Si) und kristallines Silicium Si (c-Si) unterscheiden sich in der Reichweite der periodischen Struktur. Die periodischen Struktur ist im a-Si ab etwa vier Bindungslängen aufgehoben, es kommt zu Defekten der atomaren Bindungen.
Das Absorptionsvermögen von a-Si ist sehr hoch. Daher ist der Einsatz von a-Si bei Solarzellen von Vorteil: Die Schichtdicken können etwa um den Faktor 100 geringer sein als bei c-Si. Dieser Vorteil gleicht den geringeren Wirkungsgrad von a-Si (ca. 5 bis 7 %) gegenüber c-Si (ca. 20 bis 25 %) aus.
Technisch ist a-Si billiger als c-Si herzustellen und weist daher wirtschaftlich interessante Aspekte als Material für Dünnschicht-Solarzellen auf, obwohl die kleineren Herstellungskosten von a-Si mit einer schlechteren Qualität der elektronischen Eigenschaften erkauft werden.

15.5 Anwendungen von Halbleitern

Aufgabe 1

	Bipolarer Transistor	**MOSFET**
Anschlüsse	Emitter, Basis, Kollektor	Source, Gate, Drain
Funktion	Mithilfe einer Basis-Emitterspannung wird die Basis leitfähig. Dadurch kann ein Kollektorstrom fließen. Durch Variation der Basis-Emitter-Spannung kann der Kollektorstrom gesteuert werden.	Mithilfe einer Gate-Source-Spannung können Ladungsträger in einem Kanal zwischen zwei n-leitenden Schichten angereichert werden. Dadurch kann ein Drainstrom gesteuert werden.

Einsatz	Grundsätzlich lassen sich beide Transistorarten als Spannungs- oder Stromverstärker sowie als Schalter verwenden.	
		Die Steuerung eines MOSFETS erfolgt nahezu leistungslos. In elektronischen Schaltungen, z. B. Verstärker- oder Speicherschaltungen können sie so zu einer erheblichen Verringerung der Stromaufnahme der Schaltung beitragen, was etwa bei mobilen Geräten von Bedeutung ist.

Aufgabe 2

Ein einzelner CCD-Sensor ist nur helligkeits- und nicht farbempfindlich. Eine Farbempfindlichkeit wird dadurch erreicht, dass vor jeden CCD-Sensor eines CCD-Chips Farbfilter der Grundfarben Rot, Grün und Blau platziert werden. Alle Farbinformationen der Pixel werden zusammengefasst und in eine Bilddatei gespeichert.

Aufgabe 3

In einer Fotodiode ist ein p-n-Übergang in Sperrrichtung geschaltet. Ein Strom fließt, sobald, eine ausreichende Beleuchtung einsetzt. Die Energie dafür kommt von der externen Quelle. Bei der Solar-zelle dagegen wird die Potenzialdifferenz in der Raumladungszone genutzt: Durch das einfallende Licht werden hier bewegliche Ladungsträger erzeugt, die dann auseinanderdriften. Die Energie stammt hier also vom Licht.

Aufgabe 4

Nach dem Moore´schen Gesetz findet alle 1 bis 2 Jahre eine Verdopplung der erreichbaren Schaltungsdichte in Halbleiterbauelementen statt. Dies ist in der Vergangenheit auch näherungsweise der Fall gewesen. Allerdings handelt es sich nicht um ein physikalisches Gesetz, und spätestens beim Erreichen atomarer Dimensionen für Schaltelemente wird es kaum noch möglich sein, eine weitere Verkleinerung zu erreichen.

15.6 Supraleitung

Aufgabe 1

Supraleitung setzt bei vielen Elementen erst bei sehr tiefen Temperaturen nahe dem absoluten Temperaturnullpunkt ein. Bei speziellen Legierungen erreicht man Sprungtemperaturen von über 100 K. Unterhalb dieser Temperatur ist der Widerstand des Leiters praktisch null. Bei höheren Temperaturen ist der Energieaufwand für das Kühlen des Leiters geringer. Daher sind Hochtemperatur-Supraleiter für technische Anwendungen im Bereich der Energieversorgung interessant (vgl. Einführungssite zum Kapitel Struktur der Materie).

Aufgabe 2

a $A = \pi \cdot r^2$

$A = \pi \cdot (0{,}0005\,\text{m})^2$

$A = 7{,}85 \cdot 10^{-7}\,\text{m}^2$

$R_0 = \rho_0 \cdot \frac{l}{A}$

$R = 2{,}7 \cdot 10^{-8}\,\Omega \cdot \text{m} \cdot \frac{5{,}0\,\text{m}}{7{,}85 \cdot 10^{-7}\,\text{m}^2} = 0{,}172\,\Omega$

Mit $R(T) = 0{,}172\,\Omega \cdot \left(1 + 0{,}0043\frac{1}{\text{K}}(\text{T} - 293\,\text{K})\right)$ erhält man folgendes Diagramm:

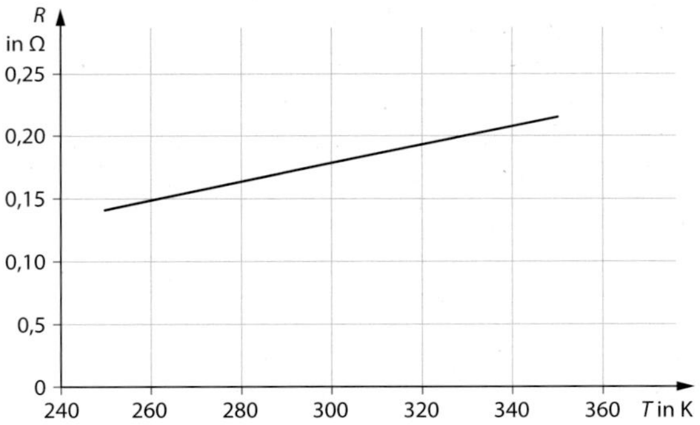

b Unterhalb der Sprungtemperatur von 1,2 K ist der Widerstand des Aluminiumleiters praktisch null.
Setzt man beispielsweise $T = 2\,\text{K}$ in die Gleichung ein, so erhält man:

$R(T) = 0{,}172\,\Omega \cdot \left(1 + 0{,}0043\frac{1}{\text{K}}(2\,\text{K} - 293\,\text{K})\right) = -0{,}0432\,\Omega$

Dieses Ergebnis ist physikalisch sinnlos.
Die Gleichung gilt nicht in der Nähe der Sprungtemperatur.
Die Gleichung stellt eine Näherungslösung dar, wobei mit zunehmender Differenz $T–T_0$ der Fehler der berechneten Widerstände wächst.

16.1 Aufbau von Kernen

Aufgabe 1

a C steht für das Element Kohlenstoff, die Anzahl der Kernbausteine (A Nukleonen) ist 14, davon sind 6 Protonen (Z Kernladungszahl) und die restlichen $14 - 6 = 8$ Neutronen.

b Im neutralen Atom liegen für die 6 Protonen im Kern auch 6 Elektronen in der Hülle vor, daher 6.

c 1 kmol entspricht $6{,}022 \cdot 10^{26}$ Teilchen.
Ein C-12-Atom hat definitionsgemäß die Masse
$12\,\text{u} = 12 \cdot 1{,}66 \cdot 10^{-27}\,\text{kg}$.

Damit beträgt die Anzahl der C-12-Atome in einem Kilogramm:

$$\frac{1\,\text{kg}}{12 \cdot 1{,}66 \cdot 10^{-27}\,\text{kg}} = 5{,}02 \cdot 10^{25}$$

Unter der vereinfachenden Annahme, dass ein C-14-Atom die Masse eines C-12-Atoms zuzüglich zweier Neutronenmassen besitzt ergibt sich:

$$\frac{1\,\text{kg}}{(12 \cdot 1{,}66 + 2 \cdot 1{,}675) \cdot 10^{-27}\,\text{kg}} = 4{,}30 \cdot 10^{25}$$

Aufgabe 2

a Die Isotope eines Elements haben die gleiche Protonenzahl Z, aber eine unterschiedliche Neutronenzahl und damit auch eine unterschiedliche Massenzahl A.

b Alle Isotope eines Elements liegen auf einer Parallelen zur horizontalen Z-Achse.

c

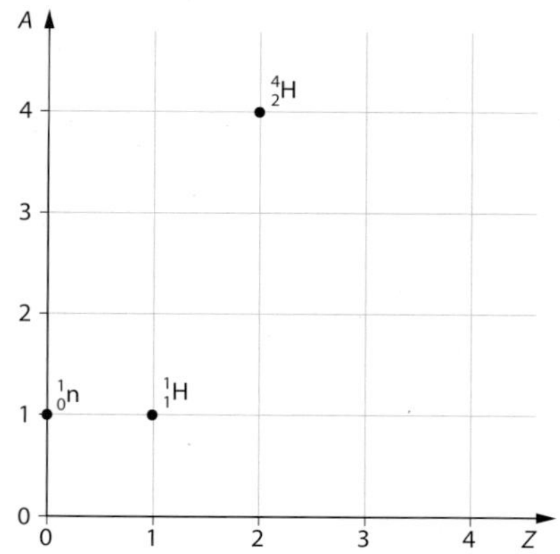

d Alle Isotone liegen auf einer Parallelen zur vertikalen A-Achse.

Aufgabe 3

a Elemente mit zahlreichen stabilen Isotopen: Titan (5), Krypton (5), Molybdän (5), Ruthenium (5), Zinn (8), Xenon (6), Barium (5), Neodym (5), Samarium (5), Gadolinium (5), Dysprosium (6), Erbium (6), Ytterbium (5), Hafnium (5), Osmium (5), Platin (5), Quecksilber (6)
Instabile Isotope lassen sich durch künstliche Kernreaktionen besonders bei schweren Nukliden in großer Anzahl erzeugen.

b Es gibt 12 Nuklide, die gleich viele Protonen und Neutronen enthalten, beginnend bei H-2, He-4, Li-6, B-10, C-12 bis zu Ar-36.

c ${}^{206}_{82}\text{Pb}$: $\frac{124}{82} = 1{,}51$

${}^{219}_{86}\text{Rn}$: $\frac{133}{86} = 1{,}55$

${}^{244}_{94}\text{Pu}$: $\frac{150}{94} = 1{,}60$

16.2 Nachweis ionisierender Strahlung

Aufgabe 1

Siehe Text im Lehrbuch.
Im Proportionalbereich (ca. 100 bis 350 V) werden die ursprünglich erzeugten Elektronen so stark beschleunigt, dass sie durch Stöße Ionen im Füllgas erzeugen. Deren Anzahl ist proportional zur Energie des Strahlungsteilchens.
Im Auslösebereich (oberhalb von 350 V) löst jeder Primärladungsträger eine Ionenlawine aus, die unabhängig von der ursprünglichen Teilchenenergie ist. Hier kann nur noch die Anzahl der eintreffenden Strahlungsimpulse gemessen werden.

Aufgabe 2

a Nach der Drei-Finger-Regel ergibt sich die Spiralbahn von außen nach innen für ein positiv geladenes Teilchen.

b Gäbe es keine Energie- und damit Geschwindigkeitsverluste des geladenen Teilchens sowie keine Richtungsänderungen aufgrund elastischer Stoßprozesse mit den Atomen des Blasenkammerfüllmaterials, wäre die Bahn des geladenen Teilchens ein Kreis. Vornehmlich aufgrund der Aussendung von Bremsstrahlung im Kernfeld der Atome des Blasenkammerfüllmaterials kommt es aber zu Energieverlusten. Die Kräftebilanz ergibt:

$\frac{m \cdot v^2}{r} = q \cdot B \cdot v$ bzw:

$r = \frac{m \cdot v^2}{B \cdot q}$.

Bei konstanter Ladung, Masse und Magnetfeldstärke ist der Krümmungsradius also direkt proportional zur Teilchengeschwindigkeit. Eine sinkende Geschwindigkeit des Teilchens führt auf einen schrumpfenden Krümmungsradius der Teilchenbahn.

16.3 Massendefekt und Bindungsenergie

Aufgabe 1

a Ni-62: 28 Protonen, 34 Neutronen

Gesamtmasse der einzelnen Nukleonen:
$28 \cdot 1{,}007\,276\,\text{u} + 34 \cdot 1{,}008\,665\,\text{u} = 62{,}49834\,\text{u}$
$1\,\text{u} = 1{,}6605388 \cdot 10^{-27}\,\text{kg}$

Massendefekt: $\Delta m = -0{,}585353\,\text{u} = \underline{\underline{-9{,}720014 \cdot 10^{-28}\,\text{kg}}}$

Bindungsenergie, gesamt:
$|E_\text{B}| = \Delta m \cdot c^2 = 8{,}736 \cdot 10^{-11}\,\text{J} = 545{,}5\,\text{MeV}$

Bindungsenergie pro Nukleon:
$\left|\frac{E_\text{B}}{A}\right| = \underline{\underline{8{,}794\,\text{MeV}}}$

b O-16: 8 Protonen, 8 Neutronen

Gesamtmasse der einzelnen Nukleonen:
$8 \cdot 1{,}007\,276\,\text{u} + 8 \cdot 1{,}008\,665\,\text{u} = 16{,}127528\,\text{u}$

Massendefekt: $\Delta m = -0{,}0.137002\,\text{u} = \underline{\underline{-2{,}275230 \cdot 10^{-28}\,\text{kg}}}$

Bindungsenergie, gesamt:
$|E_\text{B}| = \Delta m \cdot c^2 = 2{,}045 \cdot 10^{-11}\,\text{J} = 126{,}6\,\text{MeV}$

$\left|\frac{E_\text{B}}{A}\right| = \underline{\underline{7{,}977\,\text{MeV}}}$

Aufgabe 2

a Zur Bestimmung der Massenbilanz der Kernreaktion ist die Kenntnis der Atommassen bzw. der Bindungsenergien der Nuklide ${}^{235}_{92}\text{U}$, ${}^{139}_{56}\text{Ba}$ und ${}^{95}_{36}\text{Kr}$ erforderlich. Die Bindungsenergien pro Nukleon E_B/A können näherungsweise durch Ablesen aus Abbildung 2 (Kap. 16.3) bestimmt werden:

7,5 MeV für ${}^{235}_{92}\text{U}$; 8,4 MeV für ${}^{139}_{56}\text{Ba}$; 8,6 MeV für ${}^{95}_{36}\text{Kr}$

$$m\left({}^{235}_{92}\text{U}\right) = 92\,m_\text{p} + 143\,m_\text{n} - 235 \cdot 7{,}5\,\text{MeV}/c^2 = 3{,}90257 \cdot 10^{-25}\,\text{kg}$$

$$m\left({}^{139}_{56}\text{Ba}\right) = 56\,m_\text{p} + 83\,m_\text{n} - 139 \cdot 8{,}4\,\text{MeV}/c^2 = 2{,}30606 \cdot 10^{-25}\,\text{kg}$$

$$m\left({}^{95}_{36}\text{Kr}\right) = 36\,m_\text{p} + 59\,m_\text{n} - 95 \cdot 8{,}6\,\text{MeV}/c^2 = 1{,}57580 \cdot 10^{-25}\,\text{kg}$$

Damit lautet die Massenbilanz für die gegebene Kernreaktion:

$$\begin{aligned}\Delta m &= m\left({}^{235}_{92}\text{U}\right) + m_\text{N} - \left(\text{m}\left({}^{139}_{56}\text{Ba}\right) + m\left({}^{95}_{36}\text{Kr}\right) + 2\,m_\text{n}\right)\\ &= 3{,}90257 \cdot 10^{-25}\,\text{kg} - 2{,}30606 \cdot 10^{-25}\,\text{kg}\\ &\quad -1{,}57580 \cdot 10^{-25}\,\text{kg} - 1{,}67493 \cdot 10^{-27}\,\text{kg}\\ &= \underline{3{,}96 \cdot 10^{-28}\,\text{kg}}\end{aligned}$$

Die positive Massendifferenz zwischen Ausgangs- und Endprodukten zeigt an, dass es sich um eine exotherme Reaktion handelt.

b Der Massendefekt bei der Spaltung eines Urankerns beträgt gemäß der genannten Reaktionsgleichung:

$\Delta m = 3{,}96 \cdot 10^{-28}\,\text{kg}$.
Dem entspricht die freigesetzte Energie:

$E_\text{spalt} = \Delta mc^2 = 3{,}90357 \cdot 10^{-11}\,\text{J} = 222{,}176\,\text{MeV}$.

Bei der Spaltung von 1 g des Nuklids wird die folgende Energie frei:

$$\begin{aligned}E_\text{1g} &= E_\text{spalt} \cdot 0{,}001\,\text{kg}/m\left({}^{235}_{92}\text{U}\right)\\ &= 3{,}90357 \cdot 10^{-11}\,\text{J} \cdot 0{,}001\,\text{kg}/2{,}30606 \cdot 10^{-25}\,\text{kg}\\ &= 169{,}274 \cdot 10^{9}\,\text{J} = \underline{\underline{1{,}06 \cdot 10^{24}\,\text{MeV}}}.\end{aligned}$$

Aufgabe 3

Die vollständige Reaktionsgleichung der zu untersuchenden Reaktion lautet:

${}^{64}_{30}\text{Zn} + {}^{1}_{0}\text{n} \rightarrow {}^{64}_{29}\text{Cu} + {}^{1}_{1}\text{p}$.

$$\begin{aligned}\Delta m &= (63{,}929147\,\text{u} + 1{,}008665\,\text{u}) - (63{,}929768\,\text{u} + 1{,}007276\,\text{u})\\ &= 0{,}000768\,\text{u} > 0\end{aligned}$$

Die Reaktion kann also von der Energiebilanz her durchaus von selbst laufen, die kinetische Energie der thermischen Neutronen ist nicht erforderlich.

Aufgabe 4

Die vollständige Zerfallsgleichung lautet:

${}^{240}_{94}\text{Pu} + {}^{128}_{50}\text{Sn} \rightarrow {}^{110}_{44}\text{Ru} + 2 \cdot {}^{1}_{0}\text{n}$.

Masse des Ausgangsatoms:
$m_\text{Pu} = 240{,}053814\,\text{u}$

Masse der Zerfallsprodukte:
$m_\text{Sn} = 127{,}910537\,\text{u}$
$m_\text{Ru} = 109{,}914136\,\text{u}$
$m_\text{n} = 1{,}008\,665\,\text{u}$

$m_\text{Sn} + m_\text{Ru} + 2\,m_\text{n} = 239{,}842003\,\text{u}$

Die Gesamtmasse der Produkte ist mit $\Delta m = 0{,}211\,811\,\mathrm{u}$ geringfügig kleiner als die des Pu-Nuklids. Daher ist ein spontaner Zerfall sehr unwahrscheinlich, es muss von außen Energie zugeführt werden.

Aufgabe 5

Bei der Bestimmung der Kernmasse aus der Atommasse wird zum einen die Elektronenmasse vernachlässigt. Diese kann mit $Z \cdot m_e$ abgezogen werden. Zum anderen wird die Bindungsenergie der Elektronenhülle vernachlässigt. Diese liegt im Bereich von Elektronenvolt bis Kiloelektronenvolt und ist damit verhältnismäßig gering.

Aufgabe 6

a ${}^{2}_{1}\mathrm{H} + {}^{3}_{1}\mathrm{H} \rightarrow {}^{4}_{2}\mathrm{He} + {}^{1}_{0}\mathrm{n}$

$$Q = \Delta m \cdot c^2 = ((2{,}014102 + 3{,}016049) - 4{,}002603 + 1{,}008665)\mathrm{u}$$

$$Q = 17{,}6\ \mathrm{MeV}$$

b ${}^{240}_{94}\mathrm{Pu} + {}^{128}_{50}\mathrm{Sn} \rightarrow {}^{110}_{44}\mathrm{Ru} + 2 \cdot {}^{1}_{0}\mathrm{n}.$

$$Q = \Delta m \cdot c^2 = (240.053814 - 127.910537 + 109.914136 + 2 \cdot 1{,}008\,665\,)\mathrm{u} \cdot c^2$$

$$Q = 197{,}3\ \mathrm{MeV}$$

16.4 Starke Wechselwirkung und Tröpfchenmodell

Aufgabe 1

a Jedes der A Nukleonen könnte mit den $A - 1$ anderen eine Bindung eingehen. Da Paare hierbei doppelt gezählt werden, muss noch mit $\frac{1}{2}$ multipliziert werden.

b Mit dieser Annahme müsste sich ein parabelförmiger Verlauf der Kurve ergeben.

Aufgabe 2

Der Oberflächenanteil der Bindungsenergie pro Nukleon ist proportional zu $A^{-1/3}$ und der Coulomb-Anteil proportional zu $A^{2/3}$. Der Oberflächenanteil fällt und der Coulomb-Anteil steigt mit zunehmendem A. In der Summe ergibt dies ein Minimum bzw. bei beiderseitig negativem Ansatz der Energie ein Maximum.

16.5 Becquerel, die Curies und die Entdeckung der Radioaktivität

Aufgabe 1

${}^{210}_{84}\mathrm{Po} \rightarrow {}^{206}_{82}\mathrm{Pb} + {}^{4}_{2}\alpha$

${}^{226}_{88}\mathrm{Ra} \rightarrow {}^{222}_{86}\mathrm{Rn} + {}^{4}_{2}\alpha$

Aufgabe 2

Sowohl die von Becquerel entdeckte „Uranstrahlung", als auch die von Röntgen entdeckte „X-Strahlung" zeichneten sich durch ihr hohes Durchdringungs- und Ionisationsvermögen aus. Beide Strahlungsarten waren zudem für das Auge unsichtbar.
Röntgens „X-Strahlung" ließ sich aber im Gegensatz zu der „Uranstrahlung" nicht magnetisch ablenken. Auch die Erzeugung unterschied sich grundlegend: Becquerel machte seine Entdeckung anhand von Uransalzen, die ständig strahlten, während Röntgen die „X-Strahlen" zum ersten Mal beim Betreiben einer Gasentladungsröhre beobachtete.

16.6 Radioaktive Strahlung

Aufgabe 1

Setzt man für die Alphastrahlung eine Energie in der typischen Größenordnung von 5 MeV an, so liest man aus dem Diagramm eine Reichweite in Gewebe von weniger als 0,5 mm ab. Daher kann die Alphastrahlung einer außerhalb des Körpers gelegenen Strahlungsquelle nicht einmal die abgestorbenen Schichten aus Horn und Schuppen der äußeren Haut durchdringen und ist deshalb für den Menschen weitgehend unbedenklich. Dagegen besteht bei Inkorporation von Alphastrahlern ein mehr oder weniger direkter Kontakt von Organen und Gewebe zur Strahlungsquelle. Wegen ihrer stark ionisierenden Wirkung (Wichtungsfaktor 20), stellen Alphastrahler innerhalb des Körpers eine erhebliche Gefährdung dar (vgl. Kap. 18.4).

16.7 Schalen- und Potenzialtopfmodell

Aufgabe 1

a Im Kernmodell des linearen Potenzialtopfs ist die Tiefe des Topfs zunächst durch das innerhalb des Kerns als konstant angenommene Kernpotenzial, also die starke Wechselwirkung zwischen den Nukleonen, bestimmt. Die Tiefe wird weiterhin durch die Coulomb-Energie bzw. -Abstoßung der Protonen beeinflusst. Da diese Abstoßung der anziehenden starken Kraft entgegenwirkt, besitzt der Potenzialtopf für Protonen eine geringere Tiefe als für Neutronen.

b Der Potenzial- oder Coulomb-Wall kennzeichnet den Potenzialverlauf in der Umgebung eines Atomkerns. Gegen ihn muss ein positiv geladenes Teilchen anlaufen, um in den Kern zu dringen. Die Höhe wie auch die Breite des Coulomb-Walls ist durch die Anzahl der Protonen im Kern bestimmt. Je mehr Protonen vorliegen, desto breiter und höher ist der Potenzialwall.

c Es ist sinnvoll, für Protonen und Neutronen unterschiedliche Potenzialtöpfe zu entwerfen, da Protonen im Gegensatz zu Neutronen elektrisch geladen sind und daher der elektrostatischen Coulomb-Wechselwirkung unterliegen. Da die Coulomb-Abstoßung der Protonen der anziehenden starken Wechselwirkung entgegenwirkt, besitzt der Potenzialtopf für Protonen eine geringere Tiefe als der für Neutronen. Demgegenüber existiert für Protonen aber der für Neutronen nicht vorhandene Coulombwall.

d Das Modell des Potenzialtopfs besitzt eine größere Allgemeinheit und einen größeren Gültigkeitsbereich als das Tröpfchenmodell. Die Symmetrie- und Paarungsanteile der Bindungsenergie können im Modell des Potenzialtopfs als Konsequenz des Pauli-Prinzips verstanden werden. Insbesondere kann das Potenzialtopfmodell des Kerns – analog zur Korrespondenz des Bohr'schen und des quantenmechanischen Atommodells – die Daten bzw. Angaben des Schalenmodells der Atomkerne reproduzieren. Allerdings liefert auch dieses Modell keinen analytischen Ausdruck für das Kernpotenzial.

Aufgabe 2

- Bei bestimmten Teilchenzahlen treten besonders stabile Zustände auf.
- Die Energiebeträge, die bei der Änderung eines Kernzustands aufgenommen oder abgegeben werden, entsprechen den Differenzen der Energieniveaus. Hiermit lassen sich diskrete Energien erklären. Beim Kern betrifft dies die Alphateilchen und Gammaquanten, bei der Hülle die diskreten Emissions- und Absorptionsspektren
- Die „magischen Zahlen“ im Kern (20, 28, 50, 82) unterscheiden sich von jenen in der Hülle (2, 10, 18, 36, …).
- Man spricht beim Herauslösen von Teilchen im Fall der Hülle von Ionisationsenergie, im Fall des Kerns von Separationsenergie.

16.8 Alphazerfall

Aufgabe 1

a Für diese Vorstellung spricht, dass in George Gamows erfolgreicher quantenmechanischer Deutung des Alphazerfalls als Variante des Tunneleffekts dem Alphateilchen innerhalb des Potenzialtopfs des Kerns eine Wellenfunktion zugeordnet wird. Es wird also angenommen, dass das Alphateilchen schon vor dem Zerfall existiert.

b Würden die 4 Nukleonen des Alphateilchens erst im Moment ihrer Emission zusammengefügt, stünde seinen Nukleonen nicht die Bindungsenergie von 4 MeV zum Überwinden bzw. Durchtunneln des Coulomb-Walls zur Verfügung. Dann sollten aber mit gleicher Wahrscheinlichkeit einzelne Nukleonen aus dem Kern emittiert werden. Dies wird jedoch nicht beobachtet.

Aufgabe 2

a Alphateilchen können aufgrund ihrer anfangs hohen Geschwindigkeit ihre Energie nicht gleichmäßig an die umgebende Materie abgeben, sondern bevorzugt dann, wenn sie schon durch Stöße relativ „langsam“ geworden sind. Die Wechselwirkungszeit ist damit größer, die Wahrscheinlichkeit für einen Energieübertrag höher.

b In Luft unter Normalbedingungen hat ein Alphateilchen nach einer Strecke von etwa 7 cm so viel Energie abgegeben, dass keine Ionisierung durch Stöße mehr stattfindet. Es ist nach dieser Distanz auf thermische Energien abgebremst. Das Alphateilchen wird dann aus der Umgebung zwei Elektronen einfangen, um mit ihnen ein neutrales Heliumatom zu bilden. Damit stellt es keine Gefährdung mehr dar.

Aufgabe 3

a $^{210}_{84}\text{Po} \rightarrow {}^{206}_{82}\text{Pb} + {}^{4}_{2}\text{He}$

b Der Alphazerfall lässt sich im Potenzialtopfmodell mit dem Tunneleffekt erklären. Die Wellenfunktion des Alphateilchens besitzt auch außerhalb des Potenzialwalls noch von null verschiedene Werte. Die Quadrate der Funktionswerte der Wellenfunktionen sind proportional zur Aufenthaltswahrscheinlichkeit des Teilchens. Mit einer entsprechenden Wahrscheinlichkeit kann das Alphateilchen den Potenzialwall demnach durchtunneln und den Kern verlassen.

c $Q = (m_{\text{Po}} - m_{\text{Pb}} - m_{\text{He}})\, c^2$
$Q = (209{,}98288 - 205{,}97447 - 4{,}00260)\,\text{u} \cdot c^2 = 5{,}41\,\text{MeV}$

d Hier müssen der Energie- und der Impulserhaltungssatz berücksichtigt werden.

Impulserhaltung:
$m_{\text{Pb}} \cdot v_{\text{Pb}} = m_{\text{He}} \cdot v_{\text{He}}$

$v_{\text{Pb}} = \frac{m_{\text{He}}}{m_{\text{Pb}}} \cdot v_{\text{He}}$

Energieerhaltung:

$Q = \frac{1}{2}\, m_{\text{Pb}} \cdot v_{\text{Pb}}^2 + \frac{1}{2} m_{\text{He}} \cdot v_{\text{He}}^2$

Einsetzen und Umstellen ergibt:

$m_{\text{Pb}} \cdot Q = \frac{1}{2}\, m_{\text{He}} \cdot v_{\text{He}}^2 + \frac{1}{2}\left(\frac{m_{\text{He}}}{m_{\text{Pb}}} \cdot v_{\text{He}}\right)^2$

$\frac{1}{2} m_{\text{He}} \cdot v_{\text{He}}^2 = E_{\text{kin He}} = \frac{m_{\text{Pb}}}{m_{\text{Pb}} + m_{\text{He}}} \cdot Q = \frac{210}{214} \cdot Q = \underline{\underline{5{,}31\,\text{MeV}}}$

Der Differenzbetrag (0,1 MeV) ist die Rückstoßenergie des Kerns.

16.9 Betazerfall

Aufgabe 1

Anders als Alphateilchen oder Gammaquanten besitzen Betateilchen keine charakteristischen, scharfen Energiewerte, sondern ein kontinuierliches Spektrum. Demgegenüber findet man beim Betazerfall nur zwei direkt beobachtbare Zerfallsprodukte: einen Tochterkern und ein Elektron. Nach der Impulserhaltung sollten deren Impulse im Schwerpunktsystem aber entgegengesetzt gleich sein, was – im Widerspruch zur experimentellen Beobachtung – auf definierte, feste Energiewerte der Zerfallsprodukte führt. Diese vermeintliche Verletzung der Impulserhaltung konnte Wolfgang Pauli 1931 durch das Postulat eines dritten Zerfallsteilchens, des Neutrinos, auflösen. Bei einem Zerfall in drei Teilchen können sich nämlich die Energie bzw. der Impuls derart auf die Zerfallsprodukte verteilen, dass sich ein kontinuierliches Spektrum ergibt.

Hinweis
Ein weiteres Interpretationsproblem des Betazerfalls besteht darin, dass das Neutron nicht als zusammengesetztes System aus Proton und Elektron aufgefasst werden kann. Dies kann erst in der Theorie der schwachen Wechselwirkung verstanden werden.

Aufgabe 2

a $^{40}_{19}\text{Ka} \rightarrow {}^{40}_{20}\text{Ca} + {}^{0}_{-1}\text{e}^-$

$\Delta m = 39{,}963\,998\,\text{u} - 39{,}962\,591\,\text{u} = 0{,}001\,407\,\text{u}$
$Q = \underline{\underline{1{,}312\,\text{MeV}}}$

$^{14}_{6}\text{C} \rightarrow {}^{14}_{7}\text{N} + {}^{0}_{-1}\text{e}^-$

$\Delta m = 14{,}003\,242\,\text{u} - 14{,}003\,074\,\text{u} = 0{,}000\,168\,\text{u}$
$Q = \underline{\underline{0{,}1565\,\text{MeV}}}$

b Beta-plus-Zerfall:

$^{40}_{19}\text{Ka} \rightarrow {}^{40}_{18}\text{Ar} + {}^{0}_{1}\text{e}^+$

K-Einfang:

$^{40}_{19}\text{Ka} + {}^{0}_{-1}\text{e}^- \rightarrow {}^{40}_{18}\text{Ar}$

c Beta-plus-Zerfall:
$\Delta m = 39{,}963\,998\,\text{u} - (39{,}962\,383\,\text{u} + 2 \cdot 0{,}000\,549\,\text{u})$
$= 0{,}000\,517\,\text{u}$
$Q = 0{,}482\,\text{MeV}$

Dieser Wert ist noch nicht größer als in Teil a, wenn in der Bilanz die beiden Elektronen- bzw. Positronenmassen berücksichtigt werden. Das entstehende Ar-40 ist ein einfach negativ geladenes Ion, da im Kern ein Proton fehlt.
Aufgrund der sofort einsetzenden Paarvernichtung erübrigt sich der Abzug der zweifachen Elektronenmasse und man erhält:
$\Delta m = 39{,}963\,998\,\text{u} - 39{,}962\,383\,\text{u} = 0{,}001\,615\,\text{u}$
$Q = 1{,}506\,\text{MeV}$
Dieser Wert ist größer als der in Teil a berechnete.
Für den K-Einfang ergibt sich ebenfalls $Q = 1{,}506\,\text{MeV}$.

Aufgabe 3

a Synthese $^{18}_{8}\text{O} + {}^{1}_{1}\text{p}^+ \rightarrow {}^{18}_{9}\text{F} + {}^{1}_{1}\text{n}$

Zerfall $^{18}_{9}\text{F} \rightarrow {}^{18}_{8}\text{O} + {}^{0}_{1}\text{e}^+$

b ^{18}F in ^{18}O:
$\Delta m = 18{,}000\,937\,\text{u} - 17{,}999\,162\,\text{u} = 0{,}001\,775\,\text{u}$
$Q = \underline{\underline{1{,}655\,\text{MeV}}}$

^{15}O in ^{15}N:
$\Delta m = 15{,}003\,065\,\text{u} - 15{,}000\,109\,\text{u} = 0{,}002\,956\,\text{u}$
$Q = \underline{\underline{2{,}756\,\text{MeV}}}$

c ^{11}C und ^{13}N haben zu kurze Halbwertszeiten von 10 bis 20 min. Nach der Erzeugung liegt nicht genügend Material zur Verabreichung und Diagnostik vor. Zudem kommt es zu einer höheren Belastung durch höhere Positronen-Energie.

d ^{18}F zerfällt durch Beta-plus-Zerfall unter Aussendung eines Positrons und eines Neutrinos in ^{18}O.
Im ^{18}F befinden sich jeweils 9 Protonen und Neutronen im Potenzialtopf. Die beiden höchsten Niveaus sind also nicht vollständig besetzt.
Die Niveaus der Protonen liegen hierbei aufgrund der Coulomb-Abstoßung etwas höher als die der Neutronen, wodurch sich unterhalb des höchsten besetzten Protonenniveaus ein nicht voll besetztes Neutronenniveau befindet. Durch Umwandlung eines Protons in ein Neutron unter Aussendung eines Positrons und eines Neutrinos kann dieses besetzt werden.

16.10 Gammastrahlung

Aufgabe 1

a Die Energie der Gammaquanten ist die Differenz der Alphateilchen-Energien:
11,8 MeV – 8,95 MeV = 2,85 MeV

$$E = \frac{h \cdot c}{\lambda}$$

$$\lambda = \frac{h \cdot c}{E}$$

$$\lambda = \underline{\underline{6{,}97 \cdot 10^{-13}\,\text{m}}}$$

b Po-212 zerfällt in Pb-208

$$m_{\text{Pb}} = m_{\text{Po}} - \left(m_{\text{Alpha}} + \frac{E_{\text{Alpha}}}{c^2}\right)$$

$$m_{\text{Pb}} = 211{,}988\,868\,\text{u} - \left(4{,}002\,603\,\text{u} + \frac{11{,}8\,\text{MeV}}{931{,}494\,\text{MeV}}\,\text{u}\right)$$

$$m_{\text{Pb}} = \underline{\underline{207{,}97361\,\text{u}}}$$

Aufgabe 2

Der Gesamteffekt der Absorption ergibt sich aus der Summe der energieabhängigen Einzelterme der beteiligten Prozesse: Fotoeffekt, Compton-Effekt und Paarerzeugung. Strahlung im Energiebereich des Minimums durchdringt die Materie besonders gut.

17.1 Strukturuntersuchung mit schnellen Teilchen

Aufgabe 1

Die Funktionsweise eines Fotomultipliers beruht auf dem Fotoeffekt: Photonen lösen aus einem geeigneten Material Elektronen heraus. Diese Elektronen werden über eine angelegte Spannung abtransportiert und führen über eine Verstärkerschaltung aus mehreren Dynoden zu einer Kaskade von Sekundärelektronen. Der entsprechende Spannungspuls dient als Messsignal. Mit einem Fotomultiplier lässt sich in der Regel auch die Energie der Photonen bestimmen, da die Anzahl der Sekundärelektronen proportional zur Energie der einfallenden Photonen ist. Die Verstärkung des ursprünglichen Signals in einem Fotomultiplier kann 9 Zehnerpotenzen betragen und wird durch Beschleunigungsspannungen zwischen den Dynoden im Kilovolt-Bereich erreicht.
In den Kalorimetern des ATLAS-Detektors muss keine Beschleunigungsspannung wie in Fotomultipliern angelegt werden. Die Messung der Teilchenenergie erfolgt vor allem durch die Bremsstrahlung und nachfolgender Paarerzeugung im Absorbermaterial der Kalorimeter. Ein hochenergetisches Teilchen kann einen Teilchenschauer von einigen Millionen Elektron-Positron-Paaren bewirken, deren Anzahl wiederum proportional zur Energie des einfallenden Teilchens ist. Damit entspricht der von einem geladenen Teilchen erzeugte Teilchenschauer im Teilchendetektor ATLAS der Signalverstärkung der Kaskade von Sekundärelektronen in einem Fotomultiplier.

Aufgabe 2

a Die kinetische Energie eines Alphateilchens beträgt typischerweise ca. 5 MeV. Hieraus kann die De-Broglie-Wellenlänge berechnet werden:

$$\lambda = \frac{h \cdot c}{E} \rightarrow \lambda \approx 0{,}6 \cdot 10^{-12}\,\text{m}.$$

Diese ist deutlich kleiner als der Durchmesser von Atomen (ca. 10^{-10} m).

b Die Elektronen müssen einen Impuls besitzen, der einer Wellenlänge von etwa 10^{-15} m entspricht.

$$p = \sqrt{2 \cdot E_{\text{kin}} \cdot m_e}$$

$$E_{\text{kin}} = \frac{h^2}{2 \cdot m_e\, \lambda^2}$$

$$E_{\text{kin}} = 2{,}410 \cdot 10^{-7}\,\text{J} = \underline{\underline{1500\,\text{GeV}}}$$

Aufgabe 3

a Für die Wellenlänge gilt:

$$\lambda = \frac{h}{m_p \cdot v}.$$

Aus $E = 1/2\, mv^2$ und $v = \sqrt{\frac{2E}{m}}$ folgt:

$$\lambda = \frac{h}{\sqrt{m_p \cdot E}}.$$

Einsetzen der Werte mit $E = 590 \cdot 10^6\,\text{eV} = 9{,}453 \cdot 10^{-11}\,\text{J}$ liefert:

$$\lambda = \underline{\underline{1{,}18 \cdot 10^{-15}\,\text{m}}}.$$

b Die in Aufgabenteil **a** berechnete Wellenlänge liegt im Bereich der Objektgröße. Sie ist also für die Untersuchung von Kernen geeignet.

17.2 Quarks, Materie und Antimaterie

Aufgabe 1

Proton und Antiproton besitzen jeweils eine Ruhemasse von $m = 1{,}007276\,\text{u}$.
Im Fall der gegenseitigen Vernichtung von Proton und Antiproton wird die der Ruhemasse der Teilchen entsprechende Energie umgewandelt:

$$E = 2mc^2 = 3{,}0066 \cdot 10^{-10}\,\text{J} = \underline{\underline{1{,}88\,\text{GeV}}}.$$

Diese Energie steht zur Formation bzw. Erzeugung neuer Teilchen zur Verfügung, sofern dabei die bekannten Erhaltungssätze für Energie, Impuls, Drehimpuls, elektrische Ladung, Baryonen- und Leptonenzahl etc. nicht verletzt werden. So können z. B. aus der Vernichtung eines Protons und eines Antiprotons wieder Proton und Antiproton, aber auch ein Elektron-Positron-Paar entsprechend hoher Energie oder zwei Gammaquanten entstehen.

Hinweis
Das häufigste Reaktionsprodukt bei der gegenseitigen Vernichtung von Proton und Antiproton ist ein Triplett aus den drei Pionen π^+, π^- und π^0. Die Energiedifferenz zwischen den Ruhemassen von Proton und Antiproton und denen der Pionen von jeweils $m_\pi \approx 140\,\text{MeV}/c^2$ verteilt sich auf die kinetische Energie der Pionen.

Aufgabe 2

Individuelle Lösung

Aufgabe 3

a Das Proton besteht aus einem down- und zwei up-Quarks und hat damit eine Ladung von 1 *e*.
Das Antiproton besteht aus einem Anti-down- und zwei Anti-up-Quarks und hat damit eine Ladung von –1 *e*.

b Der Gesamtimpuls des Systems Proton-Antiproton ist null. Also muss nach dem Impulserhaltungssatz auch der Impuls des Systems nach der Zerstrahlung null sein. Ein einziges Gammaquant hat wegen der Konstanz der Lichtgeschwindigkeit in jedem denkbaren Bezugssystem einen von null verschiedenen Impuls. Also kann es nicht sein, dass bei der Paarzerstrahlung nur ein einziges Gammaquant auftritt.

Aufgabe 4

Wenn das Atom maßstäblich – mit Protonen und Neutronen von 1 cm = 10^{-2} m Durchmesser – gezeichnet wird, entspricht dieses einer Vergrößerung um etwa 10^{13}. Elektronen und Quarks mit einem Durchmesser kleiner als 10^{-18} m wären dann immer noch dünner als ein Haar. Der Durchmesser des ganzen Atoms wäre 1 km.
Das Atom ist fast vollständig leer.

17.3 Wechselwirkungen und ihre Austauschteilchen

Aufgabe 1

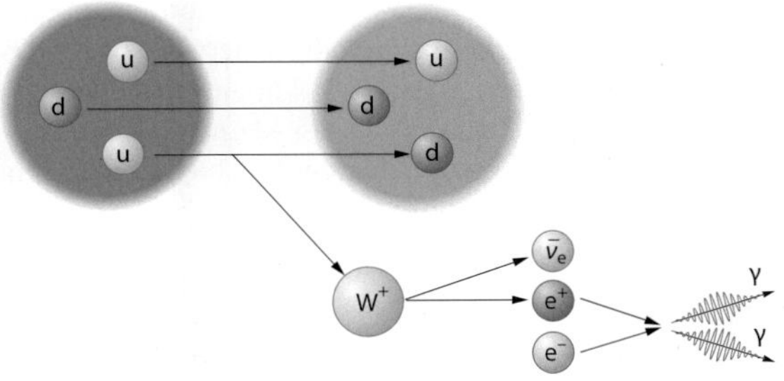

Hier wird ein up- in ein down-Quark unter Aussendung eines Weakons W^+ umgewandelt, das dann in ein Positron und ein Neutrino zerfällt. Das Positron wird dann mit einem Elektron von außen in der Regel in zwei Gammaquanten zerstrahlen.

Aufgabe 2

Das Feynman-Diagramm der Reaktion hat folgende Gestalt:

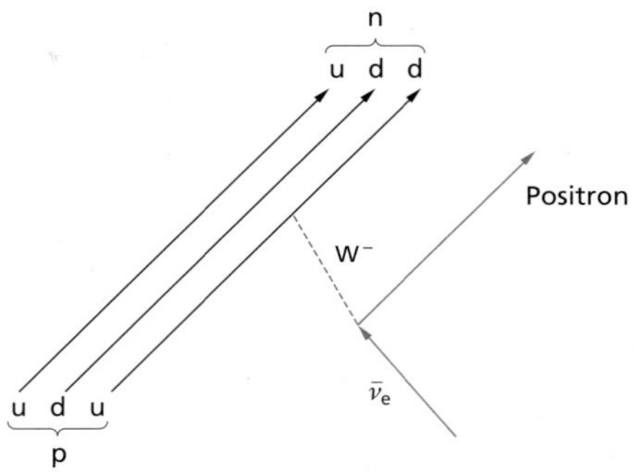

Dabei wurde, der Konvention des Lehrbuches entsprechend, eine vertikale Zeitachse und eine horizontale Orts- bzw. Raumachse benutzt.

Hinweis
Die korrekte Darstellung eines Feynman-Diagramms der Paarvernichtung von Positron und Elektron in zwei Gammaquanten erfordert ein so genanntes Box-Diagramm mit einem *virtuellen Lepton*.

17.4 Standardmodell

Aufgabe 1

a Das neutrale Delta-Baryon und das Neutron sind zwar gleich aufgebaut (udd), haben jedoch eine unterschiedliche Masse: Das Baryon ist mit 1232 MeV/c^2 um ein Drittel schwerer als das Neutron mit 940 MeV/c^2.
Neutrale Delta-Baryonen zerfallen nahezu sofort in ein Neutron und ein Pion oder ein Proton und ein negatives Pion.
Das freie Neutron hingegen zerfällt mit einer Halbwertszeit von rund 10 Minuten in einem Beta-minus-Zerfall in ein Proton und ein Elektron sowie ein Neutrino.

b Wie bei der Neutronenumwandlung muss sich hier ein d-Quark in ein u-Quark verwandeln.
Die umgesetzte Energie ist hier jedoch größer und reicht zur Bildung eines negativen Pions ($\bar{u}$d), das dann aber über ein W-Weakon in ein Myon und das zugehörige Myonenantineutrino zerfällt.
Siehe auch Abb. zu Aufgabe 2; dort sind jedoch die Ladungsvorzeichen entgegengesetzt.

Aufgabe 2

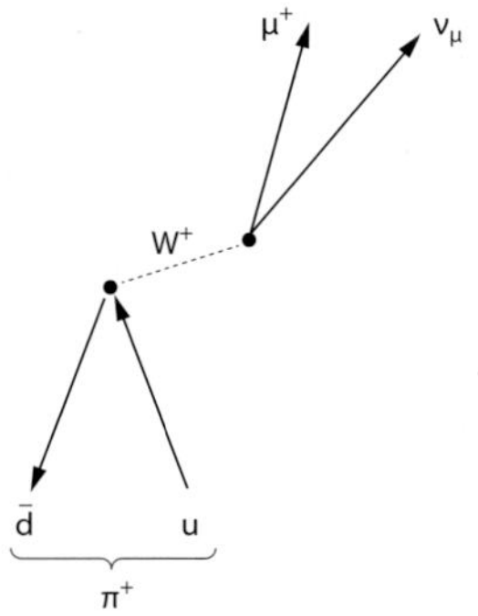

17.5 Higgs-Teilchen

Aufgabe 1

a $E = mc^2$

$$m_{\text{Higgs}} = 126 \frac{\text{GeV}}{c^2} = \frac{126 \cdot 10^9 \cdot 1{,}6 \cdot 10^{-19}\,\text{J}}{\left(3 \cdot 10^8 \frac{\text{m}}{\text{s}}\right)^2}$$

$$= \underline{\underline{2{,}24 \cdot 10^{-25}\,\text{kg}}}$$

Massenverhältnis:

$$\frac{m_{\text{Higgs}}}{m_{\text{C}}} = \frac{2{,}24 \cdot 10^{-25}\,\text{kg}}{12\,\text{u}} = \frac{2{,}24 \cdot 10^{-25}\,\text{kg}}{12 \cdot 1{,}66 \cdot 10^{-27}\,\text{kg}} \approx \underline{\underline{11{,}25}}$$

Die Masse des Higgs-Teilchens beträgt mehr als das 11-Fache der Masse eines Kohlenstoffatoms, obwohl das Higgs-Teilchen nach dem Standardmodell ein Elementarteilchen ist.

b Quarks, Leptonen und Weakonen erhalten ihre Massen durch den Higgs-Mechanismus. Hinsichtlich einer Erklärung der Masse des Higgs-Teilchens bieten sich drei grundlegende Ansätze an:

1. Die Masse des Higgs-Teilchens ist eine vorgegebene Eigenschaft des Universums, die nicht erklärt werden kann.
2. Das Higgs-Teilchen erhält seine Masse durch einen theoretischen Ansatz, der sich vom Higgs-Mechanismus unterscheidet.
3. Das Higgs-Teilchen erhält seine Masse durch Wechselwirkung mit dem Higgs-Feld. Obwohl dies ein wenig an Münchhausen erinnert, der sich am eigenen Haar aus dem Sumpf zieht, ist diese „Selbstwechselwirkung“ im Rahmen des Standardmodells möglich. Die Frage nach der Masse des Higgs-Teilchens ist noch ungeklärt.

Aufgabe 2

Die drei Quarks der Nukleonen (Protonen und Neutronen) werden durch die starke Wechselwirkung zusammengehalten. Die sehr große Bindungsenergie zwischen den Quarks verhält sich nach der Äquivalenz von Masse und Energie $E = mc^2$ wie eine Masse. Da die Quarks außerdem im Proton auf sehr engem Raum „eingesperrt“ sind, haben sie nach der Heisenberg'schen Unbestimmtheitsrelation eine sehr große Impulsunschärfe. Sie bewegen sich daher mit sehr großen Geschwindigkeiten innerhalb des Nukleons. Die entsprechende kinetische Energie trägt nach $E = mc^2$ ebenfalls zur Nukleonenmasse bei. Der Higgs-Mechanismus kann daher nur einen geringen Teil der Nukleonenmasse (nämlich die Ruhemasse der Quarks) erklären, der Großteil dessen, was wir als die Masse der uns umgebenden Materie bezeichnen, wäre ohne die Äquivalenz von Masse und Energie nicht zu erklären.

Aufgabe 3

a $E_{\text{kin}}^{\text{Stechmücke}} = \frac{1}{2} m \cdot v^2 \approx \frac{1}{2} \cdot 2{,}25 \cdot 10^{-3} \cdot 10^{-3}\,\text{kg} \cdot \left(\frac{2}{3{,}6}\,\frac{\text{m}}{\text{s}}\right)^2$

$\approx 3{,}5 \cdot 10^{-7}\,\text{J} \approx 2{,}2 \cdot 10^{12}\,\text{eV} \approx \underline{\underline{2\,\text{TeV}}}$

Die kinetische Energie einer fliegenden Stechmücke liegt im TeV-Bereich, in dem auch die Kollisionsenergie der Protonen im LHC-Beschleuniger liegt.

b Die Kollisionsenergie von 14 TeV ist im Verhältnis zu alltäglichen (makroskopischen) Energien relativ gering. Um einen Kugelschreiber mit 15 g Masse um nur 10 cm zu heben, benötigt man eine Energie von ca. 100 000 TeV, also wesentlich mehr als die LHC-Kollisionsenergie. Entscheidend ist jedoch, dass die Kollisionsenergie auf extrem kleine Rauminhalte konzentriert ist. Die Energiedichte, also die Energie pro Volumen, ist bei der Kollision der Protonen so groß, dass sie mit der Energiedichte des Universums Sekundenbruchteile nach dem Urknall vergleichbar ist.

Aufgabe 4

$$R = \frac{h}{4\pi \cdot \Delta m \cdot c}$$

$$\Delta m = \frac{h}{4\pi \cdot R \cdot c} = \frac{6{,}6 \cdot 10^{-34}\,\text{J} \cdot \text{s}}{4\pi \cdot 10^{-18}\,\text{m} \cdot 3 \cdot 10^8 \frac{\text{m}}{\text{s}}} \approx 1{,}75 \cdot 10^{-25}\,\text{kg}$$

$$E = m \cdot c^2 = 1{,}75 \cdot 10^{-25}\,\text{kg} \cdot \left(3 \cdot 10^8 \frac{\text{m}}{\text{s}}\right)^2 \approx 1{,}58 \cdot 10^{-8}\,\text{J}$$

$$\approx \underline{\underline{99\,\text{GeV}}}$$

Die abgeschätzte Masse liegt in der Größenordnung der experimentell für die Weakonen ermittelten Massen (Masse Z^0-Boson: ca. 91 GeV; Masse W-Boson: ca. 80 GeV).

17.6 Symmetrie

Aufgabe 1

$$(c \cdot t)^2 - x^2 = \left(c \cdot k \cdot \left(t_0 - \frac{v}{c^2} \cdot x_0\right)\right)^2 - (k \cdot (x_0 - vt_0))^2$$

$$= k^2\left(c^2\left(t_0^{\,2} - 2\frac{v}{c^2} \cdot t_0 \cdot x_0 + \left(\frac{v}{c^2}\right)^2 \cdot x_0^{\,2}\right) - x_0^{\,2} + 2v \cdot x_0 \cdot t_0 - v^2 \cdot t_0^{\,2}\right)$$

$$= k^2\left(c^2 t_0^{\,2} - 2v \cdot t_0 \cdot x_0 + \left(\frac{v}{c}\right)^2 \cdot x_0^{\,2} - x_0^{\,2} + 2v \cdot x_0 \cdot t_0 - v^2 \cdot t_0^{\,2}\right)$$

$$= k^2 c^2 t_0^{\,2}\left(1 - \left(\frac{v}{c}\right)^2\right) - x_0^{\,2}\left(1 - \left(\frac{v}{c}\right)^2\right) = (c \cdot t_0)^2 - x_0^{\,2}$$

Aufgabe 2

Die Vergrößerung des Bildausschnitts ist eine Transformation. Wenn der vergrößerte Bildausschnitt so aussieht wie das ursprüngliche Bild, liegt eine Invarianz unter dieser Transformation vor. Man spricht auch von Selbstähnlichkeit bzw. Skaleninvarianz. Natürlich sieht das vergrößerte Bild nicht exakt so aus wie das ursprüngliche Bild, sodass diese Symmetrie in der Natur nur annähernd realisiert ist (z. B. Blumenkohl, Blutgefäße, Farnblätter, usw.). In der Mathematik werden Fraktale definiert, bei denen eine exakte Skaleninvarianz vorliegt (z. B. *Koch-Kurve*).

Aufgabe 3

Individuelle Lösung

17.7 Vereinheitlichung von Theorien

Aufgabe 1

$$\sqrt{\frac{h \cdot G}{c^3}} \approx \sqrt{\frac{6{,}6 \cdot 10^{-34} \cdot 6{,}67 \cdot 10^{-11}}{(3 \cdot 10^8)^3}}\ \mathrm{m} \approx 10^{-35}\,\mathrm{m}$$

18.1 Aktivität und Zerfallsgesetz

Aufgabe 1

Die Zerfallskonstante kann aus einem halblogarithmischen Auftrag der Ionisationsstromstärke gegen die Zeit als Anstieg der Ausgleichsgeraden $\ln(I) = -\lambda t + \ln(I_0)$ bestimmt werden. Dabei wird eine direkte Proportionalität von Ionisationsstrom und der Aktivität des Präparats vorausgesetzt.

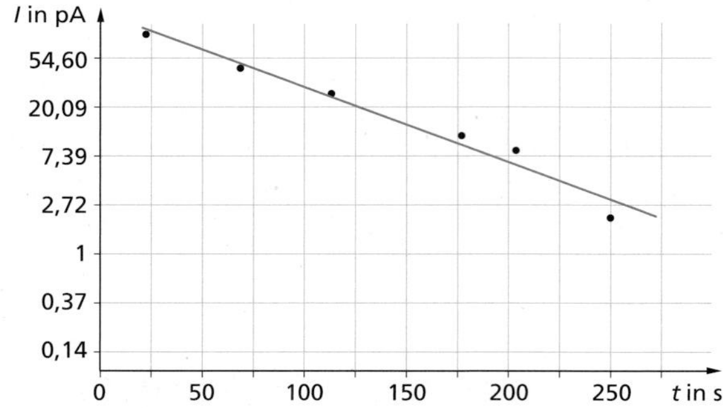

$\lambda = \underline{\underline{0{,}014\,s^{-1}}}$

$T_{1/2} = \ln 2/\lambda = \underline{\underline{49{,}5\,s}}$.

Aufgabe 2

Gegeben sind zwei radioaktive Präparate A und B gleicher Masse.

$A_A = 1$ und $T_{1/2,A} = 0{,}5$

$A_B = 0{,}5$ und $T_{1/2,B} = 1$

Für die Zerfallkonstanten gilt dann:

$\lambda_A = \ln 2/T_{1/2,A} = 2\ln 2$

$\lambda_B = \ln 2/T_{1/2,B} = \ln 2$

Die Aktivitäten der beiden Präparate haben damit den folgenden Verlauf:

$A_A = 1 \cdot e^{-2\ln 2 \cdot t}$

$A_B = 0{,}5 \cdot e^{-\ln 2 \cdot t}$

Das Präparat hat zunächst eine große Aktivität. Sie fällt allerdings schneller ab als diejenige von B. Nach einer bestimmten Zeit t_1 ist die Aktivität A_A kleiner als A_B. Sollte die Energie, die zur Aktivität proportional ist, zur Zeit t_1 noch ausreichen, um die Raumstation zu betreiben, so ist Präparat B zu bevorzugen. Reicht die Aktivität nicht mehr aus, so ist A zu bevorzugen.

18.2 Zerfallsreihen und künstliche Nuklide

Aufgabe 1

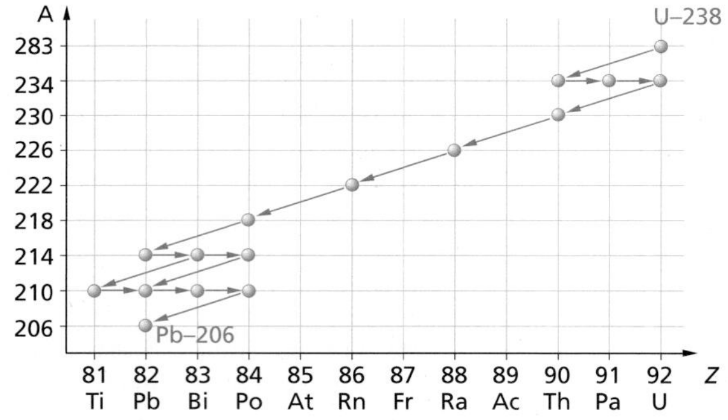

Aufgabe 2

a $^{252}_{98}Cf + n \rightarrow {}^{253}_{98}Cf$

$^{253}_{98}Cf \rightarrow {}^{253}_{99}Es + {}^{0}_{-1}e$

b $^{253}_{99}Es + n \rightarrow {}^{254}_{99}Es$

$^{254}_{99}Es \rightarrow {}^{254}_{100}Fm + {}^{0}_{-1}e$

18.3 Altersbestimmung

Aufgabe 1

a Gegeben sind die Aktivität einer Kohlenstoffprobe von $A(t) = 9{,}9\,\text{min}^{-1}$ und deren Masse $m_C = 1{,}0\,g$. Weiterhin sind die Halbwertszeit von C-14 mit $T_{1/2} = 5\,730\,a$ und das Verhältnis von C-14 zu C-12 in lebenden Organismen mit $1 : 8{,}3 \cdot 10^{11}$ bekannt.
Damit lässt sich zunächst die ursprünglich in der Kohlenstoffprobe enthaltene Anzahl N_0 von C-14-Atomen bestimmen:

$$N_0 = \frac{1}{8{,}3 \cdot 10^{11}} \cdot \frac{0{,}001\,kg}{12{,}01 \cdot 1{,}66\,10^{-27}\,kg} = 6{,}043 \cdot 10^{10}$$

Für die Anfangsaktivität gilt:

$A(0) = N_0 \cdot \lambda$

$\lambda = \frac{\ln 2}{5730\,a}$

Also:

$$A(0) = 6{,}043 \cdot 10^{10} \frac{\ln 2}{5730\,a} = 7{,}310 \cdot 10^{6}\,a^{-1}$$

$A(t) = A(0) \cdot e^{-\lambda \cdot t}$

Umstellen nach t ergibt:

$$t = \frac{\ln\left(\frac{A(0)}{A(t)}\right)}{\lambda}$$

Einsetzen von $A(t) = 9{,}9\,\text{min}^{-1} = 9{,}9 \cdot 525\,600\,\text{a}^{-1}$ führt auf eine Zeit von
$t = \underline{\underline{2810\,\text{a}}}$

Setzt man entsprechend den Angaben im Lehrbuch den relativen Fehler der Altersbestimmung mit $u_{\text{rel}} = 40/8000$ an, kann der Fehler des berechneten Alters der Kohlenstoffprobe abgeschätzt werden:
$u_t = u_{\text{rel}} \cdot t = \underline{\underline{14\,\text{a}}}$.

b Zählrohrmethode nach Libby:
Hierbei wird die Probe verbrannt und das dabei entstehende CO_2-Gas aufgefangen. Dessen Aktivität wird anschließend mit einem Zählrohr ermittelt und ins Verhältnis zur Aktivität modernen CO_2-Gases gesetzt.

Beschleuniger-Massenspektrometrie:
Dieses Verfahren ermöglicht eine direkte Bestimmung des C-14-Anteils ohne die Zerfälle zu zählen. In einem Massenspektrometer werden die in der Probe enthaltenen Stoffe ionisiert und können so im Magnetfeld abgelenkt werden. Ionen mit unterschiedlicher Masse bewegen sich hier auf unterschiedlichen Bahnen.

c Das Verhältnis von C-14 zu C-12 zum Zeitpunkt der Einlagerung in der Probe muss bekannt sein. Die Veränderung dieses Verhältnisses darf während der Lagerungszeit nicht gestört und die Probe nicht verunreinigt werden. Außerdem müssen zum Zeitpunkt der Analyse noch genügend C-14-Atome vorhanden sein, um eine ausreichende Zählstatistik zu gewährleisten. Die Probe darf also nicht zu alt sein.

d Die Dendrochronologie ist eine Datierungsmethode bei der die Jahresringe eines Baumes einer bestimmten Wachstumszeit zugeordnet werden. Es bietet sich zudem ein Vergleich mit anderen Artefakten am Fundort in den entsprechenden Bodenschichten an.

Aufgabe 2

a $0{,}18 = \dfrac{m_{\text{Pb}}}{m_{\text{U}}} = \dfrac{206\,\text{u} \cdot N_{\text{Pb}}}{238\,\text{u} \cdot N_{\text{U}}}$

$$\frac{N_{\text{Pb}}}{N_{\text{U}}} = \frac{0{,}18 \cdot 238}{206} \approx 0{,}208$$

Bis heute sind $N_{\text{Pb}} = 0{,}208\,N_{\text{U}}$ Atome zerfallen. Nicht zerfallen sind N_{U} Atome. Zur Entstehung des Gesteins, also war die Teilchenzahl des Urans $N_0 = 1{,}208\,N_{\text{U}}$.
Aus dem Zerfallsgesetz folgt mit der Halbwertszeit von Uran $T_{1/2} = 4{,}5 \cdot 109\,\text{a}$:

$$N_0 = 1{,}208\,N_{\text{U}} = 1{,}208\,N_0 \left(\frac{1}{2}\right)^{\frac{t}{T_{1/2}}}$$

$$\ln\left(\frac{1}{1{,}208}\right) = \frac{t}{T_{1/2}} \ln\left(\frac{1}{2}\right)$$

$$t = T_{1/2} \frac{\ln\left(\frac{1}{1{,}208}\right)}{\ln\left(\frac{1}{2}\right)} = 4{,}5 \cdot 10^9\,\text{a}\,\frac{\ln\left(\frac{1}{1{,}208}\right)}{\ln\left(\frac{1}{2}\right)} \approx 1{,}2 \cdot 10^9\,\text{a}$$

Die Gesteinsprobe ist ungefähr <u>1,2 Milliarden Jahre</u> alt.

b Es liegt keine ungestörte Probe vor, es kam also z. B. zu Auswaschungen oder Verunreinigungen.

c Die Rechnung analog zu Aufgabenteil a ergibt:

$$\frac{N_{\text{U}}}{N_{\text{Pb}}} = 0{,}19$$

d Die Bestimmung von Massenverhältnissen bei großen Massenunterschieden, hier 238 bzw. 206, ist aufgrund der großen Entfernungen bei der Ablenkung in den magnetischen Feldern schwierig und ungenau. Günstiger ist es, Nuklide mit geringem Massenunterschied zu verwenden.

18.4 Biologische Wirkungen der Radioaktivität

Aufgabe 1

Wegen des Wichtungsfaktors der Gammastrahlung von $q = 1$ entspricht die Energiedosis von 60 Gy der Äquivalentdosis 60 Sv. Zur Berechnung der effektiven Dosis aus der Äquivalentdosis für bestimmte Organe muss der organspezifische Wichtungsfaktor q' bekannt sein. Der Wert für die Schilddrüse beträgt: $q' = 0{,}05$. Damit erhält man für die gesuchte effektive Dosis bei der Bestrahlung der Schilddrüse den Wert $\underline{\underline{3\,\text{Sv}}}$. Dabei wurde die Belastung der mitbestrahlten Haut- und Wirbelsäulenanteile vernachlässigt.

Aufgabe 2

Die Farbabstufungen von Rot über Orange zu Gelb zeigen abnehmende Ionisierungsdichten an. Röntgenstrahlung entfaltet ihre größte Ionisierungsdichte noch vor dem Tumor in gesundem Gewebe, aber auch im Bereich hinter dem Tumor finden sich noch erhebliche Ionisierungsdichten. Demgegenüber zeigt die Bestrahlung mit Ionen eine zunächst mit der Eindringtiefe steigende Ionisationsdichte mit einem Maximum im Bereich des Tumors. Anders als bei der Röntgenbestrahlung sinkt die Ionisierungsdichte bei der Bestrahlung mit Ionen hinter dem Tumor aber schlagartig ab. Während also die Röntgenstrahlung über einen großen Bereich eine starke ionisierende Wirkung zeigt und damit auch viel gesundes Gewebe schädigen kann, entfaltet Ionenstrahlung ihre ionisierende Wirkung in einem relativ kleinen Bereich, sodass der Tumor gezielt geschädigt, gesundes Gewebe aber weitgehend geschont wird.

18.5 Strahlenschutz

Aufgabe 1

a Für eine grobe Abschätzung der jährlichen Strahlenbelastung von Vielfliegern wie Piloten und Flugbegleitern kann ein Wert von 0,008 mSv/h bei einer Flughöhe von 11 000 m benutzt werden.

Annahmen:
48 Arbeitswochen pro Jahr, 5 Arbeitstage pro Woche mit je 8 Stunden Arbeitszeit:
48 Wochen · 5 d/Woche · 8 h/d · 0,008 mSv/h = 15,4 mSv.

Dieser Wert liefert eine korrekte Größenordnung der jährlichen Strahlenbelastung für Flugpersonal. Der gesetzlich vorgegebene Grenzwert zum Schutz beruflich strahlenexponierter Personen beträgt 20 mSv in einem Kalenderjahr.

b Mit einer Strahlungsdosis von bis zu 1 mSv pro Röntgenaufnahme entspricht die in **a** abgeschätzte jährliche Strahlenbelastung von Vielfliegern der Durchführung von etwa 15 Röntgenaufnahmen. Damit führt eine einzige Röntgenuntersuchung zu einer Strahlungsdosis, die beruflich Strahlungsexponierte wie Vielflieger in etwa 3 Wochen aufnehmen.

Aufgabe 2

Beim Co-60 handelt es sich um einen Beta-minus-Strahler, dessen Beta-minus-Zerfälle von Übergängen in angeregte Kernzustände mit nachfolgender Emission von Gammastrahlung begleitet werden. Wegen der abschirmenden Materialien sind nur die Gammaquanten für die Berechnung der Strahlenbelastung relevant. Auch kann die Aktivität des Co-60-Präparats im betrachteten Zeitraum von 200 Tagen wegen seiner Halbwertszeit von $T_{1/2} = 5{,}3\,\text{a}$ als konstant angenommen werden.
Bei einer punktförmigen Quelle gilt $I(r) = I_{0,\text{eff}} \cdot A_{\text{quer}}/r^2$.
Die effektive Intensität berücksichtigt dabei die Schwächung der Strahlung durch Absorption: $I_{0,\text{eff}} = I_0 - I_{\text{abs}}$.
Die Querschnittsfläche der bestrahlten Person wird als $A_{\text{quer}} = 1{,}75\,\text{m} \cdot 0{,}5\,\text{m} = 0{,}875\,\text{m}^2$ angenommen, die Absorption von Gammastrahlung in Luft kann vernachlässigt werden.
Um den Betrag der absorbierten Strahlungsintensität zu berechnen, müssen die Absorptionskoeffizienten der Gammastrahlung des Co-60-Präparats für Aluminium und Eisen bekannt sein. Diese können mithilfe der Gleichung $I(d) = I_0 \cdot \text{e}^{-\alpha d}$ berechnet werden:

$d = 2\,\text{mm}$, $I_0 = 348\,\text{min}^{-1}$
$I_{\text{Al}}(2\,\text{mm}) = 308\,\text{min}^{-1}$
$I_{\text{Fe}}(2\,\text{mm}) = 285\,\text{min}^{-1}$

Daraus ergeben sich die Absorptionskonstanten

$\alpha_{\text{Al}} = 0{,}061\,\text{mm}^{-1}$
$\alpha_{\text{Fe}} = 0{,}100\,\text{mm}^{-1}$.

Für die effektive Intensität gilt:

$I_{0,\text{eff}} = I_0 \cdot e^{-\alpha_{\text{Al}} \cdot d_{\text{Al}}} \cdot e^{-\alpha_{\text{Fe}} \cdot d_{\text{Fe}}}$

Mit $d_{\text{Al}} = 5\,\text{mm}$ und $d_{\text{Fe}} = 3\,\text{mm}$ ergibt sich:

$I_{0,\text{eff}} = 500\,\text{s}^{-1} \cdot e^{-0{,}605} = 273\,\text{s}^{-1}$.

Im Abstand von $r = 2\,\text{m}$ zum Stahlschrank ergibt sich damit für eine Person der Querschnittsfläche $A_{\text{quer}} = 0{,}875\,\text{m}^2$:

$I(2\,\text{m}) = 273\,\text{s}{-1} \cdot 0{,}875\text{m}^2/(2\,\text{m})^2 = 60\,\text{s}^{-1}$.

Bei einem Gammaquant pro Zerfall erreicht die Person im Zeitraum von

$t = 200 \cdot 6\,\text{h} = 4{,}32 \cdot 10^6\,\text{s}$

eine Anzahl von $2{,}59 \cdot 10^8$ γ-Quanten.

Andererseits sendet Co-60 beim Betazerfall 2 Gammaquanten mit den Energien $E_{\gamma,1} = 1{,}1732\,\text{MeV}$ und $E_{\gamma,2} = 1{,}3325\,\text{MeV}$ aus. Als Mittelwert kann die Energie eines einzelnen Gammaquants als $E_\gamma = 1{,}253\,\text{MeV} = 2{,}007 \cdot 10^{-13}\,\text{J}$ verwendet werden.
Wird weiterhin angenommen, dass die Masse der strahlenexponierten Person 75 kg beträgt und jedes ankommende Gammaquant vollständig absorbiert wird, ergibt dies eine Energiedosis von

$D = 2 \cdot 2{,}59 \cdot 10^8 \cdot 2{,}007 \cdot 10^{-13}\,\text{J}/75\,\text{kg} = 1{,}39 \cdot 10^{-6}\,\text{J/kg}$.

Da der Wichtungsfaktor für Gammastrahlung gleich 1 ist, entsprechen die angegebenen Energiedosiswerte der gesuchten Äquivalentdosis. Man erhält also für die beschriebene Situation eine Äquivalentdosis von maximal $1{,}4\,\mu\text{Sv}$, was etwa einem 700-stel des durch die Strahlenschutzverordnung gegebenen Grenzwertes für ionisierende Strahlung entspricht.

Aufgabe 3

Tabakpflanzen nehmen die radioaktiven Isotope von Kalium und anderen Materialien in gleichem Maße wie deren nichtradioaktiven Isotope auf. Bevorzugt Po-210 wird in den Zellen eingelagert. Dies führt zu einer Konzentration der radioaktiven Substanzen in den Blättern, die zu Tabak verarbeitet werden. Im Vergleich zu Nichtrauchern kann sich bei starken Rauchern die Strahlenbelastung der Lunge verdoppeln.

18.6 Kernspaltung und Kettenreaktion

Aufgabe 1

a Reaktionsgleichung:
$^{235}_{92}U + ^{1}_{0}n \rightarrow ^{94}_{40}Zr + ^{140}_{58}CE + 2\,^{1}_{0}n + 6\,^{0}_{-1}e$

b Ausgangsprodukte:
$m_U = 235{,}043\,9299\,u$
$m_n = 1{,}008\,665\,u$

Endprodukte:
$m_{Ce} = 139{,}905\,4387\,u$
$m_{Zr} = 93{,}906\,3152\,u$
$2\,m_n = 2{,}017\,330\,u$

Die Gesamtmasse der Endprodukte ist etwas geringer als die Masse der Ausgangsprodukte:
$\Delta m = 0{,}223\,511\,u$
$Q = 208{,}199\,MeV$

Aufgabe 2

a Aus der Masse eines Plutonium-Atoms $m = 239\,u$ ergibt sich die Anzahl der Atome in einem Kilogramm:

$N = 2{,}519722 \cdot 10^{24}$

$1{,}6^n = 2{,}519722 \cdot 10^{24}$

$$n = \frac{\ln(2{,}519722 \cdot 10^{24})}{\ln(1{,}6)}$$

$n = \underline{\underline{120}}$ Spaltungsgenerationen

b Bei 2,5 ns von Generation zu Generation entspricht die in **a** berechnete Anzahl von 120 Spaltungsgenerationen einer Zeit von $3{,}0 \cdot 10^{-7}$ s bzw. $\underline{\underline{30\,\mu s}}$, nach denen ein Kilogramm Pu-239 vollständig gespalten ist.

c Mit der in **a** berechneten Anzahl von $2{,}519722 \cdot 10^{24}$ gespaltenen Pu-239-Kernen und einer freigesetzten Energie von 200 MeV pro Spaltung erhält man eine Gesamtenergie von $5{,}039444 \cdot 10^{26}$ MeV bei der vollständigen Spaltung eines Kilogramms Pu-239. Bezogen auf die in **b** ermittelte Zeit entspricht dem eine Leistung von:

$P = 1{,}686 \cdot 10^{33}\,MeV/s = \underline{\underline{2{,}701 \cdot 10^{14}\,MW}}.$

Dies ist etwa das 60-Milliarden-Fache der thermischen Leistung von 4 500 MW eines modernen Kernkraftwerks.

18.7 Robert Oppenheimer

Aufgabe 1

Mit der Entdeckung der Kernspaltung durch Hahn und Straßmann und deren Deutung durch Meitner und Frisch war klar, dass bei einer Anwendung in einer Bombe eine ungeheure Energie freigesetzt würde. In den USA führte dies über den von Leo Szilard inszenierten Brief Einsteins letztlich zum Manhattan Project.
Auch in Deutschland erkannte man die Bedeutung und initiierte zuerst ein Projekt zur Entwicklung einer Uranmaschine (Reaktor). Der Ausbruch des Zweiten Weltkriegs beendete dieses Projekt, jedoch nahm sich das Heereswaffenamt des Themas an, und noch 1939 wurde das Uranprojekt (der deutsche Uranverein) unter direkter Leitung des Heereswaffenamtes begonnen.
Aus heutiger Sicht kann festgestellt werden, dass bis 1942 der wissenschaftliche Erkenntnisstand der Gruppen in den USA und in Deutschland etwa gleich war. Allerdings änderte sich diese Situation: Die USA forcierten mit dem Manhattan Project das Tempo, während Heisenberg die Zeit von 1942 bis 1945 in Deutschland eher als Treten auf der Stelle charakterisierte.
Mit Eintritt der USA in den europäischen Krieg wurde auch überlegt, wie man der deutschen Atombombenerkenntnisse habhaft werden bzw. die die am deutschen Projekt beteiligten Wissenschaftler in Gewahrsam nehmen konnte. Diese wurden letztlich im Juli 1945 gemeinsam im englischen Farm Hall interniert. Die Zimmer waren dort mit Abhöranlagen ausgestattet, und die Ergebnisse wurden protokolliert.

a Durch diese Protokolle ist überliefert, wie die einzelnen Internierten auf die Radiomeldung vom Abwurf der amerikanischen Bombe reagierten. Das Spektrum reicht von Ungläubigkeit (da man selbst nicht bis zur Bombe gekommen war, konnten die Amerikaner es auch nicht geschafft haben) über die Frage nach den eigenen Fehlern (Heisenberg) bis zur tiefen Depression, dafür verantwortlich zu sein (Hahn – man befürchtete sogar dessen Selbstmord).

b Schon nach der Probezündung der ersten Bombe in der Wüste von New Mexiko wollten Wissenschaftler den Einsatz dieser Waffe verhindern. Erst Recht nach dem Ende des Zweiten Weltkriegs und der beginnenden Konfrontation der beiden Weltsysteme erhoben die Wissenschaftler ihre Stimme gegen den Einsatz und die Weiterentwicklung der Atombomben. Bekannt wurde das Russel-Einstein-Manifest 1955 und die sich daraus ergebende internationale Bewegung der Pugwash-Konferenzen. Auch eine deutsche Gruppe gründete sich 1958/59.
Schon im April 1957 hatte eine Gruppe von 18 deutschen Atomwissenschaftlern (die „Göttinger 18“) sich

kritisch zur geplanten atomaren Aufrüstung der Bundeswehr geäußert, darunter auch ehemalige Mitglieder des deutschen Uranvereins. Koordiniert wurde dieser Vorgang von C.F. von Weizsäcker, der auch in Farm Hall interniert war. Letztlich gründet sich auch dessen weiteres Engagement für den weltweiten Frieden aus diesen Erfahrungen.

c Die Rolle Albert Einsteins im amerikanischen Atombombenprojekt war auf die Initialisierungsphase beschränkt. Leo Szilard, der aus Hitler-Deutschland fliehen musste und die drohende Gefahr einer deutschen Atombombe sah, nutzte Einstein als prominente Persönlichkeit mit dem entsprechenden physikalischen Sachverstand, um dem Brief an den amerikanischen Präsidenten mehr Gewicht zu verleihen. Der heutige Blick auf die Geschichte zeigt jedoch, dass dieser Brief nicht als Auslöser des Manhattan Projekts zu werten ist. Trotzdem machte sich Einstein nach dem Abwurf der amerikanischen Atombomben bittere Vorwürfe, diesen Brief geschrieben zu haben.

Literatur:
Mark Walker: Die Uranmaschine. Mythos und Wirklichkeit der deutschen Atombombe. – Berlin: Siedler Verlag, 1990
Thomas Powers: Heisenbergs Krieg. Die Geheimgeschichte der deutschen Atombombe. – Hamburg: Hoffmann und Campe, 1993
Dieter Hoffmann (Hrsg.): Operation Epsilon. Die Farm-Hall-Protokolle oder die Angst der Alliierten vor der deutschen Atombombe. – Berlin: Rowohlt-Berlin Verlag, 1993

18.8 Kernreaktoren

Aufgabe 1

Pro Spaltung wird eine Energie von

$E_{spalt} = 190\,\text{MeV} = 3{,}06 \cdot 10^{-11}\,\text{J}$

frei.

Die Energie, die der gegebenen Leistung über ein Jahr hinweg entspricht beträgt:

$$E_{1a} = 3{,}5 \cdot 10^{9}\,\text{J/s} \cdot 3600\,\text{s/h} \cdot 24\,\text{h/d} \cdot 365\,\text{d/a} \cdot 1\,\text{a} = 1{,}10376 \cdot 10^{17}\,\text{J}.$$

Die Anzahl der für diesen Energiebetrag erforderlichen Kernspaltungen ist:

$N = E_{1a}/E_{spalt} = 3{,}60682 \cdot 10^{27}$.

Bei einer Spaltung pro Kern und einer molaren Masse des U-235 von etwa $M_{U235} \approx 235\,\text{g/mol}$ entspricht dies einer Masse von:

$m_{U235} = M_{U235} \cdot N/N_A = 1\,407\,478\,\text{g} = 1407\,\text{kg}$.

Nach dieser Abschätzung werden in einem Kernkraftwerk für eine thermische Leistung von 3,5 GW pro Jahr also etwa 1,4 Tonnen U-235 verbraucht. Hierbei wird vorausgesetzt, dass die Leistung des Kraftwerks kontinuierlich 3,5 GW beträgt. Dies ist jedoch in der Regel nicht über ein ganzes Jahr der Fall.

Aufgabe 2

Alle Bauteile müssen hitzebeständig sein: Sie dürfen beim Erhitzen weder den Aggregatszustand wechseln noch chemische Reaktionen einleiten.

a Der Moderator soll Neutronen abbremsen ohne selbst mit Ihnen zu reagieren. Dazu müssen die Stoßpartner in den elastischen Stößen etwa gleiche Massen besitzen.

b Das Kühlmittel sollte eine hohe Wärmekapazität besitzen und keine Neutronen aufnehmen. Die Trennung in Primär- und Sekundärkreislauf erhöht die Sicherheit.

c Die Steuerstäbe müssen aus Material bestehen, das Neutronen absorbiert. Sie müssen besonders formstabil sein.

Aufgabe 3

a Wasser unter Normaldruck siedet bei 100° C. Die Dampfteilchen bewegen sich mit hoher Geschwindigkeit und nehmen bei Stößen mit den Neutronen kaum mehr Energie auf. Die schnellen Neutronen verlassen dadurch die Reaktionszone, und die Kettenreaktion erlischt.

b In einem Reaktor bricht bei entsprechender Bauweise bei zu hohen Temperaturen die Kettenreaktion von selbst ab. In einer Bombe sollen möglichst viele Kernreaktionen in extrem kurzer Zeit gleichzeitig stattfinden. Ein Reflektor muss dabei den Austritt von Neutronen verhindern.

Aufgabe 4

Individuelle Lösung

Aufgabe 5

Individuelle Lösung

18.9 Kernfusion

Aufgabe 1

Proton-Proton-Reaktion II

Bei dieser Reaktion dient ein Heliumkern ^4He, der in früheren Prozessen entstanden ist, als Katalysator zur Herstellung eines weiteren Heliumkerns ^4He aus ^3He.

$^3He + {^4He} \rightarrow {^7Be} + \gamma \quad + 1{,}59\ \text{MeV}$
$^7Be + e^- \rightarrow {^7Li} + \nu_e$
$^7Li + {^1H} \rightarrow {^4He} + {^4He} \quad + 17{,}35\ \text{MeV}$

Proton-Proton-Reaktion III

Auch hier übernimmt ein Heliumkern ^4He die Funktion des Katalysators.

$^3He + {^4He} \rightarrow {^7Be} + \gamma \quad + 1{,}59\ \text{MeV}$
$^7Be + {^1H} \rightarrow {^8B} + \gamma \quad + 0{,}14\ \text{MeV}$
$^8B \rightarrow {^8Be} + e^+ + \nu_e + 18\ \text{MeV}$
$^8Be \leftrightarrow {^4He} + {^4He}$

Aufgabe 2

Beim Bethe-Weizsäcker-Zyklus, der auch der vorherrschende Fusionsmechanismus in der Sonne ist, fusionieren Protonen vornehmlich mit schweren Kernen wie C-12, C-13, N-14 und N-15. Dabei wird beispielsweise in der einzelnen Fusion eines Protons mit C-13 eine Energie von 7,54 MeV freigesetzt, die Fusion eines Protons mit N-14 liefert eine Energie von 7,35 MeV. Damit zeigt der Bethe-Weizsäcker-Zyklus eine deutlich bessere Energiebilanz als der Proton-Proton-Zyklus.

Aufgabe 3

$^6_3Li + {^1_0n} \rightarrow {^4_2He} + {^3_1H}$

$m_{Li} = 6{,}01512280\ \text{u}$
$m_n = 1{,}008665\ \text{u}$
$m_{He} = 4{,}00260324\ \text{u}$
$m_{H3} = 3{,}01604927\ \text{u}$

$\Delta m = \underline{\underline{0{,}00513529\ \text{u}}}$

$Q = \underline{\underline{4{,}78349182\ \text{MeV}}}$

Aufgabe 4

Die nötige Energie beträgt etwa 1 MeV (siehe Text).
Abschätzung nach dem Coulomb-Gesetz:

$$E = \frac{1}{4\pi\varepsilon_0}\frac{Q_1 \cdot Q_2}{r}$$

$Q_1 = Q_2 = e$

$r_{min} = 1{,}5 \cdot 10^{-15}\ \text{m}$ (Protonendurchmesser)

Einsetzen ergibt:
$E = \underline{\underline{0{,}96\ \text{MeV}}}$

Mit $E = \frac{3}{2} k \cdot T$ folgt:

$$T = \frac{2E}{3k} = \underline{\underline{7{,}4 \cdot 10^9\ \text{K}}}$$

Diese Energie wird nur von den allerschnellsten Protonen erreicht werden können.

TRAINING Struktur der Materie

Aufgabe 1

a Die in einer Sekunde auf die Fläche eingestrahlte Energie beträgt 1370 J.
Mit einer mittleren Wellenlänge von 600 nm ergibt sich daraus die Photonenanzahl:

$$n = \frac{E}{E_{\text{Ph}}} = \frac{E}{h \cdot \frac{c}{\lambda}}$$

$$= \frac{1370\,\text{J} \cdot 6 \cdot 10^{-7}\,\text{m}}{6{,}63 \cdot 10^{-34}\,\text{J} \cdot \text{s} \cdot 3 \cdot 10^{8}\,\frac{\text{m}}{\text{s}}} = \underline{\underline{4{,}13 \cdot 10^{21}}}$$

b Der Gesamtimpuls der je Sekunde auf einen Quadratmeter einfallenden Photonen beträgt etwa:

$$p = n \cdot \frac{h}{\lambda}.$$

$$= 4{,}13 \cdot 10^{21} \cdot \frac{6{,}63 \cdot 10^{-34}\,\text{J} \cdot \text{s}}{6 \cdot 10^{-7}\,\text{m}} = \underline{\underline{4{,}57 \cdot 10^{-6}\,\text{N} \cdot \text{s}}}$$

Ein absorbierend beschichtetes Sonnensegel von $1000\,\text{m}^2$ nähme je Sekunde das Tausendfache dieses Impulses auf und erführe damit die folgende Kraft:

$$F = \frac{\Delta p}{\Delta t}.$$

$$= \frac{4{,}57 \cdot 10^{-3}\,\text{N} \cdot \text{s}}{1\,\text{s}} = \underline{\underline{4{,}57 \cdot 10^{-3}\,\text{N}}}$$

Wenn die Oberfläche des Sonnensegels das Licht vollständig reflektiert, so kommt es für die Photonen zu einer Impulsänderung, deren Betrag doppelt so groß ist wie ihr ursprünglicher Impuls. Gemäß Impulserhaltungssatz erfährt dann das Sonnensegel die doppelte Kraft, also $\underline{\underline{9{,}13 \cdot 10^{-3}\,\text{N}}}$.

c Die Gesamtlichtleistung der Sonne ergibt sich, indem man die Solarkonstante mit der Oberfläche einer Kugel, deren Radius dem Anstand der Sonne zur Erde (1 AE) entspricht, multipliziert:

$$P_S = 1370\,\frac{\text{W}}{\text{m}^2} \cdot 4 \cdot \pi \cdot (1\,\text{AE})^2$$

$$= 1370\,\frac{\text{W}}{\text{m}^2} \cdot 4 \cdot \pi \cdot (1{,}5 \cdot 10^{11}\,\text{m})^2 = \underline{\underline{3{,}87 \cdot 10^{26}\,\text{W}}}$$

d In einem Jahr verliert die Sonne die Masse:

$$\Delta m = \frac{\Delta E}{c^2} = \frac{P_S \cdot \Delta t}{c^2}.$$

$$= \frac{3{,}87 \cdot 10^{26}\,\text{W} \cdot 365 \cdot 24 \cdot 3600\,\text{s}}{(3 \cdot 10^{8}\,\text{m/s})^2} = \underline{\underline{1{,}36 \cdot 10^{17}\,\text{kg}}}$$

In $5 \cdot 10^9$ Jahren verliert die Sonne damit einen Anteil von $\underline{\underline{0{,}034\,\%}}$ ihrer Masse.

Aufgabe 2

a Die Anregung der fotochemischen Reaktion erfolgt auf molekularer Ebene durch einzelne Photonen, deren Energie oberhalb eines spezifischen Schwellwerts liegen muss. Der Rotfilter lässt nur Photonen passieren, die unterhalb des Schwellwerts liegen, während der Blaufilter die höherenergetischen Photonen durchlässt.

b Versteht man Licht als klassische kontinuierliche Welleneerscheinung, so liegt es nahe, die Schwelle für das Ablaufen einer fotochemischen Reaktion in der Höhe der Intensität der Lichtwelle zu sehen. Mit sehr vielen Halogenlampen, die mit Rotfiltern versehen sind, sollte es also nach Maßgabe des Wellenmodells möglich sein, die Reaktion in Gang zu setzen. Dass dies nicht gelingt, andererseits aber blaues Licht viel geringerer Intensität erfolgreich einsetzbar ist, passt nicht zum Wellenmodell.

Aufgabe 3

Der Impuls des eintreffenden Photons beträgt:

$$p = \frac{h}{\lambda} = \frac{6{,}63 \cdot 10^{-34}\,\text{J} \cdot \text{s}}{5{,}92 \cdot 10^{-7}\,\text{m}} = 1{,}12 \cdot 10^{-27}\,\text{N} \cdot \text{s}$$

Bei Absorption geht dieser Impuls auf das Natriumatom über, das dadurch folgende Geschwindigkeit in y-Richtung erhält:

So erhält man die Ablenkung, die das Natriumatom in y-Richtung erfährt, während es 1 m in x-Richtung zurücklegt:

$$v_y = \frac{p}{m_{\text{Na}}} = \frac{1{,}12 \cdot 10^{-27}\,\text{N} \cdot \text{s}}{3{,}82 \cdot 10^{-26}\,\text{kg}} = 0{,}0293\,\frac{\text{m}}{\text{s}}$$

$$\Delta y = v_y \cdot \Delta t = 0{,}0293\,\frac{\text{m}}{\text{s}} \cdot \frac{1\,\text{m}}{500\,\frac{\text{m}}{\text{s}}} = \underline{\underline{5{,}86 \cdot 10^{-5}\,\text{m}}}.$$

Aufgabe 4

a $p = m \cdot v = 4\text{u} \cdot 1 \cdot 10^3\,\text{m/s} = \underline{\underline{6{,}64 \cdot 10^{-24}\,\text{kg} \cdot \text{m/s}}}$

$E_{\text{kin}} = \frac{1}{2} \cdot 4\text{u} \cdot (10^3\,\text{m/s})^2 = 3{,}3 \cdot 10^{-21}\,\text{J} = 0{,}021\,\text{eV}$

$\lambda = \frac{h}{p} = 1{,}0 \cdot 10^{-10}\,\text{m} = 0{,}10\,\text{nm}$

b $\alpha_n = \sin^{-1}(n \cdot \lambda/b)$ $\qquad b = 8 \cdot 10^{-6}\,\text{m}$

$\alpha_1 = \underline{\underline{7{,}2 \cdot 10^{-4}\,\text{Grad}}}$

$\alpha_2 = \underline{\underline{1{,}4 \cdot 10^{-3}\,\text{Grad}}}$

$\alpha_3 = \underline{\underline{2{,}1 \cdot 10^{-3}\,\text{Grad}}}$

$\tan\alpha_n = \frac{y_n}{a} \approx \sin\alpha_n = n \cdot \frac{\lambda}{b}$

$y_n \approx n \cdot \lambda \cdot \frac{a}{b}$

Der Abstand zwischen 1. und 2. Maximum ist in etwa gleich dem Abstand von der Mitte bis zum 1. Maximum:

$\Delta y = \lambda \cdot \frac{a}{b} = 8 \cdot 10^{-6}\,\text{m}.$

c $p_{\text{Photon}} = \frac{h}{\lambda} = \frac{h}{0{,}1\,\text{nm}} = \underline{\underline{6{,}64 \cdot 10^{-24}\,\text{kg m/s}}}$

$E = p_{\text{Photon}}\,c = \underline{\underline{2{,}0 \cdot 10^{-15}\,\text{J} = 12\,\text{keV}}}$

$m_{\text{Photon}} = E/c^2 = 2{,}21 \cdot 10^{-32}\,\text{kg} = \underline{\underline{2{,}4\,\%\text{ der Ruhemasse des Elektrons}}}$

d $U_a = \frac{E_{\text{kin}}}{e} = \frac{p^2}{2m \cdot e} = \frac{h^2}{\lambda^2}\,2m \cdot e = \underline{\underline{150\,\text{V}}}$

$v = \frac{p}{m} = \frac{h}{\lambda \cdot m} = 7{,}29 \cdot 10^6\,\text{m/s} = \underline{\underline{7290\,\text{km/s}}}$

e $\Delta x \geq \frac{h}{4\pi \cdot \Delta p_x} = \frac{h}{4\pi \cdot m \cdot \Delta v_x} = \frac{h}{4\pi \cdot 4\text{u} \cdot \Delta v_x}$

$= 9{,}9 \cdot 10^{-11}\,\text{m} = \underline{\underline{0{,}099\,\text{nm}}}$

$\Delta x / 0{,}031\,\text{nm} = \underline{\underline{3{,}2}}$

f Für ein freies Quantenobjekt ist die Wahrscheinichkeitsverteilung des Impulses zeitlich konstant. Die Impulsunbestimmtheit ist die Standardabweichung dieser Wahrscheinichkeitsverteilung – auch sie ist also zeitunabhängig.
Die Wahrscheinichkeitsverteilung des Orts wird dagegen mit der Zeit breiter. Ihre Standardabweichung ist die Ortsunbestimmtheit, die also mit der Zeit größer wird.

Aufgabe 5

a $p_x = \frac{h}{633\,\text{nm}} = \underline{\underline{1{,}05 \cdot 10^{-27}\,\text{kg m/s}}}$

$E = c \cdot p = 3{,}14 \cdot 10^{-19}\,\text{J} = \underline{\underline{1{,}96\,\text{eV}}}$

b Durch den Spaltdurchgang ist die Ortsunbestimmtheit Δy in y-Richtung begrenzt. Daher ist eine Impulsunbestimmtheit Δp_y in y-Richtung unvermeidbar: Der Impuls der Photonen ist nicht eindeutig entlang der x-Achse ausgerichtet – der Strahl ist aufgeweitet.

c $\Delta p_y \geq \frac{h}{4\pi \cdot \Delta y} = \frac{h}{4\pi \cdot 0{,}045 \cdot 10^{-3}\,\text{m}} = 1{,}2 \cdot 10^{-30}\,\text{kg} \cdot \text{m/s}$

$E = c \cdot \Delta p_y = \underline{\underline{3{,}5 \cdot 10^{-22}\,\text{J} = 0{,}0022\,\text{eV}}}$

d $\tan\alpha = \frac{1{,}4\,\text{cm}}{6\,\text{m}}$

$\alpha = \underline{\underline{0{,}13°}}$

$p_y = p_x \cdot \tan\alpha = \underline{\underline{2{,}4 \cdot 10^{-30}\,\text{kg m/s}}}$

e In der Wellentheorie des Lichts ist die Aufweitung als Beugung am Spalt aufzufassen. Das erste Minimum tritt unter dem Winkel β auf:

$\frac{b}{2\sin\beta} = \frac{\lambda}{2}$

Der Abstand y des ersten Minimums zur Schirmmitte ist mit dem Schirmabstand a:

$y = a \cdot \tan\beta$.

β ist sehr klein, daher gilt $\sin\beta \approx \tan\beta$, die Breite D des zentralen Maximums ist also:

$D = 2y \approx 2a \cdot \sin\beta = 2a \cdot \frac{\lambda}{b} = 2 \cdot 6\,\text{m} \cdot \frac{633\,\text{nm}}{0{,}09\,\text{mm}} = 8{,}4\,\text{cm}$

Aufgabe 6

a Dieser Vorgang wird in der Quantenphysik als Messung bezeichnet.

b Es können nur Wahrscheinlichkeitsaussagen getroffen werden, Ort und Impuls der einzelnen Objekte sind unbestimmt.

c Da der Schwerpunkt der Objekte bei $x = 0$ ruht, muss im Moment der Detektion von O_1 bei x_1 das Objekt O_2 an der Stelle $-x_1$ sein. Die Ortsmessung an O_1 legt auch den Ort von O_2 fest.

d Da der Schwerpunkt der Objekte ruht, muss ihr Gesamtimpuls gleich null sein. Wird an O_2 der Impuls p_2 gemessen, so wird dadurch der Impuls $-p_2$ für O_1 festgelegt. Die Impulsmessung an O_1 bestimmt auch den Impuls von O_2.

e Verschränkte Zustände zeigen, dass räumlich weit entfernte (nicht-lokale) Ereignisse sehr wohl Konsequenzen für Quantenobjekte haben können.

Aufgabe 7

a

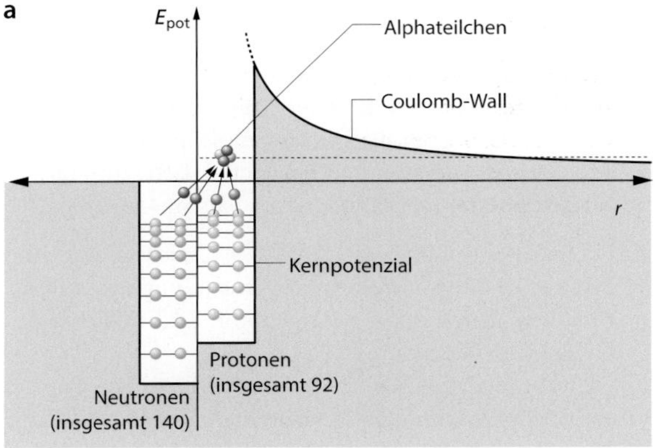

b ${}^{232}_{92}\text{U} \rightarrow {}^{228}_{90}\text{Th} + {}^{4}_{2}\text{He}$

c ${}^{232}_{92}\text{U} \rightarrow {}^{24}_{10}\text{Ne} + {}^{208}_{82}\text{Pb}$

d $\Delta m = m({}^{232}\text{U}) - (m({}^{24}\text{Ne}) + m({}^{208}\text{Pb}))$
$= 232{,}037\,146\,\text{u} - (23{,}993\,615\,\text{u} + 207{,}976\,67\,\text{u})$
$= 0{,}066\,861\,\text{u}$
Dies entspricht einer Energie von $Q = \underline{\underline{62{,}3\,\text{MeV}}}$.

e $\Delta A = 232 - 208 = 24 = 6 \cdot 4$
Dies entspräche 6 Alphazerfällen
$\Delta Z = 92 - 82 = 10$
6 Alphazerfälle ergeben eine Änderung der Ordnungszahl Z um den Betrag 12, daher sind noch zwei Betaminus-Zerfälle nötig. Die Reihenfolge ist hierbei nicht ersichtlich.

$^{232}_{92}\text{U} \rightarrow 6 \cdot {}^{4}_{2}\text{He} + 2 \cdot {}^{0}_{-1}\text{e} + {}^{208}_{82}\text{Pb}$

Aufgabe 8

a $^{24}_{12}\text{Mg} + {}^{2}_{1}\text{H} \rightarrow {}^{22}_{11}\text{Na} + {}^{4}_{2}\text{He}$

$^{26}_{12}\text{Mg} + {}^{2}_{1}\text{H} \rightarrow {}^{24}_{11}\text{Na} + {}^{4}_{2}\text{He}$

b $^{22}_{11}\text{Na} \rightarrow {}^{22}_{10}\text{Ne} + {}^{0}_{1}\text{e}$

$\Delta m = m(^{22}\text{Na}) - (m(^{22}\text{Ne}) + 2 \cdot m_e)$
$= 21{,}994\,4369\,\text{u} - (21{,}991\,3859\,\text{u} + 2 \cdot 0{,}000\,4858\,\text{u})$
$= 0{,}001\,954\,\text{u}$
$Q = 1{,}82\,\text{MeV}$

Anschließend wird das Positron mit einem freien Elektron eine Paarvernichtung eingehen; dadurch erhöht sich der Q-Wert um das Energieäquivalent der beiden Positronen-Elektronen-Massen um 1,022 MeV, also auf insgesamt $\underline{2{,}84\,\text{MeV}}$.

Elektroneneinfang:

$^{22}_{11}\text{Na} + {}^{0}_{-1}\text{e} \rightarrow {}^{22}_{10}\text{Ne}$

Hier stammt das beteiligte Elektron aus der Elektronenhülle des Natriumatoms, daher ist es in der Atommassenbilanz bereits enthalten.
$\Delta m = m(^{22}\text{Na}) - m(^{22}\text{Ne})$
$= 21{,}994\,4369\,\text{u} - 21{,}991\,3859\,\text{u} = 0{,}003\,051\,\text{u}$
$Q = \underline{2{,}84\,\text{MeV}}$

c Nach Aufgabenteil b beträgt der Q-Wert der Reaktion $\underline{1{,}94\,\text{MeV}}$, dies kann in erster Näherung der maximale Energieübertrag an die Positronen sein, davon abgezogen werden müsste bei genauerer Betrachtung der Rückstoßbetrag des Kerns.

d Potenzialtopfmodell: vgl. Kap. 16.9. Umwandlung eines Protons in ein Neutron unter Aussendung eines Positrons bzw. Umwandlung von Proton und Elektron der Hülle in ein Neutron.
Quarkmodell: vgl. Kap. 17.3. Umwandlung eines up- in ein down-Quark unter Aussendung eines W^+-Weakons umgewandelt; anschließender Zerfall des Weakons in ein Positron und ein Neutrino.

e

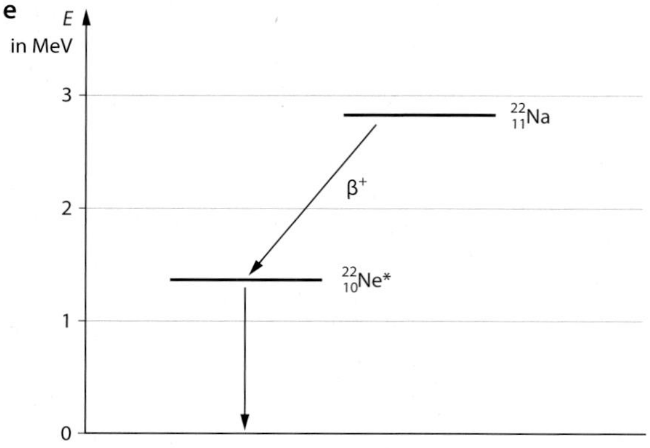

f Die Abbildung zeigt ein übliches Gammaspektrum mit dem 511-keV-Peak der Paarvernichtung (Vernichtungsstrahlung in Form zweier Gammaquanten), sowie die 1275-keV-Linie aus dem Übergang des angeregten Zustands in den Grundzustand.
Unterhalb von 511 keV liegt das Spektrum der Compton-Streuung der Gammaquanten vor, die Compton-Kante liegt bei etwa 350 keV.

g $\lambda = 8{,}439 \cdot 10^{-9}\,\text{s}^{-1}$

$T_{1/2} = \dfrac{\ln 2}{8{,}439 \cdot 10^{-9}\,\text{s}^{-1}} = 82{,}14 \cdot 10^{6}\,\text{s} = \underline{2{,}60\,\text{a}}$

$A_0 = \lambda \cdot N_0 = 8{,}439 \cdot 10^{-9}\,\text{s}^{-1} \cdot \dfrac{10^{-3}\,\text{g}}{22\,\text{g}} \cdot 6{,}022 \cdot 10^{23}$
$= 2{,}31 \cdot 10^{11}\,\text{s}^{-1} = \underline{231\,\text{GBq}}$

Aufgabe 9

a $t = 3{,}0\,\text{h}$
$\lambda = \ln 2 / T_{1/2} = \dfrac{\ln 2}{14{,}959 \cdot 3600\,\text{s}} = 12{,}871 \cdot 10^{-6}\,\text{s}^{-1}$
$A(t) = \lambda \cdot N(t)$

Anzahl der Na-24 Atome zu Beginn:
$N_0 = \dfrac{A_0}{\lambda} = \dfrac{1{,}10 \cdot 10^{7}\,\text{Bq}}{12{,}871 \cdot 10^{-6}\,\text{s}^{-1}} = \underline{8{,}55 \cdot 10^{11}}$

Nach 3 Stunden:
$N(3{,}0\,\text{h}) = N_0 \cdot e^{-\lambda \cdot 3 \cdot 3600\,\text{s}}$
$= 8{,}55 \cdot 10^{11} \cdot e^{-12{,}871 \cdot 10^{-6}\,\text{s}^{-1} \cdot 3 \cdot 3600\,\text{s}}$
$= 8{,}55\,\text{s}^{-1}\,10^{11}\,\text{s}^{-1}\,0{,}870 = 7{,}44\,\text{s}^{-1}\,10^{11}$

Die Gesamtmasse beträgt damit
$m_{\text{Na}} = 24 \cdot 1{,}66 \cdot 10^{-27}\,\text{kg} \cdot 7{,}44 \cdot 10^{11} = 2{,}96 \cdot 10^{-14}\,\text{kg}$

b Nach weiteren 2 Stunden reduziert sich die Aktivität auf
$A(5{,}0\,\text{h}) = A_0 \cdot e^{-\lambda \cdot 5 \cdot 3600\,\text{s}} = \underline{8{,}725 \cdot 10^{6}\,\text{Bq}}$

und nach weiteren 24 Stunden auf
$A(29\,\text{h}) = A_0 \cdot e^{-\lambda \cdot 29 \cdot 60 \cdot 60\,\text{s}} = \underline{2{,}87 \cdot 10^{6}\,\text{Bq}}.$

c Siehe Kap. 16.2

19.1 Einsteins Elektrodynamik bewegter Körper

Aufgabe 1

Aufsatz	**physikalisches Gebiet**
Über einen die Erzeugung und Verwandlung des Lichts betreffenden heuristischen Gesichtspunkt	fotoelektrischer Effekt, Lichtquantenhypothese
Eine neue Bestimmung der Moleküldimensionen (Dissertation)	quantentheoretische Erklärung der spezifischen Wärme fester Körper
Über die von der molekularkinetischen Theorie der Wärme geforderte Bewegung von in ruhenden Flüssigkeiten suspendierten Teilchen	molekularer Aufbau der Materie, Brown´sche Molekularbewegung
Zur Elektrodynamik bewegter Körper	Begründung der spezielle Relativitätstheorie
Ist die Trägheit eines Körpers von seinem Energieinhalt abhängig?	Äquivalenz von Masse und Energie

Aufgabe 2

Deutsche Physik ist der Titel eines vierbändigen Lehrbuchs (1936) von Philipp Lenard.

Grundlagen der *Deutschen Physik* sind:
- „Postulat der mechanischen Begreifbarkeit“ (Lenard): deren Anschaulichkeit und Aufbau auf Grundlage der klassischen Physik
- unmittelbares Naturerlebnis
- Experiment als methodische Grundlage

zentrale Begriffe der *Deutschen Physik*:
- physikalische Grundbegriffe Kraft und Energie
- Begriff des Mechanismus, definiert durch „die Anwendung mathematisch formulierbarer, d. h. quantitativ auswertbarer Vorstellungen, die eine anschauliche Entsprechung in der uns anschaulichen Erkenntnis ermöglichenden Denkform des Raumes und der Zeit gestatten“
- Begriff des Äthers

Ein Argument gegen die Relativitätstheorie lautet, sie sei zu abstrakt, zu wenig intuitiv. Die deutsche Physik war geprägt von antisemitischem Gedankengut; viele führende theoretische Physiker und Vertreter der neuen Theorien – wie Albert Einstein – waren jüdischer Herkunft.

19.2 Postulate der Speziellen Relativitätstheorie

Aufgabe 1

a A, B und C sehen jeweils einen senkrechten Fall nach unten.

b Für A und B ist die Beobachtung wie in Aufgabenteil a. Person C hingegen sieht, wenn sich das Boot schräg zur Blickrichtung bewegt, eine Parabel. Sieht allerdings Person C in dem Bild genau von hinten auf das Boot, sodass sich das Boot von ihr wegbewegt, so sieht C wiederum einen freien Fall.

Aufgabe 2

Möglichkeiten zur Messung der Lichtgeschwindigkeit
- Astronomische Betrachtungen
- Drehspiegelmethode
- Frequenz- und Wellenlängenmessung von stehenden Wellen
- Lasermessung
- Interferometer

Zahnradmethode
Die Zahnradmethode wurde erstmals 1849 von dem Franzosen Armand Fizeau durchgeführt. Von einer Lichtquelle ließ er ein Lichtbündel auf ein sich drehendes Zahnrad fallen. Durch die Zahnlücken gelangte das Licht auf einen weit entfernten Spiegel, an dem es reflektiert und wieder auf das Zahnrad geworfen wurde. Hinter dem Zahnrad befand sich ein Schirm, auf dem die Lichtintensität verfolgt werden konnte. Bei Variation der Rotationsgeschwindigkeit kam es immer wieder zu einer hohen und einer niedrigen Intensität.
Die Intensität ist niedrig, wenn das Licht, das zuvor durch die Zahnlücke ging, nach der Reflexion nicht wieder durchgelassen wurde. Erhöht man die Rotationsgeschwindigkeit des Rads, so kann das reflektierte Licht bald die nächste Lücke passieren. Aus der Entfernung des Spiegels zum Zahnrad, der Drehgeschwindigkeit des Rades und dem Abstand zwischen den Zahnlücken lässt sich die Lichtgeschwindigkeit ermitteln.

19.3 Experiment von Michelson und Morley

Aufgabe 1

a

Schwimmer im Fluss	Michelson-Morley-Experiment
Schwimmer	Photon
strömendes Wasser	angenommener Äther

b Die Versuchsanordnung des Experimentes wird viermal unterschiedlich ausgerichtet:

Schwimmer im Fluss	Michelson-Morley-Experiment	v_{Fluss}
Schwimmer flussabwärts	Lichtquelle ist nach Osten gerichtet	$v_{Fluss} = v_{hin} - v_{Schwimmer}$
Schwimmer flussaufwärts	Lichtquelle ist nach Westen gerichtet	$v_{Fluss} = v_{zurück} - v_{Schwimmer}$
Schwimmer senkrecht zur Strömung – hin	Lichtquelle ist nach Norden gerichtet	$v^2_{Fluss} = v^2_{Schwimmer} - v^2_{hin/rück}$
Schwimmer senkrecht zur Strömung – zurück	Lichtquelle ist nach Süden gerichtet	$v^2_{Fluss} = v^2_{Schwimmer} - v^2_{hin/rück}$

c $v = 30\,\text{km/s}$

$c = 300\,000\,\text{km/s}$

$d = 11\,\text{m}$

$v^2/c^2 = 10^{-8}$

Mit den Gleichungen (1) und (2) in Kap. 19.3 erhält man:

$t_{\parallel} = \underline{\underline{7{,}338410168 \cdot 10^{-8}\,\text{s}}}$

$t_{\perp} = \underline{\underline{7{,}338410131 \cdot 10^{-8}\,\text{s}}}$

Aufgabe 2

Mit dem Experiment sollte der Bewegungszustand der Erde relativ zum Äther gemessen werden. Ein geladener Plattenkondensator wird so gelagert, dass er sich frei um eine Parallele zu den Platten drehen kann. Da sich die Erdoberfläche mit der Geschwindigkeit v bewegt, bewegen sich auch die geladenen Kondensatorplatten mit v – die bewegte Ladung stellt einen elektrischen Strom dar. In einem äußeren Magnetfeld käme es zu einer Lorentzkraft und einem entsprechenden Drehmoment. Es trat bei dem Experiment jedoch kein Drehmoment auf, und man schlussfolgerte aus diesem und dem Michelson-Morley-Experiment, dass es keinen Äther gibt.

19.4 Relativität der Gleichzeitigkeit

Aufgabe 1

a

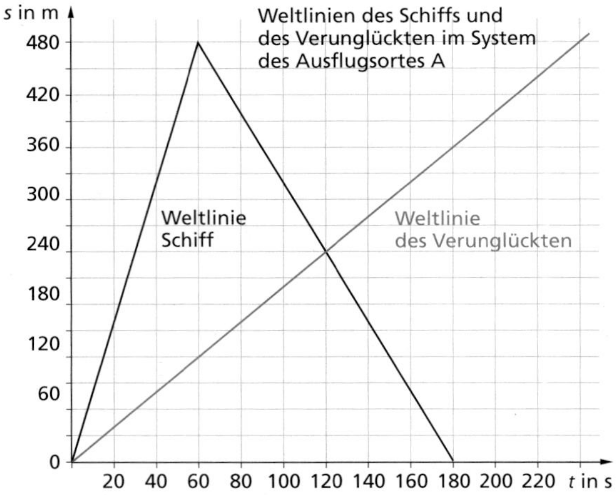

b

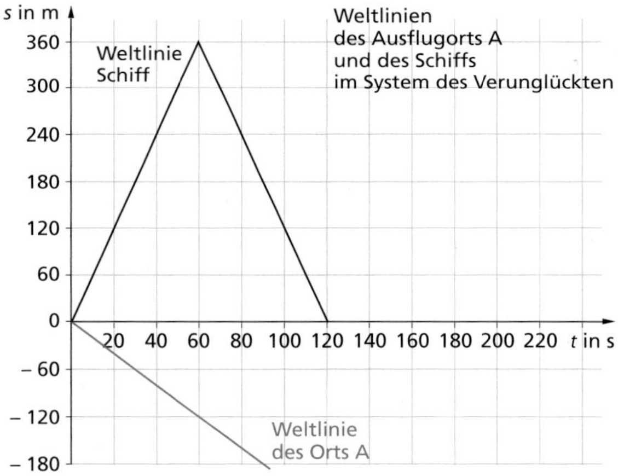

c

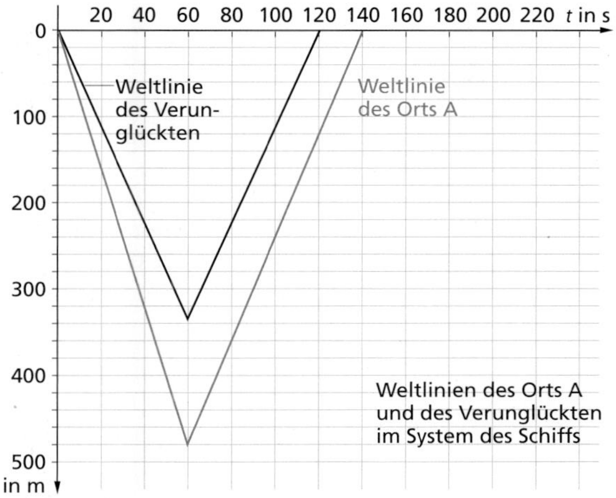

d Aus allen drei Diagrammen erhält man durch Ablesen $\Delta s = 180\,\text{m}$.

e Aus allen drei Diagrammen erhält man $\Delta t = 120\,\text{s}$, direkt durch Ablesen.
Aus Sicht des Verunglückten ist das Schiff nach 60 s gerade 360 m entfern ($v = 6\,\text{m/s}$). Wenn es dann sofort umkehrt und mit derselben Geschwindigkeit bzgl. des Wassers, also des Verunglückten zurückfährt, vergehen wieder 60 s, also insgesamt 120 s.

Aufgabe 2

Situation	Uhr A	Uhr B	Uhr C	Uhr D
a)	0:00	0:00	0:00	0:00
b)	0:00	0:00	0:00	0:00
c)	0:00	0:00	0:00	$3{,}33 \cdot 10^{-7}\,\text{s}$
d)	$1{,}67 \cdot 10^{-7}\,\text{s}$	$1{,}67 \cdot 10^{-7}\,\text{s}$	0:00	$6{,}66 \cdot 10^{-7}\,\text{s}$

19.5 Zeitdilatation

Aufgabe 1

a $t = 2s/v = \underline{\underline{18\,\text{a}}}$

b $t_0 = \left(\sqrt{1 - \frac{v^2}{c^2}}\right) \cdot t = \underline{\underline{15{,}5\,\text{a}}}$

c $v = c^2 \cdot \left(1 - \frac{(\Delta t_0)^2}{(\Delta t)^2}\right) = 0{,}9939\,c$

Aufgabe 2

a $\Delta t = \frac{\Delta t_0}{\sqrt{1 - \frac{v^2}{c^2}}} = \underline{\underline{10\,\text{a}}}$

b $s = \frac{0{,}6\,c}{5\,\text{a}} = \underline{\underline{3\,\text{Lj}}}$

19.6 Längenkontraktion

Aufgabe 1

$0{,}5x_0 = x_0 \cdot \sqrt{1 - \frac{v^2}{c^2}}$

$v = \underline{\underline{0{,}866\,c}}$

Aufgabe 2

$\frac{\Delta x}{\Delta x_0} = \sqrt{1 - \frac{v^2}{c^2}} = \sqrt{1 - 0{,}9995^2} = 0{,}0316$

Der Weg ist auf ca. $\underline{\underline{0{,}316\,\text{km}}}$ kontrahiert.

Aufgabe 3

$\frac{\Delta x}{\Delta x_0} = \sqrt{1 - \frac{v^2}{c^2}}$

Aus den Daten für Rakete A ergibt sich als Eigenlänge $\Delta x_0 = 382{,}5\,\text{m}$ und somit für Rakete B:

$\Delta x = \underline{\underline{374{,}7\,\text{m}}}$.

19.7 Dopplereffekt und Geschwindigkeitsaddition

Aufgabe 1

Geschwindigkeit der Rakete: $v = 0{,}8\,c$.
Auf dem Hinflug bewegt sich von der Erde weg. Daher gilt:

$\frac{\lambda}{\lambda'} = \frac{f'}{f} = \sqrt{\frac{1 - \frac{v}{c}}{1 + \frac{v}{c}}}$

Durch Einsetzten ergibt sich mit $v/c = 0{,}8$:
$f' = \underline{\underline{1/3 f}}$.

Auf dem Rückflug bewegt sich die Rakete auf die Erde zu, daher wechselt das Vorzeichen der Geschwindigkeit. Es ergibt sich also:
$f' = \underline{\underline{3 f}}$.

Aufgabe 2

$u = \frac{u' + v}{1 + \frac{u' \cdot v}{c^2}}$

a $u = \underline{\underline{39800\,\text{km/s}}}$

b $u = \underline{\underline{160000\,\text{km/s}}}$

Aufgabe 3

a Gemeinsamkeiten

- Bei einer relativen Bewegung von Quelle und Empfänger wird eine Frequenzänderung Schalls beobachtet.
- Bei Annäherung wird die Frequenz höher, bei Entfernung niedriger.

Unterschiede

akustisch	optisch
Die Geschwindigkeiten des Beobachters und der Quelle bezüglich des wellentragenden Mediums sind ausschlaggebend. Der Effekt tritt nur in Bewegungsrichtung auf (longitudinaler Effekt).	Nur die Relativgeschwindigkeit von Strahlungsquelle und Beobachter spielt eine Rolle, es gibt kein ausgezeichnetes Bezugssystem, relativ zu dem sich eine Phasengeschwindigkeit angeben lässt. Auch bei senkrechter Beobachtungsrichtung erfolgt eine Frequenzänderung (transversaler Effekt).

b Akustischer Dopplereffekt

Die Schallquelle bewegt sich und der Empfänger ruht

bei Annäherung	bei Entfernung
$f_E = \frac{f_S}{1 - \frac{v}{v_{Schall}}}$	$f_E = \frac{f_S}{1 + \frac{v}{v_{Schall}}}$
Bei $v = v_{Schall}$ wäre der Ton nicht zu hören.	Bei $v = v_{Schall}$ halbiert sich die Frequenz $f_E = f_S/2$

Der Empfänger bewegt sich und die Schallquelle ruht

bei Annäherung	bei Entfernung
$f_E = f_S\left(1 + \frac{v}{v_{Schall}}\right)$	$f_E = f_S\left(1 - \frac{v}{v_{Schall}}\right)$
Bei $v = v_{Schall}$ verdoppelt sich die Frequenz $f_E = 2\,f_S$	Bei $v = v_{Schall}$ wäre der Ton nicht zu hören.

f_E gemessene Frequenz
f_S abgestrahlte Frequenz
v Geschwindigkeit des Senders bzw. Empfängers

Optischer Doppeleffekt

Annähern von Sender und Empfänger	Entfernen von Sender und Empfänger
$f_E = f_S\sqrt{\frac{1 + \frac{v}{c}}{1 - \frac{v}{c}}}$	$f_E = f_S\sqrt{\frac{1 - \frac{v}{c}}{1 + \frac{v}{c}}}$

Hier ist v die Relativgeschwindigkeit zwischen Sender und Empfänger.
Bei $v = c$ wäre der Sender nicht zu sehen.

19.8 Minkowski-Diagramme

Aufgabe 1

Das Signal wird zu einer von null Zeit verschiedenen ausgesandt. Man beginnt an einer von null verschiedenen Zeit auf der t-Achse und zeichnet eine Gerade parallel zur Lichtgeraden. Diese Gerade stellt das ausgesandte Lichtsignal dar. Wird die t'-Achse erreicht, wird dort das Signal reflektiert, also die Richtung geändert, aber die Geschwindigkeit beibehalten.

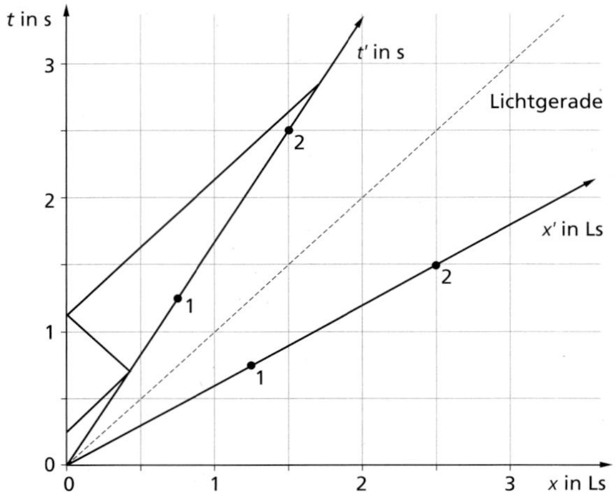

Aufgabe 2

a $t = 1\,\text{h}$
$\Delta t' = \Delta t \cdot 1/k = 0{,}8\,\text{h} = \underline{\underline{48\,\text{min}}}$
Die Raumschiffuhr zeigt 6:48 Uhr.
Der Koordinatenursprung im Minkowski-Diagramm liegt bei 6:00 Uhr.

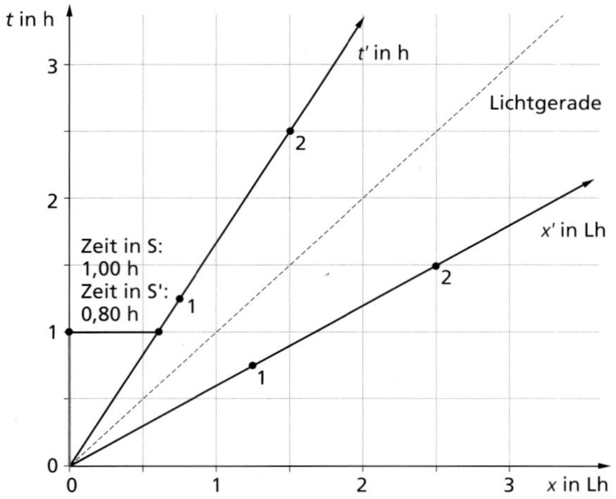

b In dem System der Erde vergeht eine Stunde. Also beträgt die Entfernung:
$s = v \cdot t = 0{,}6\,c \cdot 1\,h = 0{,}6\,c \cdot 3600\,s = 2160\,Ls$ bzw. 0,6 Lh.

Für den Astronauten sind nur 48 Minuten (0,8 Lh) vergangen. Die Strecke, die er zurückgelegt hat, berechnet sich aus:
$s' = v \cdot t' = 0{,}6\,c \cdot 48 \cdot 60\,s = 1728\,Ls$ bzw. $\underline{\underline{0{,}48\,Lh}}$.

Das Gleiche ergibt sich, wenn man mit der Gleichung für die Längenkontraktion arbeitet: $s' = s/k$.
Im Minkowski-Diagramm findet man die Entfernung im System Erde durch Parallelverschiebung der t-Achse in den Punkt, der (0 | 1) im System des Raumschiffs entspricht. Der Schnittpunkt dieser Parallelen mit der x- bzw. x'-Achse ergibt die gesuchten Werte.

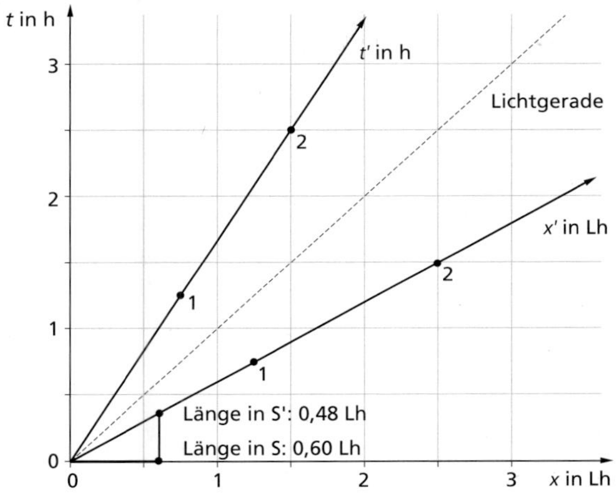

19.9 Relativistische Masse und relativistischer Impuls

Aufgabe 1

a Die Ruhemasse beträgt: $m_0 = 2 \cdot 10^6\,kg$.

Die Lichtgeschwindigkeit ist $c = 3 \cdot 10^5\,km/s$.

(i) $v_{Rakete} = 15\,000\,km/s$

(ii) $v_{Rakete} = 150\,000\,km/s$

$m(v) = m \cdot k$

$$k = \frac{1}{\sqrt{1 - \left(\frac{v}{c}\right)^2}}$$

$m_i(v) = \underline{\underline{2{,}002 \cdot 10^6\,kg}}$

$m_{ii}(v) = \underline{\underline{2{,}309 \cdot 10^6\,kg}}$

b Wenn sich die Geschwindigkeit v der Lichtgeschwindigkeit c annähert, geht der Lorentzfaktor k gegen unendlich. Damit wird auch die Impulsmasse $m(v)$ unendlich groß.

Aufgabe 2

a *Klassische Rechnung*

Energiebilanz:

$$eU = \frac{m}{2} v^2$$

$$v = \sqrt{\frac{2eU}{m}}$$

Für $U = 10^6\,V$ ergibt sich $\underline{\underline{v = 5{,}9 \cdot 10^8\,m/s}}$. Diese Geschwindigkeit entspricht fast der doppelten Lichtgeschwindigkeit.
Für $10^4\,V$ erhält man mit dem gleichen Ansatz einen Wert von $\underline{\underline{v = 5{,}9 \cdot 10^7\,m/s}}$, der also noch unterhalb der Lichtgeschwindigkeit c liegt.

b *Relativistische Rechnung*
Hier wird die Geschwindigkeitsabhängigkeit der Masse berücksichtigt:

$$v = \sqrt{\frac{2eU}{m(v)}} = \sqrt{\frac{2eU}{m_0 k}},$$

Zweimaliges Quadrieren der Gleichung und das Einsetzen von

$$k = \frac{1}{\sqrt{1 - \left(\frac{v}{c}\right)^2}} \text{ ergibt:}$$

$$0 = m_0^2 v^4 + v^2 \frac{4e^2U^2}{c^2} - 4e^2U^2.$$

Die Lösung dieser quadratischen Gleichung lautet:

$$v^2 = -\frac{2e^2U^2}{m_0^2c^2} \pm \sqrt{\frac{4e^4U^4}{m_0^4c^4} + \frac{4e^2U^2}{m_0^2}} = \frac{2e^2U^2}{m_0^2c^2}\left(-1 \pm \sqrt{1 + \frac{m_0^2}{e^2U^2}}\right)$$

Die negative Lösung ist nicht von Bedeutung.
Für $U = 10^6\,V$ ergibt sich

$v = \underline{\underline{2{,}9 \cdot 10^8\,m/s}},$

für $U = 10^4\,V$

$v = \underline{\underline{0{,}59 \cdot 10^8\,m/s}}.$

Aufgabe 3

a *Klassische Rechnung*

$r = \frac{m}{e} \cdot \frac{v}{B}$ mit $v^2 = \frac{2E_{kin}}{m}$

Mit den gegebenen Werten folgt:
$r = \underline{\underline{0{,}825\,\text{m}}}$.

Relativistische Rechnung
Berechnung wie oben, aber mit relativistischer Masse:

$E_{kin} = (m(v) - m_0)c^2)$

Es ist: $m = \frac{E_{kin}}{c^2 + m_0}$.

Damit ergibt sich:

$r^2 = \frac{\frac{E_{kin}}{c^2} + m_0}{e^2} \cdot \frac{2E_{kin}}{B^2}$.

Mit den gegebenen Werten folgt:

$r = \underline{\underline{1{,}64\,\text{m}}}$.

b Der Unterschied kommt dadurch zustande, dass bei einer kinetischen Energie von 1,5 MeV die Masse des Elektrons deutlich über der Ruhemasse liegt.

Aufgabe 4

Ruhemasse eines Protons $m_p = 1{,}67 \cdot 10^{-27}\,\text{kg}$
Ruhemasse eines Elektrons $m_e = 9{,}11 \cdot 10^{-31}\,\text{kg}$
Es gilt allgemein:

$m(v) = m_0 \cdot k$

$m_p = m_e \cdot k$

$\frac{1}{k} = \frac{m_e}{m_p} = \sqrt{1 - \frac{v^2}{c^2}}$

$v^2 = c^2\left(1 - \left(\frac{m_e}{m_p}\right)^2\right)$

Mit den gegebenen Werten folgt:
$v = \underline{\underline{0{,}9999\,998\,517\,c}}$.

19.10 Masse-Energie-Beziehung

Aufgabe 1

a $m = 1\,000\,\text{t} = 10^9\,\text{g}$

$\Delta T = 50\,\text{K}$

$k = 1{,}38 \cdot 10^{-23}\,\text{J/K}$;

$N_A = 6{,}02 \cdot 10^{23}\,\text{mol}^{-1}$

Annahme: Die Wärme wird vollständig in kinetische Energie umgesetzt, nichts davon in Volumenarbeit. Unter der weiteren Annahme, dass sich alle Wassermoleküle frei bewegen können, gilt pro Freiheitsgrad:

$\Delta E_{kin} = \frac{1}{2} k \Delta T$.

Die Anzahl der Moleküle ergibt sich aus der molaren Masse:

$M = 18\frac{\text{g}}{\text{mol}}$ und $m = \frac{N \cdot n}{N_A}$

$N = \frac{m \cdot N_A}{M} = 3{,}34 \cdot 10^{31}$.

Aus dem Masse-Energie-Äquivalent der Relativitätstheorie ergibt sich:

$\Delta m = \frac{\Delta E}{c^2} = 3{,}45 \cdot 10^{-22} \frac{\text{J}}{c^2} = 3{,}83 \cdot 10^{-39}\,\text{kg}$ (pro Molekül)

Für die $3{,}34 \cdot 10^{31}$ Moleküle der Wassermenge, ergibt sich dann eine Massenänderung von $1{,}28 \cdot 10^{-7}\,\text{kg}$. Dies ist die Massenänderung je Freiheitsgrad. Mit 3 Freiheitsgraden ergibt sich dann insgesamt eine Änderung von fast $\underline{\underline{4 \cdot 10^{-7}\,\text{kg} = 0{,}4\,\text{mg}}}$.

b Die Massenzunahme entspricht einer höheren kinetischen Energie, also einer größeren Geschwindigkeit jedes Wassermoleküls: $m = m(v)$. Nimmt die mittlere kinetische Energie zu, so steigt auch die mittlere Temperatur der Wassermenge.

Aufgabe 2

Gegeben: $\Delta E = 13{,}6\,\text{eV}$

$\Delta E = c^2 \cdot \Delta m$

$\Delta m = \frac{\Delta E}{c^2} = 2{,}42 \cdot 10^{-35}\,\text{kg}$

Demnach ist:

$\Delta m / m_e + m_p = \underline{\underline{1{,}45 \cdot 10^{-8}}}$.

Das entspricht 0,00000145 Prozent.

Aufgabe 3

Die Gleichung drückt die Äquivalenz von Masse und Energie aus. Ein materieller Körper besitzt eine Ruhemasse. Beim Verschwinden der Ruhemasse wird ein entsprechender Energiebetrag als Strahlung freigesetzt.
Masse und Energie sind physikalische Größen, die der Beschreibung von Phänomenen dienen. Von einer „Umwandlung von Masse in Energie“ zu sprechen, ist daher problematisch.

19.11 Postulate der Allgemeinen Relativitätstheorie

Aufgabe 1

a Die klassische Torsionswaage bestand aus einem waagerechten Stab, der in der Mitte gelagert war.
Das Horizontal-Variometer von Eötvös ist eine neue Version der Torsionswaage, bei der an einem Ende des Stabes ein Gewicht hing.

b Messprinzip: Zwei Körper am unteren Ende des langen Torsionspendels erfahren durch die Zentrifugalkraft eine Auslenkung in Richtung Erdäquator und verdrillen den Torsionsdraht; die Rückstellkraft ist proportional zur trägen Masse. Der Auslenkung entgegengerichtet ist die Gravitationskraft; diese ist proportional zur *schweren Masse.*

Andere Beispiele zu Verwendung sind:
- Bestimmung des Masse des Gellért-Hügels in Budapest durch Eötvös
- Bestimmung der horizontale Komponente von g in Bezug auf die zwei Hauptbestandteile (Gravitationswirkung Richtung Erdmittelpunkt und durch Erdrotation bedingte Wirkung)
- umfangreiche Feldmessungen
- Suche von Öl- und Gasvorkommen

c Es konnte mit einer Präzision von $1:10^8$ gezeigt werden, dass für alle untersuchten Körper das Verhältnis von schwerer und träger Masse gleich ist.

d Das Eötvös E ist eine veraltete Einheit zur Angabe von Änderungen der Fallbeschleunigung g (Gravitationsfeldstärke) zwischen verschiedenen Orten auf der Erdoberfläche. Die Einheit ist diejenige einer Beschleunigung pro Länge:
$1\ \mathrm{E} = 10^{-9}\,\mathrm{s}^{-2}$.

19.12 Krümmung der Raumzeit

Aufgabe 1

Im Rahmen einer Fernwirkungstheorie wirkt ein physikalisches Objekt instantan (zum selben Zeitpunkt) über beliebig entfernte Distanzen auf ein anderes ein.
Im Rahmen der allgemeinen Relativitätstheorie finden alle Bewegungen durch die Raumzeit höchstens mit Lichtgeschwindigkeit statt. Gelänge der Nachweis von Gravitationswellen mit endlicher Ausbreitungsgeschwindigkeit, würde dies die Nahwirkungstheorie der Gravitation stützen. Analog dazu wird in der Elektrodynamik die Entdeckung der elektromagnetischen Wellen als Beleg für Nahwirkung im elektrischen Feld angesehen.

19.13 Licht im Gravitationsfeld

Aufgabe 1

Die Frequenzänderung wurde mithilfe des Mößbauer-Effekts, der eine sehr genaue Frequenzmessung ermöglicht, im Jefferson-Turm an der Harvard University mit einer Gamma-Quelle nachgewiesen. Eine Höhendifferenz von 22,56 Metern ergibt eine zu erwartende Frequenzverschiebung von $\Delta f/f = 2{,}5 \cdot 10^{-15}$, die mit ca. 10 % Abweichung nachgewiesen werden konnte.

20.1 Sonnensystem

Aufgabe 1

$$C = \frac{a^3}{T^2}$$

mit

$$C = \frac{(1\,\text{AE})^3}{(1\,\text{a})^2} = 1\,\frac{\text{AE}^3}{\text{a}^2}$$

Für die Erde:

$$C = \frac{(1{,}496 \cdot 10^{11}\,\text{m})^3}{(365{,}25 \cdot 24 \cdot 3600\,\text{s})^2} = 3{,}36 \cdot 10^{18}\,\frac{\text{m}^3}{\text{s}^2}$$

a – große Halbachse
T – Umlaufdauer
C – Kepler-Konstante

Alternative: Newton'scher Kraftansatz für die Kreisbewegung

$$F_Z = F_{\text{Grav}}$$

$$mr\omega^2 = G \cdot \frac{mM}{r^2}$$

Mit $\omega = 2\pi/T$ und $r = a$ folgt

$$\frac{a^3}{T^2} = 4\pi^2 \cdot G \cdot M = \text{konst.}$$

Aufgabe 2

$$V = \frac{4}{3} \cdot \pi \cdot r^3$$

$$\rho = \frac{M}{V}$$

$$\rho = \frac{3 \cdot M}{4 \cdot \pi \cdot r^3}$$

Masse der Sonne und aller Planeten:
$M = 1{,}9917 \cdot 10^{30}\,\text{kg}$

$$\rho = \frac{3 \cdot 1{,}9917 \cdot 10^{30}\,\text{kg}}{4\pi(30 \cdot 1{,}496 \cdot 10^{11}\,\text{m})^3} = 5 \cdot 10^{-9}\,\frac{\text{kg}}{\text{m}^3}$$

Die mittlere Dichte des gesamten Sonnensystems ist gegenüber den Dichten der einzelnen Objekte des Sonnensystems sehr gering. Das bedeutet, dass die Abstände zwischen ihnen verhältnismäßig groß sind.
Der Anteil der Masse aller Planeten (und ihrer Monde) an der Gesamtmasse des Sonnensystems ist verglichen mit dem Anteil der Sonnenmasse gering.

20.2 Entstehung von Planetensystemen

Aufgabe 1

Habitable Zonen sind Bereiche um Sterne, in denen prinzipiell Leben möglich ist.
Folgende Faktoren stellen Voraussetzungen für habitable Zonen dar:

- eine annähernd konstante Oberflächentemperatur des Exoplaneten, die vor allem von einer stabilen Umlaufbahn des Exoplaneten und von der Beschaffenheit seiner Atmosphäre abhängt
- Existenz von Wasser

Die Erde wird in zwei Milliarden Jahren nicht mehr bewohnbar sein, da die Strahlungsleistung der Sonne abnimmt und sich die habitable Zone nach innen in Richtung Venusbahn verlagert. (Das heißt nicht, dass die Venus dadurch bewohnbar wird.)

Aufgabe 2

a Bei der Transitmethode wird ausgenutzt, dass ein Exoplanet, von der Erde oder von einem Messpunkt im Weltraum aus betrachtet, sein Zentralgestirn verdeckt. Daraufhin fällt die Helligkeit des Sterns ab.
Das Helligkeit-Zeit-Diagramm zeigt die Abnahme der Helligkeit während der Bedeckung des Sterns durch den Exoplaneten.

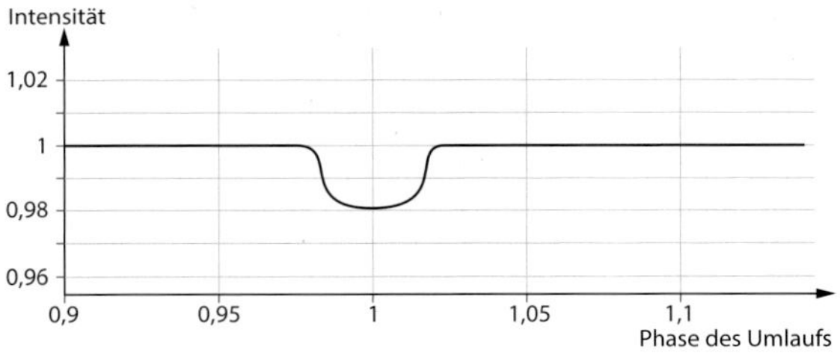

b Exoplaneten reflektieren das Licht des Zentralgestirns, um das sie sich bewegen. Sie besitzen eine geringe Helligkeit im Vergleich zum Zentralgestirn. Deshalb wird das schwache Licht der Exoplaneten zumeist vom Licht des Zentralgestirns überstrahlt.
Außerdem muss die Planetenbahnebene in der Sichtlinie zur Erde liegen, oder nur gering dagegen geneigt, damit eine Verdunklung wahrgenommen werden kann.

Aufgabe 3

Unter Akkretion versteht man das Zusammenhaften kleinerer Materiekörper. Dabei bilden sich größere Brocken bzw. Klumpen. In einer Akkretionsscheibe rotieren kleinere Materiebrocken um einen Kern, der massereicher ist als seine nähere Umgebung. Durch Gravitation werden diese Materiebrocken langsam vom Kern angezogen. Akkretionsscheiben spielen daher bei der Entstehung von Sternen und Planeten eine große Rolle.

Aufgabe 4

Der übliche Ansatz geht von der Solarkonstante im Abstand $r = 1\,\text{AE}$ aus und setzt die eingestrahlte Strahlungsleistung auf der Kreisscheibe des Planeten mit der abgestrahlten Leistung über die gesamte Oberfläche gleich.

$$P = \frac{\pi R^2}{4\pi r^2} L_{\text{Sonne}} \text{ und } P_{\text{ab}} = 4\pi \cdot R^2 \sigma \cdot T^4$$

mit $\sigma = 5{,}67 \cdot 10^{-8}\,\text{W/m}^2 \cdot \text{K}^4$

Daraus folgt:

$$T = \sqrt[4]{\frac{L_{\text{Sonne}}}{16\pi \cdot r^2 \cdot \sigma}}.$$

In die Oberflächentemperatur gehen der Planetenabstand zur Sonne und die Strahlungsleistung der Sonne ein. Außerdem spielen atmosphärische Zusammensetzung (Treibhauseffekt) und Prozesse im Planeteninneren (Gravitationsschrumpfen, radioaktiver Zerfall) eine wesentliche Rolle in der Strahlungsbilanz.
Zur Ausbildung von Jahreszeiten und damit für die Höhe der effektiven Oberflächentemperaturen ist eine leichte Bahnneigung notwendig.

20.3 Aufbau der Sonne

Aufgabe 1

α: gesuchter Winkel

r: Entfernung Erde – Sonne; $r = 1{,}496 \cdot 10^8\,\text{km}$

s: Durchmesser der Strukturelemente; $s = 1000\,\text{km}$

$\tan \alpha = s/r$

$\alpha = 0{,}00038° = \underline{\underline{1{,}4''}}$

Aufgabe 2

ϱ_S: Dichte der Sonne; $\varrho_S = m_S/V_S$

m_S: Masse der Sonne

m_E: Masse der Erde

r: Entfernung Sonne–Erde; ermittelt aus der beobachteten Sonnenparallaxe $\pi_S = 8{,}8''$

$r = 1{,}496 \cdot 10^{11}\,\text{m}$

v_E: Bahngeschwindigkeit der Erde; ermittelt aus der Umlaufzeit $T = 1$ Jahr $= 3{,}156 \cdot 10^7\,\text{s}$ und der Entfernung Sonne–Erde

V_S: Volumen der Sonne

R_S: Sonnenradius

G: Gravitationskonstante; $G = 6{,}67 \cdot 10^{11}\,\text{N} \cdot \text{m}^2 \cdot \text{kg}^{-2}$

Die Masse der Sonne wird ermittelt durch Gleichsetzen der Gravitationskraft, die von der Sonne auf die Erde ausgeübt wird,

$F_G = G m_E m_S / r^2$ mit der Radialkraft $F_R = m_E {v_E}^2 / r$.

$$m_S = \frac{{v_E}^2 \cdot r}{G} = \frac{4\pi^2 r^3}{T^2 \cdot G} = 1{,}99 \cdot 10^{30}\,\text{kg}$$

R_S ergibt sich aus dem scheinbaren Sonnenradius $\varrho = 0{,}267°$

$R_S = r \cdot \tan \varrho = 6{,}96 \cdot 10^8\,\text{m}.$

$V_S = \frac{4}{3}\pi R_S^3 = 1{,}41 \cdot 10^{27}\,\text{m}^3.$

$\varrho_S = 1{,}41 \cdot 10^3\,\text{kg/m}^3 = \underline{\underline{1{,}41\,\text{g/cm}^3}}.$

Aufgabe 3

Man würde einen gleißend hellen Punkt (Durchmesser ca. 0,1°) sehen: das Zentralgebiet, in dem die Kernfusionsprozesse ablaufen. Mit geeigneten Beobachtungsgeräten würde man auch eine von diesem Punkt ausgehende starke Röntgen- und Gammastrahlung nachweisen.

20.4 Helligkeit und Spektren von Sternen

Aufgabe 1

a Zwei Sterne mit ein und derselben Leuchtkraft erscheinen bei gleicher Entfernung gleich hell. Befindet sich jedoch einer der beiden Sterne in größerer Entfernung als der andere, so erscheint seine Helligkeit geringer als die des näher gelegenen. Die Helligkeit, mit der ein Stern beobachtet wird, heißt scheinbare Helligkeit.
Damit man die Helligkeit von Sternen vergleichen und für eine Entfernungsbestimmung verwenden kann, bezieht man die Helligkeiten aller Sterne auf eine Entfernung von 32,6 Lj (= 10 Parsec). Die Helligkeit, mit der ein Stern in dieser Entfernung erscheint (bzw. erscheinen würde), nennt man absolute Helligkeit.

b $m - M = 5 \cdot \lg\left(\frac{r}{32{,}6\,\text{Lj}}\right)$

$10^{\frac{m-M}{5}} = \frac{r}{32{,}6\,\text{Lj}}$

Ist $M < m$, so gilt $1 < \frac{r}{32{,}6\,\text{Lj}}$, also $32{,}6\,\text{Lj} < r$

c Die Straßenlampe strahlt gleichmäßig eine definierte Strahlungsenergie pro Zeiteinheit ab, sie besitzt eine konstante Strahlungsleistung. Je größer die Entfernung eines Beobachters von ihr ist, desto lichtschwächer erscheint sie in ihrer scheinbaren Helligkeit. Um unterschiedliche Lampen vergleichen zu können, werden ihre absoluten Helligkeiten in einer genormten Standardentfernung bestimmt.

Aufgabe 2

$m - M = 5 \cdot \lg\left(\frac{r}{32{,}6\,\text{Lj}}\right)$

$M = 2 - 5 \cdot \lg\left(\frac{431{,}4\,\text{Lj}}{32{,}6\,\text{Lj}}\right)$

$M = \underline{\underline{-3{,}61}}$

Aufgabe 3

$M = -12{,}5 - 5 \cdot \lg\left(\frac{384400\,\text{km}}{32{,}6 \cdot 9{,}460 \cdot 10^{12}\,\text{km}}\right) = 32{,}02$

$6 - 32{,}02 = 5 \cdot \lg\left(\frac{r}{32{,}6\,\text{Lj}}\right)$

$-5{,}204 = \lg\left(\frac{r}{32{,}6\,\text{Lj}}\right)$

$10^{-5{,}204} = \frac{r}{32{,}6\,\text{Lj}}$

$r = 32{,}6\,\text{Lj} \cdot 10^{-5{,}204} = 0{,}0002038\,\text{Lj} = 1{,}926 \cdot 10^{12}\,\text{m}$

$= 12{,}9\,\text{AE}$

Die Entfernung bis zu der ein Objekt mit $m = 6$ noch beobachtbar wäre, beträgt 1926 Millionen km. Da der Mars bedeutend weniger weit weg ist, sollten die Marsbewohner ihn (bei irdischer Sehstärke) sehen können.

Aufgabe 4

a Das Licht des Sterns wird spektral zerlegt, zum Beispiel mithilfe eines Gitters oder eines Prismas.
Absorptionsspektren werden auf schwarze Linien hin untersucht.

b Mithilfe der Sternspektren können Rückschlüsse auf in der Sternatmosphäre vorkommende Elemente gezogen werden. Die Anregungsstufen der Atome und die Ausprägungen der Spektrallinien sind zudem unmittelbar mit der Temperatur des Sternes korreliert. Die Sterne werden deshalb auch in Spektralklassen eingeteilt (siehe Text im Lehrbuch).

20.5 Kernprozesse in Sternen

Aufgabe 1

L_S: Leuchtkraft der Sonne;

$L_S = 3{,}8 \cdot 10^{26}\,\text{W} = 3{,}8 \cdot 10^{26}\,\text{J/s}$

$E = 4{,}2 \cdot 10^{-12}\,\text{J}$

N: Anzahl der pro Sekunde gebildeten He-Kerne

$N = \frac{L}{E} = \underline{\underline{9 \cdot 10^{37}\,\text{s}^{-1}}}$

m_P: Masse eines Protons; $m_P = 1{,}673 \cdot 10^{-27}\,\text{kg}$

m_{4P}: Masse von 4 Protonen; $m_{4P} = 6{,}692 \cdot 10^{-27}\,\text{kg}$

m_{He}: Masse eines He-Kerns; $m_{He} = 6{,}645 \cdot 10^{-27}\,\text{kg}$

Δm_{He}: Masseverlust bei der Bildung eines He-Kerns;

$m_{4P} - m_{He} = 4{,}7 \cdot 10^{-29}\,\text{kg}$

Ein Tag hat 86 400 Sekunden.

Δm_T: täglicher Masseverlust

$\Delta m_T = 86\,400\,\text{s} \cdot N \cdot \Delta m_{He} = \underline{\underline{3{,}65 \cdot 10^{14}\,\text{kg}}}$

Aufgabe 2

Die Gravitation verdichtet den Stern. In der Folge steigt die Temperatur im Zentrum des Sterns stark an. Ab einer bestimmten Temperatur kann Kernfusion stattfinden. Dadurch wird Energie abgestrahlt. Gravitations- und Strahlungsdruck befinden sich über große Zeiträume in einem stabilen Gleichgewicht.

20.6 Sternentstehung

Aufgabe 1

a $\frac{L}{L_S} \approx \left(\frac{m}{m_S}\right)^{3{,}5}$

Damit gilt für Beteigeuze

$m = \sqrt[3{,}5]{55000}\,m_S = \underline{\underline{22{,}6\,m_S}}$

und analog für Alpha Centauri A (sonnenähnlich)

$m = \sqrt[3{,}5]{1{,}5}\,m_S = \underline{\underline{1{,}1\,m_S}}$

und Wega

$m = \sqrt[3{,}5]{37}\,m_S = \underline{\underline{2{,}8\,m_S}}$

b Sonne:

$$\frac{L_S}{m_S} = \frac{3{,}8 \cdot 10^{26}\,\text{W}}{1{,}99 \cdot 10^{30}\,\text{kg}} = \underline{\underline{1{,}9 \cdot 10^{-4}\,\frac{\text{W}}{\text{kg}}}}$$

Laut Diagramm findet hier der p-p-Zyklus statt.

Beteigeuze:

$$\frac{L_B}{m_B} = \frac{55000 \cdot L_S}{22{,}6 \cdot m_S} = \underline{\underline{0{,}46\,\frac{\text{W}}{\text{kg}}}}$$

Hier ist auch der CNO-Zyklus möglich.

Alpha Centauri:

$$\frac{L_A}{m_A} = \frac{1{,}5 \cdot L_S}{1{,}1 \cdot m_S} = \underline{\underline{2{,}6 \cdot 10^{-4}\,\frac{\text{W}}{\text{kg}}}}$$

Vergleichbar mit der Sonne: p-p-Zyklus

Wega:

$$\frac{L_W}{m_W} = \frac{37 \cdot L_S}{2{,}8 \cdot m_S} = \underline{\underline{2{,}5 \cdot 10^{-3}\,\frac{\text{W}}{\text{kg}}}}$$

Vergleichbar mit der Sonne: p-p-Zyklus

20.7 Erlöschen von Sternen

Aufgabe 1

a $E(4\text{H} \rightarrow \text{He}) = 4{,}2 \cdot 10^{-12}\,\text{J}$

Hätte die Sonne ursprünglich vollständig aus Wasserstoff bestanden, der vollständig in Helium umgewandelt werden könnte, so ergäbe sich die Gesamtenergie:

$$E_{\text{ges}} = \frac{m_S}{4 \cdot m_H} \cdot E = 1{,}9 \cdot 10^{45}\,\text{J}.$$

Damit könnte die heutige Leuchtkraft der Sonne über folgenden Zeitraum aufrecht erhalten bleiben:

$$t = \frac{E_{\text{ges}}}{L_S} = 3{,}4 \cdot 10^{18}\,\text{s} = \underline{\underline{1{,}1 \cdot 10^{11}\,\text{a}.}}$$

Die Berechnung für Beteigeuze erfolgt analog mit $L = 55000\,L_s$ und $m = 22{,}6\,\text{ms}$,

$$t = 2{,}05 \cdot 10^{15}\,\text{s} = \underline{\underline{2{,}4 \cdot 10^{10}\,\text{a}.}}$$

b Nicht alle vorhandenen Wasserstoff-Atome können fusionieren, da aufgrund des nach außen nachlassenden Gravitationsdrucks in den mittleren und äußeren Zonen des Sterns vorerst keine Fusion mehr stattfindet. Erst im Endstadium setzen andere, schneller ablaufende Fusionsprozesse ein.

Aufgabe 2

a Nur für Neutronensterne mit einer Restmasse von mehr als 2,5 Sonnenmassen stellt ein Schwarzes Loch das Endstadium der Entwicklung dar.

b Die Berechnung für Sonne und Erde ist rein hypothetischer Natur und soll nur zum Größenvergleich dienen. Für den Schwarzschildradius gilt:

$$r \approx \frac{2G \cdot m}{c^2}.$$

Sonne:

$r \approx \underline{\underline{2{,}95\,\text{km}}}$

Erde:

$r \approx \underline{\underline{8{,}9\,\text{mm}}}$

20.8 Hertzsprung-Russel-Diagramm

Aufgabe 1

Neben einer Angabe der Leuchtkraft (damit auch Masse) und Spektralklasse (chemische Zusammensetzung und Temperatur der Sonnenatmosphäre) und damit dem Sterntyp erlaubt die Einordnung auch eine Angabe über den weiteren Entwicklungsweg zum Roten Riesen und schließlich zum Weißen Zwerg hin. Siehe auch Übersicht in Kap. 20.9.

Aufgabe 2

Auch dieser Stern befindet sich derzeit im Hauptreihenstadium. Er wird darin noch weit länger verweilen als die Sonne, da er eine deutlich niedrigere Temperatur und eine niedrigere Leuchtkraft aufweist als diese und der Wasserstoffvorrat in seinem Zentralgebiet nicht so schnell verbraucht sein wird wie der der Sonne.

Aufgabe 3

Sterne großer Massen haben wesentlich höhere Leuchtkräfte als Sterne geringer Massen. Aus der Masse-Leuchtkraft-Beziehung der Hauptreihensterne folgt, dass die Leuchtkraft mit der Potenz 3,5 wächst. Daher hat ein Hauptreihenstern großer Masse pro Zeiteinheit einen wesentlich größeren Verbrauch an fusionsfähigem Wasserstoff als ein Stern geringerer Masse.

20.9 Untersuchungsmethoden der Astrophysik

Aufgabe 1

Die Kenntnis von Dichte als Verhältnis von Masse und Volumen sowie Größe im Sinne von Durchmesser, Radius oder Volumen erlauben die Massenbestimmung. Mithilfe der Masse-Leuchtkraft-Beziehung kann für Sterne im stabilen Zustand der Wasserstofffusion die Leuchtkraft ermittelt werden.
Masse und Dichte sind aber auch mit Druck und Temperatur der Gasmasse verknüpft.

Aufgabe 2

Um Distanzen innerhalb des Sonnensystems zu bestimmen, kann auf Radartechnik zurückgegriffen werden. Bei größeren Abständen versagt diese Technik jedoch, weil die Signallaufzeiten zu lang und die reflektierte Energie zu gering werden. Um die Entfernung von Sternen zu ermitteln, muss daher auf andere Verfahren zurückgegriffen werden.
Durch Vermessung der Parallaxe lassen sich Abstände bis an den Rand der Milchstraße ermitteln (ca. 300 Lichtjahre). Der Abstand noch entfernterer Sterne lässt sich mithilfe der Standardkerzen ermitteln. Cepheiden sind ein Beispiel für solche Standardkerzen. Ihre absolute Helligkeit steht in fester Relation zur der Periodendauer ihrer Helligkeitsschwankungen.
Abstände zu noch weiter entfernten Galaxien und Objekten aus der Frühzeit des Universums können mit der Hubble-Beziehung (Rotverschiebung) untersucht werden.

20.10 Große Strukturen im Kosmos

Aufgabe 1

a Dichte des Sonnensystems:

$$V = \frac{4}{3} \cdot \pi \cdot r^3$$

$$\rho = \frac{M}{V}$$

$$\rho = \frac{3 \cdot M}{4 \cdot \pi \cdot r^3}$$

$M = 1{,}9917 \cdot 10^{30}\,\text{kg}$
(Masse der Sonne und aller Planeten)

$$\rho = \frac{3 \cdot 1{,}9917 \cdot 10^{30}\,\text{kg}}{4\pi(30 \cdot 1{,}496 \cdot 10^{11}\,\text{m})^3} = \underline{\underline{5 \cdot 10^{-9}\,\frac{\text{kg}}{\text{m}^3}}}$$

Analog verläuft die Abschätzung für die Milchstraße mit Radius 50000 Lj, oder besser, der kugelförmigen Zentralregion mit 8000 Lj Radius und 150 Milliarden Sonnenmassen:

$$\rho = \frac{3 \cdot 150 \cdot 10^9 \cdot 1{,}99 \cdot 10^{30}\,\text{kg}}{4\pi(8000 \cdot 9{,}46 \cdot 10^{15}\,\text{m})^3} = \underline{\underline{5{,}2 \cdot 10^{-19}\,\frac{\text{kg}}{\text{m}^3}}}$$

Selbst in diesem „dicht“ besetzten Gebiet ist die durchschnittliche Materiedichte um Milliarden kleiner als im Sonnensystem.
Auch eine Erhöhung der Sternenzahl auf knapp 200 Milliarden Sterne verändert diesen Wert nicht wesentlich.

b Nach den neuesten Himmelsdurchmusterungen sind in einem Kugelvolumen von rund 15 Lj Radius etwa 60 Sterne aufzufinden. Bei Verdopplung des Radius ergibt sich das 8-fache Volumen, somit sind etwa 500 Sterne zu erwarten.

Aufgabe 2

Population I
Es handelt sich vornehmlich um sehr junge Sterne, die zur selben Zeit aus einer Gas- und Molekülwolke entstanden sind. Die Hauptreihe ist in der Regel voll besetzt, nur wenige sehr massereiche Sterne sind bereits im Endstadium der Roten Riesen angekommen.

Population II
Hier handelt es sich vornehmlich um alte, metallarme Sterne (vgl. Kap. 20.8). Gekennzeichnet ist diese Population durch ein frühes Abknicken der Linie im unteren Bereich von der Hauptreihe weg, hin zu den Roten Riesen, da hier die jungen Sterne fehlen (vgl. Abb. 3b in Kap. 20.8).

Aufgabe 3

Ansatz mit dem Newton'schen Gravitationsgesetz
$F_Z = F_{Grav}$

$$\frac{m \cdot v^2}{r} = \frac{G \cdot m \cdot M}{r^2}$$

m: Sonnenmasse

M: Galaxiemasse innerhalb der Bahn (ca. $200 \cdot 10^9$ Sonnenmassen)

r: Abstand der Sonne vom galaktischen Zentrum (ca. 25000 Lj)

$$v^2 = \frac{G \cdot M}{r}$$

$v = 335\,\text{km/s}$

Ansatz mit Angaben aus dem Text:

$$v = \frac{2 \cdot \pi \cdot r}{T}$$

T: Umlaufdauer der Sonne (ca. $230 \cdot 10^6$ Jahre)

r: Abstand der Sonne vom galaktischen Zentrum (ca. 25000 Lj)

$v = \underline{\underline{250\ \text{km/s}}}$

Der wissenschaftlich akzeptierter Wert beträgt $v = 250\,\text{km/s}$. Je nach Ansatz und Wert der verwendeten Größen kommt man in die Nähe des „exakten" Ergebnisses.

Aufgabe 4

Die Milchstraße ist eine Scheibengalaxie mit den Magellan'schen Wolken und über 25 Zwerggalaxien in unregelmäßigen und elliptischen Formen.
Die Andromedagalaxie ist mit der Milchstraße vergleichbar und hat über 30 Zwerggalaxien, darunter den hellen Andro-Alpha und -Beta.
Andromedagalaxie und unsere Milchstraße vereinigen etwa 95 % der gesamten Masse der lokalen Gruppe, der Rest verteilt sich auf Zwerggalaxien.

20.11 Edwin Hubble

Aufgabe 1

Individuelle Lösung

Aufgabe 2

a Sonnensystem – Sternhaufen – Milchstraßensystem – Lokale Gruppe – Galaxienhaufen

b Venus – Sonne – Zentrum der Galaxis – Andromeda-Galaxie – Quasar

20.12 Hubble-Beziehung

Aufgabe 1

a $z + 1 = \sqrt{\dfrac{1 + \frac{v}{c}}{1 - \frac{v}{c}}}$

Daraus folgt:

$$v = \frac{(z+1)^2 - 1}{(z+1)^2 + 1} \cdot c.$$

Mit der Lichtgeschwindigkeit $c = 3 \cdot 10^5\,\text{km/s}$ ergibt sich:
$v = 0{,}8 \cdot c = \underline{\underline{240\,000\,\text{km/s}}}.$

H_0: Hubble-Konstante; $H_0 = 70\,\text{km} \cdot \text{s}^{-1} \cdot \text{Mpc}^{-1}$

r: gesuchte Entfernung

$v = H_0 \cdot r;$

$r = \dfrac{v}{H_0} = \underline{\underline{3\,429\,\text{Mpc}}}$

Dies ist ein Näherungswert, da bei großen z auch Annahmen über weitere kosmische Parameter in die Rechnung eingehen.

b Bei klassischer – nichtrelativistischer – Rechnung würde sich $v = z \cdot c = 2c$ ergeben. Diese Geschwindigkeit ist jedoch nicht möglich.

c $z = 2 \rightarrow \lambda_{\text{beob}} = (z + 1) \cdot L_0 = 3 \cdot L_0 = \underline{\underline{1968\ \text{nm}}}$

Aufgabe 2

a Der Mittelwert lässt sich mithilfe eines Steigungsdreiecks ablesen.

$H_0 \approx 140\,\dfrac{\text{km/s}}{\text{MLj}}$

b $\underline{\underline{t = 2{,}14 \cdot 10^9\,\text{a}}}$

c Die Entfernungsbestimmungen zu Hubbles Zeiten waren sehr fehlerbehaftet. Sie beruhten hauptsächlich auf der Auswertung von Cepheiden-Daten von Sternen in nahen Galaxien, deren wahre Entfernung nur ungenau bekannt war.

20.13 Expansion des Kosmos

Aufgabe 1

Gleichsetzen von kinetischer Energie und Energie im Gravitationsfeld:

$\frac{1}{2}\,m\,v^2 = G\,m\,M\left(\frac{1}{r_1} - \frac{1}{r_2}\right)$

Auflösen ergibt für $r_2 \rightarrow \infty$: $v = \sqrt{\dfrac{2GM}{r_1}}$

Aufgabe 2

$\rho = \dfrac{m}{V} = \dfrac{2{,}7\,m_S}{(10\,\text{Lj})^3} = 6{,}33 \cdot 10^{-21}\,\dfrac{\text{kg}}{\text{m}^3} = 6{,}33 \cdot 10^{-24}\,\dfrac{\text{g}}{\text{cm}^3}$

Das ist um vier Größenordnungen höher als die kritische Dichte. Dies betrifft aber nur den sonnennahen Raum in unserer Milchstraße.

Aufgabe 3

a Die Bestimmung der Anzahl der Sterne und ihrer Gesamtmasse erweist sich als schwer. Sie erfolgt durch Rückrechnung über Helligkeiten und Leuchtkräfte und wird anhand der gravitativen Wirkung abgeschätzt.
Auch die Masse von Gas- und Molekülwolken in weiter entfernten Gebieten lässt sich nur schwer ermitteln.

Es besteht zudem das Problem der Dunklen Materie (vgl. Kap. 20.15).

b R_E = Erdradius; $R_E = 6378\,\text{km} = 6{,}378 \cdot 10^8\,\text{cm}$

ϱ_i = Dichte des interstellaren Mediums; $\varrho_i = 10^{-24}\,\text{g/cm}^3$

V_E = Volumen der Erde; $V_E = \frac{4}{3}\pi R_E^3 = 1{,}09 \cdot 10^{27}\,\text{cm}^3$

m: gesuchte Masse

$m = \varrho_i \cdot V_E = 1{,}09 \cdot 10^3\,\text{g} = \underline{\underline{1{,}09\,\text{kg}}}$

Aufgabe 4

Individuelle Lösung

20.14 Urknalltheorie

Aufgabe 1

$$\lambda_{max} = \frac{2880000 \cdot \text{K}}{T} = \frac{2880000}{2{,}725}\,\text{nm} = \underline{\underline{1{,}06\,\text{mm}}}$$

Diese Wellenlänge liegt im Mikrowellenbereich.

Aufgabe 2

$v = z \cdot c$

$v_{min} = 0{,}018 \cdot c = 5{,}4 \cdot 10^6\,\text{m/s}$

$v_{max} = 0{,}024 \cdot c = 7{,}2 \cdot 10^6\,\text{m/s}$

$$H_0 = \frac{v}{d}$$

$$H_{0min} = \frac{5{,}4 \cdot 10^3\,\frac{\text{km}}{\text{s}}}{378\,\text{MLj}} = 14{,}3\,\frac{\text{km}}{\text{s} \cdot \text{MLj}}$$

$$H_{0max} = \frac{7{,}2 \cdot 10^3\,\frac{\text{km}}{\text{s}}}{310\,\text{MLj}} = 23{,}2\,\frac{\text{km}}{\text{s} \cdot \text{MLj}}$$

Der (nicht aussagekräftige) arithmetische Mittelwert liegt bei

$$\underline{\underline{(18{,}8 \pm 4{,}4)\,\frac{\text{km}}{\text{s} \cdot \text{MLj}}}}$$

Aufgabe 3

$$z = \frac{3000\,\text{K}}{2{,}725\,\text{K}} - 1 = 1100$$

Aufgabe 4

$$\Delta t = \frac{d}{v}$$

Mit $v = c$ ergibt sich in der dunkle Epoche für das Universum eine Ausdehnung von $d = \underline{\underline{380000\,\text{Lj}}}$.

20.15 Dunkle Materie und Dunkle Energie

Aufgabe 1

Geht man von einer Entfernung von rund 25000 Lj zum galaktischen Zentrum aus, so entnimmt man der Grafik eine Geschwindigkeit von 220 km/s (rot – berechnet) oder 270 km/s (blau – gemessen).

Aufgabe 2

Einige Wertepaare der Kurve, ausgewertet nach $r \cdot v^2$ = konst.:

Entfernung r in kLj	**Geschwindigkeit v in km/s**	**$r \cdot v^2$**
30	250	1875000
40	225	2025000
50	200	2000000
60	180	1944000

Während bei der Milchstraße die blaue Linie der gemessenen Geschwindigkeitswerte auch für größere Abstände als 30000 Lj kaum abnimmt, fällt sie bei M81 gemäß der Beziehung

$$r \sim \frac{1}{v^2} \text{ bzw. } v \sim \frac{1}{\sqrt{r}} \text{ ab.}$$

In der Milchstraße müssen sich also in dieser Entfernung noch nicht beobachtete Massen, die eine nahezu homogene Verteilung hervorrufen, befinden. In den Außenbezirken von M81 nimmt hingegen die Massendichte ab.

TRAINING
Relativität und Astrophysik

Aufgabe 1

a Kombination der Bewegungsgleichung für die geradlinig gleichmäßige Bewegung und der Gleichung für die Zeitdilatation:

$$v = \frac{\Delta x}{\Delta t} \text{ und } \Delta t = \frac{\Delta t'}{\sqrt{1 - \frac{v^2}{c^2}}}.$$

Anwenden der Gleichung mit $\Delta x = 12\,\text{Ls}$ und $\Delta t' = 16\,\text{s}$ ergibt $v = \underline{\underline{0{,}6\,c}}$.

b

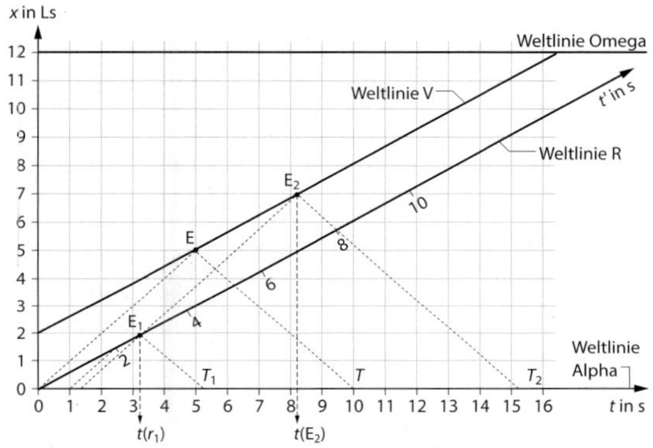

c Anwenden der Gleichung $t_E = 0{,}5(T + t_0)$ ergibt: $t_E = 5\,\text{s}$
$x_E = 0{,}5(T - t_0)c$ führt auf $x_E = 0{,}5\,c$.
$v^* = 0{,}6\,c$
Anwenden der Gleichung für die Längenkontraktion

$$\Delta x' = \frac{\Delta x}{\sqrt{1 - \left(\frac{v}{c}\right)^2}}.$$

ergibt für $\Delta x' = 2{,}5\,\text{Ls}$

d Lorentztransformation (mit $x = 0\,\text{Ls}$)

$$t'_{E_1} = \frac{\left(t_1 - \frac{v_R}{c}x\right)}{\sqrt{1 - \frac{v^2}{c^2}}} = 2{,}55\,\text{s}$$

oder mit dem k-Faktor

$$t'_{E_1} = k \cdot t_1 = \sqrt{\frac{c + v}{c - v}} \cdot t_1 = 2 \cdot 1{,}3\,\text{s} = 2{,}6\,\text{s}$$

also $E'_1(2{,}6\,\text{s}; 0\,\text{Ls})$

Wiederum Anwenden der Lorentztransformation oder des k-Faktors:
$T_1 = k^2 \cdot t_1 = 5{,}2\,\text{s}$
$t_{r1} = 0{,}5\,(T_1 + t_1) = 3{,}25\,\text{s}$

Von Alpha aus gilt
$x_{E_2} = c(t_{E_2} - t_1)$ und $x_{E_2} = 2\,\text{Ls} + v \cdot t_{E_2}$

Gleichsetzten und Auflösen nach t_{E_2} ergibt:
$t_{E_2} = 8{,}25\,\text{s}$,
also $x_{E_2} = 6{,}95\,\text{Ls}$
$T_2 = 15{,}2\,\text{s}$

Lorentztransformation:

$$x'_{E_2} = \frac{(x_{E_2} - v \cdot t_{E_2})}{\sqrt{1 - \frac{c^2}{v^2}}} = 2{,}5\,\text{Ls}$$

$$x'_{E_2} = \frac{(x_{E_2} - \frac{v}{c^2} \cdot x_{E_2})}{\sqrt{1 - \frac{c^2}{v^2}}} = 5{,}1\,\text{s}$$

e Relativistische Geschwindigkeitsaddition:

$$u = \frac{u' + v}{1 + \frac{u'v'}{c^2}} = -0{,}51\,c$$

$0{,}6\,c \cdot t_3 + (t_3 - t_2) \cdot 0{,}51\,c = 12\,\text{Ls}$
ergibt $T_3 = 11{,}27\,\text{s}$

Aufgabe 2

a $S = \frac{L}{4\pi r^2} = \frac{100\,\text{W}}{4\pi\,(0{,}085\,\text{m})^2} = \underline{\underline{1{,}10\,\frac{\text{kW}}{\text{m}^2}}}$

Abweichungen sind in der Absorption der solaren Strahlung in der Erdatmosphäre und im Wärmewirkungsgrad der Glühlampe begründet.

b Strahlungsaufnahme auf der Kreisscheibe mit Radius R_{Erde}, Strahlungsabgabe über die gesamte Kugeloberfläche mit Radius R_{Erde}

$P_{\text{aufg}} = P_{\text{abg}}$

$S \cdot R^2 \cdot \pi = \sigma \cdot 4\pi R^2 \cdot T^4$

$$T^4 = \frac{S}{4\sigma} = \frac{1{,}36\,\text{kW} \cdot \text{m}^2 \cdot \text{K}^4}{4 \cdot 5{,}67 \cdot 10^{-8}\,\text{m}^2\text{W}} = 5{,}996 \cdot 10^9\,\text{K}^4$$

oder

$$S = \frac{L_S}{4\pi r^2}$$

$$T^4 = \frac{L_S}{4\pi\,(1AE)^2 \cdot 4\sigma}$$

$T = 278\,\text{K} \approx \underline{\underline{5°\,\text{C}}}$

c $R^* = 0{,}90\,R_{\text{Sonne}}$ und $T^* = 0{,}90\,T_{\text{Sonne}}$

$L = \sigma \cdot A^* \cdot T^{*4} = \sigma \cdot 4 \cdot (0{,}90\,R)^2\pi \cdot (0{,}90\,T)$
$= (0{,}90)^6 \cdot L = \underline{\underline{0{,}53 \cdot L}}$

Die Leuchtkraft wäre also etwa halb so groß, für die Solarkonstante gilt das gleiche.

d Wegen $S \sim T^4$ gilt: $(T^*_{\text{Erde}})^4 = (T_{\text{Erde}})^4 \cdot \frac{S^*}{S}$, also :

$T^* = \sqrt[4]{0{,}53} \cdot T = \sqrt[4]{0{,}53} \cdot 280\,\text{K} = 239\,\text{K} = -34°\,\text{C}$

Die Temperatur würde also um etwa $\underline{\underline{49°\,\text{C}}}$ absinken.

Aufgabe 3

a Parallaxe: $r = \frac{1''}{p}\,\text{pc} = \frac{1''}{0{,}0050''}\,\text{pc} = 200\,\text{pc} = 652\,\text{Lj}$

$$v_{\text{eigen}} = r \cdot \mu = \frac{200 \cdot 3{,}26\,\text{Lj} \cdot 0{,}028 \cdot 2\pi}{3600 \cdot 360} \cdot \frac{1}{\text{a}}$$

$$v_{\text{eigen}} = 26{,}55 \cdot 10^3\,\text{m} \cdot \text{s}^{-1} = \underline{\underline{27\,\text{km} \cdot \text{s}^{-1}}}$$

b Der Dopplereffekt führt zu einer Linienverschiebung. Es handelt sich hier um eine Rotverschiebung: Das Objekt bewegt sich von uns weg.

$$\frac{\Delta\lambda}{\lambda} = \frac{v}{c}$$

$$v_{\text{radial}} = \frac{0{,}043\,\text{nm}}{615{,}90\,\text{nm}} \cdot c = 20{,}94\,\text{km} \cdot \text{s}^{-1} = 21\,\text{km} \cdot \text{s}^{-1}$$

$$v = \sqrt{v_{\text{radial}}^2 + v_{\text{eigen}}^2} = \underline{\underline{33{,}8\,\text{km} \cdot \text{s}^{-1}}}$$

Aufgabe 4

a

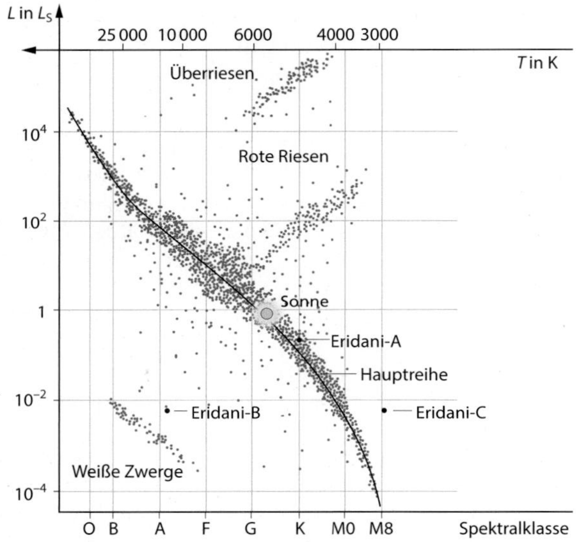

b A: $T = 3800\,\text{K}$, der Farbeindruck ist entsprechend orange. Es zeigen sich Absorptionslinien neutraler Metalle niedriger Anregungsenergien, CaII-, CN- und CH-Banden, die Wasserstofflinien der Balmer-Serie sind nur schwach ausgeprägt.

B: Weißer Zwerg mit Wasserstoff-Spektrum (je nach Typ noch mit wenigen Linien schwerer Elemente, aufgrund ihrer Masse ist aber meist nur der leichte Wasserstoff in den äußeren Schichten zu finden)

c $\frac{L_C}{L_S} = \sqrt[5]{100^{4,8-12,6}}$

$L_C = 0{,}000759 \cdot L_S$

Aufgrund seiner geringen Leuchtkraft bei niedriger Temperatur findet sich der Stern rechts unten im HRD. Eri C kann dabei nicht sehr groß sein, nach dem Stefan-Boltzmann-Gesetz beträgt sein Radius ungefähr 10 % des Sonnenradius.

Wichtiger Hinweis für Freunde von Star Trek: 40-Eridani A ist das Zentralgestirn des Planeten Vulkan, dem Heimatort von Mr. Spock.